|조리기능사 국가자격시험을 대비한 최신 이론교재|

조리사 핵심이론

한식·양식·일식·중식·복어조리 공통

조리교육센터

FOOD & COOKING

D&J 도서출판 중원사

21세기 유망직종 - 조리사!

우리나라는 1950년대 전후복구시대를 거쳐 급속한 경제성장을 거듭하면서 현재는 선진국반열의 문턱에 이를 정도의 눈부신 발전을 하는 가운데 국민소득이 향상되고 생활양상이 다양해지면서 식생활용구 또한 다양해짐에 따라 외식산업도 빠른 속도로 발전을 거듭하고 있다.

외식산업의 발전은 질적인 발전도 가져오게 되어 한 끼 식사를 위해 먼 길을 마다하지 않는 소비형태가 나타나면서 맛과 질을 높여 줄 조리사의 중요성이 커지고, 조리사라는 직업은 21세기 유망직종으로 부상하였다.

이론과 실무에 능숙한 조리사는 실직의 위험이 없다.

조리사 자격을 취득 하고자 하는 사람은 먼저 조리사 자격시험에 합격하여야 한다. 조리사 시험은 1차 필기시험과 2차 실기시험으로 구분되며, 1차와 2차 모두 합격하여야만 자격증을 취득할 수 있다.

조리사 자격증을 취득하기 위해 올바른 교재의 선택은 조리사 자격취득에서 매우 중요한 과정이라 할 수 있다.

자격취득의 방법을 이 책에 제시하였다!

시험이라고 하면 부담스럽지 않은 수검자가 없겠지만 처음으로 조리사 시험에 응시하는 수검자인 경우에는 더욱 부담이 커질 수밖에 없다.

이 책은 10여 년 동안의 출제된 문제를 정밀분석하고, 최근 출제경향에 따른 내용을 정리한 것으로 쉽고 빠른 것을 원하는 독자들의 요구에 부응할 수 있는 도서가 되도록 자격시험에 관련된 사항을 간추리고 다듬어서 이 한 권에 담아보았다.

나름대로 최선을 다했으나 부족한 부분은 차후 독자제현과 선후배들의 충고를 겸허히 받아들여 고치고 다듬을 것을 약속하며, 독자제현 모두가 시험에 합격하길 기원한다.

2019년 2월
조리기능사 수험연구회

조리기능사 출제기준

① 필기시험 출제기준 (한식·양식·일식·중식·복어조리 공통)

시험과목	출제기준		
	주요항목	세부항목	세세항목
공중 보건학 (10)	공중보건	공중보건학의 개념	• 공중보건학의 개념
		환경위생 및 환경오염	• 일광 • 공기 및 대기오염 • 상하수도, 오물처리 및 수질오염 • 소음 및 진동 • 구충구서
		산업보건	• 산업보건의 개념과 직업병 관리
		역학 및 전염병관리	• 역학일반 • 급·만성 전염병관리
		보건관리	• 보건행정 • 인구와 보건 • 보건영양 • 모자보건, 성인 및 노인보건 • 학교보건
조리 이론과 원가 계산 (20)	조리과학	조리의 의의	• 조리의 정의 및 목적
		조리의 기초지식	• 조리의 준비조작 • 기본 조리법 및 다량조리기술
		식품의 조리원리	• 농산물의 조리 및 가공·저장 • 축산물의 조리 및 가공·저장 • 수산물의 조리 및 가공·저장 • 유지 및 유지 가공품 • 냉동식품의 조리 • 조미료 및 향신료 • 기타
	단체급식	단체급식의 의의	• 단체급식의 의의
		영양소 및 영양섭취기준, 식단작성	• 영양소 및 영양섭취기준, 식단작성
		식품구매 및 재고관리	• 식품구매 및 재고관리
		식품의 검수 및 식품감별	• 식품의 검수 및 식품감별
		조리장의 시설, 설비 및 관리	• 조리장의 시설 및 설비 관리
	원가계산	원가의 의의 및 종류	• 원가의 의의 및 종류 • 원가분석 및 계산
식품학 (15)	식품학	식품학의 기초	• 식품의 기초식품군
		식품의 일반성분	• 수분 • 탄수화물 • 지질 • 단백질 • 무기질 • 비타민
		식품의 특수성분	• 식품의 맛 • 식품의 향미(색, 냄새) • 식품의 갈변 • 기타 특수성분
		식품과 효소	• 식품과 효소

식품 위생학 (10)	식품위생 개론	식품위생의 의의	• 식품위생의 의의
		식품과 미생물	• 미생물의 종류와 특성 • 미생물에 의한 식품의 변질 • 미생물 관리 • 미생물에 의한 감염과 면역
	식중독	세균성 식중독	• 세균성 식중독의 특징 및 예방대책
		자연독 식중독	• 자연독 식중독 특징 및 예방대책
		화학성 식중독	• 화학성 식중독 특징 및 예방대책
		곰팡이 독소	• 곰팡이 독소 특징 및 예방대책
	식품과 전염병	경구전염병	• 경구전염병의 특징 및 예방대책
		인수공통전염병	• 인수공통전염병의 특징 및 예방대책
		식품과 기생충병	• 식품과 기생충병의 특징 및 예방대책
		식품과 위생동물	• 위생동물의 특징 및 예방대책
	살균 및 소독	살균 및 소독	• 살균 및 소독
	식품첨가물	식품첨가물	• 식품첨가물 일반정보 • 식품첨가물 규격기준
	유해물질	유해물질	• 중금속 • 조리 및 가공에서 기인하는 유해물질
	식품위생관리	HACCP, PL 등	• HACCP, PL 등의 개념 및 관리
		개인위생관리	• 개인위생관리
		조리장의 위생관리	• 조리장의 위생관리
식품 위생법 (5)	식품위생 관련법규	식품위생관련법규	• 총칙 • 식품 및 식품첨가물 • 기구와 용기·포장 • 표시 • 식품 등의 공전 • 검사 등 • 영업 • 조리사 및 영양사 • 시정명령·허가취소 등 행정제제 • 보칙 • 벌칙

② **실기시험 출제기준 (한식 · 양식 · 일식 · 중식 · 복어조리 공통)**

- 실기 요구작업 내용

  지급된 재료를 가지고 요구하는 작품을 시험 시간 내에 1인분을 만들어내는 작업

- 실기 주요평가 내용
  - 위생상태 점검(개인 및 조리과정)
  - 조리기술(기구의 취급, 동작, 조리순서, 재료다듬기 등)
  - 작품의 평가
  - 정리정돈 및 청소

- 실기 시험 과목 내용
  - 한식조리기능사(49종류 중 2종류 출제)
  - 양식조리기능사(32종류 중 2종류 출제)
  - 일식조리기능사(26종류 중 2종류 출제)
  - 중식조리기능사(21종류 중 2종류 출제)
  - 복어조리기능사(2종류 중 2종류 출제)

차 례

제1편 공중보건학

제1장 공중보건개론
- 1 공중보건의 정의 / 10
- 2 공중보건의 범위 및 필요성 / 10
- 3 공중보건수준 평가지표 / 11
- 4 건강에 대한 정의 / 12

제2장 보건행정
- 1 보건행정의 의의 / 13
- 2 우리나라 보건행정 / 13

제3장 환경보건
- 1 환경보건의 개요 / 15
- 2 일광 / 16
- 3 공기 / 17
- 4 물(상수) / 18
- 5 하수 / 22
- 6 분뇨와 진개 / 25
- 7 곤충의 구제 및 매개질병 / 26
- 8 조명 / 27
- 9 환기 및 냉난방 / 28
- 10 공해 / 29

제4장 질병과 전염병
- 1 전염병 발생요인 / 32
- 2 전염병 발생과정 / 32
- 3 전염병의 종류 및 전파 / 34
- 4 면역과 질병 / 35
- 5 전염병의 관리대책 / 36

제5장 기생충과 예방
- 1 기생충의 종류 / 40
- 2 숙주와 기생충 / 40
- 3 기생충질환의 예방대책 / 42

제6장 소독과 살균
- 1 개요 / 43
- 2 물리적 소독법 / 44
- 3 화학적 소독법 / 45

제7장 인구와 보건
- 1 산업보건 / 48
- 2 모자보건 / 49
- 3 학교보건 / 51
- 4 인구문제와 구성 / 52

제2편 식품위생학

제1장 식품위생개론
- 1 식품위생의 개요 / 56
- 2 식품위생 행정기구 / 57

제2장 식품과 미생물
- 1 미생물의 개요 / 58
- 2 미생물의 종류 / 58
- 3 미생물의 발육 / 62

제3장 식품의 변질과 저장
- 1 변질(부패) / 64
- 2 식품의 저장법 / 65

제4장 식중독
- 1 개요 / 68
- 2 세균성 식중독 / 69
- 3 독소형 식중독 / 70
- 4 화학성 식중독 / 71
- 5 식물성 자연독 식중독 / 73
- 6 동물성 자연독 식중독 / 74
- 7 곰팡이 자연독 식중독 / 75

제5장 식품첨가물
- 1 개요 / 76
- 2 종류 / 76

제6장 식품위생대책
- 1 식중독발생시 대책 / 83
- 2 식품감별법 / 84

제3편 식품학

- 제1장 영양학
  - 1 영양의 기초지식 / 90
  - 2 식품의 영양소와 분류 / 91
- 제2장 식품의 구성
  - 1 수분 / 94
  - 2 탄수화물 / 95
  - 3 단백질 / 97
  - 4 아미노산 / 99
  - 5 지질(유지) / 100
  - 6 무기질 / 102
  - 7 비타민 / 104
  - 8 소화효소 / 107
- 제3장 식품의 맛·색·냄새
  - 1 식품의 맛 / 109
  - 2 식품의 색소 / 112
  - 3 식품의 냄새 / 113
- 제4장 식품의 저장법
  - 1 개요 / 114
  - 2 저장법의 종류 / 114
- 제5장 식품에 따른 가공 및 저장
  - 1 곡류의 가공 및 저장 / 119
  - 2 두류의 가공 및 저장 / 124
  - 3 채소·과일의 가공 및 저장 / 127
  - 4 유지의 가공 및 저장 / 130
  - 5 우유·유제품의 가공 및 저장 / 132
  - 6 달걀의 가공 및 저장 / 134
  - 7 육류의 가공 및 저장 / 135
  - 8 어패류의 가공 및 저장 / 138
  - 9 통조림 / 140

제4편 조리과학과 원가계산

- 제1장 조리과학의 개념
  - 1 개요 / 146
  - 2 조리의 종류 / 146

- 3 조리의 기본작업 / 147
- 4 가열조리 / 149
- 5 각국 요리의 특징 / 152

제2장 식품의 조리법
- 1 쌀의 조리법 / 153
- 2 소맥분(밀가루)의 조리법 / 155
- 3 두류 및 두제품의 조리법 / 156
- 4 채소 및 과일의 조리법 / 158
- 5 유지류의 조리법 / 161
- 6 육류의 조리법 / 162
- 7 어패류의 조리법 / 166
- 8 알(난·달걀)의 조리법 / 168
- 9 우유의 조리법 / 169
- 10 한천과 젤라틴의 조리법 / 170
- 11 냉동식품의 조리법 / 171

제3장 식단작성
- 1 개요 / 173
- 2 식단작성의 기초지식 / 174
- 3 식단표 작성 / 176
- 4 전통식 상차림 / 178

제4장 조리설비
- 1 조리장의 기본조건 / 181
- 2 조리장의 설비 / 182
- 3 집단급식 / 184
- 4 식품구입 / 186

제5장 원가계산
- 1 원가의 의의 / 188
- 2 원가계산의 원칙 / 190
- 3 원가계산의 구조 / 191
- 4 재료비 및 감가상각 / 192

부록 : 식품위생법·영·규칙
- 1 식품위생법·영·규칙 / 198

| 조리기능사 국가자격시험을 대비한 최신 이론교재 |

제 1 편
공중보건학

FOOD & COOKING

제1장 공중보건개론

❶ 공중보건의 정의

1. 세계보건기구(WHO)의 정의
질병을 예방하고 건강을 유지·증진하며 육체적, 정신적 능력을 충분히 발휘할 수 있게 하기 위한 과학이며, 그 지식을 사회의 조직적 노력에 의해서 사람들에게 적용하는 기술을 말한다.

> ◈ 세계보건기구(WHO)
> - 1948년 4월 7일 국제연합의 보건전문기관으로 정식으로 발족
> - 스위스의 제네바에 본부를 두고, 6개의 지역사무소를 두고 있다.
> - 우리나라는 1949년에 가입(서태평양지역에 소속)
> - 주요기능
>   - 국제적인 보건사업의 지휘 및 조정
>   - 회원국에 대한 기술지원 및 자료 공급
>   - 전문가 파견에 의한 기술 자문활동

2. 윈슬로우(C.E.A Winslow)의 정의
"공중보건이란 조직적인 지역사회의 노력을 통해서 질병을 예방하고 생명을 연장시키며, 신체적·정신적 효율을 증진시키는 기술이며 과학이다" 라고 정의하였다.

❷ 공중보건의 범위 및 필요성

1. 공중보건의 범위
① 공중보건의 범위는 인간집단인 지역사회(개인이 아님) 전 주민(국민)이 대상이 된다.
② 공중보건학의 범위도 전염병예방학, 환경위생학, 산업보건학, 식품위생학, 모자보건학, 정신보건학, 보건통계학, 학교보건학 등으로 확대하여 다루어져야 한다.

2. 공중보건의 필요성
공중보건은 예방의학이므로 예방가능한 질병을 예방하지 못한다는 것은 결국 후진국임을 나타내는 것이다.

3. 공중보건의 목적
- 질병예방
- 건강증진
- 생명연장

❸ 공중보건수준 평가지표

1. 보건수준의 지표항목
영아사망률(가장 대표적 지표), 평균수명, 비례사망지수, 조사망률, 모성사망률, 질병이환률, 사인별사망률, 일반사망률 등

2. 영아사망률이 가장 대표적 지표가 되는 이유
영아기는 환경악화나 비위생적인 환경에 가장 예민한 시기이므로 영아사망률은 지역사회의 보건수준을 가장 잘 나타낸다고 할 수 있다.

◆ 신생아와 영아의 정의, 영아사망과 모성사망의 원인, 임신중독 증세, 조산아의 관리
- 신생아와 영아의 정의
  - 신생아 : 생후 28일 미만의 아기
  - 영아 : 생후 12개월 미만의 아기
- 영아 사망의 원인 : 폐렴 및 기관지염, 장염 및 설사, 신생아 고유질환 및 사고, 조산아
- 모성사망 3대 요인 : 임신중독증, 출혈, 자궁외 임신과 유산
- 임신중독의 3대 증세 : 부종, 단백뇨, 고혈압
- 조산아의 4대 관리 : 체온 보호, 전염병 감염 방지, 영양보급, 호흡 관리

◆ 공중보건의 분야
- 기초분야 : 환경위생, 식품위생, 영양학, 역학, 정신보건, 인구학, 보건통계, 사회보장, 전염병 관리, 기생충질환관리, 구충·구서, 소독, 보건교육 등
- 임상분야 : 가족계획, 모자보건, 성인보건, 체중관리, 보건간호 등
- 응용분야 : 도시 및 농어촌보건, 산업보건, 공해 등

3. 보건수준의 건강지표 항목(세계보건기구)
- 평균수명
- 조사망률(보통사망률)
- 비례사망지수

❹ 건강에 대한 정의

1. 건강에 대한 세계보건기구의 정의(WHO)

건강이란 단순한 질병이나 허약의 부재상태가 아니라 육체적, 정신적 및 사회적으로 건전한 상태를 말한다.

2. 건강의 3요소

① 환경
   공기, 물 등의 자연환경은 인간의 생활에 결정적인 요소이다. 깨끗한 공기와 물을 섭취하면서 생활하면 자연히 건강을 유지할 수 있게 된다.

② 유전
   선대로부터 물려받은 유전요인에 의한 것으로 미래의학에서는 유전에 의한 질병도 완치할 수 있게 될 것이다.

③ 개인의 행동 및 습관
   음주, 흡연, 운동부족 기타 여러 가지 개인적인 행동과 습관은 본인도 모르게 질병에 노출된다.

◆ 3P
- 인구(Population)문제
- 빈곤과 기아(Poverty & Hunger)문제
- 환경오염(Environmenntal Pollution)문제

◆ 공중보건사업의 3대 요건
- 보건행정
- 보건법
- 보건교육 (가장 효율적인 사업)

◆ 영아사망률

출생에서 1년까지의 영아의 사망을 의미하는 것으로 한 국가의 건강수준을 나타내는 가장 대표적인 지표이다. 영아사망은 모자보건, 환경위생 및 영양수준 등에 민감하며, 또한 생후 12개월 미만의 일정한 연령군을 이룬다. 일반사망률에 비해 통계적 유의성이 매우 높기 때문에 국가간의 영아사망률 차이로 그 나라의 문화수준이나 위생, 보건상태등을 짐작할 수 있다.

제2장 보건행정

❶ 보건행정의 의의

1. 보건행정의 정의
보건행정이란 공중보건의 목적을 달성하기 위한 행정활동으로 국민의 질병예방, 생명연장, 건강증진을 도모하기 위한 것이다.

2. 보건행정의 효율적 수행요건
① 보건관계법규
② 보건교육(가장 효율적 방법)
③ 보건봉사

3. 세계보건기구의 보건행정의 범위
① 보건통계의 수집과 분석
② 보건교육
③ 환경위생관리
④ 전염병관리
⑤ 모자보건
⑥ 의료제공 및 보건간호

❷ 우리나라의 보건행정

1. 보건행정의 개념
공공의 책임으로 국민보건향상을 위하여 시행하는 활동의 총칭으로 보건기술과 행정을 하나로 묶은 기술행정을 말한다.

2. 보건행정의 분류
① 일반보건행정 : 일반주민을 대상으로 하는 보건행정
② 산업보건행정 : 근로자를 대상으로 하는 보건행정

③ 학교보건행정 : 학생(유치원생, 초·중등학생) 및 교직원을 대상으로 하는 보건행정

3. 보건행정의 구분

① 일반보건행정
  ㉮ 보건복지부 관계 보건정책국 및 환경부 담당
  ㉯ 예방보건 및 위생행정, 모자보건행정, 건강보험행정(의무행정, 약무행정 등)

② 산업보건행정
  ㉮ 노동부 근로기준국 산업안정과 담당
  ㉯ 작업환경의 질적향상, 산업재해예방, 근로자의 건강유지 및 증진, 근로자 복지시설의 관리 및 안전교육 등

③ 학교보건행정
  ㉮ 교육인적자원부 관계 보건행정
  ㉯ 학교보건사업, 학교급식, 건강교육, 학교체육 등

4. 우리나라 보건행정의 조직

① 중앙보건행정조직
  우리나라 식품위생에 관한 업무를 총괄기획하며 지방행정기관의 식품위생업무를 지휘감독하는 기관으로 보건복지부가 있다.

② 지방보건행정조직
  보건소와 보건지소를 두어 보건사상의 계몽, 전염병의 예방과 진료, 영양개선과 식품위생, 보건통계 학교보건과 구강위생, 의약에 대한 지도 등

③ 특징
  일반행정보다는 기술행정 중심이며, 지방보건행정조직은 조직편제상 행정자치부산하에 속하나 보건에 관한 사항은 보건복지부에서 관할한다.

> ◈ 우리나라의 사회보장제도
> • 건강보험사업
>   국민의 질병, 부상, 분만 또는 사망 등에 따른 보험급여를 실시함으로써 국민보건을 향상시키고 사회보장의 증진을 도모
> • 의료보호사업
>   생활무능력자 및 일정 수준 이하의 저소득층을 대상으로 실시하는 무료진료 등

제3장 환경보건

❶ 환경보건의 개요

1. 환경보건의 개념(WHO)
환경위생은 인간의 신체발육, 건강 및 생존에 유해한 영향을 끼치거나 끼칠 가능성이 있는 인간의 물리적 생활환경에 있어서의 모든 요소를 통제하는 것

2. 감각온도(체감온도)의 3요소 (기온, 기습, 기류)
① 기온(온도)
  ㉮ 지상 1.5m에서의 건구온도
  ㉯ 쾌적온도는 18±2℃이다.

② 기습(습도)
  ㉮ 일정온도에서 공기중에 포함된 수증기의 양
  ㉯ 습도에 따라 불쾌지수(D.I)가 달라진다.
    ㉠ **쾌적습도**: 40~70% (60~65%)
    ㉡ **D.I 70**: 10% 정도의 사람이 불쾌감을 느낀다.
    ㉢ **D.I 75**: 50% 정도의 사람이 불쾌감을 느낀다.
    ㉣ **D.I 80**: 거의 모든 사람이 불쾌감을 느낀다.
  ㉰ 너무 건조하면 호흡기계질병 발생하고, 너무 습하면 피부질환이 발생한다.

  ◈ 상대습도(비교습도, 일반적인 습도)
  $$\frac{절대습도(현\ 공기중에\ 함유된\ 수증기의\ 양)}{포화습도(현\ 기온하에서\ 함유된\ 수증기의\ 양)} \times 100$$

③ 기류(공기의 흐름);바람
  ㉮ 기온과 기압의 차에 의해 발생하는 공기의 흐름
  ㉯ **무풍**: 0.1m/sec
  ㉰ **불감기류**
    ㉠ 0.2~0.5m/sec
    ㉡ 의복내의 불감기류는 신진대사와 체온을 유지해 준다.

㉣ **최적기류**
　㉠ 1m/sec　　㉡ 체외의 최적기류는 방열작용을 도와주어 쾌적감을 준다.
㉤ **기류측정계**
　로빈슨 아네로미터, 풍차식풍력계, 카타온도계 등

④ 채광(자연조명)
　㉮ 태양광선을 이용한 조명　　　　㉯ 개각은 4~5° 이상, 입사각은 28° 이상
　㉰ 유리창의 면적은 벽면적의 70%, 바닥면적의 1/5~1/7이 적당 (14~20%)
　㉱ 창문의 설치는 남쪽이 좋다.
　㉲ 창문의 위치, 면적, 크기, 모양에 의해 결정된다.　㉳ 창의 높이는 높을수록 좋다.

❷ 일광

1. 자외선 (냉선, 건강선, 화학선)
① 일광의 3부분 중 파장이 가장 짧다.
② 강한 살균력이 있다. (2,600~2,800Å(옴스트롱)에서 살균력이 가장 강함)
③ 자외선 중 2900~3200Å은 프로 비타민 D를 비타민 D로 바꾸어 주므로 건강선(Dorno ray)이라 한다.
④ 비타민 D의 형성을 촉진하여 구루병을 예방한다.
⑤ 피부결핵, 관절염의 치료작용
⑥ 피부홍반, 색소침착, 부종, 수포형성, 피부박리 등의 장애
⑦ 신진대사 촉진, 적혈구 생성촉진, 혈압강하작용
⑧ 결막염, 설안염 등을 발생
⑨ 자외선으로는 조리장내의 조리기구, 식품 등을 소독하나 식품내부까지는 소독이 이루어지지 않는다.

2. 가시광선
눈에 보이는 태양광선으로 명암을 준다. (색채를 부여하고 명암을 구분)

3. 적외선 (열선)
① 파장이 가장 길다. (7,800Å 이상)
② 열작용을 하므로 열선이라고도 한다.
③ 기상의 기온을 좌우한다.

④ 홍반, 피부온도의 상승, 혈관확장 등의 작용을 한다.
⑤ 과다하게 쪼일시 두통, 현기증, 열경련, 열사병, 백내장 등의 원인이 된다.

4. 온열인자 (조건)

① 기온, 기습, 기류(바람), 복사열 (4대 온열인자)
② 복사열
　㉮ 발열체로부터 직접 발산되는 열
　㉯ 발열에 주위에서는 실제 온도보다도 온감을 더 느끼게 되는데, 이것은 복사열이 작용하기 때문이다.

❸ 공기

1. 산소(O_2)

① 공기 중에 약 21%가 존재
② 산소량이 10%가 되면 호흡곤란, 7% 이하일 땐 질식사
③ 노동이나 운동량이 증가하면 산소소비량이 증가한다.

2. 질소(N_2)

① 공기 중에 약 78%가 존재
② 수소와 반응시켜 암모니아를 만드는 암모니아합성에 가장 많이 사용되며, 암모니아로부터 질산·비료·염료 등 많은 질소화합물이 제조된다.
③ 질소기체는 산소와 습기를 제거하는 블랭킷·희석제로 사용되며, 액체질소는 냉각제로 사용된다.

3. 이산화탄소(CO_2) : 탄산가스

① 공기중에 0.03%가 존재
② 실내공기오염을 판정하는 지표
③ 허용한도 : 0.1%(1,000ppm)이하 (위생학적 허용한계)
④ 탄산가스(이산화탄소)는 공기중에 5% 정도가 함유되어 있어도 산소가 부족하지 않으면 인체에 거의 영향을 미치지 않으나, 공기중에 0.1% 이상이 함유되어 있으면 공기가 오염되어 있음을 나타낸다.

4. 일산화탄소(CO)

① 무색, 무취, 무자극성 기체
② 물체가 불완전연소할 때 많이 발생
③ 혈중 헤모글로빈과의 친화성이 산소의 200~300배
④ 중독현상 발생
⑤ 허용한도 : 8시간 기준으로 0.01%(100ppm) 이하

5. 아황산가스(SO_2)

① 중유의 연소과정에서 발생
② 자극성 취기, 점막의 염증, 호흡곤란 발생
③ 대기오염의 측정지표

6. 먼지(진애)

① 여러가지 원소가 미량함유
② 공기중의 먼지허용기준 : 400개/mℓ 이하(10mg/m^3 이하)

◆ 군집독(실내오염)

- 현상
  다수인이 밀집한 실내공기의 환기부족으로 두통, 권태, 현기증, 구토 등의 생리적 이상 증상이 발생하는 것

- 원인
  구취, 체취, 실내공기의 이화학적 조성의 변화 등

---

7. 공기의 자정작용

① 희석작용 : 악취나 미세물질의 양을 감소시키는 작용
② 세정작용 : 강우, 강설 등에 의한 분진이나 용해성 가스의 제거·감소작용
③ 산화작용 : 공기 중의 산소, 오존, 과산화수소 등에 의한 화학작용
④ 살균작용 : 태양광선 중 자외선에 의한 살균작용
⑤ 탄소동화작용 : 식물에 의한 이산화탄소 교환작용(CO2와 O2의 교환작용)

❹ 물(상수)

1. 인체와 물

① 체중의 60~70%가 물로 구성

② 10%를 상실하면 생리적 이상 발생
③ 20% 이상 상실하면 생명이 위험
④ 성인 1일 필요량 : 2.0~2.5ℓ

2. 물의 경도

① 경수(센물) : 칼슘, 마그네슘 등이 다량 함유된 물로 비누거품이 잘 일어나지 않는다.
② 연수(단물) : 칼슘, 마그네슘 등의 함량이 적은 물로 비누거품이 잘 일어난다.

3. 상수의 수원

① 천수(비, 눈) : 매진, 분진, 세균량이 많다.
② 지표수 : 하천수, 호수를 말하는데, 오염물이 많을 수 있다.

> ◆ 하천수
> • 하천수의 구성성분은 계절, 배수지역의 지형에 따라 다르다.
> • 홍수시에는 하천유량의 대부분이 표면수(지표수)로 된다.
> • 건기에는 지하수가 많으며 경도가 높아진다.
> • 최대유량과 최소유량 사이의 기간에는 수질변화가 심하다.
> • 하천의 유량이 적을수록 수질오염이 높아진다.

③ 지하수 : 유기물, 미생물이 적고 탁도는 낮으나 경도가 높다.
④ 복류수 : 하천저부에서 취수하는 방법으로, 지표수보다는 깨끗하다.

4. 물의 보건적 문제

① 수인성질병(장티푸스, 파라티푸스, 세균성 아메바성 이질, 콜레라, 유행성간염 등)의 전염원
② 기생충 질병(간디스토마, 페디스토마, 회충, 편충 등)의 전염원
③ 오염원으로부터 20m 이상 떨어져 있어야 한다.

5. 수인성질병의 병원체의 특징

① 환자의 발생이 폭발적이다.
② 2차감염에 의한 환자발생률이 낮다.
③ 전염병 유행지역과 음료수 사용지역이 일치하며, 음료수에서 동일병원체가 검출된다.
④ 계절, 성별, 나이에 관계없이 발생한다.
⑤ 장기간 방치하면 영양원의 부족, 잡균과의 생존경쟁, 일광의 살균작용, 온도의 부적당 등의 원인으로 수중에서 병원체의 수가 감소한다.
⑥ 농어촌지역에서는 아직 지하수를 음용하는 지역이 많아 오염으로 인한 질병에 노출되어

있으므로 상수도관리를 우선으로 시행하여야 한다.

> ◈ 수인성전염병
> • 물을 통해 전염되는 질병
> • 장티푸스, 파라티푸스, 세균성이질, 콜레라, 아메바성이질 등

6. 물의 정수법 (취수 → 침전 → 여과 → 소독 → 급수)

① 침사
일반적으로 상수처리를 행하기 전에 펌프 등의 손상을 방지하기 위하여, 물 속에 포함된 모래와 흙을 침전법에 의하여 제거하는 것으로 규모가 큰 것을 침사지라 하고 규모가 작은 것은 침사조라고 한다.

② 침전
㉮ **보통침전** : 일반적으로 액체 속에 존재하는 작은 고체가 액체 바닥에 가라앉아 쌓이는 현상
㉯ **약품침전** : 가만히 놓아두어도 가라앉지 않는 콜로이드상 물질이나 색도(色度) 등을 제거하기 위해 응집제(凝集劑)를 물에 가해서 침전시키는 방법이다. 응집제로는 황산알루미늄·황산제이철·염화제이철 등, 알루미늄이나 철 등의 화합물이 사용되며, 정수(淨水)에서는 급속여과 전에 반드시 거쳐야 하는 과정으로 폐수처리에도 사용된다.

③ 여과
㉮ **완속여과** : 여과지 속에 수원지의 물을 보내어 그 곳에 설치한 모래와 자갈로 된 여과층을 통과하게 함으로써 물을 정화하는 방식의 상수도 정수법으로 사면대치법으로 세척한다.
㉯ **급속여과** : 여과지(濾過池) 내의 사층(砂層)에서 물을 여과하는 점에서는 완속여과(緩速濾過)와 비슷하나, 약품침전지(藥品沈澱池)와의 조합에서는 1일 100~150m 속도로 여과하므로, 완속여과에 비해 같은 여과면적·여과시간에 30배 이상이라는 높은 능률로 여과할 수 있는 장점이 있는 반면 사층이 빨리 쌓여, 거의 매일같이 물과 압축공기로 사층을 밑에서 위로 분사(역류세척법)하여 모래를 깨끗하게 씻어내야 한다.

> ◈ 밀스라인케현상
> 콜레라예방을 목적으로 수원지인 강물을 여과급수한 결과 사망률이 감소한 결과를 밀스라인케현상이라 한다.

④ 소독
㉮ 배수 또는 급수 전에 반드시 실시해야 하는 과정이다.
㉯ 열처리법, 자외선소독법, 표백분소독법, 오존소독법이 사용된다.

㉰ 상수소독에는 염소소독이 주로 사용된다.
㉱ 잔류염소 : 물을 염소로 소독했을 때 하이포아염소산과 하이포아염소산 이온의 형태로 존재하는 염소로 잔류염소 또는 유리잔류염소라고도 한다. 일반적으로 장계전염병균(수인성전염병균:이질, 콜레라, 장티푸스, 파라티푸스 등)은 잔류염소 0.2ppm에서 30분 후 완전소멸된다.

> ◆ 폭기(Airation)
> • 물속에 공기를 불어넣어 물속의 산소를 증가시킴과 동시에 물속에서 나오기 어려운 과잉의 유해한 이산화탄소나 질소를 빼내거나 물을 공기 속에 분무시키는 일로 상수처리과정으로 사용되기도 한다.
> • 하수처리방법인 활성오니법(活性汚泥法)에 있어서 통 속의 산소농도를 일정하게 유지시키고 호기성세균이나 원생동물의 활동을 활발하게 하고, 하수를 정화하기 위하여 공기를 불어넣고, 또 하천의 산소를 보급하기 위하여 조건이 허용하는 경우에 실시한다.

7. 물의 자정작용
① 희석작용
② 침전작용
③ 자외선에 의한 살균작용
④ 미생물에 의한 식균작용
⑤ 산화작용

8. 음용수의 수질판정기준
① 미생물 기준
   ㉮ **일반세균수** : 100/cc(ml) 이하
   ㉯ **대장균군** : 100cc(ml) 중에서 불검출(2002. 7. 1. 개정)

> ◆ 대장균수
> • 대장균(수질의 분변오염 지표균)
>   그람음성의 무아포성의 단간균으로 유당을 분해하여 산과 가스를 만드는 호기성 또는 통성혐기성균
> • 대장균 자체는 인체에 유해하지 않으나 오염원과 공존하므로 상수오염의 지표가 된다.
> • 대장균의 최적확수 : 상수 100ml 중의 대장균수

② 무기질 기준
   ㉮ **암모니아성 질소** : 0.5mg/l 이하
   ㉯ **염소이온** : 150mg/l 이하
   ㉰ **질산성 질소** : 10mg/l 이하
   ㉱ **과망간산칼륨** : 10mg/l 이하
   ㉲ **납** : 0.1mg/l 이하
   ㉳ **비소** : 0.05mg/l 이하
   ㉴ **세레늄** : 0.01mg/l 이하
   ㉵ **6가 크롬** : 0.05mg/l 이하
   ㉶ **카드뮴** : 0.01mg/l 이하
   ㉷ **시안, 수은, 유기인** : 불검출

③ 유기질 기준
  ㉮ **페놀** : 0.005mg/ℓ 이하
  ㉯ **파라티온** : 0.06mg/ℓ 이하
  ㉰ **말라티온** : 0.25mg/ℓ 이하
  ㉱ **페니트로티온** : 0.04mg/ℓ 이하
  ㉲ **다이아지논** : 0.02mg/ℓ 이하
  ㉳ **총트리할로메탄** : 0.1mg/ℓ 이하
  ㉴ **카바릴** : 0.07mg/ℓ 이하
  ㉵ **테트라클로로에틸렌** : 0.01mg/ℓ 이하
  ㉶ **트리클로로에틸렌** : 0.03mg/ℓ 이하
  ㉷ **트리클로로에탄** : 0.01mg/ℓ 이하

④ 심미적 물질기준
  ㉮ **증발잔유물** : 500mg/ℓ 이하
  ㉯ **경도** : 300mg/ℓ 이하
  ㉰ 색도는 5도, 탁도는 1(NTU)이하 / 2도 이하
  ㉱ 무색투명하고 냄새와 맛이 없어야 한다.
  ㉲ 과망간산칼륨 소비량 : 10mg/ℓ 이하
  ㉳ **세제** : 0.5mg/ℓ 이하
  ㉴ **수소이온농도** : pH 5.8~8.5 이내
  ㉵ **염소이온** : 150mg/ℓ 이하
  ㉶ **철 및 망간** : 0.3mg/ℓ 이하
  ㉷ **황산이온** : 200mg/ℓ 이하
  ㉸ **동** : 1mg/ℓ 이하

> ◆ 청색아
> 　질산염이 많이 함유된 물을 장기음용시 소아에게 발생
>
> ◆ 음용수의 불소(F)함량
> ・0.8~1.0ppm이 적당
> ・이상일 때 : 반상치가 발생
> ・이하일 때 : 우치・충치가 발생

❺ 하수

1. 하수처리의 필요성
  ① 분뇨처리가 위생적으로 행해진다.

② 지역의 배수가 좋게 된다.
③ 소화기계전염병, 기생충병의 예방 및 모기와 파리의 발생방지, 쥐의 서식 방지
⑤ 상수원의 오염 예방
⑥ 생활환경의 개선에 공헌
⑦ 어류의 사멸 등 자연환경의 파괴 방지

2. 하수처리종류

① 합류식
  ㉮ 가정 하수, 산업 폐수, 자연수, 천수 등 모든 하수를 운반
  ㉯ 악취발생과 범람의 위험이 있다.
② 분류식 : 천수를 별도로 운반
③ 혼합식 : 천수와 사용수의 일부를 함께 운반

◈ 합류식의 장점
- 시설비가 저렴하고 천수(빗물)에 의해 하수관이 자연청소
- 하수관이 크므로 수리·검사·청소 등이 편리
---

3. 하수처리과정 (예비처리 → 본처리 → 오니처리)

① 예비처리
하수유입구에 스크린을 설치하여 큰 부유물을 제거해 내는 것으로 스크린이 막히면 하수가 통과할 수 없으므로 청소를 자주해야 하며 자동식스크린을 사용하기도 한다.
  ㉮ **보통침전법**
  ㉯ **약품침전법** : 황산알루미늄
② 본처리
  ㉮ **혐기성처리 (부패조법(부패조처리법), 임호프탱크법, 혐기성소화(메탄발효법))**
  혐기성균을 발육·증진시켜 탄소계물질을 분해하여 메탄, 유기산 등을 생성하고 단백질 등의 질소계물질을 분해하여 암모니아, 아미노산 등을 생성하며 화합물을 분해하여 황화수소 등의 화합물을 생성시키는 과정이다.
    ㉠ 부패조법 : 단순한 탱크로서 하수(분뇨)의 부유물인 부사(浮渣-Scum)를 형성한 후 무산소상태로 만들어 혐기성균의 분해작용을 촉진시키므로 처리하는 방법이다.
    ㉡ 임호프(Imhoff)탱크법 : 침전실과 오니소하실을 분리시켜 처리하도록 되어있으며, 이 방법 역시 소규모 하수처리에 사용된다.
  ㉯ **호기성처리 (살수여과(여상)법, 활성오니법(활성슬러지법), 산화지법, 회전원판법)**
    ㉠ 살수여과(여상)법(60ppm이하)
      • 비교적 지경이 큰 쇄석(碎石)과 콕스를 1.8~3.0m 정도 겹쳐 쌓아 여상을 만든다.

- 제일침전지 → 살수여상지 → 최종침전지 → 소하조의 순서로 실시하며 수량이 갑자기 변화해도 조치가 가능하나 파리의 발생 및 악취의 발생이 심하며 높은 수압이 필요하다.
  ⓒ 활성오니법(20ppm 이하); 활성슬러지법 (가장 진보적인 방법)
  - 호기성균이 풍부한 활성오니를 투입하여 충분한 산소를 공급하므로써 호기성균의 활동을 촉진시켜 유기물을 산화시키는 방법이다.
  - 이 방법은 처리면적이 좁아도 처리가능하며 살수여상법에 비해 경제적이나 기계조작이 어렵고 고도의 숙련이 필요하다.
③ 오니처리 (사상건조법, 소화법, 소각법, 퇴비법 등)
  ㉮ 오니(슬러지)를 최종적으로 안전하게 처분 또는 이용하도록 하는 가공법으로 슬러지(찌꺼기)처리라고도 하며, 오니처리는 배수·배기가스로 환경에 배출되는 오염물질을 모아 고형물화하여 토계(土系)로 안전하게 복원시킴으로써 수질·대기오염을 방지하는 과정이다.
④ 최종 생성물인 오니의 처리
  ㉠ 대부분은 단순히 매립처분되고 있다.
  ㉡ 하수오니는 영농용, 원예용의 토양개량재료,
  ㉢ 분뇨처리오니는 유기비료로,
  ㉣ 식품가공 배수처리오니는 사료, 발효원료로,
  ㉤ 상수오니나 토목공사배수처리오니는 요업원료, 성토재로 이용되고 있다.
  ㉥ 중금속 등 유해성분을 용출할 우려가 큰 것은 지하수나 일반토양과 차단시켜 처분한다.
  ㉦ 기타 소각법이나 사상건조법, 소화법 등이 있다.

4. 하수오염측정

① 생화학적 산소요구량(BOD)
  BOD가 높다는 것은 분해가능한 유기물질이 많이 함유되어 있다는 것을 의미하며, 이것은 하수의 오염도가 높다는 것을 의미한다.
② 용존산소량(DO)
  하수 중의 용존산소량이 오염도를 측정하는 방법으로 용존산소의 부족은 오염도가 높음을 의미한다.
③ 위생하수의 서한도
  ㉮ DO : 5ppm 이상 (4~5ppm 이상)   ㉯ BOD : 20ppm 이하
④ BOD 측정
  일반적으로 20℃에서 20일이 필요하나, 너무 길기 때문에 통상 5일의 기간을 지정한다.

❻ 분뇨와 진개

1. 분뇨의 처리법

① 분뇨의 소화처리법
  ㉮ **가온식 소화처리법** : 25~35℃에서 1개월 이상이 필요
  ㉯ **무가온식 소화처리법** : 2개월 이상이 필요

② 분뇨의 습식산화법
  ㉮ 병원균이 완전사멸
  ㉯ 가장 위생적 처리방법
  ㉰ 고압(70~80기압), 고온(200~250℃)으로 소각

2. 분변에 의한 소화기계질병

① 세균성질병 : 장티푸스, 세균성 이질, 콜레라 등
② 기생충질환 : 회충, 구충, 편충, 요충, 촌충, 아메바성이질, 흡충류 등

3. 분변오염의 지표균(대장균군, 장구균)

대장균군의 존재여부는 분변에 의한 오염지표균으로 이용되고, 특히 장구균은 냉동식품의 분변오염지표균으로 이용되며, 수질검사 등에 응용되는 위생학상 대단히 중요하다.

4. 진개(쓰레기)처리

① 매립법
  ㉮ 불연성진개나 잡개가 적당
  ㉯ 매립경사는 30°
  ㉰ 반드시 복토를 실시
  ㉱ 매립두께는 1~2m
  ㉲ 복토두께는 0.6~1m

② 소각법
  ㉮ 미생물을 사멸시킬 수 있는 가장 위생적 방법
  ㉯ 대기오염의 우려가 있다.

③ 퇴비화법
  ㉮ 발효시켜 비료로 사용하는 방법
  ㉯ 유기물이 많은 진개에 사용

④ 기타방법 : 투기법, 가축사료화법, 그라인더법 등

◈ 진개처리
- 진개(쓰레기)의 처리 중에 수거작업은 사람에 의한 수작업이 대부분이므로 수거비용이 가장 많은 부분을 차지한다.
- 진개(쓰레기)가 혐기적 조건에서 분해될 때 메탄가스, 이산화탄소, 황화수소, 암모니아가 발생한다.

❼ 곤충의 구제 및 매개질병

1. 구충구서의 일반적 원칙
① 발생원 및 서식처를 제거(가장 근본적인 대책)
② 발생초기에 실시
③ 대상동물의 생태습성에 따라서 실시
④ 광범위하게 동시에 실시

2. 위생해충의 구제
① 파리
  ㉮ 속효성 살충제 분무법
  ㉯ 끈끈이 테이프법 등

② 모기
  ㉮ 속효성살충제 공간살포법
  ㉯ 기피제

③ 바퀴
  ㉮ 독이법(붕산, 아비산 석회, 불화소다에 찐감자 및 설탕을 혼합사용)
  ㉯ 유인제에 의한 접착제 사용법
  ㉰ 살충제 분무법 등
  ㉱ 바퀴의 습성 : 잡식성, 야간활동성, 군집성(군서성), 질주성

④ 쥐
  ㉮ 살서제, 포서기, 천적(고양이) 이용, 서식처 제거 등
  ㉯ 아메바성 이질, 페스트, 서교증, 와일씨병, 살모넬라증, 발진열, 유행성출혈열 등을 전염

⑤ 진드기
   ㉮ 건조상태에서는 증식할 수 없고 20℃, 13% 이상의 수분이 있어야 발생한다.
   ㉯ **긴털가루 진드기** : 가장 흔한 것으로 곡류, 곡분, 빵, 과자, 건조 과일, 분유, 건어물 등 각종 식품에서 발견
   ㉰ **수중 다리가루 진드기** : 각종 저장식품, 종자, 건조과일 등에 발견
   ㉱ **설탕 진드기** : 설탕, 된장 등
   ㉲ **보리가루 진드기** : 곡류, 건어물 등

3. 곤충(동물)이 매개하는 질병

① 파리 : 콜레라, 이질, 장티푸스, 파라티푸스, 식중독 등
② 모기 : 말라리아, 일본뇌염, 사상충증, 황열, 뎅기열 등
③ 바퀴벌레 : 콜레라, 이질, 장티푸스, 살모넬라증, 소아마비(폴리오) 등
④ 쥐 : 아메바성이질, 페스트, 서교증, 와일씨병, 살모넬라증, 발진열, 유행성출혈열 등
⑤ 진드기 : 유행성출혈열, 양충병, 옴, 재귀열, 쯔쯔가무시증 등
⑥ 벼룩 : 페스트, 발진열, 재귀열 등
⑦ 이 : 발진티푸스, 재귀열, 페스트, 참호열 등
⑧ 빈대 : 재귀열 등
⑨ 인축공통(공동)전염병 : 결핵, 탄저병, 비저병, 공수병(광견병), 페스트, 살모넬라증, 돈단독, 선모충. Q열, 야토병, 파상열(브루셀라) 등.
※ 폴리오는 유행성 소아마비를 말하는 것으로 급성회백수염, 척수전각염이라고도 한다.

❽ 조명

1. 인공조명

① 직접조명
   광원이 직접비치는 것으로 조명효율이 크고 경제적이나 현휘를 일으키며 강한 음영으로 불쾌감을 준다.
② 간접조명
   광원을 다른 곳에 반사시키는 것으로 조명효율이 낮고, 설비의 유지비가 많이 든다.
③ 반간접조명
   직접조명과 간접조명의 절충식이다.
④ 조리장의 조도 : 50~100Lux가 적당하다.

2. 객석의 조명
① 일반음식점 : 30Lux
② 유흥음식점 : 10Lux
③ 단란주점 : 30Lux

3. 부적당한 조명에 의한 문제
① 가성근시
② 안정피로
③ 안구진탕증
④ 전광성 안염, 백내장
⑤ 작업능률저하 및 재해발생

4. 인공조명시 고려할 사항
① 조도는 작업에 충분할 것
② 광색은 주광색에 가까울 것
③ 유해가스의 발생이 없을 것
④ 폭발·발화의 위험이 없을 것
⑤ 취급이 간단하고 가격이 저렴할 것
⑥ 조도는 균일할 것
⑦ 간접조명으로 할 것

❾ 환기 및 냉난방

1. 환기
① 자연환기
  ㉮ 실내공기는 실내외의 온도차, 기체의 확산력, 외기의 풍력에 의해 자연환기가 이루어진다.
  ㉯ 중성대가 천정가까이에 형성되도록 하는 것이 환기효과가 크다.

> ◈ 중성대
> 실내로 들어오는 공기와 나가는 공기 사이에 발생되는 압력 '0'의 지대를 말하며, 천정 근처에 형성되는 것이 좋다.

② 인공환기(동력환기)시 고려사항
  ㉮ **신속한 교환** : 취기, 오염공기
  ㉯ **생리적 쾌적감** : 온도, 습도
  ㉰ **고른 분산** : 신선한 공기로 교환된 것이 실내에 고르게 유지
③ 환기량
  1시간 내에 실내에서 교환되는 공기량으로 탄산가스(CO_2)를 기준으로 측정한다.

2. 냉방과 난방

① 10℃ 이하일 때는 난방을, 26℃ 이상일 때는 냉방을 한다.
② 난방 : 실내의 쾌적온도는 18±2℃, 습도는 40~70%
③ 냉방 : 실내의 온도 차이는 5~7℃
④ 실내외의 온도차가 10℃ 이상이 되면 인체에 해롭다.

❿ 공해

1. 현대공해

① 다양화, 누적화, 다발화, 광역화의 경향
② 대기오염, 수질오염, 토양오염, 소음, 진동, 악취, 방사선오염, 일조권 방해, 전파방해 등

2. 대기오염

① 물질
  ㉮ **여름** : 오존(O_3), 옥시탄트, 알데히드 등
  ㉯ **겨울** : 매연, 아황산가스(SO_2), 질소(N_2), 일산화탄소(CO) 등
② 대기오염원
  ㉮ **입자물질** : 먼지, 재, 연무, 안개, 연기, 훈연, 검댕
  ㉯ **가스물질** : 일산화탄소, 질소화합물, 황산화합물, 탄화수소
③ 대기오염의 피해
  ㉮ **호흡기질병** : 만성기관지염, 기관지천식, 천석성 기관지염, 폐기종, 인후두염 등
  ㉯ **농작물피해** : 생장장애 및 식물의 조직파괴 등
  ㉰ 금속제품부식, 페인트칠 변질, 건축물 손상 등
  ㉱ 자연환경의 악화

④ 기온역전
    ㉮ 대기층상부기온이 하부기온보다 더 높은 현상
    ㉯ 공기순환이 나쁜 것으로 호흡기질환을 일으키는 원인이 된다.
⑤ 오존층 파괴 : 프레온가스, 할로겐 등에 의해 발생, 온난화 현상
⑥ 대기오염방지 방법
    ㉮ 석유계 연료의 탈황장치   ㉯ 도시계획과 녹지대 조성
    ㉰ 대기오염방지를 위한 법적규제 및 제도
⑦ 런던형 스모그
    ㉮ 1952년 12월에 발생   ㉯ 4,000여명이 사망
    ㉰ 공장·가정의 배출가스가 주원인
⑧ 로스엔젤레스형 스모그
    ㉮ 1943년
    ㉯ 공장과 쓰레기 소각로에서 나온 강하분진, 자동차에서 배출되는 질소산화물, 탄화수소 등이 태양빛에 반응하여 유독성 황갈색스모그형성
    ㉰ 이산화황과 안개에 의한 스모그와 구분하여 광화학스모그라고 한다.

3. 수질오염

① 수질오염의 피해
    ㉮ **미나마타병(유기수은)**
        ㉠ 수은(Hg)을 함유한 공장폐수가 어패류에 오염된 것을 사람이 섭취함으로써 발생
        ㉡ 증상 : 손의 지각이상, 언어장애, 구내염, 시력약화 등
    ㉯ **이타이이타이병(카드뮴)**
        ㉠ 카드뮴(Cd)이 지하수, 지표수에 오염되어 농업용수로 사용됨으로써 벼 등 오염된 농작물 섭취에 의해 중독
        ㉡ 증상 : 골연화증, 전신권태, 신장기능장애, 요통 등
    ㉰ **PCB중독(쌀겨유 중독)**
        ㉠ 미강유 제조시 가열매체로 사용하는 PCB가 기름에 혼입되어 중독
        ㉡ 증상 : 식욕부진, 구토, 체중감소 등
    ㉱ **기타피해**
        ㉠ 농작물의 고사   ㉡ 어패류의 사멸
        ㉢ 상수, 공업용수의 오염 : 자연환경계의 파손
② 수질오염물질 : 시안, 카드뮴, 수은, 유기인, 납, 크롬, 유기폐수 등

③ 수질검사
  ㉮ **이화학적 시험** : 수중의 부유물(浮游物)·용해성분의 종류 및 양을 측정하는 시험인데, 비교적 단시간 내에 정확한 조사가 되는 장점이 있다.
  ㉯ **세균학적 시험** : 수중의 세균류, 그 중에서 특히 대장균이 배양될 수 있는 적당한 영양분·온도를 주어서 그 결과 수량이나 존재여부를 측정하는 시험이다.
  ㉰ **생물학적 시험** : 주로 현미경을 사용하여 수중생물의 종류·수를 측정하는 시험

4. 소음공해

① 소음공해로 인한 피해
  수면장애, 불쾌감, 생리적 장애, 맥박수, 호흡수, 신진대사항진, 작업능률저하 등
② 소음방지대책
  ㉮ 소음원의 규제 및 소음확산방지 ㉯ 도시계획의 합리화
  ㉰ 소음방지의 지도계몽 및 법적규제

5. 직업병의 종류와 원인

원인		질병
고열환경(이상고온)		열중증(열 경련, 열 허탈증, 열사병, 열쇠약증), 울열증
저온환경(이상저온)		참호족염, 동상, 동창
고압환경(이상기압)		잠함병, 감압병
저압환경(이상저온)		고산병, 항공병
조명 불량		안전피로, 근시, 안구 진탕증
소음		직업성 난청(방지 : 귀마개 사용·방음벽 설치·작업 방법 개선)
분진		진폐증(먼지), 규폐증(유리규산), 석면 폐증(석면), 활석 폐증(활석), 탄 폐증(연탄)
방사선		조혈기능 장애, 피부 점막의 궤양과 암형성, 생식기 장애, 백내장
자외선 및 적외선		피부 및 눈의 장애
중금속중독	납(Pb) 중독	연연(鉛緣), 뇨 중에 코프로포피린(Coproporphyrin)검출, 권태, 체중감소, 염기성 과립적 혈구 수의 증가, 요독증
	수은(Hg) 중독	미나마타병의 원인물질로 언어장애, 지각이상, 보행곤란
	크롬(Cr) 중독	비염, 인두염, 기관지염, 비충격천공
	카드뮴(Cd) 중독	이타이이타이병 원인물질로 폐기종, 신장애, 골연화, 단백뇨

제4장 질병과 전염병

❶ 전염병 발생요인

1. 전염병 발생의 3대요인
① 전염원 : 병원체 또는 병원체를 인간에게 직접 가져오는 원인이 되는 것(병원체, 병원소)
② 전염경로 : 병원체의 전파수단이 되는 모든 환경요인(환경)
③ 숙주 : 병원체의 기생으로 영양물질의 탈취 및 조직손상 등을 당하는 생물(숙주의감수성)

2. 숙주의 감수성지수(접촉감염지수)
① 두창 : 95%
② 홍역 : 95%
③ 백일해 : 60~80%
④ 성홍열 : 40%
⑤ 디프테리아 : 10%
⑥ 폴리오(유행성소아마비) : 0.1%

❷ 전염병 발생과정

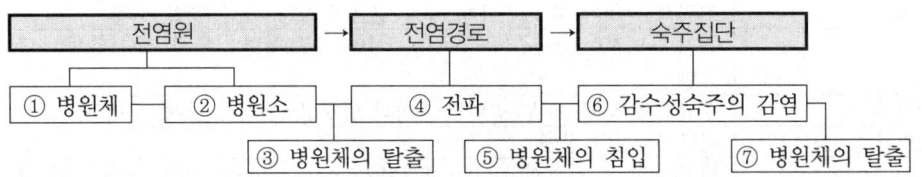

1. 병 원 체
① 세균(Bacteria) : 콜레라(호열자), 장티푸스, 디프테리아, 결핵, 나병(한센병, 문둥병), 세균성 이질, 성홍열, 백일해, 파라티푸스, 폐렴, 페스트(흑사병) 등
② 바이러스(Virus) : 소아마비(폴리오), 홍역, 유행성이하선염(볼거리), 유행성일본뇌염, 광견병(공수병), AIDS, 유행성간염, 두창(천연두), 인플루엔자, 풍진, 트라코마 (눈병) 등
③ 리켓치아(Rickettsia) : 발진티푸스, 발진열, 양충병 등
④ 스피로헤타 : 매독, 서교증, 와일씨병(바일병, 렙토스피라증), 재귀열 등

⑤ 원생동물(원충) : 이질아메바, 말라리아, 질트리코모나스, 사상충, 트리파노조마(수면병) 등

◈ 호기성과 혐기성
- 호기성 세균 : 공기 중에서 생육·번식하는 세균
- 혐기성 세균 : 공기가 없는 곳에서 생육·번식하는 세균

2. 병원소(사람, 동물, 토양)

① 인간 : 환자 또는 보균자(전염병 관리상 중요 대상)
② 동물
  ㉮ **소** : 결핵, 탄저병, 파상열, 살모넬라증 등
  ㉯ **돼지** : 살모넬라증, 파상열, 탄저병, 일본뇌염, 돈단독 등
  ㉰ **양** : 탄저병, 파상열 등
  ㉱ **개** : 광견병, 톡소플라스마 등
  ㉲ **말** : 탄저병, 유행성뇌염, 살모넬라증 등
  ㉳ **쥐** : 페스트(흑사병), 발진열, 살모넬라증, 렙토스피라증(와일씨병), 양충병 등
③ 토양
  진균류와 파상풍 등의 병원소

3. 보균자

① 병후보균자(세균성이질 등)
  병에 걸린후 치료가 되었으나 병원균이 몸안에 남아있는 보균자

② 잠복기 보균자(디프테리아, 홍역, 백일해 등)
  병원체에 감염되었으나 병의 증상이 없는 보균자

③ 건강보균자(폴리오, 일본뇌염 등)
  병원체에 감염된 증상이 없이 몸안에 병원균을 가지고 있어 병원체를 배출하는 사람으로 가장 위험하다.

4. 병원소에서 병원체의 탈출

① 호흡기계 탈출
② 장관 및 비뇨기관 탈출
③ 개방병소(상처부위 등) 탈출
④ 기계적(곤충의 흡혈, 주사기 등) 탈출

❸ 전염병의 종류 및 전파

1. 전염병의 종류

① 소화기계 전염병(경구전염병) : 장티푸스, 콜레라, 이질(세균성, 아메바성), 유행성소아마비(폴리오), 유행성간염, 파라티푸스 등

② 호흡기계 전염병 : 디프테리아, 홍역, 백일해, 유행성이하선염(볼거리), 천연두(두창), 풍진, 성홍열, 수두, 인플루엔자(감기), 결핵 등

③ 곤충 및 동물매개 전염병
광견병(공수병), 탄저병, 페스트(흑사병), 파상열(브루셀라), 발진티푸스, 말라리아, 유행성일본뇌염 등

④ 만성전염병
㉮ 결핵, 나병(한센병,문둥병), 성병(매독), AIDS(후천성면역결핍증), B형간염, 임질 등
㉯ 만성전염병은 발생률이 낮고 유병률이 높으나, 급성전염병은 그 반대이다.

2. 질병의 전파

① 직접전파
㉮ 병원체가 중간매체없이 숙주에서 다른 숙주로 신체적 접촉이나 기침, 재채기 등에 의해 전파되는 것
㉯ 성병, 감기, 결핵, 홍역 등

② 간접전파
㉮ **활성전파**
  ㉠ 모기 : 일본뇌염, 사상충증, 황열, 말라리아(학질,학중), 뎅기열 등
  ㉡ 쥐 : 페스트(흑사병), 살모넬라, 발진열, 유행성출혈열, 양충병, 서교증, 재귀열, 쯔쯔가무시증, 와일씨병(랩토스피라증) 등
  ㉢ 이 : 발진티푸스, 재귀열, 페스트, 참호열 등
  ㉣ 파리 : 수면병, 장티푸스, 이질, 콜레라, 결핵, 디프테리아 등

㉯ **비활성전파** : 물, 식품, 공기, 우유, 개달물 등

㉰ **개달물** : 환자가 사용하던 손수건, 완구, 의복, 침구류, 책 등

③ 새로운 숙주에 침입
㉮ **소화기계 전염병(경구적 침입)** : 폴리오(유행성소아마비), 콜레라, 이질(세균성, 아메바성), 장티푸스, 파라티푸스, 유행성간염, 파상열(브루셀라) 등

㉯ **호흡기계 전염병** : 결핵, 나병(한센병,문둥병), 두창(천연두), 디프테리아, 성홍열, 수막 구균성수막염, 인플루엔자(감기), 백일해, 홍역, 유행성이하선염(볼거리), 폐렴 등
㉰ **경피침입** : 트라코마(눈병), 파상풍, 웨일즈병, 야토병, 페스트, 발진티푸스, 일본뇌염 등
㉱ **성기 피부점막** : 매독, 임질, 연성하감 등
㉲ 유행성간염은 소화기계전염병에 속하나, A, B, C형 중 A형은 수혈을 통하여 전염된다.

❹ 면역과 질병

1. 면역
① 선천적면역
  ㉮ **종속면역(종속저항력)** ㉯ **인종면역(인종저항력)** ㉰ **개인차특이성(저항력의 개인차)**
② 후천적면역(획득 면역)
  ㉮ **능동면역**
    ㉠ 자연능동면역 : 질병감염 후 얻은 면역(두창, 홍역, 백일해, 장티푸스, 페스트 등)
    ㉡ 인공능동면역 : 예방접종으로 얻어지는 면역(광견병, 탄저병, 결핵, 폴리오 등)
  ㉯ **수동면역**
    ㉠ 자연수동면역 : 모체로부터 태반이나 유즙을 통해서 얻은 면역
    ㉡ 인공수동면역 : 동물면역혈청 및 성인혈청 등 인공체제를 접종하여 얻게되는 면역

2. 면역과 질병
① 영구면역이 잘되는 질병
  두창(천연두), 홍역, 수두, 유행성 이하선염(볼거리), 백일해, 성홍열, 발진티푸스, 장티 푸스, 페스트(흑사병), 콜레라, 일본뇌염, 폴리오(소아마비), 풍진, 황열 등
② 면역이 형성되지 않은 질병
  매독, 임질, 말라리아, 인플루엔자 등
③ 약한 면역이 형성되는 질병
  인플루엔자, 세균성이질, 디프테리아 등

3. 질병의 원인별 분류
① 선천적 또는 접촉감염에 의한 질병
  ㉮ **감염** : 매독, 두창(천연두), 풍진 등
  ㉯ **비감염** : 혈우병, 통풍, 고혈압, 당뇨병, 알레르기, 정신발육지연, 시력 및 청력장애 등

② 병원미생물감염에 의한 질병
   각종 전염병 등
③ 식습관으로 인한 질병
   ㉮ 과식 등에 의한 비만증, 관상동맥, 심장질환, 고혈압, 당뇨, 관절염 등
   ㉯ 식염과다 등에 의한 고혈압
   ㉰ 폭식, 과음, 불규칙한 식습관 등에 의한 위암, 간암 등
   ㉱ 영양이 결핍된 식사 또는 편식에 의한 각기병, 구루병, 펠라그라증 등
④ 공해로 인한 질병
   ㉮ **미나마타병** : 수은중독
   ㉯ **이타이이타이병** : 카드뮴중독
   ㉰ **만성기관지염 및 천식 또는 폐기종** : 아황산가스(SO_2) 등 대기오염
   ㉱ **폐암** : 자동차 배기가스로 인한 대기오염
   ㉲ **만성폐섬유화 및 폐기종** : 질소산화물(NO_2)의 장기 흡입

❺ 전염병의 관리대책

1. 전염병 관리 방법
① 전염원의 근본적 대책
② 전염경로의 차단
③ 감수성보균자의 관리

> ◈ 전염병 변화
> • 순환변화(단기변화) : 3~4년 주기
>   - 홍역 : 2년   - 백일해 : 2~4년   - 유행성뇌염 : 3~4년
> • 추세변화(장기변화) : 10~15년 주기
>   장티푸스, 디프테리아 등
> • 계절적변화
>   - 여름 : 소화기계   - 겨울 : 호흡기계

2. 병원소의 제거 및 격리
① 격리를 해야 하는 전염병
   결핵, 나병, 콜레라, 페스트, 디프테리아, 장티푸스, 세균성이질 등
② 격리가 필요없는 전염병
   유행성 일본뇌염, 파상풍, 발진티푸스, 파상열, 양충병, 기생충병 등

③ 소화기계 전염병 대책
   환자의 배설물이나 오염된 물건의 소독과 구충, 구서, 음료수 소독, 식품의 위생관리 등
④ 예방되지 못한 환자의 대책
   여러가지 관리를 하더라도 예방되지 못하는 경우를 방지하기 위하여 진단시설의 제도화, 의료시설의 확충, 무의료지역의 제거 등 국가적·사회적인 전염병관리와 지속적인 보건교육이 필요하다.

3. 검역

① 전염병 유행지역에서 입국하는 전염병 감염이 의심되는 사람을 강제격리시키는 것으로, 그 전염병의 최장 잠복기간을 격리(감시)기간으로 한다.
② 검역질병의 종류와 감시기간
   ㉮ **콜레라** : 120시간
   ㉯ **페스트, 황열** : 144시간

4. 전염병의 전파예방대책

① 전염원 대책
   ㉮ 환자의 신고
   ㉯ 보균자의 검색
   ㉰ 역학조사
② 전염원에 대한 대책
   ㉮ 격리와 치료
   ㉯ 취업 또는 등교금지
   ㉰ 교통차단과 건강 보균자의 격리
   ㉱ 병원체 보유동물 대책
   ㉲ 환자, 보균자의 배설물 및 오염물건의 소독
   ㉳ 외래 전염병에 대한 검역철저

5. 전염경로 대책

① 수질의 위생관리를 철저히 한다.   ② 손의 세척과 청결을 유지한다.
③ 하수도와 변소를 위생적으로 한다.   ④ 식기류 등은 자비소독을 한다.
⑤ 구충·구서로 전염병의 매개체를 구제한다.

6. 법정전염병

① 제1군 전염병(6종)
  콜레라, 페스트, 장티푸스, 파라티푸스, 세균성이질, 장출혈성대장균감염증(O157)

② 제2군 전염병(9종)
  디프테리아, 백일해, 파상풍, 홍역, 유행성이하선염, 풍진, 폴리오, B형간염, 일본뇌염

③ 제3군 전염병(18종)
  말라리아, 결핵, 한센병, 성병, 성홍열, 수막구균성수막염, 레지오넬라증, 비브리오패혈증, 발진티푸스, 발진열, 쯔쯔가무시증, 렙토스피라증(와일씨병), 파상열(브루셀라증), 탄저, 공수병, 신증후군출혈열(유행성출혈열), 인플루엔자(독감), 후천성면역결핍증(AIDS)

④ 제4군 전염병(13종)
  황열, 뎅기열, 마버그열, 에볼라열, 라사열, 리슈마니아증, 바베시아증, 아프리카수면병, 크립토스포리디움증, 주혈흡충증, 요우스, 핀타, 신종전염병증후군(급성호흡기증상, 급성설사증상, 급성황달증상, 급성신경증상 등)

⑤ 지정전염병(8종)
  A형간염, C형간염, 샤가스병, 포충증, 광동주혈선충증, 유극악구충증, 사상충증, 반코마이신내성 황색포도상구균(VRSA)감염증

⑥ 인축공통(공동)전염병 (zoonoses)
  사람과 동물 사이에서 동일한 병원체에 의해 발생하는 질병이나 감염상태의 전염병
  ㉮ **탄저병, 비저병** : 양, 말, 소   ㉯ **살모넬라증, 돈단독, 선모충, Q열** : 돼지
  ㉰ **광견병(공수병)** : 개   ㉱ **페스트** : 쥐
  ㉲ **야토병** : 산토끼, 다람쥐   ㉳ **결핵** : 소
  ㉴ **브루셀라** : 소, 양, 돼지(사람;열병, 동물;유산)

  ◆ 돈단독
  돼지, 양, 소, 닭 등에 의해 매개되며 단독양피부염과 폐혈증을 일으키는 것으로 경피로 감염된다.

7. 예방접종

① BCG(결핵) : 생후 4주 이내에 접종
② 디.티.피 (DTaP ; 디프테리아, 백일해, 파상풍)와 소아마비 (폴리오):
  기본접종(2개월, 4개월, 6개월의 3회) 후, 18개월에 추가접종
③ 홍역, 볼거리, 풍진 : 생후 15개월에 접종
④ 일본뇌염 : 3~15세에 접종

8. 잠복기 (감염 되고 나서 발병되기까지의 기간)

① 1주일 이내 : 콜레라, 이질, 성홍열, 뇌염, 파라티푸스, 디프테리아, 인플루엔자, 황열 등
② 1~2주일 : 발진티푸스, 백일해, 홍역, 두창, 풍진, 유행성이하선염, 급성회백수염(폴리오, 소아마비), 장티푸스, 수두 등
③ 나병, 결핵, 광견병 등은 잠복기가 특히 길다.
④ 잠복기가 가장 긴 전염병은 결핵이며, 가장 짧은 전염병은 콜레라이다.

9. 면역력 증대

① 질병에 대한 감수성이 있는 사람을 대상
② 영양관리, 운동, 충분한 수면 등의 관리
③ 예방접종 및 면역혈청을 접종

◆ 예방접종 (소아표준 예방접종표)
- 비말감염
  - 환자(보균자)의 기침, 재채기, 담화시 튀어나오는 타액에 의한 감염
  - 사람이 많이 모인 곳에서 전염이 잘된다.
  - 디프테리아, 인플루엔자, 성홍열, 결핵 등
- 진애감염
  - 병원체가 붙어 있는 먼지에 의해 감염
  - 결핵, 천연두(두창), 디프테리아 등

◆ 당뇨병
인슐린호르몬이 결핍되면 당질대사가 저하되어 혈액속의 포도당양이 늘어 당뇨를 일으키게 된다.

◆ 예방접종 (소아표준 예방접종표)

대상전염병 \ 나이	신생아 (4주이내)	2개월	4개월	6개월	12개월	13개월	15개월	18개월	24개월	4~6세	6세	12세	14~16세
결핵	BCG												
B형 간염	B형 간염			B형간염									
디프테리아-파상풍-백일해		DTaP	DTaP	DTaP				DTaP		DTaP			Td
폴리오		OPV	OPV	OPV						OPV			
홍역-볼거리-풍진							MMR			MMR			
일본뇌염							일본뇌염				일본뇌염	일본뇌염	

제5장 기생충과 예방

❶ 기생충의 종류

① 선충류
   회충, 요충, 편충, 구충, 동양모양선충, 사상충, 아니사키스충 등
② 흡충류
   간흡충, 폐흡충, 요꼬가와흡충(횡천흡충), 이형흡충 등
③ 조충류
   유구조충, 무구조충, 광절열두조충, 만소니열두조충 등
④ 원충류
   이질아메바원충, 말라리아원충 등

❷ 숙주와 기생충

1. 야채로부터 감염되는 기생충(중간숙주가 없는 기생충 : 매개식품-채소)
   ① 회충
      ㉮ 소장에 기생
      ㉯ **감염 후 산란시까지 소요기간** : 약 60~75일
      ㉰ **하루 산란수** : 약 10~20만 개
   ② 구충(십이지장충)
      ㉮ 경피감염이 특징
      ㉯ **주요 증상** : 빈혈증, 소화장애 등
   ③ 편충 : 감염경로는 회충의 경우와 같다.
   ④ 요충
      ㉮ 소장하부에 기생
      ㉯ 항문부위에 산란을 하므로 항문주위에 소양증을 발생

㉰ 집단감염이 잘 되므로 집단적 구충을 실시
⑤ 동양모양 선충
㉮ 감염형 유충은 온도, 화학약품에 비교적 저항력 강함
㉯ 내염성이 강해 절인 채소를 통해 감염되는 경우도 있다.

2. 어패류로부터 감염되는 기생충(중간숙주가 2개인 기생충)
① 간디스토마(간흡충)
㉮ 민물고기를 생식하는 강유역 주민에게 많이 감염
㉯ **제1중간숙주** : 쇠우렁이(왜우렁이)
㉰ **제2중간숙주** : 잉어, 붕어 등 민물고기(담수어)

② 폐디스토마(폐흡충)
㉮ 산간지역 주민에게 감염(충란은 객담과 함께 배출)
㉯ **제1중간숙주** : 다슬기
㉰ **제2중간숙주** : 가재, 게

③ 요꼬가와 흡충(횡천흡충)
㉮ **제1중간숙주** : 다슬기
㉯ **제2중간숙주** : 담수어(은어, 잉어, 붕어, 숭어 등)

④ 아니사키스
㉮ **제1중간숙주** : 갑각류
㉯ **제2중간숙주** : 고등어, 대구, 오징어, 고래 등

⑤ 광절열두조충(긴촌충)
㉮ 소장에 기생
㉯ **제1중간숙주** : 물벼룩
㉰ **제2중간 숙주** : 담수어(연어, 송어 등)

⑥ 스팔가눔증
㉮ **제1중간숙주** : 물벼룩
㉯ **제2중간숙주** : 딤스아, 뱀, 개구리, 조류, 포유류 등

⑦ 유극악구충
㉮ **제1중간숙주** : 물벼룩
㉯ **제2중간숙주** : 가물치, 뱀장어, 파충류, 조류, 포유 동물 등

3. 수육으로부터 감염되는 기생충(중간숙주가 1개인 기생충)

① 무구조충(민촌충) : 쇠고기를 생식, 불충분하게 가열·조리한 것을 섭취함으로써 감염
② 유구조충(갈고리촌충) : 돼지고기를 생식, 불완전하게 가열·조리한 것을 섭취함으로써 감염
③ 선모충 : 쥐, 돼지, 개, 여우 등과 사람의 인축공통전염병
④ 톡소플라스마 : 돼지, 개, 고양이, 생달걀 등으로부터 감염

❖ 경피감염기생충
  십이지장충(구충), 말라리아원충

❖ 중간숙주가 없는 기생충
  회충, 구충, 편충, 요충

4. 사람이 중간숙주 구실을 하는 기생충 : 말라리아 (학질,학증)

❸ 기생충 질환의 예방대책

① 분변을 완전처리하여 기생충란을 사멸 또는 배제시킨다.
② 정기적 검변으로 조기에 구충한다.
③ 오염된 조리기구를 통한 다른 식품의 오염에 유의한다.
④ 수육, 어육은 충분히 가열, 조리한 것을 섭취한다.
⑤ 손과 야채류는 흐르는 물에 충분히 씻는다.
⑥ 화학비료로 재배한 것을 생식한다.
⑦ 도축검사를 철저히 한다.
⑧ 중간숙주를 생식하지 않도록 한다.
⑨ 오염된 지역에서 생선회를 먹지 않도록 한다.

❖ 요충, 동양모양선충, 유구조충, 아니사키스충
  • 요충
    집단감염, 항문소양증
  • 요충
    내염성이 강한 것이 특징
  • 유구조충
    낭충(알)감염이 잘 되는 것이 특징(유구낭충증)

  • 아니사키스충
    제1중간숙주(크릴새우, 갑각류)
    제2중간숙주(고등어, 대구, 갈치)
    제3중간숙주(고래)

제6장 소독과 살균

❶ 개요

1. 용어의 정의
① 소독 : 병원미생물의 생활을 파괴하여 감염력을 억제하는 것
② 멸균 : 미생물 기타 모든 균을 죽이는 것
③ 방부 : 미생물의 증식을 억제해서 식품의 부패 및 발효를 억제하는 것
④ 살균 : 미생물을 죽이는 것
⑤ 소독력의 크기 순 : 멸균 〉 소독 〉 방부 〉 청결

2. 대상물에 따른 소독방법
① 대소변, 배설물, 토사물 : 소각법, 석탄산수, 크레졸수, 생석회 분말 등
② 의복, 침구류, 모직물 : 일광소독, 증기소독, 자비소독, 크레졸수, 석탄산수 등
③ 초자기구, 목죽제품, 도자기류 : 석탄산수, 크레졸수, 승홍수, 포르말린수, 증기소독, 자비소독 등
④ 고무제품, 피혁제품, 모피, 칠기 : 석탄산수, 크레졸수, 포르말린수 등
⑤ 분변 및 쓰레기통 : 생석회 등
⑥ 변기 또는 변소 : 석탄산수, 크레졸수, 포르말린수 등
⑦ 하수구 : 생석회, 석회유 등
⑧ 조리자의 손 : 역성비누 등
⑨ 행주 : 삶거나 증기소독, 차아염소산(하이포아염소산)처리, 일광건조 등
⑩ 도마 : 열탕처리, 차아염소산(하이포아염소산)수 처리 등
⑪ 음료수 : 자비소독, 자외선, 염소, 표백분, 차아염소산나트륨 등으로 소독
⑫ 야채, 과일 : 차아염소산처리, 표백분, 역성비누 등

❷ 물리적 소독법

1. 물리적소독법의 종류
① 가열처리법 : 건열법, 습열법
② 비가열처리법 : 자외선법, 초음파법, 방사선법, 여과법

2. 자비소독법
① 100℃ 이상에서 10분
② 중탄산나트륨을 1~2% 섞어 소독하면 강한 살균력, 녹이 방지됨
③ 금속은 물이 끓기 시작한 후에 넣어야 반점이 생기지 않음
④ 장점 : 비용이 저렴
⑤ 단점 : 예리한 날이 마모됨

3. 건열멸균법
① 화염 및 소각 : 재생가치가 없는 물건을 태워버리는 방법(가장 강력한 멸균법)
② 건열멸균법 : 150~160℃의 고온에서 유리기구, 사기그릇 및 금속제품 등의 소독에 이용
③ 코흐증기솥 100℃에서 40~45분 살균 후 24시간 항온기에 있다가 다음날 다시 반복(2회) 살균

4. 고압증기멸균법
① 120℃에서 20분
② 높은 열의 증기로 세균사멸
③ 유통증기 : 100℃에서 코흐증기솥, 아놀드솥의 증기살균기
④ 고압증기 : 가장 확실한 멸균법
⑤ 적응 : 수술복, 수술용거즈, 세균배양, 타올

5. 간헐멸균법
① 100℃의 유통증기를 1일 1회 15~30분씩 3회 계속 실시하는 방법
② 아포를 형성하는 내열성균도 사멸하는 완전멸균법

6. 습열멸균법
① 자비소독법 : 끓는 물(100℃)에서 15~30분간 처리
② 고압증기멸균법 : 아포를 포함한 모든 균을 사멸

③ 간헐멸균법 : 아포까지도 사멸
④ 저온살균법 : 우유의 경우 63℃에서 30분간 살균
⑤ 초고온 순간살균법 : 130~140℃에서 2초간 살균

7. 저온살균법

① 63~65℃에서 30분
② 결핵균, 디프테리아, 연쇄상구균, 콜레라균을 죽인다.
③ 장점 : 맛을 보존하고 영양손실이 안됨

8. 여과법

① 열을 가할 수 없는 것
② 특수약품, 혈청, 항생제
③ 단점 : 세균보다 작은 바이러스는 통과하므로 불완전하다.

9. 자외선멸균법

① 2,600Å~2,800Å(220~320mμ)의 파장이 살균력이 크다.
② 공기, 물, 식품, 기구, 용기에 사용
③ 에르고스테린을 비타민 D로 환원, 구루병 방지
④ 피부의 노폐물 배설촉진으로 신경의 진정작용
⑤ 색소침착
⑥ 과도하게 조사하면 피부염, 결막염 생김

10. 기타

① 초음파멸균법
② 방사선살균법 : Co^{60}, Cs^{137} 이용

❸ 화학적 소독법

1. 소독약의 구비조건

① 살균력이 강할 것
② 부식성, 표백성이 없고 용해성이 높으며 안정성 있을 것
③ 불쾌한 냄새가 나지 않은 것
④ 경제적이고 사용방법이 간편할 것

2. 염소(Cl_2)

① 강한 소독력과 강한 잔류효과가 있으며, 조작이 간편하고 경제적이다.
② 상수도, 수영장, 식기류 소독에 사용
③ 음용수의 유리잔류염소 : 0.2mg/ℓ (0.2ppm)

3. 석탄산(C_6H_5OH) : 페놀

① 3~5%의 수용액 사용
② 기구, 용기, 의류 및 오물 등의 소독에 사용
③ 온도 상승에 따라 살균력도 비례하여 증가한다.
④ 석탄산 계수 = $\dfrac{소독약의 희석배수}{석탄산의 희석배수}$ (소독약의 살균력 지표)

4. 크레졸($CH_3C_6H_4OH$)

① 3%의 수용액 사용
② 석탄산의 약 2배의 소독력이 있다.
③ 손이나 변소(분뇨), 하수도, 진개 등의 오물소독에 사용한다.

5. 역성비누(양성비누) : 계면활성제

① 0.01~0.1%액 사용
② 무미, 무색, 무해하며 식품소독, 피부소독에 좋다.
③ 자극성 및 독성이 없고 침투력, 살균력(포도상구균, 쉬겔라균, 결핵균에 효과적)이 있다.
④ 주의 : 보통 비누와 동시에 사용하거나, 유기물이 존재하면 살균효과가 저하되므로 세제로 씻은 후 사용하는 것이 좋다.

6. 승홍수($HgCl_2$) : 염화제2수은

① 자극성과 금속부식성이 강하고 맹독성이다(비금속 소독에 사용).
② 피부소독에는 0.1% 수용액 사용

7. 과산화수소(H_2O_2) : 옥시풀

① 3% 수용액 사용
② 무아포균에 유효, 구내염, 상처에 사용

8. 알코올(Alcohol)

① 70~75%의 에탄올 사용
② 피부 및 기구소독에 사용

9. 기타 소독약

① 표백분(CaOCl$_2$, 클로르석회) : 우물 소독에 사용하는 것으로 클로르칼키 또는 클로르석회를 말한다.
② 오존(O$_3$) : 발생기 산소에 의해서 살균되며, 수중에서 살균력을 갖는다.
③ 생석회(CaO, 산화칼슘) : 분변, 하수, 오물, 토사물 소독에 사용
④ 차아염소산나트륨(NaOCl) : 음료수, 과일, 야채, 식기소독에 사용
⑤ 과망간산칼륨 : 산화작용에 의해 소독을 한다.
⑥ 에틸렌옥사이드 : 식품 및 의약품 소독에 사용
⑦ 포름알데히드(HCHO) : 기체상태로 병원, 도서관, 거실 등의 소독에 사용
⑧ 포르말린 : 포름알데히드를 물에 녹여 35~37.5% 수용액으로 만든 것으로 변소, 하수도, 진개 등의 오물소독에 사용
⑨ 과망간산칼륨(KMnO$_4$) : 산화력에 의한 소독효과를 갖는다.

◈ 중성세제의 농도

식기세척시 사용하는 중성세제의 농도는 0.1~0.2%정도 이다.

◈ 자외선의 살균력

자외선의 파장의 범위가 2,500~2,800Å(옹스트롱)정도일 때 살균력이 가장 강하다.

◈ 보균자

병의 증상은 나타나지 않으나 몸 안에 병원균을 가지고 있어서 일상 혹은 가끔 병원체를 배출하고 있는 자로서 종류로는 병후 보균자, 잠복기(발병 전)보균자, 건강 보균자가 있다.

제7장 인구와 보건

❶ 산업보건

1. 산업보건의 의의
모든 산업현장의 작업자에 대한 육체적, 정신적, 사회적 안녕을 최고도로 증진·유지시키는데 있다.

2. 산업보건의 중요성
근로자 자신 뿐만아니라 생산과 직결되어 기업의 손실을 방지하고 근로자의 건강과 안전을 위해서도 중요하다.

3. 작업종류별 필요 영양소
① 고온작업 : 식염, 비타민 A, 비타민 B_1, 비타민 C
② 저온작업 : 지방질, 비타민 A, 비타민 B_1, 비타민 C, 비타민 D
③ 강노동직업 : 비타민류, Ca 강화식품
④ 소음작업 : 비타민류

4. 작업환경에 의한 직업병
① 이상고온 (고열환경) : 열중증 (열경련, 열사병, 열허탈증, 열쇠약증, 울열증 등)
② 이상저온 : 참호족염, 동상, 동창, 빈혈 등
③ 불량조명 : 안정피로, 근시, 안구진탕증 등
④ 적외선 : 일사병, 백내장, 피부홍반 등
⑤ 자외선 : 피부화상, 피부암, 눈의 결막(각막)손상 등
⑥ 방사선 : 조혈기능의 장애, 피부점막의 궤양과 암의 형성, 생식기능장애 등
⑦ 고압작업 (고압환경) : 잠함병 등
⑧ 저압작업 (저압환경) : 수면장애, 흥분, 호흡촉진, 식욕감퇴 등 (고산병, 항공병)
⑨ 분진 : 진폐증 (규폐증(유리규산), 탄폐증, 석면폐증, 활석폐증, 금속열 등)
⑩ 진동 : 레노이드(Raynaud's)병

5. 중금속중독

① 납(Pb)중독(연독) : 권태, 체중감소, 연산통, 구강염, 연빈혈, 연연, 적혈구수의 증가 등
② 수은(Hg)중독(미나마타병) : 수은에 감염된 어패류를 섭취하였을 때 피로, 기억력감퇴, 지각이상, 언어장애 등의 증상이 나타난다.(홍독성홍분, 중추신경 말초신경 마비 등)
③ 크롬(Cr)중독 : 비염, 인두염, 기관지염, 비충격천공증 등
④ 카드뮴(Cd)중독(이타이이타이병) : 폐기종, 신장장애, 단백뇨, 골연화증 등
⑤ 이황화탄소(CS_2)중독 : 정신질환, 하반신마비, 뇌신경마비 등

6. 직업병 예방대책

① 환경관리
작업환경을 철저하게 관리하여 유해물질이 발생하는 것을 방지하므로서 안전하고 건강한 작업환경을 만들어야 한다.

② 작업조건
작업조건이 근로자에게 적정한지 조사하고 부적당한 점이 있으면 이를 시정개선하여 쾌적한 작업환경을 만들어야 한다.

③ 근로자 관리
근로자의 채용시 신체검사 및 정기건강진단을 실시하고, 유해업무에는 반드시 보호구를 사용하게 하므로서 위험에 직접 노출되는 일이 없도록 한다.

7. 연소자의 보호

① 15세미만의 자는 근로자로 고용할 수 없다.
② 여자와 18세미만의 자는 사회도덕상·보건상 유해업종이나 위험한 산업현장에 고용할 수 없다.
③ 15~18세까지는 보호연령으로 작업시간 및 작업환경을 제한하고 있다.

❷ 모자보건

1. 목적과 대상

① 목적
모체와 영·유아에게 전문적인 의료봉사로서 신체적·정신적 건강과 정서적 발달을 유지·함양시켜 국민보건의 발전에 기여하는 데에 그 목적이 있다.

② 대상

여성의 임신, 분만 및 수유를 하는 기간과 영·유아의 취학전(6세)까지를 대상으로 한다.

2. 모성보건 (3대 사업목표; 산전보호관리, 산욕보호관리, 분만보호관리)
① 임산부 사망(모성사망)
  ㉮ 임신, 분만, 산욕에 관계되는 질병 또는 이상으로 인하여 일어나는 사망
  ㉯ 임신 중 전염병, 만성질병 및 사고에 의한 사망은 제외한다.
  ㉰ **사망원인** : 임신중독증, 출산전후의 출혈, 자궁외임신과 유산, 산욕열 등
② 임산부의 중요 질병과 이상
  ㉮ **임신중독증**
    ㉠ 임신후반기(특히 8개월 이후)에 주로 발생
    ㉡ 증세 : 부종, 단백뇨, 고혈압의 3대증세 발생
    ㉢ 원인 : 과로, 영양부족 등
    ㉣ 예방
      • 식염, 당질, 지방질의 다량섭취를 피하고 단백질, 비타민을 많이 섭취한다.
      • 적당한 휴식과 겨울철의 체온유지
      • 정기적 진단실시
  ㉯ **유산, 조산, 사산**
    ㉠ 유산 : 임신 28주(7개월) 이전의 분만
    ㉡ 조산 : 임신 28주~38주 사이의 분만
    ㉢ 사산 : 죽은 태아를 분만
  ㉰ **자궁외임신과 이상출혈**
    ㉠ 자궁외임신 : 임균성 및 결핵성 난관염과 인공유산후의 염증 등이 원인
    ㉡ 이상출혈 : 임신전후반기와 산욕기 출혈
  ㉱ **산욕열 및 감염**
    산욕기(출산 6~8주 사이)감염에 의한 심한 발열현상으로 38℃ 이상의 고열과 오한이 생기는 증상

3. 소아보건
① 소아사망 (영 유아사망의 3대 원인; 폐렴, 장티푸스, 위병)
  ㉮ 영·유아기는 환경악화나 비위생적인 환경에 가장 예민한 시기이므로 환경이 불량한 지역에서는 사망률이 높다.
  ㉯ **영아사망률**
    ㉠ 영아사망률은 지역사회의 보건수준을 가장 잘 나타낸다고 할 수 있다.

ⓛ 영아사망률 = $\frac{1년간\ 1세미만의\ 사망수}{1년간의\ 출생수} \times 100$

② 조산아
  ㉮ 체중 2.5kg 이하의 저체중아와 임신 28주 이내에 출생한 영아를 말한다.
  ㉯ **조산아의 육체적 결함**
    ㉠ 체온의 조절불능
    ㉡ 호흡장애
    ㉢ 소화장애
    ㉣ 조혈능력부족
    ㉤ 질병과 독성에 대한 감수성이 높음
  ㉰ **조산아 4대 관리원칙**
    ㉠ 체온보호
    ㉡ 전염병감염방지
    ㉢ 영양보급
    ㉣ 호흡관리

4. 모자보건대책
① 혼인기 대책
  ㉮ 성병의 예방
  ㉯ 유전성질환예방
  ㉰ 모체보호
  ㉱ 수태조절지도
② 임부 대책
  ㉮ 정기적인 건강진단
  ㉯ 임신중독증 예방을 위한 건강 및 영양관리

❸ 학교보건

1. 목적
학생과 교직원의 건강을 확보하여 심신의 안녕과 학업능률의 향상을 도모하고 졸업후에도 건강한 생활을 유지할 수 있도록 함

2. 분류

① 학교보건관리
   ㉮ 학생들의 건강관리
   ㉯ 학교생활관리
   ㉰ 학교환경관리
   ㉱ 위생관리

② 학교보건교육
   ㉮ 교과목을 통한 보건교육을 실시
   ㉯ 특별활동 및 학교생활을 통한 건강에 대한 올바른 판단과 건강한 생활실천 교육

3. 학교급식의 목표와 종류

① 목표
   ㉮ 식사에 대한 올바른 이해와 바람직한 식습관 형성
   ㉯ 학교생활을 풍성하게 하고 밝은 사회성 함양
   ㉰ 식생활의 합리화와 영양개선 및 건강증진 도모
   ㉱ 식량증산 분배 및 소비에 관한 올바른 이해 도모

② 종류
   ㉮ **완전급식** : 주식, 부식, 음료 제공
   ㉯ **부분급식** : 주식, 부식 제공
   ㉰ **보조식(특별식)** : 사과, 우유 등을 제공(농어촌 에서 실시)

❹ 인구문제와 구성

1. 인구문제

① 인구의 크기 : 출생과 사망의 차이에 의한 자연증가와 유입과 유출의 차이에 의한 사회증가로 결정

② 한 국가나 지역사회 인구증감 : 자연증가와 사회증가의 합에 의해 결정

③ 세계인구증감
   ㉮ 출생과 사망에 의해 결정
   ㉯ 국민의 경제성, 공업화, 산업화, 보건관리 등 사회성에 영향을 받는다.

2. 인구 연령별 구성형태

① 피라미드형 (인구증가형); 후진국형
  ㉮ 인구가 증가할 잠재력을 많이 가지고 있는 형
  ㉯ 출생률은 높고, 사망률은 낮은 형
  ㉰ 14세 이하 인구가 65세 이상 인구의 2배 이상인 형

② 종형 (인구정지형); 가장 이상적인 상태, 인구정체형
  ㉮ 출생률과 사망률이 모두 낮은 형
  ㉯ 14세 이하 인구가 50세 이상 인구의 2배 이상인 형

③ 항아리형 (호형, 방추형); 인구감퇴형, 선진국형, 인구감소형
  ㉮ 평균수명이 높은 선진국가형
  ㉯ 인구가 감퇴하는 형
  ㉰ 출생률이 사망률보다 낮은 형
  ㉱ 14세 이하 인구가 65세 이상 인구의 2배가 되지 않는 형

④ 별형 (성형); 인구유입형, 도시형
  ㉮ 생산연령 인구가 많이 유입되는 도시지역형
  ㉯ 15~49세의 생산층 인구가 전체 인구의 1/2 이상인 형
  ㉰ 생산층 인구가 증가되는 형

⑤ 호로형 (표주박형); 인구유출형, 농촌형
  ㉮ 별형과는 반대개념의 형
  ㉯ 생산층 인구가 유출되는 농촌형
  ㉰ 생산층 인구가 전체 인구의 1/2 미만인 형
  ㉱ 생산층 인구가 감소하는 형

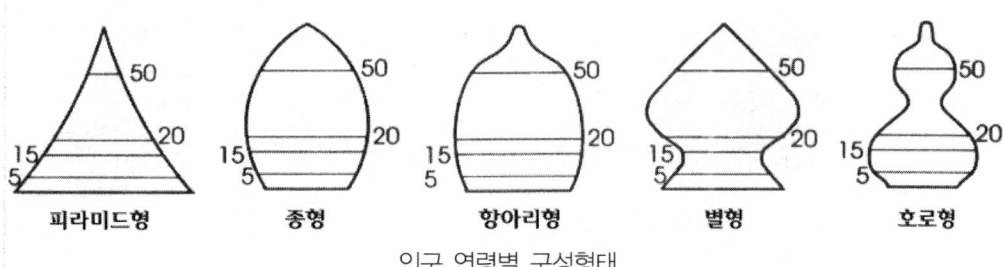

인구 연령별 구성형태
(숫자는 연령표시임)

메 모

◆ **주요 보건 통계 양식**
- 인구자연증가 = 출생아수 − 사망수
- 인구사회증가 = 유입인구 − 유출인구
- 출생률 = $\dfrac{\text{연간의 출생아 수}}{\text{인구}} \times 1000$
- 조사망률(보통사망률) = $\dfrac{\text{연간의 사망 수}}{\text{인구}} \times 1000$
- 모자 사망률 = $\dfrac{\text{연간의 모성 사망 수}}{\text{연간의 출생아 수}} \times 1000$
- 영아 사망률 = $\dfrac{\text{연간의 영아 사망 수}}{\text{연간의 출생아 수}} \times 1000$
- 평균수명 : 12개월 미만의 유아가 평균 몇 년 살 것인가 표시하는 것
- 인구증가율 = $\dfrac{\text{자연증가}+\text{사회증가}}{\text{인구}} \times 1000$

| 조리기능사 국가자격시험을 대비한 최신 이론교재 |

제 2 편
식품위생학

FOOD & COOKING

제1장 식품위생개론

❶ 식품위생의 개요

1. 식품위생의 정의
① 우리나라
    식품위생이란 식품·식품첨가물·기구 및 용기와 포장을 대상으로 하는 음식물에 관한 위생

② WHO
    식품의 생육, 생산, 제조에서 최종적으로 사람에게 섭취될 때까지 모든 단계에 있어서 안전성, 보존성, 악화방지를 위해 취해지는 모든 수단

2. 식품위생의 의의와 대상
① 의의
    식품의 생육·생산·제조에서 최종 사람에게 섭취될 때가지에 있어서 안전성, 보존성, 악화방지를 위해 취해지는 모든 수단

② 대상
    식품, 식품첨가물, 기구 또는 용기와 포장을 대상으로 하는 음식에 관한 위생

3. 식품위생의 목적
① 식품(의약으로 섭취하는 것을 제외한 모든 음식물)에 의한 위생상의 위해 방지
② 식품의 안전성유지
③ 식품영양의 질적향상을 도모함으로써 국민보건의 향상과 증진에 기여

❷ 식품위생 행정기구

1. 중앙기구
① 보건복지부의 식품국 : 식품위생에 관한 업무의 총괄, 기획, 조사 등을 주관하며 지방의 위생행정기구를 지휘, 감독
② 농림부·해양수산부 : 농축산물과 수산물의 품질이나 경제상의 부분
③ 기획재정부 : 주류의 품질과 경제상의 부분
④ 식품의약품안전청 : 식품위생행정의 업무

2. 지방기구
① 지방자치기관의 보건사회국 보건위생과 : 식품위생에 관한 지도감독
② 구청위생과 : 식품위생감시원을 배치하고 말단의 식품위생 행정업무를 담당
③ 군, 구 보건소 : 건강진단과 위생강습, 식중독의 역학조사 등을 담당
④ 시·군 보건환경연구원 : 지방의 식품위생행정을 과학적으로 뒷받침하는 시험검사기관

3. 식품으로 인한 위해요인
① 미생물에 의한 것
② 유독성동식물에 의한 것
③ 기생충에 의한 것

4. 위해요소중점관리기준(HACCP : Hazard Analysis Critical Control Point)
① 식품의약품안전청장이 고시한다.
② 식품제조·가공 공정의 위해요소 중점 관리 제도
③ 식품에 혼입되거나 오염되는 것을 사전 방지
④ 사후조치보다는 예방조치
⑤ 식품공급을 미생물학적, 화학적 및 물리적 위해요소 보호 관리

제2장 식품과 미생물

❶ 미생물의 개요

1. 미생물의 정의
① 미생물이란 개체가 매우 작아서 육안으로 볼 수 없는 미세한 생물(0.1mm 이하)로 식품과 밀접한 관계가 있으며 주로 단일세포 또는 균사로써 몸을 이루며, 생물로서 최소 생활단위를 영위한다.
② 미생물은 사람에게 병을 일으키는 병원성미생물과 병을 일으키지 않는 비병원성미생물로 구분한다.
③ 토양, 물, 대기, 동식물 중에 서식하다가 식품의 제조, 가공, 조리, 포장 등의 과정에서 식품에 유입되어 오염시킨다.

2. 식품과의 관계
① 식품의 부패를 일으키는 것
② 식품의 발효를 일으키는 것
③ 식품과 함께 입으로 들어와 질병을 일으키는 것
④ 식품을 오염시켜 중독을 일으키는 것

❷ 미생물의 종류

1. 미생물의 구분
① 원생동물류(Protozoa), 세균류(Bacteria), 사상균류(Mold), 효모류(Yeast), 바이러스(Virus), 조류(Algae) 등으로 구분한다.
② 미생물의 크기 : 곰팡이 > 효모 > 세균 > 리켓치아 > 바이러스의 순이다.

2. 원생동물(Protozoa)

① 단세포동물이다.
② 아메바성 이질, 질트리코모나스, 말라리아, 톡소플라스마(Toxoplasma) 등

3. 세균(Bacteria)

① 개요
　㉮ 몸이 하나의 세포로 이루어진 가장 작고 하등한 단세포생물
　㉯ 2개로 분열하여 증식
② 형태에 의한 분류
　㉮ **구균**
　　㉠ 구형의 세균
　　㉡ 폐렴쌍구균을 제외한 쌍구균은 거의가 그람음성균이다.
　　㉢ 병원성을 지닌 구균은 감염되면 염증·화농을 일으키는데, 설파제나 각종 항생물질을 사용하면 치료효과가 있으나 포도상구균 감염은 임상적인 치료가 곤란하다.
　㉯ **간균**
　　㉠ 막대기 모양 또는 원통형 세균으로 크기와 길이는 다양하고 양 끝의 모양도 일정하지 않다.
　　㉡ 간균은 보통 흩어져 있는데, 두크레이간균과 같은 것은 여러 개가 양 끝이 서로 이어져서 사슬처럼 보이므로 연쇄간균이라 한다.
　　㉢ 세균의 포자는 세균 균체가 휴식상태에 있는 부분으로 세균의 종자와 같은 것이다.
　　㉣ 각 간균의 명칭은 디프테리아균·결핵균 등과 같이 보통 그 간균에 의해서 일어나는 병명을 붙여서 명명한다.
　㉰ **나선균**
　　㉠ 긴 나선형으로 50° 내외로 회전을 하는 것도 있다.
　　㉡ 약 10종이 알려져 있으며, 길이 1~50μ mm정도로 호기성 그람음성균이다.
③ 그룹에 의한 분류
　㉮ **바실루스(Bacillus)속**
　　㉠ 그람양성의 호기성, 내열성, 아포형성간균
　　㉡ 토양을 중심으로 하여 자연계에 널리 분포
　　㉢ 식품의 오염균 중 대표적인 균
　　㉣ 전분분해작용과 단백질분해작용을 한다.
　　㉤ 대표적인 균으로는 고초균(Bacillus Subtilis)이 있다.

㉯ 마이크로코쿠스(Micrococcus)속
  ㉠ 호기성, 무아포그람양성구균
  ㉡ 주로 토양, 물, 공기를 통하여 식품을 오염
  ㉢ 수산연제품, 양금류, 어패류에 부착

㉰ 슈도모나스(Pseudomonas)속
  ㉠ 그람음성무아포간균, 수성세균이 많고, 형광균도 포함
  ㉡ 어패류에 부착

㉱ 프로테우스(Proteus)속
  ㉠ 그람음성무아포간균
  ㉡ 동물성식품의 부패균

㉲ 에스체리치아(Escherichia)속 (대장균 속)
  ㉠ 장내 세균과에 속한다.
  ㉡ 분변오염의 지표균

㉳ 장구균속
  ㉠ 냉동식품에서 장시간 생존
  ㉡ 냉동식품의 오염지표균

㉴ 젖산균(Lactic Acid Bacteria)속
  ㉠ 그람양성간균
  ㉡ 당류를 발효시켜 젖산을 생산

㉵ 클로스트리디움(Clostridium)속
  ㉠ 그람양성간균, 편성혐기성균
  ㉡ 멸균이 불완전한 통조림 등 산소가 없는 상태에서 식품을 부패

㉶ 그람양성균
  포도상구균, 연쇄상구균, 폐렴균, 나병균, 디프테리아균, 파상풍균, 탄저균, 방선균 등

㉷ 호기성세균
  산소가 있는 곳에서 생육·번식하는 세균으로 산소성세균이라고도 한다.

㉸ 혐기성세균
  산소가 없는 환경에서 생활하는 세균

④ 온도에 따른 세균의 분류
  ㉮ **저온균** : 15~20℃
  ㉯ **중온균** : 25~37℃
  ㉰ **고온균** : 50~60℃

4. 곰팡이(Mold)

① 개요
　㉮ 대부분의 곰팡이류는 현미경으로 보면 세포가 길쭉해져 있고 또한 세로로 연결되어 실과 같은 모양을 하고 있다. 이것을 균사라고 한다.
　㉯ 곰팡이는 포자(홀씨)를 형성하고 무성적으로 번식한다.

② 코오지곰팡이(Aspergillus : Asp)속
　㉮ **누룩곰팡이(Asp. Oryzae)** : 약주, 탁주, 된장, 간장제조에 이용
　㉯ **아스퍼질루스 플라버스(Asp. Flavus)** : 아플라톡신(Aflatoxin)을 생산하는 유해균

③ 페니실리움(Penicillium)속
　㉮ 푸른곰팡이
　㉯ 과실이나 치즈 등을 변패시키는 것이 많고, 황변미를 만드는 것도 있다.

④ 뮤코아(Mucor)속
　㉮ 털곰팡이
　㉯ 식품의 변패에 관여하며, 식품제조에도 이용

⑤ 리조푸스(Rhizopus)속
　거미줄 곰팡이, 빵곰팡이(흑색빵의 원인균)

5. 효모(Yeast)

① 개요
　㉮ 곰팡이나 버섯 무리이지만 균사가 없고, 광합성능이나 운동성도 가지지 않는 단세포 생물의 총칭이다.
　㉯ 전형적인 효모는 출아에 의해 증식하는 크기 $8\mu m$의 타원형·구형인 세포이다.
　㉰ 효모의 어원은 그리스어로 '끓는다'는 뜻을 가지며, 이것은 효모에 의한 발효 중에 이산화탄소가 생겨 거품이 많이 생기는 것에서 유래한다.

② 삭카로마이세스(Saccharomyces)속
　청주의 발효균, 빵효모, 맥주, 포도주, 알코올제조에 이용

③ 토룰라(Torula)속
　식용효모로 이용되기도 하고, 맥주, 치즈 등에 산막효모로서 유해하게 작용하는 것도 있다.

6. 바이러스(Virus)

① 살아있는 세포속에서만 생존이 가능한 세균으로 여과기를 통과하는 미생물이다.
② 홍역, 천연두, 인플루엔자, 광견병, 일본뇌염, 소아마비, 유행성간염 등

7. 리켓치아(Rickettsia)

① 세균과 바이러스의 중간에 속하는 것
② 원형, 타원형, 아령형 등
③ 살아있는 세포속에서만 2분법으로 증식하며, 운동성이 없다.
④ 발진열, 발진티푸스 등

8. 스피로헤타(Spirochaeta)

① 일반적으로 세균으로 분류하나, 엄밀하게 보면 단세포식물과 다세포식물의 중간에 속한다.
② 나선형을 이루고 항상 운동을 한다.
③ 매독균, 재귀열, 서교증, 와일씨병 등

9. 조류

① 엽록체를 가진 간단한 식물로 단세포와 다세포로 되어 있다.
② 질병을 일으키지는 않는다.

◈ 식품의 위생지표군
식품의 오염여부와 그 정도를 알아보기 위해 일반세균수 또는 대장균이나 장구균의 측정 및 검사

❸ 미생물의 발육

1. 미생물발육에 필요조건

① 영양
  질소원, 탄소원, 무기질, 비타민 등이 필요
② pH(수소이온농도)
  ㉮ **세균** : 중성 또는 약알칼리성(pH 6.5~7.5)에서 잘 증식
  ㉯ **곰팡이, 효모** : 약산성(pH 4.0~6.0)에서 잘 증식

◈ pH(수소이온)농도표

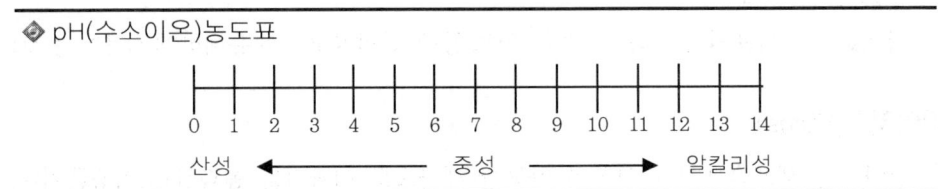

③ 온도(발육 최적온도)
  ㉮ 0℃이하 또는 80℃이상에서는 잘 생육할 수 없다.

㉯ **저온균** : 최적 온도는 15~20℃(식품에 부패를 일으키는 부패균)
㉰ **중온균** : 최적 온도는 25~37℃(질병을 일으키는 병원균)
㉱ **고온균** : 최적 온도는 50~60℃(온천물에 서식하는 온천균)

④ 산소
㉮ **호기성균** : 산소를 필요로 하는 균(곰팡이, 효모, 식초산균 등)
㉯ **혐기성균** : 산소를 필요로 하지 않는 균(낙산균 등)
㉰ **편성혐기성균** : 산소를 절대적으로 기피하는 균
㉱ **통성혐기성균** : 산소가 있거나 없거나 상관없이 발육하는 균

⑤ 수분
㉮ 미생물에 따라 필요한 수분의 양은 차이가 있으나, 보통 40%이상 있어야 한다.
㉯ 생육에 필요한 수분량 순서 : 세균(박테리아) 〉 효모 〉 곰팡이
㉰ 곰팡이 생육 억제 수분량 : 수분 13% 이하

2. 미생물의 생육과정

① 유도기 : 세균이 분열, 증식하기 위한 준비기간으로 균의 일부가 사멸하고 세균의 증가는 없다.
② 대수기 : 세포의 급격한 증식으로 생육곡선이 거의 직선을 이룬다.
③ 정지기 : 세균의 증식은 감소되고 사멸세포가 증가하여 세균수가 거의 일정하게 되는 시기
④ 사멸기 : 사멸세포가 증가하고 생세포가 감소되며, 자기소화나 퇴숙으로 기형을 보이는 것이 많아진다.

◈ 세균류, 곰팡이, 효모의 분류
• 세균류
바실루스(Bacillus)속, 슈도모나스(Pseudomonas)속, 비브리오(Vibrio)속, 마이크로코쿠스(Micrococcus)속, 세라티아(Serratia)속, 프로테우스(Proteus)속, 에스체리치아(Escherichia)속, 락토바실루스(Lactobacillus)속, 클로스트리디움(Clostridium)속 등

• 곰팡이
뮤코아(Mucor)속, 리조푸스(Rhizopus)속, 아스퍼질루스(Aspergillus)속, 페니실리움(Penicillium)속 등

• 효모
삭카로마이세스(Saccharomyces)속, 지고삭카로마이세스(Zygosaccharomyces)속, 피키아(Pichia)속, 한센눌라(Hansenula)속, 토룰라(Torula)속, 칸디다(Candida)속, 로도토룰라(Rhodotorula)속, 마이코데르마(Mycoderma)속 등

제3장 식품의 변질과 저장

❶ 변질(부패)

1. 정의
① 생물이 죽은 조직이나 배출물 등 질소를 포함하는 유기화합물이 무산소성 세균에 의하여 불완전분해를 하고, 각종 아민이나 황화수소 등 악취가 나는 가스를 발생하는 현상을 부패라 한다.
② 식품의 성분이 변하여 먹을 수 없는 것을 변질이라고 한다.
③ 부패시는 악취가 나며, 탄력이 없어지고, 점질물이 생기며, 수소이온농도(pH)가 변한다.

2. 변질원인
① 직접요인
  ㉮ **미생물의 증식** : 곰팡이는 녹말식품, 효모는 당질식품, 세균은 주로 단백질식품에 잘 번식한다.
  ㉯ 식품자체의 효소작용
  ㉰ 수분, 온도, 산소, 광선, 금속(Co, Ni, Fe, Mn) 등
② 간접요인
  건조나 흡습 등의 물리작용

3. 변질의 종류
① 부패 : 단백질식품이 혐기성세균에 의해 분해작용을 받아 악취와 유해물질을 생성하는 현상
② 후란(Decay) : 단백질식품이 호기성세균에 의해서 분해되는 현상으로, 악취가 없다.
③ 변패 : 탄수화물, 지방질이 미생물의 작용으로 변질되는 현상
④ 산패 : 유지를 공기 중에 방치했을 때 산성을 띠며, 악취가 나고 변색이 되는 현상
⑤ 발효 : 탄수화물이 미생물의 작용으로 유기산, 알코올 등의 유용한 물질이 생기는 현상

4. 부패의 판정

① 관능시험 : 냄새, 색깔, 조직, 맛 등
② 생균수측정 : 식품 1g당 $10^7 \sim 10^8$ 마리이면 초기부패
③ 휘발성염기질소(VBN) : 30~40mg%이면 초기부패
④ Trimethylamine(TMA) : 3~4mg%이면 초기부패
⑤ pH : 6.0~6.2 이면 초기부패

5. 어육의 부패

① 도살 후 자기소화에 의해 발생
② 휘발성염기질소, 암모니아와 히스타민의 증가
③ 부패가 진행되면 어두운 곳에서 인광을 낸다.
④ 어육은 사후에 대부분 산성을 나타낸다.
⑤ 생선의 표피, 아가미, 내장에는 많은 세균이 있으나, 어류가 살아있는 동안에는 면역성에 의해 무균이지만, 사후에 혈관을 통해 세균이 침입하여 번식하므로 부패하게 된다.
⑥ 어육의 부패과정 : 사후강직 → 자기소화 → 부패
⑦ 담수어의 자기소화온도가 해수어보다 낮으므로 담수어의 부패속도가 해수어보다 빠르다.

6. 산패

① 유지 또는 지방질식품이 공기 중에서 산화되어 악취가 발생하거나 변색되는 등의 현상
② 가수분해, 외부의 나쁜냄새 흡수, 산화에 의한 원인 등에 의해 발생한다.
③ 참기름은 저장성과 항산화성인 토코페롤과 세사몰을 함유하고 있어 비교적 산패에 안정된다.

❷ 식품의 저장법

1. 건조법

수분을 15% 이하로 하면 세균은 번식하지 못하지만, 곰팡이는 13% 이하에서도 견딘다.
① 일광건조법 : 천일건조(농산물, 해산물 등)
② 고온건조법 : 90℃ 이상의 고온에서 건조(α 전분, β 전분 등)
③ 열풍건조법 : 가열된 공기로 건조시키는 방법
④ 직화건조법 : 불로 직접 건조(배건법, 차잎, 보리차, 커피 등)
⑤ 냉동건조법 : 냉동·저온에서 건조(한천, 당면, 건조두부 등)

⑥ 분무건조법 : 액체식품을 안개처럼 분사시켜 열풍건조시키는 것(분유, 커피, 전분 등)
⑦ 감압건조법 : 진공건조법(건조야채, 건조란 등)

2. 냉장·냉동법
① 과실 및 채소는 0~4℃, 육류는 0~5℃가 적당하다.
② 움저장 : 약 10℃로 유지. 감자, 고구마, 바나나, 호박 등
③ 냉장 : 0~4℃ 단기간 저장에 이용
④ 냉동 : -30℃ 이하에서 급속동결함으로써 조직을 파괴하지 않고 해동시 원상태로 환원
⑤ 완두는 씻어서 소금물에 데쳐 식힌 후 냉동시키면 선명한 녹색을 유지할 수 있다
⑥ 조리된 케이크, 빵, 떡 등은 부드러운 상태에서 밀봉하여 냉동저장하였다가 상온에서 그대로 녹이면 거의 원상태로 복원된다.
⑦ 파이껍질반죽, 쿠기반죽 등과 같이 반조리된 식품은 밀봉하여 냉동저장하였다가 필요할 때 해동하여 사용할 수 있다.
⑧ 사과 등의 과일은 정량의 설탕시럽을 사용하여 냉동하면 향기나 질감의 손상을 막을 수 있다.

3. 가열살균법
미생물을 사멸시키고, 효소도 파괴시켜서 저장하는 방법

① 저온(간헐)살균법 : 61~65℃에서 30분 가열 후 1일간 상온에서 방치했다가 다시 살균작업 반복
② 초고온순간살균법 : 130~140℃에서 2초간 가열 후 급냉
③ 고온단시간살균법 : 70~75℃에서 15초간 가열 후 급냉
④ 고온장시간살균법 : 95~120℃에서 30~60분 가열
⑤ 초음파가열살균법 : 초음파에 의해 가열살균 후 급냉
⑥ 가압살균법 : 압력을 높여 살균하는 것(내열성 포자를 살균)
⑦ 우유의살균법 : 저온살균법, 초고온순간살균법, 고온단시간 살균법

4. 조사살균법
① 비가열살균법
② 자외선, 방사선을 이용하여 미생물을 사멸

5. 훈연법
① 연기에 함유된 크실렌, 페놀메틸레이트, 포름알데히드, 식초산, 아세톤, 메틸알코올 등에 의해 살균 및 건조가 일어나 식품의 저장성과 풍미를 향상시킨다.
② 훈연에 쓰이는 목재 : 수지가 적고 단단한 벚나무, 참나무 등의 목재 및 왕겨 등

③ 종류 : 열훈법, 온훈법, 냉훈법, 전기훈연법, 액체훈연법
④ 사용처 : 육류, 어류에 사용
⑤ 명태는 훈제품으로 사용하지 않는다.
⑥ 냉훈품 : 청어, 연어, 방어, 고래고기 등
⑦ 온훈품 : 오징어, 청어, 고등어 등

6. 염장법
① 10~15%의 소금을 뿌려 저장하는 방법
② 삼투압에 의하여 미생물의 발육이 억제된다.

7. 당장법
① 50~60%의 설탕에 저장하는 방법
② 삼투압에 의하여 미생물의 발육이 억제된다.
③ 잼, 젤리, 가당연유 등

8. 산저장법
① 초산, 젖산 등을 이용하여 식품을 저장하는 방법
② 산과 식염, 산과 당, 산과 화학방부제를 같이 쓰면 효과가 크다.

9. 가스저장(CA저장)법
① 공기 중의 이산화탄소·산소·온도·습도의 농도를 채소와 과실의 종류·품종에 알맞게 조절하여 오래 저장(貯藏)하는 가장 이상적인 방법이다
② 과실류, 야채류, 난류 등의 저장에 이용

10. 밀봉법
① 용기에 식품을 넣고 수분증발, 수분흡수, 해충의 침범, 공기(산소)의 접촉을 방지하여 저장하는 방법
② 통조림, 플라스틱 진공포장 등

11. 화학처리법
보존료, 방부제, 산화방지제, 변색방지제, 살충제, 피막제 등

12. 미생물 이용방법
① 유용한 미생물을 식품에 증식시켜 다른 미생물의 발육을 억제하고 풍미를 증진시킨다.
② 된장, 치즈, 발효유 등

제4장 식중독

❶ 개요

1. 분류

구 분		종 류
세균성식중독	감염형	살모넬라균, 장염비브리오균, 병원성대장균, 웰치균(중간형 식중독)
	독소형	포도상구균(엔테로톡신), 보툴리누스균(뉴로톡신)
	부패산물	프로테우스균(부패균)
화학성식중독 (유독, 유해화합물질)		메탄올, 유기염소화합물, 유기불소화합물, 유해금속류(수은, 비소, 납 등), 농약, 방사능, 불량첨가물 등
자연독식중독	식물성	독버섯, 감자, 유독식물 등
	동물성	복어, 조개류 등
	곰팡이	Mycotoxin(Aflatoxin, Citrinin, Patulin) 생산 곰팡이류

2. 식중독 발생시기

식중독은 온도와 습도가 높은 여름철(5~9월)에 가장 많이 발생한다.

3. 식중독 발생대책

① 신속한 환자의 구호
② 식중독발생 즉시 신속히 보고
③ 원인을 찾아 확대방지

◈ 식중독발생시 주의점
• 식중독이 발생시 소화제 등의 약품을 복용하면 원인조사를 어렵게 한다.
• 환자의 배설물, 구토물 등을 치우지 않도록 한다.

4. 식중독 발생시 보고절차

(한)의사→보건(지)소장→시장·군수·구청장→시·도지사→보건복지부장관, 식품의약품안전청장

❷ 세균성 식중독

1. 세균성식중독의 발생

세균성식중독은 가장 자주 발생하는 식중독으로, 주로 고온다습한 6~9월에 집중발생한다.

2. 감염형 식중독

① 살모넬라 식중독(인축공통)
    ㉮ 원인식품 : 어육제품, 유제품, 어패류, 두부류, 셀러드 등
    ㉯ 잠복기 : 평균 20시간
    ㉰ 증상 : 오심, 구토, 설사, 복통, 발열(30~40℃)
    ㉱ 예방 : 저온저장, 먹기 직전 60℃에서 20분 정도 가열처리

> ◆ 살모넬라균
> - 돼지콜레라의 원인균
> - 쥐, 소, 돼지, 닭, 달걀, 분변 등에 광범위하게 분포
> - 보균자에서도 전염

② 장염비브리오 식중독(호염성식중독)
    ㉮ 원인식품 : 어패류
    ㉯ 원인균
        ㉠ 3~4%의 식염농도에 잘자라는 해수세균(그람음성무포자간균으로 통성혐기성균)
        ㉡ 3% 정도의 염분이 있는 곳에서 번식하는 호염성세균
        ㉢ 무아포그람음성간균
        ㉣ 세균성식중독의 60~70% 차지
    ㉰ 잠복기 : 평균 12시간
    ㉱ 증상 : 급성위장염
    ㉲ 예방 : 60℃에서 2분 정도 가열하거나 흘러내리는 물에 잘 씻고, 냉장·냉동처리

③ 병원성대장균 식중독
    ㉮ 원인식품 : 햄, 치즈, 소시지, 분유, 두부, 우유 등
    ㉯ 잠복기 : 10~30 시간
    ㉰ 증상 : 급성위장염
    ㉱ 예방 : 분변오염이 되지 않도록 위생상태를 양호하게 한다.

④ 웰치균 식중독(중간형 식중독으로 분류)
    ㉮ 원인식품 : 육류와 가공품, 어패류와 가공품, 튀김두부 등

④ 원인균
　㉠ 편성혐기성세균
　㉡ 아포를 형성하는 내열성균주
　㉢ A, B, C, D, E, F의 6형 중 A형이 주로 식중독을 일으킨다.
④ 잠복기 : 8~22시간
④ 증상 : 복부팽만감, 설사
④ 예방 : 분변의 오염방지 및 저온저장 후 가열금지

❖ 세균성식중독과 소화기계전염병(경구전염병)의 차이점

구분	세균성식중독	소화기계전염병(경구전염병)
원　인	식중독균에 오염된 식품의 섭취	전염병균에 오염된 식품이나 물의 섭취 또는 수질의 오염에 의한 경구감염
균　수	식품에 많은 양의 균 또는 독소가 있다.	식품에 적은 양의 균이 있다.
2차감염	살모넬라 외에는 2차 감염이 없다.	2차감염이 있다.
잠 복 기	비교적 짧은 것이 많다.	비교적 길다.
면 역 성	면역이 없다.	면역이 된다.

3. 독소형 식중독

① 독소형식중독의 원인 및 증상
세균이 음식물 중에 증식하여 산출된 장독소나 신경독소가 발병의 원인이 된다.
감염형 식중독과는 달리 발열증상이 없다.

② 포도상구균 식중독
　㉮ 원인식품 : 쌀밥, 떡, 도시락, 전분질을 많이 함유하는 식품
　㉯ 원인균 : 황색포도상구균은 식중독 및 화농의 원인균
　㉰ 원인물질
　　㉠ 균이 생성하는 장독소(Enterotoxin)
　　㉡ 균은 80℃, 10분의 가열로 소멸
　　㉢ 엔테로톡신은 120℃, 20분간 가열로도 파괴되지 않는다.
　㉱ 잠복기 : 1~6시간(평균 3시간으로 세균성식중독 중 잠복기가 가장 짧다)
　㉲ 증상 : 급성위장염, 타액분비, 구토, 복통, 설사
　㉳ 예방
　　㉠ 엔테로톡신은 내열성이 크므로 섭취 전에 가열해도 예방효과가 없다.
　　㉡ 화농성질환자의 조리금지, 식품의 오염방지, 저온저장 등

③ 보툴리누스 식중독
　㉮ 원인식품 : 통조림, 소시지, 순대, 혐기성상태식품 등

㉯ 원인균
　　㉠ 보툴리누스균(편성혐기성균)이 혐기적 조건하에서 증식할 때 생산되는 독소
　　㉡ 신경독소인 뉴로톡신(Neurotoxin)을 분비
　　㉢ 식중독의 원인은 A, B, E형이다.
㉰ 잠복기 : 12~36시간(2~4시간 내에 나타나는 경우도 있다)
㉱ 증상 : 신경증상으로 시력장애, 실성, 호흡곤란, 언어장애 등 치명률이 높다.
㉲ 예방 : 먹기 전에 80℃에서 15분간 가열

④ 알레르기(Allergy)성 식중독(히스타민중독 : 부패성식중독)
　㉮ 원인식품 : 꽁치, 정어리, 전갱이, 고등어 등 붉은살생선
　㉯ 원인균
　　㉠ 부패세균(모르가니균)이 번식하여 생산되는 단백질의 부패생성물인 히스타민이 주원인
　　㉡ 식품 100g당 70~100mg 이상의 히스타민이 생성되면 식중독이 발생
　㉰ 증상 : 식후 30~60분에 상반신 또는 전신의 홍조, 두드러기성 발진. 두통, 발열 등
　㉱ 예방 : 신선한 식품 구입

⑤ 장구균 식중독
　냉동식품의 경우 대장균군은 빨리 사멸되지만, 장구균은 오랫동안 생존하기 때문에 특히 냉동식품에 있어서 분변오염지표균으로 이용된다.

❸ 화학성 식중독

1. 화학성식중독의 원인물질의 분류
① 고의 또는 오용으로 첨가되는 유해물질(불량)
② 재배, 생산, 제조, 가공 및 저장 중에 우연히 잔류·혼입되는 유해물질(농약)
③ 기구, 용기, 포장재로부터 용출·이행되는 유해물질(납, 카드뮴, 비소 등)
④ 합성수지 용기에서 포르말린, 페놀 등의 유해물질이 용출되기 쉽다.
⑤ 환경오염물질에 의한 유해물질(수은, 유해금속, 방사성물질)

2. 유해감미료
① 사이클라메이트(Cyclamate) : 설탕의 40~50배의 감미도를 갖는다. 발암성이 있다.
② 둘신(Dulcin)
　㉮ 설탕의 250배의 감미도가 있다.
　㉯ 독성이 강하고 혈액독으로, 간장, 신장장애 등을 일으킨다.

③ 파라니트로 올소톨루이딘(p-Nitro-O-Toluidine) : 설탕의 200배의 감미도가 있다. 살인당, 원폭당이라고도 한다.
④ 에틸렌글리콜(Ethylene Glycol) : 원래는 엔진 부동액으로 사용하였는데, 감미료로 사용되기도 하였다. 신경장애를 일으킨다.
⑤ 페릴라틴(Perillartine) : 자소유(Perilla Oil)의 향기성분으로 설탕의 2,000배의 감미도가 있다. 신장장애를 일으킨다.

3. 유해착색제

① 아우라민(Auramine) : 황색의 염기성색소, 맥박 감소
② 로다민B(Rhodamin B) : 핑크빛 색소, 전식착색, 부종
③ 파라니트로아닐린(ρ-Nitroaniline) : 황색의 염기성색소, 맥박 감소, 발암성
④ 실크스카렛(Silk Scarlet)

4. 유해보존료(살균료)

① 붕산(H_3BO_3)
② 포름알데히드
③ 불소화합물
④ 승홍수(염화제2수은, $HgCl_2$)
⑤ β-나프톨(β-Naphthiol)
⑥ 우로트로핀(Urotropin)

5. 유해표백제

① 롱가리트(Rongalite) : 포르말린, SO_2작용
② 삼염화질소(NCl_3)
③ 과산화수소(H_2O_2)
④ 아황산염
⑤ 형광표백제

6. 농약

① 야채, 곡류, 과실 등에 사용되는 농약의 잔류에 의하여 발생한다.
② 농약의 종류
  ㉮ 비소화합물
  ㉯ **유기인제** : 파라치온, 마라치온 다이아지논, TEPR 등
  ㉰ **유기염소제** : DDT, DDD, γ-BHC PCB 등
  ㉱ **유기수은제** : PMA 등
③ 농약식중독 증상
  ㉮ **유기인제** : 신경증상, 혈압상승, 전신경련, 근력감퇴 등
  ㉯ **유기염소제** : 구토, 복통, 설사, 두통, 시력감퇴, 전신권태 등
  ㉰ **유기비소제** : 식도수축, 연하곤란, 위통, 설사, 갈증 등

㉔ **유기수은제** : 신장장애, 신경계 증상 등

7. 메탄올식중독

① 원인
  ㉮ 불에 탄 음식물에서 생성된 벤조피렌의 발암성물질
  ㉯ 산패된 유지
  ㉰ 정제가 불충분한 증류수
  ㉱ 알코올발효 중 생성된 메틸알코올

② 증상 : 두통, 현기증을 일으키며, 심하면 시신경에 염증을 일으켜 실명하거나 호흡마비, 심장쇠약으로 사망할 수도 있다.

③ 중독량은 5~10㎖이고, 치사량은 30~100㎖이다.

8. PCB중독

① 일명 가네미유중독이라고도 한다.
② 식용유 제조시 가열매체로 PCB(유기염소제)를 사용했는데, 가열 파이프가 부식되어 PCB가 식용유 속으로 흘러들어갔으며, 이 식용유가 튀김요리에 사용되어 많은 사람들에게 피해를 주게 된 사건

> ◈ 유해금속물
> 비소(As), 납(Pb), 카드뮴(Cd), 수은(Hg), 주석(Sn), 구리(Cu), 아연(Zn), 안티몬(Sb), 바륨(Ba) 등

❹ 식물성 자연독 식중독

1. 독버섯

① 무스카린(Muscarine), 무스카리딘(Muscaridine), 콜린(Choline), 팔린(Phaline), 뉴린(Neurine), 아마니타톡신(Amanitatoxon) 등
② 무스카린, 무스카리딘은 위장형증세를, 팔린, 아마니타톡신은 콜레라형증세를 나타낸다.

> ◈ 독버섯 감별법
> - 세로로 쪼개지지 않는 것
> - 색깔이 화려하고 진한 것
> - 점조성인 것
> - 은수저로 문질렀을 때 검게 보이는 것
> - 고약한 냄새가 나는 것
> - 줄기 부분이 거친 것
> - 쓴맛, 매운맛 또는 신맛이 있는 것

2. 솔라닌(Solanine)
① 감자 중의 녹색부위(청색감자)와 발아하여 싹난 부위에 존재
② 증상 발열, 구토, 설사, 팔다리의 저림, 언어장애
③ 부패한 감자에서는 유해성분인 셉신(sepsine)이 생성되어 식중독을 일으킨다.

3. 기타 식물성식중독
① 청매, 살구씨 : 아미그달린
② 목화씨(면실유) : 고시폴
③ 피마자 : 리신
④ 독미나리 : 시큐톡신
⑤ 독맥(독보리), 청맥 : 테물린
⑥ 미치광이풀 : 아트로핀
⑦ 대두(강낭콩) : 사포닌
⑧ 맥각 : 에르고톡신
⑨ 가시독말풀 : 히오시아민
⑩ 초오(오두, 오디) : 아코니틴
⑪ 커피 : 벤조알파파이고긴
⑫ 벌꿀 : 안드로메도톡신
⑬ 수수 : 두린
⑭ 오색콩 : 파세오루나틴
⑮ 생콩, 생감자 : 트립신, 인히비테
⑯ 쌀 : 리신, 릭신
⑰ 고사리 : 브라켄톡신

⑤ 동물성 자연독 식중독

1. 복어중독
① 독성분 : 테트로도톡신(Tetrodotoxin)
② 치사율이 50~60%로 난소에 가장 많고 간장, 내장, 표피의 순으로 함유되어 있다.
③ 복어독이 가장 높은 시기는 산란기 직전이다.(5~6월)
④ 테트로도톡신은 100℃의 가열로는 독성을 잃지 않으나 강산이나 강알칼리에는 쉽게 분해된다.

◆ 복어 중독시 대책
- 토제, 하제를 투여한다.
- 혈압상승제로 혈압을 유지시킨다.
- 인공호흡을 실시한다.

2. 조개류중독
① 특정 지역에서 일정한 계절에만 발생

② 굴, 바지락, 모시조개 : 베네루핀(Venerupin), 열에 강해 100℃에서 1시간 가열하여도 파괴되지 않음
③ 섭조개(검은조개, 홍합) : 삭시톡신(Saxitoxin), 마비성식중독으로 한여름철에 독성이 가장 강함

3. 기타
① 시규아톡신(Ciguatoxin) : 붉은도미의 독
② 스루가톡신(Surgatoxin) : 말고동의 독

❻ 곰팡이 자연독 식중독

1. 곰팡이독
① 곰팡이의 대사산물로 사람이나 동물에게 장애를 유발하는 물질
② 곰팡이독은 크게 맥각독과 진균독(미코톡신)으로 구분한다.
③ 미코톡신(진균독)에는 아플라톡신과 스테리그마토시스틴이 있다.

2. 아플라톡신(Aflatoxin) : 간장독
① 아스퍼질러스 플라브스(Aspergillus Flavus, 누룩곰팡이)가 기생하여 생성된 독성대사물
② 간암 발생, 사람이나 동물에 질병이나 이상생리작용 유발
③ 땅콩, 쌀, 밀, 옥수수, 된장, 고추장 등에 존재
④ 특히 고온다습한 여름철에 감염되기 쉽다.

3. 맥각중독
① 보리, 밀, 호밀에 잘 번식하는 곰팡이인 맥각균
② 독성물질로는 에르고톡신, 에르고타민 등이 있다.
③ 증상 : 소화기계 장애, 교감신경마비, 사지근육수축, 정신장애, 간장독 등

4. 황변미중독
① 원인 : 쌀에 여러종류의 페니실리움(푸른곰팡이) 속의 곰팡이가 기생하여 유독한 독성물질을 생성하는데, 쌀이 황색으로 변하므로 황변미라 한다.
② 증상 및 종류
   ㉮ 시트리닌 : 신장독
   ㉯ 아이슬랜디톡신 : 간장독

㉰ 시트레오비리딘 : 신경독
㉱ 루테오스키린 : 간장독

5. 붉은 곰팡이 식중독
① 밀, 보리, 옥수수 등에 번식
② 구토, 식중독성 무백혈구증 등 발병

6. 기타
① 루브라톡신(Rubratoxin)
② 오클라톡신 : 간 장애 유발
③ 트리코데신류
④ 파투린(Paturin) : 신경독

◆ 알레르기성 식중독 (부패성 식중독 : 히스타민 중독)
꽁치나 고등어, 정어리 등 붉은색을 나타내는 어류의 가공품을 섭취했을 때 한시간쯤 후에 두드러기가 나타나고 얼굴이 화끈거리면 열이 나는 경우가 있는데 이것은 미생물에 의해 생성된 히스타민 이라는 물질이 축적되어 일어나는 현상이다. 늦어도 일주일 정도 지나면 회복이 되는데 항히스타민제를 투여하면 빨리 낫는다. 이 알레르기성 식중독은 부패가 되지 않은 식품을 섭취했을 때에도 발생하므로 평상시 각별한 주의가 요망된다.

◆ 유해성 금속물에 의한 식중독

금속명	주된 중독 경로	중독증상	발병시간
구리(Cu)	첨가물·식기·용기	구토·위통	수분~2시간
아연(Zn)	식기·용기·오용	설사·구토·복통	1~2시간
카드뮴(Cd)	식기·기구·오용	구토·경련·설사	15~30분
납(Pb)	기구·오용	복통·구토·설사	30분 이상
비소(As)	농약·첨가물	위통·설사·구토·출혈	10분 이상
안티몬(Sb)	식기·오용	구토·설사·출혈	수분~1시간
수은(Hg)	오용	구토·복통·설사·경련	2~30분
비스무스(Bi)	식기·오용	입안 착색·구내염·장염	1~2시간
바륨(Ba)	오용	구토·설사·복부 경련	1~2시간

제5장 식품첨가물

❶ 개요

1. 식품첨가물의 정의

① 식품위생법의 정의
   식품의 제조, 가공 또는 보존함에 있어서 식품에 첨가, 혼합, 침윤 및 기타의 방법에 의하여 사용되는 물질

② FAO와 WHO의 정의
   식품이 외관, 향미, 조직 또는 저장성을 향상시키기 위하여 식품에 미량으로 첨가되는 비영양성물질

2. 식품첨가물의 지정

① 식품첨가물
   ㉮ 천연물
   ㉯ **화학적 합성품**: 화학적 수단에 의하여 원소 또는 화합물에 분해반응 이외의 화학반응을 일으켜 얻은 물질

② 식품첨가물은 보건복지부장관이 위생상 지장이 없다고 인정하여 지정한 것만을 사용하거나 판매할 수 있다.

❷ 종류

1. 살균료(소독제)

식품 중 부패세균이나 병원균을 사멸시키기 위해서 사용되는 물질로 음료수, 식기류, 손, 야채, 과실의 소독을 위해서만 사용허가

살균료의 종류	사용기준
표백분($CaOCl_2$)	음료수의 소독, 식기구, 식품 소독
차아염소산나트륨(NaOCl)	음료수의 소독, 식기구, 식품 소독
과산화수소(H_2O_2)	최종 제품완성 전에 분해·제거할 것

2. 보존료(방부제)

식품 중의 미생물의 발육을 억제하여 부패를 방지하고, 식품의 선도를 유지하는 물질

방부제의 종류	사 용 식 품
데히드로초산(DHA)	치즈, 버터, 마가린, 된장
소르빈산(Sorbic Acid)	식육제품, 땅콩버터 가공품, 어육연제품, 된장, 고추장, 절임식품, 잼, 케첩
안식향산(Benzoic Acid) 안식향산나트륨	청량음료(탄산음료 제외), 간장, 알로에즙
파라옥시안식향산부틸	간장, 식초, 과일 소스, 청량음료
프로피온산나트륨 프로피온산칼슘	빵 및 생과자 치즈

3. 산화방지제(항산화제)

식품의 산화에 의한 변질을 막기위하여 사용되는 물질

	산화방지제의 종류	사용기준
지용성	디부틸히드록시톨루엔(BHT) 부틸히드록시아니솔(BHA) 몰식자산프로필(Propyl Gallate)	유지, 버터 어패류, 건제품
	토코페롤(비타민 E)	유지·버터의 산화방지제, 영양강화
수용성	에리소르빈산(Erythorbic Acid) 에리소르빈산나트륨	산화방지의 목적 이외에는 사용금지. 식육제품, 맥주, 쥬스
	아스코르빈산(비타민 C)	식육제품의 변색방지, 과일통조림의 갈변방지, 영양강화

4. 피막제

과일의 신선도를 장시간 유지하게 하기 위하여 표면에 피막을 만들어 호흡작용을 제한하여 수분의 증발방지를 목적으로 사용

피막제의 종류	사용식품
몰호린지방산염	과일, 야채류
초산비닐수지	과일, 야채류, 껌기초제

5. 착색료

① 치자색소 : 천연식품착색제
② 타르색소 : 합성착색제

착색료의 종류	사용제한
Tar 색소	면류, 다류, 단무지(황색4호는 허용), 특수 영양식품, 쥬스류, 묵류, 젓갈류, 천연식품, 벌꿀, 식초, 케첩, 소스, 카레, 식육제품(소시지 제외), 식용유지, 식빵, 버터, 마가린, 해조류 등에 사용금지
삼이산화철	바나나(꼭지의 절단면), 곤약 이외의 식품에는 사용금지
수용성 안나토 β-카로틴	천연식품(식육, 어패류, 과일류, 야채류)에 사용금지
구리클로로필린나트륨	채소류, 과일류의 저장품, 다시마, 껌, 완두콩 등에 사용가능

6. 발색제(색소고정제)

식품 중의 색소와 결합하여 그 색을 고정시킴으로써 식품본래의 색을 유지하는데 사용되는 물질

발색제의 종류	사용식품
아질산나트륨, 질산나트륨, 질산칼륨	식육제품, 경육제품, 어육소시지, 어육 햄
황산제1철, 황산제2철, 소명반	주로 과실류와 채소류에 사용

7. 표백제

표백제의 종류	사용식품
무수아황산	당밀, 물엿, 곤약분, 과실주에 사용(환원표백제)
아황산나트륨	
황산나트륨	
과산화수소	최종 제품완성전에 분해·제거(산화표백제)

8. 조미료(정미료, 지미 : 맛난 맛, 감칠 맛)

① 식품첨가물 분류상 음식물의 감칠맛을 증진시킬 목적으로 첨가하는 물질
② 아노신산나트륨, 구아닐산나트륨, 글루타민산나트륨, 구연산나트륨(안정제), 호박산 등

9. 산미료(산미 : 신맛)

① 식품에 신맛을 부여해서 미각에 청량감과 상쾌한 자극을 주기 위해 사용되는 물질
② 빙초산, 구연산, 아디핀산, 주석산, 젖산, 사과산, 후말산, 이산화탄소, 인산 등

10. 착향료
① 상온에서 특유한 방향을 주어 식욕증진 목적으로 사용되는 물질
② 계피알데히드, 멘톨, 바닐린, 벤질알코올, 시트랄, 낙산부틸 등

11. 감미료(감미 : 단맛)
① 사카린나트륨 : 인공감미료. 절임식품류, 청량음료, 어육연제품, 특수영양식품
② 글리실리친산2,3 나트륨 : 간장 및 된장
③ D-솔비톨, 아스파탐 : 가열조리를 요하지 않는 식사대용 곡류가공품, 껌, 청량음료, 다류, 아이스크림, 빙과, 잼, 주류, 분말쥬스, 발효유, 식탁용 감미료 및 특수영양식품
④ 스테비오사이드 : 식빵, 이유식, 백설탕, 포도당, 갈색설탕, 물엿, 벌꿀, 알사탕유 및 유제품에 사용금지

12. 껌기초제
① 껌에 적당한 점성과 탄력성을 유지
② 에스테르껌, 폴리부텐, 폴리이소부틸렌, 초산비닐수지 등
③ 초산비닐수지 : 껌기초제, 피막제로 사용

13. 팽창제
① 빵이나 카스테라를 부풀게 하는 데 사용
② 인공팽창제인 탄산수소나트륨(중조), 명반, 탄산암모늄, 중탄산나트륨 등
③ 천연팽창제인 이스트(효모)의 발효에너지 온도는 25~30℃이다.

14. 추출제
① 유지를 추출하기 위해서 사용
② 최종 제품완성 전에 제거
③ n-헥산(Hexane)

15. 소포제
① 거품제거에 사용
② 우리나라에서 허용되는 것은 규소수지(실리콘수지)뿐이다.

16. 품질유지제
① 식품에 습윤성과 신선성을 갖게 하여 품질특성을 유지
② 프로필렌글리콜

17. 호료(점착제, 점증제)
① 식품의 점착성, 유화안전성 증가, 교질상의 미각·촉각증진
② 메틸셀루로오스, 알긴산나트륨, 카세인, 폴리아크릴산나트륨 등

18. 유화제(계면활성제)
① 잘 혼합되지 않는 두 종류의 액체혼합시 유화상태를 지속
② 지방산에스테르, 대두레시틴(대두인지질), 폴리소르베이트 등
③ 유화제의 유화(에멀전화)력은 HLB값으로 나타낸다.

19. 이형제
① 제빵과정 중 모양을 그대로 유지
② 유동파라핀

20. 밀가루개량제(소맥분개량제)
① 밀가루의 표백과 숙성기간 단축, 제빵효과의 저해물질파괴로 품질을 개량
② 과산화벤조일, 과황산암모늄, 브롬산칼륨, 과붕산나트륨 : 0.3g/kg 이하
③ 염소 : 1.25g/kg 이하
④ 이산화염소 : 30mg/kg 이하

21. 품질개량제(결착제)
① 햄, 소시지 등의 식육연제품에 사용
② 결착성을 높여서 씹을 때의 식감, 맛의 조화, 풍미를 향상
③ 빵의 탄력성과 보수성을 증대
④ 인산염, 피로인산염, 피로인산칼륨, 폴리인산염, 메타인산염 등

22. 용제
① 식품첨가물을 식품에 균일하게 혼합
② 글리세린, 프로필렌글리콜, 핵산 등

23. 훈증제
① 훈증제는 훈증이 가능한 식품을 훈증에 의하여 살균하는데 사용하는 첨가물이다.
② 종류 : 에틸렌옥사이드(천연조미료의 훈증제로만 사용)

24. 기타 식품제조용제
① pH 조정제 : 젖산, 인산
② 흡착제(탈취, 탈색) : 활성탄
③ 흡착제 또는 여과 보조제 : 규조토, 백도토, 벤토나이트, 산성백토, 탈크, 이산화규소, 염기성 알루미늄탄산나트륨, 퍼라이트
④ 가수분해제(물엿, 포도당, 아미노산제조) : 염산, 황산, 수산
⑤ 중화제 : 수산화나트륨, 수산화칼륨
⑥ 물의 연화제 : 이온교환수지
⑦ 피틴산 : 식품의 변색·변질방지

◆ LD_{50}(Lethal Dose)
일정한 조건하에서 실험동물의 반수(50%) 이상을 죽이는 양을 말한다.

◆ 곰팡이, 효모의 역할

곰팡이
- 뮤코아(Mucor)속 : 전분의 당화나 치즈 속성 및 과일부패에 관여
- 리조푸스(Rizopus)속 : 원예작물부패
- 아스퍼질루스(ASpergillus)속 : 전분의 당화나 유기산 제조
- 페니실리움(Penicillum)속 : 황변미독
- 누룩곰팡이 : 된장, 고추장, 간장 속에 들어있는 염장식품의 유해균
  - 발암물질 생성

효모 : 당분을 함유하는 산성식품을 주로 변패시키는 미생물

◆ 식품의 규격·기준의 분류

식품 내 세균 및 중금속 허용
- 우유의 대장균 수 : 음성, 우유의 일반세균수 : 20,000/$m\ell$ 이하
- 일반식품의 중금속 허용량 : 10ppm 이하(단, 케첩은 5ppm 이하, 두부는 3ppm 이하, 그 밖의 흑설탕, 물엿, 인스턴트 차, 커피는 5ppm 이하)
- 청량음료수(유리탄산 혹은 유기산을 함유하는 음료수)의 납 함량 : 0.3ppm 이하
- 주류의 메탄올 허용량 : 0.5mg/$m\ell$ 이하(맥주, 소주, 청주, 고량주, 위스키), 그러나 과실주 및 포도주는 0.9mg/$m\ell$ 이하
- 콩나물의 수은 함량 : 0.1ppm 이하
- 소주, 고량주의 동 함량 : 3ppm 이하
- 젖산균 음료의 젖산균수 : 10^6/$m\ell$ 이상

제6장 식품위생대책

❶ 식중독발생시 대책

1. 식중독발생시 대책

① 환자구호, 원인조사실시, 가검물보존, 재발방지를 위한 위생관리

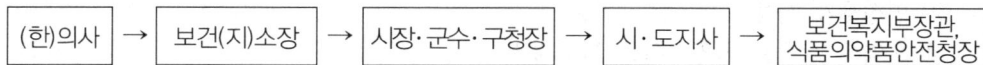

② 환자
  ㉮ 위장증상이 있으면 즉시 진단을 받는다.
  ㉯ 식중독의 의심이 나면 보건소에 신고
  ㉰ 원인식품이나 분변, 구토물 등의 자료제공 및 보관

③ 당국
  ㉮ 행정계통을 통해 신속한 보고
  ㉯ 추정원인식품 검사와 역학조사를 통하여 일반국민에게 주의

2. 식중독 예방대책

① 세균성 식중독의 예방
  ㉮ **세균의 식품오염방지** : 청결
  ㉯ **세균의 증식방지** : 저온보존
  ㉰ **식품중의 균이나 독소의 파괴** : 가열살균, 세척철저, 섭취직전 가열
  ㉱ 보건교육 및 개인위생 철저

② 자연독 식중독의 예방
   유독한 동식물의 감별에 유의하고, 유독한 부위 제거

③ 화학적 식중독의 예방
  ㉮ 불량기구 및 용기의 사용금지
  ㉯ 농약의 위생적 보관, 사용방법준수

㉰ 사용금지된 식품첨가물의 사용금지

◆ 식품취급자의 예방(포도상구균에 의한 식중독방지)
- 보건교육 및 식중독지식의 향상
- 화농성질환자 식품취급금지
- 조리사의 손소독 및 몸의 청결
- 유해(유독)물질 조리장내 보관금지
- 식품위생법 준수

④ 식품오염대책
㉮ 폐수처리시설
㉯ 수확전 일정기간 동안 농약의 사용금지
㉰ 방사성물질 격리
㉱ 연성세제 사용
㉲ 오염된 식품은 원인조사로 확대방지
㉳ 오염된 식품은 즉시 폐기

3. HACCP(위해 요소 중점 관리기준) 제도

식품의 원료관리, 제조, 가공 및 유통의 전 과정에서 유해한 물질이 해당식품에 오염되는 것을 방지하기 위하여 전 과정을 중점 관리하는 기준

❷ 식품감별법

1. 식품감별의 목적

① 부정, 불량식품 적발
② 위생상 위해성분을 검출하여 식중독을 미연에 방지
③ 불분명한 식품을 이화학적방법에 의하여 검증

2. 식품감별법의 종류

① 관능 검사
㉮ 색, 맛, 향기, 광택, 촉감 등 외관적 관찰에 의해서 검사하는 데 경험이 풍부한사람이 실시하여야 한다.
㉯ 주로 많이 사용

② 이화학적 방법
㉮ **검경적 방법** : 식품의 세포나 조직의 모양. 협잡물 미생물 존재를 판정
㉯ **화학적 방법** : 영양소 분석, 첨가물, 이물질, 유해 성분 검출

㉰ **물리학적 방법** : 중량, 부피, 크기, 비중, 경도, 점도, 응고, 온도, 빙점, 융점 등 측정
㉱ **생화학적 방법** : 효소 반응, 효소 활성도, 수소 이온 농도 등의 측정
㉲ **세균학적 방법** : 균수 검사, 유해 병원균의 유무

3. 쌀

쌀알이 타원형으로 고르고 광택이 있고 투명하며, 깨물었을 때 경도가 좋은 것

4. 밀가루(소맥분)

건조가 잘 되고 덩어리, 산취, 산미를 지니지 않은 것이 좋으며, 색이 희고 밀기울이 섞이지 않아 부드러운 것

5. 육류

① 육류 특유의 선홍색을 가지고, 투명감이 있으며, 이상한 냄새가 없고 탄력이 있는 것
② 오래된 것은 암갈색이 되고, 썩기 시작하면 녹색으로 암모니아 냄새가 난다.
③ 고기를 얇게 썰어 투명하게 비쳤을 때 반점이 있는 것은 기생충이 있는 경우가 많다.
④ 쇠고기(투명한 적색), 돼지고기(연분홍색), 양고기(진한 적색)

6. 난류(달걀의 신선도 판정)

① 외관법 : 표면이 꺼칠꺼칠하고 광택이 없으며, 둥근부분이 따뜻한 것
② 투시법 : 일광·전등에 비추어 보았을 때 투명하며, 기공이 크지 않은 것(달걀의 저장기간이 길면 내부의 수분증발로 기공이 커진다.)
③ 소금물 시험 : 약 6% 식염수에 담갔을 때 가라앉는 것
④ 비중 : 달걀의 비중은 1.08~1.09이다.
⑤ 흔들어서 소리가 나지 않는 것
⑥ 물에 넣었을 때 누워있는 것
⑦ 삶아서 잘랐을 때 난황이 가운데에 있는 것
⑧ 내용물의 상태에 의한 판정
㉮ **난황계수** = $\dfrac{난황의\ 높이}{난황의\ 직경}$ (※ 신선한 달걀 : 0.36~0.44)
㉯ **난백계수** = $\dfrac{난백의\ 높이}{번진\ 난백의\ 평균직경}$ (※ 신선한 달걀 : 0.14~0.17)

7. 육류가공품

① 제조연월일에 주의
② 탄력이 있는 것

③ 물기가 있거나 끈적끈적한 점액질이 없는 것
④ 이상한 냄새가 없는 것

8. 어패류

① 사후경직 중의 생선으로 색이 선명하고 탄력성이 있으며, 살이 단단한 것
② 외형이 확실하며, 피부와 비늘이 밀착되어 있는 것
③ 눈이 투명하게 돌출하고 아가미는 선홍색이며, 살이 뼈에서 쉽게 떨어지지 않는 것
④ 물에 넣었을 때 가라앉는 것
⑤ 부패하여 암모니아 냄새가 없는 것
⑥ pH(수소이온)
　㉮ **살아있는 것** : pH 5.5
　㉯ **사후 1~2일** : pH 6.0~6.2
　㉰ **부패가 시작되어 암모니아 냄새를 발생할 때** : pH 8.2~8.4
　㉱ 오래될수록 알칼리화된다.

> ◈ 생선 및 육류의 초기부패 판정지표
> • 휘발성인산질소·휘발성염기
> • 암모니아
> • 트리메틸아민
> • 황화수소

9. 훈연제품

① 표면에 점액이 있는 것은 오래된 것이다.
② 손으로 비볐을 때 벗겨지는 것은 썩은 것이다.
③ 20%의 염산수를 연제품에 댔을 때 흰연기가 나오면 오래된 것이다.
④ 햄, 소시지는 선홍색으로 탄력성이 있어야 한다.

10. 우유

① 고유의 유백색이 선명하고, 우유 특유의 독특한 향기가 있을 것
② 물속에 한 방울 떨어뜨렸을 때 구름(실)과 같이 퍼지면서 강하하는 것
③ 침전이 되지 않는 것
④ 자비법 : 1~2분 끓인 후 같은 양의 물을 가해서 응고물이 나오지 않는 것
⑤ 알코올시험법 : 68~70% 알코올을 가하여 응고물검사
⑥ 지방측정 : 시유의 규격성분으로 지방의 3% 이상 함유된 것
⑦ 비중은 1.028 이상이고, 산도는 0.18 이하일 것
⑧ pH(수소이온농도) : 6.6

11. 버터

① 조직이 양호하고 입안감촉이 좋으며, 풍미가 양호하고 산미, 쓴맛, 변질지방취가 없으며, 타르색소가 없는 것
② 건조되지 않은 것으로 녹였을 때 거품이 생기고 잘 꺼지지 않는 것

12. 통조림 및 병조림

① 통조림 : 외관상 녹슬었거나 외상에 의하여 변형(수축 또는 팽창)되었거나, 액즙이 스며나오지 않으며, 통을 두드렸을 때 맑은 소리가 나고, 열었을 때 변색되지 않은 것
② 병조림 : 뚜껑을 열 때 소리가 나는 것

❖ 벌꿀의 판단

알코올에 벌꿀을 녹였을 때 침전이 생기는 것은 물엿을 혼합한 것이다.

❖ 식품의 오염, 부패, 변질 판정의 기준

대장균 검사 : 다른 분변 오염의 지표(사람의 분변을 통해서 나옴)로서 음식물, 물의 병원성 미생물 오염여부 판정에 쓰임(E. Coli)

살아있는 세균수 검사 : 식품의 신선도 판정에 쓰임
- 식품의 초기부패 : 식품 1g당 일반세균의 수가 10^8
- 식품의 완전부패 : 식품 1g당 일반세균의 수가 15×10^8

식품의 세균학적 검사시 검사의 채취량 : 고형물 200g 이상, 액체 $200m\ell$ 이상

식품 변질의 판정법
- 휘발성 염기질소 : 30mg~40mg (초기부패의 농도)
- 히스타민 : 어육 중 4~100mg (알레르기성 식중독을 일으키는 농도)
  ※ 식품이 부패해도 변하지 않는 것 : 형태→맛, 색, 냄새는 변함

❖ 타르 색소를 사용할 수 없는 식품의 종류

- 다류
- 면류
- 김치류
- 천연식품류(어패류, 야채류, 과일류, 식육)
- 묵류
- 단무지 (황색 4호는 허용)
- 생과일 쥬스류
- 젓갈류

메 모

| 조리기능사 국가자격시험을 대비한 최신 이론교재 |

제 3 편
식 품 학

FOOD & COOKING

제1장 영양학

❶ 영양의 기초지식

1. 영양과 영양소
① 영양
  ㉮ 사람이 성장발육하고 건강을 유지하기 위해서는 새조직을 구성하고 체내에서 분해하여 소모된 물질을 보충하여야 하며, 이러한 물질은 음식물로 섭취하여야 한다.
  ㉯ 생물체가 필요한 물질을 외부로부터 섭취해서 건강을 유지하는 모든 현상을 영양이라 한다.
  ㉰ 영양은 음식품의 섭취, 소화, 흡수, 이용, 배설 등 생체내에서의 대사과정을 총괄한다.

② 영양소
영양소란 영양의 원천이 되는 물질로 외부로부터 섭취하는 모든 물질을 말하며, 물·탄수화물·단백질·지방·무기질·비타민류 등의 6종류로 대별된다.

2. 식품선택시 고려사항(식품의 요소)
① 영양성 : 5대영양소 함유 및 소화흡수 등
② 기호성 : 외관, 색깔, 향기, 맛 등
③ 위생성 : 독소, 병원균, 기생충, 유해물 등이 없는 것
④ 경제성 : 값이 저렴하고 양질의 것
⑤ 실용성 : 누구나 활용이 가능한 것

3. 식품에 함유된 영양소의 체내 역할
① 열량소
  ㉮ 몸의 활동에 필요한 에너지를 공급한다.
  ㉯ 탄수화물 중 전분 및 각종 당질, 지방, 일부의 단백질

② 구성소
  ㉮ 몸의 발육을 위하여 몸의 조직을 만드는 성분을 공급한다.
  ㉯ 단백질, 무기질(주로 칼슘과 인), 물, 일부의 지방과 탄수화물
③ 조절소
  ㉮ 체내의 각 기관이 순조롭게 활동하고 섭취된 것이 몸에 유효하게 사용되기 위해 보조적인 작용을 한다.
  ㉯ 무기질, 비타민류, 물, 일부의 아미노산과 지방산

◆ 칼로리(열량 : Calory)
  • 열량은 재는 단위로 1cal는 1ℓ 의 물을 1℃ 높이는데 필요한 열량이다.
  • 식품의 성분 중 3대영양소인 당질, 지방, 단백질이 칼로리의 급원으로, 이들은 체내에서 연소되어 열을 발생하며, 체온을 유지한다.
  • 단백질과 당질은 1g당 4kcal, 지방은 1g당 9kcal의 열량을 발생한다.

❷ 식품의 영양소와 분류

1. 식품의 5대영양소
① 단백질, 지질, 탄수화물, 무기질, 비타민을 5대 영양소라 한다.
② 5대 영양소에 물을 첨가하여 6대 영양소로 나타내기도 한다.

◆ 영양소와 작용

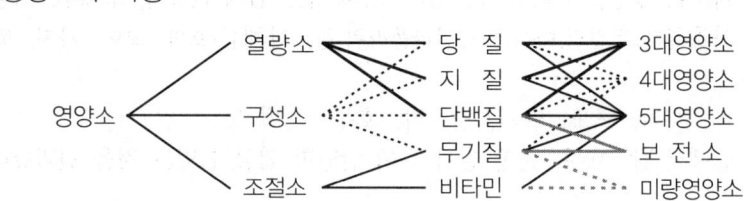

2. 영양소의 비교

종 류	열량	권장량	소화율	과 잉 증	결 핍 증
탄수화물	4kcal	65%	98%	소화불량, 비만증 등	체중감소, 발육불량 등
단 백 질	4kcal	15%	92%	비만증, 소화불량 등	카시아코르, 성장장애, 빈혈, 부종등
지 방	9kcal	20%	95%	비만증, 심장기능약화, 동맥경화증등	신체쇠약, 성장부진 등

> ◈ 콜레스테롤
> - 고등동물의 세포성분으로 널리 존재하는 스테로이드 화합물.
> - 식물에서는 발견되지 않으며, 동물에만 볼 수 있다. 특히 뇌나 신경조직에 많이 함유되어 있다.
> - 소화관에서 콜레스테롤을 그대로 직접 흡수하고, 또 그대로의 형태로 배설된다.
> - 생체내에서 콜레스테롤과 비타민 D·성호르몬(테스토스테론·프로게스테론 등)·부신피질호르몬·쓸개즙산(빌산) 등이 합성되며, 필수지방산의 운반을 한다.
> - 과다한 섭취는 혈중의 콜레스테롤이 혈관에 침착하여 동맥경화증을 일으켜 혈관의 기능을 약화시키는 고혈압을 발생시킨다.

3. 식품의 구분

① 인스턴트 식품
  ㉮ 즉석가공이 가능한 식품으로 즉석식품이라고도 한다.
  ㉯ 특별한 기구와 복잡한 조리기술과 시간을 요하지 않는다.
  ㉰ 보존과 수송이 편리하다.
  ㉱ 조리식품에 비해 영양적으로 부족하다.
  ㉲ 구입시는 유통기한, 조리방법을 확인한다.

② 식물성 식품
  ㉮ **곡류** : 쌀, 맥류, 잡곡 등
  ㉯ **두류** : 콩, 팥, 녹두, 완두, 강낭콩, 땅콩 등
  ㉰ **감자류** : 감자, 고구마 등
  ㉱ **채소류** : 근채류(무, 당근, 우엉, 순무, 연근, 양파 등), 엽채류(상치, 양배추, 시금치, 배추, 미나리 등), 화채류(브로컬리, 아티초크, 컬리플라워 등) 과채류(호박, 오이, 가지, 토마토 등)
  ㉲ **과실류**
    ㉠ 감귤류, 배, 사과, 포도, 딸기, 감, 밤, 호두, 은행 등
    ㉡ 과실류 중에서 밤, 호두, 은행 등과 같이 단단한 껍질이 있는 것을 견과류라 한다.
  ㉳ **버섯류**
    ㉠ 표고버섯, 송이버섯, 양송이버섯, 느타리버섯, 싸리버섯 등
    ㉡ 버섯은 엽록소가 없어서 광합성작용을 하지 못하므로 다른 식물에 기생하여 생육한다.
  ㉴ **해조류** : 미역, 다시마, 김, 한천(우뭇가사리) 등
  ㉵ **유지류** : 채종유, 미강유, 카카오, 야자유 등
  ㉶ **향신료** : 생강, 겨자, 고추, 후추, 타임, 정향, 박하 계피 등

③ 동물성 식품
  ㉮ **육류** : 쇠고기, 돼지고기, 닭고기 등
  ㉯ **우유류 및 유제품** : 우유, 크림, 버터, 아이스크림, 치즈, 발효유 등
  ㉰ **난류** : 달걀, 메추리알, 오리알 등
  ㉱ **어패류** : 어류, 연체류(오징어, 문어, 해파리, 해삼, 낙지 등), 갑각류(게, 왕게, 새우, 가재 등), 조개류(고막, 대합, 바지락, 전복, 홍합 등)

> ◈ 가소성과 식품
> • 가소성
>   물리적 힘을 가했을 때 형태상의 변형이 일어난 후 가해졌던 물리적 힘을 제거해도 변형된 상태로 남아있는 성질을 소성이라 하며, 소성이 일어날 수 있는 성질을 가소성이라고 한다.
> • 버터나 마가린, 생크림 등은 가소성의 물리적성질을 이용한 것이다.

④ 기호식품
  ㉮ 영양소는 거의 없고 식품에 맛, 냄새, 색깔을 부여 또는 식욕증진을 위한 식품
  ㉯ 청량음료, 다류, 주정음료, 조미료 등

⑤ 기타
  알코올식품, 즉석요리식품, 강화식품 등

⑥ 강화식품
  ㉮ 식품의 제조가공 중에 손실되는 영양성분을 보충하여 원상태로 만들거나 함유되지 않은 성분을 첨가하여 영양가치를 높인 식품
  ㉯ 강화미, 마가린, 조제분유 등

⑦ 알칼리성식품과 산성식품
  ㉮ **알칼리성식품**
    ㉠ 나트륨(Na), 칼슘(Ca), 마그네슘(Mg) 등의 무기질이 많이 함유된 식품
    ㉡ 채소, 과일, 우유, 해조류, 감자류 등
  ㉯ **산성식품**
    ㉠ 황(S), 인(P), 염(Cl) 등의 무기질이 많이 함유된 식품
    ㉡ 곡류, 육류, 어패류, 알류, 콩 등

4. 식품의 구성
① 일반성분 : 수분(물), 유기질(탄수화물, 단백질, 지방, 비타민), 무기질(칼슘, 인, 철 등)
② 특수성분 : 색, 맛, 향, 효소 등

제2장 식품의 구성

❶ 수분

1. 물의 성질
① 인체 내에서 영양소의 운반, 노폐물을 제거·배설
② 체온을 일정하게 유지
③ 건조상태의 것을 원상태로 회복
④ 열과 운동을 전달한다.

2. 물의 존재상태
① 자유수(유리수)
  ㉮ 생체조직·토양·겔·수용액 속에 존재하면서 이들과 결합하지 않고 자유롭게 이동할 수 있는 물.
  ㉯ 염류, 당류, 수용성단백질을 녹이는 용매로서 작용하는 물을 말한다.
② 결합수 : 조직과 든든하게 결합한 물

◈ 자유수와 결합수

구분	자유수	결합수
용 매	용매로 작용	용매로서 작용하지 못함
증 발	건조에 의해서 쉽게 증발하여 유리 상태로 존재	압력을 가해도 쉽게 제거되지 않음(단백질, 탄수화물 등과 수소결합)
동 결	0℃ 이하에서 쉽게 동결	0℃ 이하의 낮은 온도(-20℃ 이하)에서도 얼지 않음
미생물	미생물 번식에 이용	미생물번식에 이용하지 못함

3. 식품의 수분함량
① 채소와 과일 : 90%   ② 육류 : 50~65%   ③ 곡류 : 8~15%

4. 수분활성도

① 수분활성도
  ㉮ 식품이 나타내는 수증기압에 대한 그 온도에 있어서의 순수한 물의 최대 수증기압의 비를 말한다.
  ㉯ 수분활성도가 높은 것은 채소·과일(0.98~0.99)이며 쌀이나 콩(0.60~0.64)은 수분활성도가 낮다.
  ㉰ **수분활성도(Aw)** = $\dfrac{\text{식품이 나타내는 수증기압}(P)}{\text{순수한 물의 최대수증기압}(P_0)}$

② 식품의 수분활성도
  ㉮ **물** : 1
  ㉯ **어류, 채소, 과일** : 0.98~0.99
  ㉰ **쌀, 콩** : 0.60~0.64
  ㉱ **육류** : 0.92~0.97

③ 미생물의 생육 최적수분활성도
  ㉮ 수분활성이 높은 신선한 식품류에서 미생물의 번식이 자유롭다.
  ㉯ **세균** : 0.94~0.99
  ㉰ **효모** : 0.88
  ㉱ **곰팡이** : 0.80(내건성 곰팡이는 Aw 0.64에서도 생육이 가능하다)
  ㉲ 그람염색은 미생물의 세포막을 염색하는 것이다.

❷ 탄수화물

1. 탄수화물의 기능

① C, H, O의 3원소만으로 구성되어 있으며, 일반적으로 당질이라 한다.
② 많이 먹으면 글리코겐(Glycogen)으로 변하여 간, 콩팥, 근육에 저장된다.
③ 열량공급원이다.
④ 탄수화물은 체내에서 소화되면 단당류의 형태로 흡수한다.
⑤ 곡류, 감자류, 설탕류의 주된 성분으로 섭취하면 글리코겐으로 변하여 간이나 근육속에 저장된다.

2. 당질의 기능
① 에너지의 공급
② 단백질의 절약
③ 지방의 완전연소

3. 당질의 분류
① 단당류
  ㉮ **5탄당**
    ㉠ 자연에 유리상태로 존재하지 않고 효모에 의해 발효되지 않는다.
    ㉡ 리보스(Ribose) : 핵산(RNA)과 비타민B_2의 구성성분
    ㉢ 자일로스(Xylose, 목당) : 식물세포벽의 구성성분
    ㉣ 아라비노오스(Arabinse) : 식물세포막에 펙틴과 같이 존재

  ㉯ **6탄당**
    ㉠ 포도당(Glucose) : 단맛이 있는 과일, 당근, 무에도 많고 동물의 혈액중에 보통 0.1% 함유
    ㉡ 과당(Fructose) : 과즙, 벌꿀에 많이 존재. 흡습성이 높기 때문에 결정화되기 힘들다.
    ㉢ 갈락토오스(Galactose) : 유당의 구성성분으로 존재
    ㉣ 만노오스(Mannose) : 유리상태로는 존재하지 않고 반섬유소, 만나의 구성성분으로 존재
    ㉤ 소르보스(Sorbose) : 비타민 C의 합성원료

② 이당류
  ㉮ **맥아당(Maltose)**
    ㉠ 전분의 구성단위로서 포도당 2분자의 화합물이다.
    ㉡ 엿기름, 발아 중의 곡류에 많이 함유 (자연 식품과 가공 식품에 많이 함유)

  ㉯ **자당(Sucrose, 서당, 설탕)**
    ㉠ 포도당과 과당의 화합물로 일명 설탕이라 한다.
    ㉡ 사탕무, 사탕수수에 많이 함유
    ㉢ 폰당 : 설탕을 물과 함께 일정한 온도까지 가열해서 식힌 후 저어서 결정집단이 생겼을 때 만들어지는 캔디의 일종

  ㉰ **유당(Lactose, 젖당)**
    ㉠ 포도당과 갈락토오스의 화합물로 일명 젖당이라 한다.
    ㉡ 우유에 약 5%, 인유에 약 7%로 유즙에 함유
    ㉢ 젖산균의 발육을 도와 유해세균의 번식을 억제하고, 정장 작용과 뇌신경조직의 성

장에 관여
③ 다당류
㉮ **전분(Starch, 녹말)** : 곡류(평균 75%), 감자류(평균 25%)에 함유
㉯ **글리코겐(Glycogen)** : 동물의 저장 다당류. 주로 간, 근육에 존재하며, 굴 효모에도 함유
㉰ **섬유소(Cellulose)**
㉠ 식품의 세포막성분
㉡ 인체 내에서는 소화가 되지 않지만 소화운동(장 운동)을 촉진하므로 변비를 예방한다.
㉢ 해조, 채소, 콩류에 많이 함유
㉣ 섬유소의 종류
- 펙틴(Pectin) : 세포벽 또는 세포 사이의 중층에 존재. 과실류, 감귤류의 껍질에 많이 함유
- 리그닌(Lignin) : 목재, 대나무, 짚에 함유
- 키틴(Chitin) : 곤충, 갑각류의 껍질에 함유
- 이눌린(Inulin) : 과당의 결합체. 우엉, 다알리아에 많이 함유
- 한천(Agar) : 홍조류의 세포성분으로, 갈락탄 형태로 존재
- 갈락탄(Galactan) : 한천에 들어 있는 소화되지 않는 다당류

4. 당질의 감미도 크기

과당(100~170) > 전화당(90~130) > 설탕, 서당, 자당(100) > 포도당(50~74) > 맥아당(35~60) > 갈락토오스(33) > 유당, 젖당(16~28)

❸ 단백질

1. 단백질의 구성

① C, H, O, N의 원소로 구성된다.
② 모든 생물의 몸을 구성하는 고분자유기물로 수많은 아미노산의 연결체이다.
③ 여러종류 단백질의 질소함유량은 평균 16%를 차지하며, 따라서 질소계수는 6.25이다.

2. 단백질의 기능

① 생물체의 구성성분으로서 매우 중요하다.
② 새로운 조직을 생성한다.
③ 모든 세포의 세포막과 세포 내의 각종 구조물은 예외없이 단백질과 지질(脂質)로 구성되

어 있으며, 세포의 원형질도 다량의 각종 단백질을 함유하고 있다.
④ 단백질은 세포 내에서 수많은 화학반응의 촉매역할을 하고 있다.
⑤ 면역에서 항체를 형성한다.

3. 식품의 단백질 명칭
① 콩단백질 : 글리시닌 ② 난백, 혈청의 단백질 : 알부민
③ 보리의 단백질 : 호르데인　　　　　④ 옥수수의 단백질 : 제인
⑤ 우유의 단백질 : 카제인　　　　　　⑥ 쌀의 단백질 : 오리제닌
⑦ 밀가루의 단백질 : 글루텐　　　　　⑧ 대두의 단백질 : 글로불린

4. 단백질의 분류
① 구성성분에 의한 분류
　㉮ **단순단백질** : 알부민, 글로불린, 글루테린, 프롤라민, 알부미노이드, 히스톤, 프로타민 등
　㉯ **복합단백질** : 핵단백질(핵산과 결합한 단백질), 인단백질(카세인, 비테린 등), 색소단백질(헤모글로빈, 미오글로빈, 치토크롬, 헤모시아닌, 클로로필 등), 당단백질(뮤신, 뮤코이드 등)

　㉰ **유도단백질**
　　㉠ 연단백질이 물리적·화학적 변화를 받은 것
　　㉡ 젤라틴, 응고단백질, 프로테오스, 펩톤, 펩타이드 등

> ◆ 복합단백질의 종류
> - 지단백질 : 단백질에 지방이 결합한 단백질
> - 당단백질 : 단백질에 당이 결합한 단백질
> - 인단백질 : 단백질에 인산이 결합한 단백질
> - 핵단백질 : 단백질에 핵이 결합한 단백질
> - 색소단백질 : 단백질에 각종 색소들이 결합한 단백질

② 영양학적 분류
　㉮ **완전단백질** : 동물의 성장에 필요한 모든 필수아미노산이 골고루 들어있는 단백질로서, 젤라틴을 제외한 동물성단백질이 이에 속한다(계란, 우유, 육류 등).
　㉯ **부분적 불완전단백질** : 주로 곡류에 들어 있는 단백질로서, 단백질의 질을 향상시키기 위해서 아미노산의 보강의 필요하다.
　㉰ **불완전단백질** : 제인, 젤라틴 등

> ◆ 완전식품
> - 필수아미노산을 고루 가지고 있는 완전단백질식품을 말한다.
> - 완전단백질식품 중 계란은 그 질이 가장 우수하여 단백가의 기준이 된다.

③ 구상단백질

㉮ 단백질 분자의 형태가 구상(球狀) 또는 회전타원체에 가까운 것의 총칭.
㉯ 알부민, 글로불린, 미오겐, 미오글로빈 등

5. 단백질의 변성

① 천연단백질이 물리적·화학적 작용에 의해 구조변형이 일어나는 현상
② 열, 동결, 압력, 자외선 등의 물리적 작용과 염류, 유기용매 등의 화학적 작용 그리고 효소작용 등으로 단백질이 변성된다.

❹ 아미노산

1. 아미노산의 기능

① 성장 및 체(體)성분의 구성물질
② 효소, 호르몬, 혈장단백질의 형성에 필요
③ 체성분의 중성유지, 항체의 구성성분

2. 아미노산의 분류

① 필수아미노산
  ㉮ 체내에서 생성할 수 없어 음식물로 섭취해야 하는 아미노산을 말한다.
  ㉯ 이소류신·류신·리신·페닐알라닌·메티오닌·트레오닌·트립토판·발린 의 8종
  ㉰ 성장기의 어린이는 알기닌, 히스티딘이 추가 (10종)

② 불필수아미노산
  체내에서도 합성이 되지만, 많이 섭취함으로써 필수아미노산의 소모를 적게 할 수 있다.

3. 제한아미노산

① 충분한 영양을 나타내려면 필수아미노산 상호간의 비율이 일정한 범위내에 있어야 한다.
② 단 하나라도 필요량보다 적으면 영양가가 억제되며, 필요량보다 적은 것을 제한아미노산이라 한다.

4. 아미노산의 보충효과

① 곡류 등의 단백질은 식물성단백질이며, 리신·트레오닌·트립토판 등 필수아미노산이 부족하므로 영양가가 떨어진다. 이 부족한 아미노산, 즉 제한아미노산을 보충해 주면 영양가가 높아지는데, 이러한 효과를 아미노산의 보충효과라고 한다.
② 예를 들면, 쌀·밀에는 리신·트레오닌, 콩에는 메티오닌이 각각 보충효과를 보인다.

> ◈ 조효소와 육단백질
>
> • 조효소
>   복합단백질로 이루어진 효소의 비단백질성분으로 보효소라고도 한다.
>
> • 육단백질
>   생육을 압착했을 때 즙에 함유된 단백질로 대부분이 글로부민으로서 미오신이 70%이다.

❺ 지질(유지)

1. 지질의 구성
① C, H, O의 화합물
② 지방산과 글리세롤의 에스테르
③ 물에 녹지 않고, 유기용매(에테르, 벤젠 등)에 녹는 물질

2. 지질의 분류
① 단순지질(중성지방) : 한 종류의 지방산으로 구성된 것(유지와 글리세롤의 에스테르. 글리세라이드, 왁스 등)
② 복합지질 : 구성지방산이 다른 것(인지질, 당지질, 단백지질 등)
③ 유도지질 : 단순지질과 복합지질의 가수분해 생성물(지방산, 스테롤, 지용성비타민 등)

> ◈ 복합지질의 종류
> • 인지질 : 분자 내에 인산에스테르를 가진 복합지질.
> • 당지질 : 당과 지질이 공유결합하고 있는 화합물.
> • 지단백질

3. 지방산의 분류
① 포화지방산
   ㉮ 탄소수가 증가함에 따라 융점이 높아져 상온에서 고체
   ㉯ 팔미틴산, 스테아린산, 뷰티린산 등

② 불포화지방산
   ㉮ 분자 안에 이중결합을 가지는 지방산을 말한다.
   ㉯ 포화지방산보다 융점이 낮고, 연한기름, 액체유, 반고체유에 많이 함유
   ㉰ 리놀레산, 리놀렌산, 아라키돈산, 올레산 등

③ 필수지방산(비타민F)
  ㉮ 정상적인 건강유지를 위해 반드시 필요한 지방산
  ㉯ 체내에서 합성되지 않으므로 음식물로 섭취
  ㉰ 종류 ; 리노레인산, 리노레닌산, 아라키돈닌산
  ㉱ 대두유, 옥수수유 등의 식물성 기름에 많이 함유, 부족하면 피부염, 피부건조증 증상

4. 건조피막을 만드는 정도에 따른 분류

① 건성유(요오드가 130 이상); 불포화 지방산
  ㉮ 불포화도가 높은 지방산이 다량 함유되어 공기 중에 방치하면 단단해지는 기름
  ㉯ 아마인유, 호두유, 들깨유, 잣유 등
② 반건성유(요오드가 100~130)
  참깨유, 면실유, 쌀겨유, 대두유, 채종유, 유채기름, 해바라기씨유, 목화씨유, 고추씨유 등
③ 불건성유(요오드가 100 이하); 포화 지방산
  ㉮ 포화지방산이 다량 함유되어 공기 중에 방치해도 건조하지 않는 기름
  ㉯ 올리브유, 땅콩유(낙화생유), 피마자유, 동백유 등

◈ 유지의 가열과 요오드가
유지를 가열하면 이중결합이 있는 부분에서 중합반응이 일어나 이중결합이 감소되므로 요오드가가 낮아진다.

5. 유지의 산가

① 유지의 품질을 나타내는 척도
② 유지 1g 중에 함유한 유리지방산을 중화하는데 필요한 KOHmg수로 표시한다.
③ 식용유지의 산가는 대체로 1.0 이하이다.

6. 지방의 경화

① 불포화지방산에 수소를 첨가하면 액상인 지방이 고체가 되는 현상을 경화(硬化)라 한다.
② 지방을 경화시키는 이유는 불포화지방산이 산소에 의해 산패되는 것을 방지하기 위함이다.

7. 경화유

① 액상기름에 수소를 첨가하여 만드는 백색고형의 인조지방
② 어유, 콩기름, 면실유, 야자유, 올리브유, 땅콩기름 등

❻ 무기질(미네랄)

1. 무기질의 구성
① 회분이라고도 하며, 인체의 약 4%를 차지
② 체내에서 체액의 pH조절 및 완충작용, 삼투압조절, 생체효소작용촉진, 골격조직형성 등의 역할을 한다.
③ 다량원소 : 칼슘, 인, 칼륨, 황, 나트륨, 염소, 마그네슘 등
④ 미량원소 : 철, 아연, 셀레늄, 망간, 구리, 요드, 코발트, 불소 등

2. 칼슘(Ca); 성인 1일 700mg 정도의 섭취가 필요함
① 체내에 함유량이 가장 많은 성분
② 골격, 치아를 구성
③ 심장, 근육의 수축이완
④ 신경운동의 전달
⑤ 혈액응고에도 관여
⑥ 급원식품 : 우유와 유제품, 뼈째먹는 생선 등
⑦ 옥살산은 칼슘의 흡수를 방해한다.
⑧ 칼슘함량
　㉮ **시금치** : 40~60mg　　㉯ **오징어** : 20~250mg
　㉰ **우유** : 100mg　　　　㉱ **가공치즈** : 613mg

3. 인(P); 성인 1일 700mg 정도의 섭취가 필요함(Ca:P의 비율은 1:1)
① 뼈, 핵단백질, 인지질을 구성
② 근육, 혈액, 특히 뇌에 다량 존재
③ 세포의 분열과 재생
④ 삼투압조절
⑤ 신경자극의 전달기능

4. 마그네슘(Mg); 1일 성인남자 350mg, 성인여자 300mg 정도의 섭취가 필요함
① Ca, P과 함께 뼈의 구성성분
② 단백질의 합성과정에 관여
③ 신경흥분억제
④ 체액의 알칼리성 유지
⑤ 녹색 채소, 견과, 대두 등에 많이 함유

5. 나트륨과 염소(Na, Cl)

① 삼투압조절
② 산, 알칼리의 균형유지
③ 수분균형유지에 관여
④ 성인 1일 나트륨(소금)필요량; 8~10g

6. 철(Fe); 1일 성인남자 12mg, 성인여자 18mg 정도의 섭취가 필요함

① 적혈구의 헤모글로빈 성분으로 흡수율이 제일 낮다.
② 비타민 C가 Fe의 흡수를 도와 주고, 탄닌은 저해한다.
③ 간, 난황, 곡류의 씨눈 등에 함유

7. 칼륨(K); 성인 1일 500mg 정도의 섭취가 필요함

① 세포내액에 존재
② NaCl과 비슷한 기능
③ 곡류, 채소 등에 함유

8. 구리(Cu)

① 철분의 흡수, 이용에 필요
② 적혈구의 숙성에 관여
③ 결핍되면 빈혈이 생긴다.
④ 코코아, 홍차, 간, 호두, 밀기울 등

9. 코발트(Co)

① 비타민 B12 구성성분
② 조혈작용에 관여
③ 결핍되면 악성빈혈 발생
④ 채소, 간, 어류 등

10. 불소(F)

① 치아의 강도를 증가
② 과잉증(반상치), 결핍증(충치)
③ 음료수에 1ppm 가량 불소가 있으면 충치를 예방할 수 있다.

11. 아연(Zn)

① 인슐린, 적혈구의 구성성분
② 육류, 해산물, 치즈, 땅콩 등

12. 요오드(I)

① 갑상선호르몬 티록신의 구성성분으로 결핍시 갑상선종이 발생
② 기초대사의 촉진
③ 해산물 특히 해조류에 많이 함유(미역, 다시마 등)

◈ 산성식품과 알칼리성식품의 비교

구분	산성식품	알칼리성식품
원 소	Cl, Br, P, S	Ca, Mg, Na, K, Cu, Mn, Zn, Co
함유식품	곡류, 육류, 알류, 치즈, 두류(대두 제외), 버터, 어패류 등	우유, 대두, 채소, 해초, 고구마, 감자, 과일류, 흑설탕 등

❼ 비타민

1. 비타민의 특징

① 식품에 극히 소량 존재하면서 고등동물의 성장과 생명의 유지에 필수적인 물질.
② 비타민은 지용성 비타민(A, D, E, F, K)과 수용성 비타민(B_1, B_2, B_6, 나이아신(니코틴산, B_3), B_{12}, 비오틴, C, P, H(B_8), L, 엽산(비타민M, B_9), 판토텐산 등)으로 나눌 수 있다.
③ 고등동물의 체내에서 전혀 합성되지 않거나 필요한 만큼 합성되지 아니하여 식품으로부터 반드시 섭취해야 한다.
④ 비타민은 소량으로 신체기능을 조절한다는 점에서 호르몬과 비슷하다. 그러나 호르몬은 신체의 내분비기관에서 합성되지만 비타민은 외부로부터 섭취되어야 한다는 점이 전혀 다르다. 그러므로 체내합성 여부에 따라서 어떤 동물에게는 비타민이, 다른 동물에게는 호르몬이 될 수 있다.

2. 지용성 비타민

① 특징
  ㉮ 지방(기름)에 잘 녹는 비타민
  ㉯ 기름에 조리하면 소화흡수가 잘 된다.

② 비타민 A(Retinol)
  ㉮ **항안염성 신경염인자** : 동물의 성장, 피부와 점막에 관계하며, 상피세포의 형성을 돕는다.
  ㉯ **결핍증** : 야맹증, 각막(안구)건조증, 결막염 등
  ㉰ **함유식품** : 생선간유와 버터, 달걀, 우유, 황색·주황색·녹색의 채소나 과일 등

③ 카로틴(Carotene)
　㉮ 비타민 A의 전구물질로 프로비타민 A라고 한다.
　㉯ β 카로틴이 체내에서 가장 효율적으로 전환
　㉰ 체내흡수율은 1/3 정도
　㉱ **함유식품** : 당근, 토마토, 오렌지 등

④ 비타민 D(Calciferol)
　㉮ **항구루병인자** : Ca의 흡수를 도와 뼈를 정상적으로 발육하게 한다.
　㉯ **결핍증** : 구루병
　㉰ **함유식품** : 간유·난황·버터 등

⑤ 에르고스테롤(Ergosterol)
　㉮ 비타민 D의 전구물질로 프로비타민 D라고 한다.
　㉯ 효모, 맥각, 버섯에 들어 있고, 자외선을 쬐면 비타민D로 된다.

⑥ 비타민 E(Tocophoerol)
　㉮ **항불임성인자** : 열에 아주 안정하며, 항산화제로서 작용
　㉯ **결핍증** : 불임증
　㉰ **함유식품** : 식물성기름·두류·녹황색 채소·난황·간유 등

⑦ 비타민 F(Linoleic Acid)
　㉮ 필수불포화지방산으로 식물유에 들어있는 항피부염인자
　㉯ 콜레스테린 농도를 낮게 한다.

⑧ 비타민 K(Phylloquinone)
　㉮ 혈액응고인자
　㉯ 체내에서 장내세균에 의하여 합성되기도 하나 흡수되는 양이 적으므로 외부에서 섭취해야 한다.
　㉰ **함유식품** : 녹황색 채소나 해초, 달걀, 간 등

3. 수용성 비타민

① 특징
　㉮ 비타민 B 복합체에는 B_1, B_2, B_6, B_{12}, B_{13} 등이 있는데, 효모 등에 비교적 많이 함유되어 있으며, 어느 것을 추출해도 대개 혼합되어 나온다.
　㉯ 나이아신·비오틴·판토텐산·폴산·콜린 등도 B복합체 속에 섞여 있을 때가 있다.

② 비타민 B_1(Thiamine)
　㉮ **항신경염성·항각기성인자** : 당질의 소화에 관여하며, 마늘의 알리신은 비타민 B_1의 흡수를 도와준다.

  ④ **결핍증** : 식욕감퇴·피로·체중감소·정신불안 등의 초기증세
  ㉰ **함유식품** : 말린 곡류(현미나 보리 등), 두류, 돼지고기 등
 ③ 비타민 B₂(Riboflavin)
  ㉮ **성장촉진인자** : 관탄수화물·지방·단백질 등 열량소의 대사에 필요한 성장촉진성 비타민
  ㉯ **결핍증** : 설염·구순염·구각염·피부병·결막염이나 백내장
  ㉰ **함유식품** : 우유, 치즈, 쇠간, 달걀흰자, 돼지고기, 내장, 녹색채소, 씨눈 등
 ④ 비타민 B₆(Phyridoxine)
  ㉮ **항피부염인자** : 장내세균에 의해 합성
  ㉯ **결핍증** : 사람에게 결핍되는 일은 거의 없으나, 알코올중독·경구피임약이나 결핵치료제의 복용으로 결핍증 발생
  ㉰ **함유식품** : 효모·밀·옥수수·간 등에 풍부하다.
 ⑤ 나이아신(Nicotinic Acid)
  ㉮ **항펠라그라성인자** : 모든 조직세포의 정상적인 생명현상을 유지하는데 없어서는 안되는 물질
  ㉯ **결핍증** : 나이아신은 필수아미노산인 트립토판을 만들어 주기 때문에 육류를 많이 먹으면 부족증이 없다.
  ㉰ **함유식품** : 효모·육류·간·두류에 많다
 ⑥ 비타민 B₁₂(Cyanocobalamin) : 코발트(Co)함유
  ㉮ **항빈혈성인자** : 악성빈혈을 예방하는 외적인자
  ㉯ **함유식품** : 식물에는 거의 없고, 동물의 간·신장에 많으며 굴에도 많이 함유
 ⑦ 비타민 C(Ascorbic Acid)
  ㉮ 영양소 중 가장 불안정하여, 열에 약하며 산소에 산화가 잘 되어 공기 중에서 쉽게 파괴된다.
  ㉯ 콜라겐형성에 관여하는 항괴혈병인자
  ㉰ **기능** : 철의 흡수를 도와주고, 단백질, 지방대사를 돕고, 피로회복에 도움을 준다.
  ㉱ **결핍증** : 괴혈병, 세균에 대한 저항력이 약해짐
  ㉲ **함유식품** : 양배추, 파셀리, 고추, 무잎, 감귤류 등
 ⑧ 비타민 H
  ㉮ 일반적으로 성장인자로서 작용
  ㉯ 난백증에 의한 피부장애나 성장지체에 유효
 ⑨ 비타민 L
  ㉮ o-아미노벤조산의 환원에 의하여 얻을 수 있는 무색, 인편상(鱗片狀)의 결정
  ㉯ 포유류에서는 최유작용(催乳作用)

㉰ Zn, Cd, Co, Ni, Hg, Cu, Pb 등의 정성(定性)·정량분석의 시약으로 이용
⑩ 비타민 P
  ㉮ 플라보노이드 색소에 속한다.
  ㉯ 자반병의 치료약으로 모세혈관을 튼튼히 한다.
  ㉰ 파프리카·레몬에서 추출
  ㉱ 히스페리딘과 루틴의 혼합체로 독립된 비타민으로 생각하지 않는다.

4. 열에 대한 안정성
비타민E 〉 비타민D 〉 비타민A 〉비타민B 〉 비타민C

⑧ 소화 효소

1. 효소의 분류
① 제1군 산화환원효소 : 산화환원반응에 관여하는 모든 효소
② 제2군 전이효소 : 어떤 분자에서 기능기를 떼어내어 다른 분자에 옮겨주는 효소
③ 제3군 가수분해효소 : 고분자를 가수분해하여 저분자로 하는 효소
④ 제4군 리아제 : 기질로부터 가수분해에 의하지 않고 어떤 기를 떼어내거나 붙여주는 효소
⑤ 제5군 이성질화효소 : 기질분자의 분자식의 변화없이 분자구조를 바꾸는 효소
⑥ 제6군 리가제 : 합성효소라고도 부르는 것으로, 아데노신삼인산이라는 물질 또는 이와 유사한 물질로부터 인산기를 떼어낼 때 방출되는 에너지를 이용하여 어떤 두 물질을 결부시키는 효소

2. 탄수화물 분해효소
① 아밀라제 : 침과 이자액에 함유
② 프티알린 : 침속에 함유된 아밀라제를 프티알린이라 한다.
③ 수크라제 : 소장의 벽에서 장액과 함께 분비
④ 말타제 : 이자와 소장에서 분비. 말토스를 포도당으로 분해
⑤ 락타제 : 젖이나 우유를 분해. 소장의 벽에서 분비
⑥ 셀룰라제 : 셀룰로스의 가수분해반응을 촉매하는 효소

3. 단백질 분해효소

① 동물성
   ㉮ 레닌 : 유아, 송아지의 위벽에 존재, 치즈제조에 사용. 유즙 속의 단백질을 분해하는 효소의 일종으로 카세인을 파라카세인으로 응고시킨다.
   ㉯ 펩신 : 위액, 척추동물의 위액에 함유된 단백질분해효소
   ㉰ 펩티다제 : 단백질의 펩티드결합을 분해하는 효소
   ㉱ 프로테제 : 단백질과 펩티드결합을 가수분해하는 효소
   ㉲ 디펩티다제, 카르복시펩티다제, 아미노펩티다제 : 단백질 소화의 마지막 과정에서 작용하는 분해효소
   ㉳ 트립신 : 위액, 장액, 이자액에서 분비되는 단백질분해효소
   ㉴ 키모트립신 : 척추동물의 이자에서 트립신과 함께 만들어지는 단백질분해효소
   ㉵ 카텝신 : 간·지라·신장에 함유. 동물의 세포내 단백질을 분해효소군

② 식물성
   ㉮ 파파인 : 파파야에서 추출, 육질연화작용
   ㉯ 브로멜린 : 파인애플에서 추출, 육류의 소화촉진
   ㉰ 휘신 : 무화과에서 추출   ㉱ 프로타아제 : 배즙에서 추출

4. 지질 분해효소

① 리파제 : 지방 → 지방산 + 글리세린
② 담즙산염 : 효소는 아니고, 지방을 소화되기 쉬운 상태로 유화시켜 준다.

5. 산화환원효소

① 티로시나제(Tyrosinase) : 버섯, 감자, 사과의 갈변에 관여
② 아스코르브 옥시다제(Ascorbate Oxidase) : 비타민 C 산화, 효소적 갈변. 양배추, 오이, 당근 등에 존재
③ 로폭시다제(Lopoxydase) : 식물의 변색, 냄새형성, 유지의 변향. 두류, 곡류 등에 존재

> ◆ 셀룰로스
> • 고등식물의 세포벽의 주성분으로 목질부의 대부분을 차지하는 다당류로 섬유소라고도 하며 다당류 중에서 분자량이 가장 큰 물질로 분자량은 천연상태에서 수만에서 수십만에 이른다.
> • 셀룰로스는 균류·세균·연체동물 등의 셀룰라제에 의하여 분해된 후 최종적으로는 글루코스가 된다.
> • 솜은 거의 순수한 셀룰로스로 이루어지는 섬유이며, 종이·의류의 원료로 사용되는 것 외에, 에테르유도체는 레이온, 니트로에스테르는 화약의 원료로서 여러 가지로 응용된다.
> • 화학약품에 대한 저항성도 강하고 미생물에도 침식당하지 않는다.

제3장 식품의 맛·색·냄새

❶ 식품의 맛

식품의 맛은 서로서로의 적미성분의 상승작용, 억제작용, 맛의 대비, 식품의 온도 등의 여러 가지 조건과 먹는 사람의 기호에 따라 결정되며, 기본적인 맛은 헤닝이 분류한 단맛, 신맛, 쓴맛, 짠맛이다. 이 중에서 단맛과 짠맛은 생리적으로 요구되는 맛이며, 신맛과 쓴맛은 취미의 맛이라고도 한다.

1. 기본적인 맛(Henning의 4원미)

① 단맛(감미료)

㉮ **천연감미료**
  ㉠ 포도당 : 과실, 벌꿀, 산와당엿에 다량 함유
  ㉡ 과당 : 과실, 벌꿀
  ㉢ 맥아당(엿당) : 물엿, 엿기름
  ㉣ 유당(락토스) : 모유, 우유
  ㉤ 자당 : 설탕
  ㉥ 만니트 : 해초
  ㉦ 맛의 크기 : 과당 〉 전화당 〉 설탕(서당,자당) 〉 포도당 〉 엿당 〉 갈락토오스 〉 젖당

㉯ **인공감미료**
  사카린·둘신·시클라메이트·아스파탐·소르비톨 등

② 짠맛(함미료, 염미료): 염화나트륨(NaCl : 식염), 염화칼륨(KCl), 염화암모늄(NH_4Cl) 등

③ 신맛(산미료)
  ㉮ **식초산**: 식초
  ㉯ **젖산(유산)** : 김치류, 유산음료, 요구르트
  ㉰ **사과산** : 사과, 배 등
  ㉱ **구연산** : 살구, 감귤류 등

⑩ **주석산** : 포도
⑭ **아스코르빈산(비타민 C)** : 과일류, 채소류 등
⑮ **글루콘산** : 곶감 등
⑯ **낙산** : 버터, 치즈

④ 쓴맛(고미료)
㉮ **카페인** : 커피, 초콜릿
㉯ **테인** : 차
㉰ **데오블로마인** : 초콜릿
㉱ **홉·휴물론** : 맥주
㉲ **나린진** : 감귤의 껍질
㉳ **큐얼세틴** : 양파껍질
㉴ **큐커비타신** : 오이꼭지

⑤ 기타의 맛
㉮ **맛난 맛(조미료, 지미료)** : 고기국물(Soup Stock)에 다량 함유
  ㉠ 이노신산 : 쇠고기, 돼지고기, 생선, 가다랭이 말린것, 멸치 등
  ㉡ 글루타민산 : 간장, 된장, 다시마
  ㉢ 구아닌산 : 표고버섯
  ㉣ 글리신 : 김
  ㉤ 시스테인·리신 : 육류, 어류
  ㉥ 호박산 : 청주, 조개류
㉯ **떫은 맛(삽미료)**
  ㉠ 혀의 점막단백질이 응고되어 미각신경이 마비되면서 느끼는 현상
  ㉡ 일반적으로 미숙한 과일에서 경험하는 불쾌한 맛
  ㉢ 차와 감의 탄닌에 의해 발생
㉰ **아린 맛**
  ㉠ 쓴맛과 떫은맛의 혼합된 맛
  ㉡ 가지, 죽순, 감자, 토란, 우엉, 고사리의 맛
  ㉢ 사용전에 물에 담그어 두면 아린 맛의 제거가 가능하다.
㉱ **매운 맛(신미료)**
  ㉠ 구강점막을 자극할 때 느끼는 타는 듯한 또는 아픈 듯한 감각 (통각에 가깝다.)
  ㉡ 고추 : 캡사이신
  ㉢ 마늘, 양파 : 알리신
  ㉣ 생강 : 진제론, 쇼가올, 진저롤
  ㉤ 후추 : 차비신, 피페린
  ㉥ 와사비 : 아릴이소티오시아네이트
  ㉦ 겨자 : 시니그린
  ㉧ 산초 : 산술
  ㉨ 계피 : 시나믹알데히드
  ㉩ 무 : 메틸, 머캅탄
㉲ **금속 맛** : 철, 은, 주석 등의 금속이온맛(수저, 포크)

2. 혀에서 맛을 느끼는 부분

① 단맛 : 혀끝
② 신맛 : 혀의 양쪽
③ 짠맛 : 혀 전체
④ 쓴맛 : 혀의 안쪽

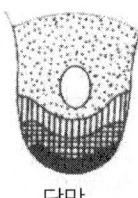  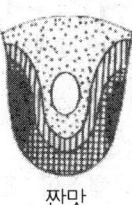 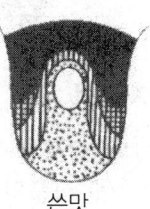

단맛 신맛 짠맛 쓴맛

3. 맛의 대비, 변조, 상쇄

① 맛의 대비(강화)
　본래물질에 다른 물질이 섞여서 맛이 증가하는 것(단맛 + 소금 → 단맛증가)

② 맛의 억제
　물질에 다른 물질이 섞여서 맛이 감소하는 것(쓴맛 + 설탕 → 쓴맛감소)

③ 맛의 상쇄(소실)
　두 물질은 혼합했을 때 고유의 맛이 없어지거나 약해지는 것(A + B → C)

④ 맛의 변조
　쓴약을 먹은 후 물을 마시면 단맛이 느껴지는 경우와 같이 한가지 맛을 본 후에 다른 맛을 느끼지 못하는 것.

⑤ 미맹(Taste Blind) : PTC(Phenyl thiocarbamide)
　PTC의 쓴맛을 느끼지 못하거나 다른 맛으로 느끼는 현상을 맛의 미맹 또는 PTC미맹이라고 한다.

4. 맛과 온도

① 혀의 미각은 10~40℃에서 잘 느끼고, 특히 30℃정도가 민감하며, 온도의 저하에 따라 쓴맛의 감소가 특히 심하다.

> ◆ 식염의 섭취
> • 식염은 짠맛을 낸다.
> • 식염의 과잉섭취는 장내 수분의 흡수를 방해하여 설사와 신장이 배설기능이 나빠진다.
> • 식염의 결핍은 위액산도가 저하되어 식욕부진과 소화불량을 일으킨다.

② 맛의 최적온도를 보면 쓴맛 40~50℃, 짠맛 30~40℃, 단맛 20~50℃, 신맛 5~25℃, 매운맛 50~60℃이다.

❷ 식품의 색소

1. 지용성

① 클로로필 색소(엽록소)
  ㉮ 식품의 녹색채소의 색으로, Mg(마그네슘)을 함유
  ㉯ 열·산에 불안정하고, 알칼리에 안정
  ㉰ 산으로 처리하면 갈색의 페오피틴이 되고, 알칼리로 처리하면 클로로필린으로 되어 선명한 녹색을 띤다.

② 카로티노이드 색소
  ㉮ 동식물계에 널리 분포
  ㉯ 노랑, 주황(오렌지색), 빨간색의 색소로서, 산·알칼리에는 변화가 없으나, 광선에 민감
  ㉰ 카로틴류 : 당근, 호박, 녹엽, 고구마, 토마토, 감, 살구, 오렌지 등
  ㉱ 크산토필류 : 옥수수, 고추, 해조 등

2. 수용성

① 플라보노이드 색소
  ㉮ 색이 엷은 채소의 색소
  ㉯ 산에는 안정하며, 알칼리에서 황색을 나타낸다.
  ㉰ 옥수수, 밀가루, 양파, 귤껍질 등

② 안토시안 색소
  ㉮ 꽃, 과일 등의 적색, 청색, 자색 등
  ㉯ 사과, 딸기, 석류, 포도, 가지, 검정콩 등
  ㉰ 산성 → 중성 → 알칼리성으로 변함에 따라 적색 → 자색(보라색) → 청색으로 변색된다.

> ◈ 미오글로빈
> • 근육세포 속에 있는 헤모글로빈과 비슷한 헴단백질.
> • 근육속의 미오글로빈이 산소와 결합되면 옥시미오글로빈이 되며, 색깔은 적자색이 된다.
> • 고기가 더 오래되어 옥시미오글로빈이 더욱 산화되면 메트미오글로빈으로 변하므로 색깔은 갈색을 띠게 된다.

3. 동물성 식품의 색소

① 미오글로빈 : 근육색소(Fe 함유)
② 헤모글로빈 : 혈액색소(Fe 함유)

③ 헤모시아닌 : 오징어, 문어, 전복, 소라, 패류, 새우 등의 Cu를 함유한 혈색소
④ 아스타산틴 : 도미의 표피, 연어·송어의 근육, 새우·게의 가열시의 적색, 난황 등에 함유한 색소

4. 식품의 갈변

① 효소적 갈변
  ㉮ 효소에 의해 갈변하는 것으로, 사과, 감자의 절단면이 갈변하는 것이 그 예이다.
  ㉯ 과일껍질을 벗겼을 때 발생하는 갈변을 방지하는 방법은 연한설탕물이나 연한소금물에 담근다.

② 비효소적 갈변
  카보닐화합물과 아미노화합물의 반응에 의한 것으로, 효소는 관여하지 않는다. 감귤류과즙의 보전에 따른 갈색화, 유제품의 가열에 따른 변색, 간장의 착색, 식빵껍질의 착색, 쿠키의 빛깔 등이 이것에 속한다.

5. 녹색채소의 조리색

녹색채소를 짧은 시간에 조리를 하면 공기가 제거되어 색깔이 더욱 선명해지나, 오래 끓이면 유기산의 용출로 황록색으로 변한다.

③ 식품의 냄새

1. 식물성 식품의 냄새

① 알코올 및 알데히드류 : 주류, 감자, 차잎, 복숭아, 오이, 계피 등
② 에스테르류 : 주로 과일향
③ 테르펜류 : 녹차, 차잎, 레몬, 오렌지 등
④ 황화합물 : 마늘, 양파, 부추, 무, 파, 고추냉이 등

2. 동물성 식품의 냄새

① 아민류 및 암모니아류 : 육류, 어류 등
② 카르보닐화합물 및 지방산류 : 버터, 치즈 등의 유제품

제4장 식품의 저장법

❶ 개요

1. 식품가공 및 저장의 의의
　　식품을 저장하는 것은 적절한 가공과 저장법으로 신선도, 잉여 식품의 보존과 맛, 풍미, 감각 등을 보존하고, 변질과 부패를 방지하므로서 식생활개선에도 이바지하기 위함이다.

2. 식품가공 및 저장의 목적
　　① 식품의 영양과 맛을 개선
　　② 수송, 저장을 간편하게 한다(통조림, 병조림 등)
　　③ 날 것의 이용범위를 넓히고 식품의 가치를 높이다.
　　④ 식품의 이용기간의 연장과 계절과 관계없이 이용할 수 있게 한다.

3. 식품변질의 주원인
　　① 미생물의 번식
　　② 식품자체의 효소작용
　　③ 공기 중의 산화로 인한 비타민 파괴 및 지방산패
　　④ 곤충 등에 의한 피해
　　⑤ 방부제, 인공감미료, 금속염의 혼합, 착색제 등의 첨가물에 의한 피해

❷ 저장법의 종류

1. 건조탈수
　　① 목적
　　　　㉮ 일부 건조식품인 곡류와 콩류를 제외한 대부분의 식품은 거의 60~90% 이상의 수분

을 함유하고 있기 때문에 변패하기 쉽기 때문에 미생물의 생육방지를 위한 15% 이하의 수분으로 낮추는 방법이 일반적이다.
  ㉯ 식품은 건조탈수를 통하여 부피와 무게가 감소되므로 수송이나 보관이 용이해 진다.
② 전처리
식품에 따라서는 건조·저장하는 동안에 효소나 비효소적인 화학반응 등 여러 가지 원인으로 식품의 성분의 변화가 일어나게 되므로 건조탈수 전에 행하는 과정

㉮ 데치기
  ㉠ 끓는 물에 짧은 시간동안 삶는 방법으로 효소를 불활성화시킨다.
  ㉡ 채소의 건조시 많이 사용

㉯ 유황훈증(아황산가스)처리
  ㉠ 유황을 태울 때 발생하는 아황산가스로 훈증하는 방법
  ㉡ 효소의 억제, 표백, 미생물의 살균, 비효소적 갈변반응의 억제, 건조촉진 등의 효과
  ㉢ 감, 사과, 살구 등의 건조와 저장에 사용

㉰ 표피조직파괴
  ㉠ 가열된 알칼리의 묽은 용액에 단시간 침지하여 과피를 파괴하는 방법으로 건조시간을 단축시킨다.
  ㉡ 포도에 이용

㉱ 산화방지
  ㉠ 건조 전에 BHA, BHT, 아스코르브산(Ascorbic Acid) 등의 산화방지제를 첨가하는 방법
  ㉡ 어류의 황갈변과 산패의 냄새 제거
  ㉢ 당근, 토마토의 퇴색방지

> ◈ 아스코르브산(Ascorbic Acid)
> • 수용성 비타민의 하나로 비타민 C라고도 한다.
> • 산화환원 상태를 일정하게 유지하는 역할을 한다.

㉲ 농축
우유나 과일을 건조 전에 증발관에서 농축시키는 방법

③ 건조법

㉮ 일광건조법
  ㉠ 햇빛을 이용한 천일 건조법
  ㉡ 어류, 패류, 김, 곡류, 오징어 등의 농수산물에 이용
  ㉢ 착색, 퇴색, 산화의 우려가 있어 과일이나 채소에는 부적당하다.

㉯ **열풍건조법**
  ㉠ 인공적으로 가열한 공기를 공급하여 건조시키는 방법
  ㉡ 육류, 어류, 달걀류 등에 사용

㉰ **고온건조법**
  ㉠ 90℃ 이상의 고온에서 건조시키는 방법
  ㉡ β 전분이 α 전분으로 변환
  ㉢ 건조쌀밥, 건조떡 등 녹말의 호화현상 이용

㉱ **배건법**
  ㉠ 직접 불로 식품을 건조시키는 방법
  ㉡ 식품이 불에 접촉하므로 변화는 있으나 향이 강해진다.
  ㉢ 보리차, 커피, 차 및 소건어 등에 사용

㉲ **고주파건조법**
  ㉠ 고주파에 의한 열을 이용하는 방법
  ㉡ 식품을 타지 않고 균일하게 건조시킨다.

㉳ **감압건조법**
  ㉠ 저온에서 압력을 감소시켜 건조하는 방법
  ㉡ 산소가 적고 온도가 낮아 식품성분의 변화가 적다.
  ㉢ 건조채소, 건조달걀, 분유의 제조에 사용

㉴ **냉동건조법**
  ㉠ 일반적으로 급속냉동건조법을 사용
  ㉡ 단백질의 응고와 지방의 산화방지, 콜로이드 물질에 변화가 없고, 식품의 신선도를 보존할 수 있다.
  ㉢ 당면, 건조두부, 한천, 북어의 제조에 사용

㉵ **증발건조법**
  ㉠ 무게와 부피의 감소로 저장성을 향상시킨다.
  ㉡ 엿, 연유 등에 사용
  ㉢ 진공증발법은 냄새와 빛깔의 변화가 없다.

㉶ **분무건조법**
  ㉠ 액체를 안개처럼 분사한 후 열풍으로 건조시키는 방법
  ㉡ 분유 등에 사용

2. 냉각법
식품을 -20℃ 이하로 냉각을 하여 미생물의 번식과 효소의 작용을 억제하는 방법

① 움저장
　㉮ 10℃의 움속에서 저장하는 방법
　㉯ 고구마, 감자, 무, 배추, 오렌지 등의 저장에 사용
　㉰ 고구마 저장시는 큐어링(Curing)저장을 한다.

> ◈ 큐어링저장
> • 저장 중인 고구마의 부패를 방지하기 위해 상처에 유상조직(癒傷組織)을 발달시키는 방법
> • 고구마의 표피는 목질·코르크질로 된 몇 층의 조직으로 되어 있는데, 캐거나 운반할 때 상처가 나기 쉽다. 따라서 그 상처로 병원균이 침입하므로 저장 중에 부패하는 경우가 많다.
> • 상처가 생긴 고구마를 온도 29~30 ℃, 습도 85 %에서 10~14일 동안 처리하면, 상처 바로 밑에 유상조직이라고 하는 코르크의 보호층(保護層)이 생겨 병원균의 침입을 방지할 수 있으므로 저장 중의 부패를 막을 수가 있다.

② 냉장법
　㉮ 0~10℃의 온도에서 저장하는 방법으로 식품의 단기저장에 이용
　㉯ 어느 정도 신선도를 유지할 수 있으나 식품자체의 효소작용도 서서히 진행되고 있으므로 주의해야 한다.
　㉰ **냉장법의 종류**
　　㉠ 빙냉각법 : 얼음을 이용한 냉장법으로 직접 얼음으로 어류를 냉각시키는 빙장법과 물에 얼음을 넣은 용기에 어류를 담가서 냉장시키는 수빙법이 있다.
　　㉡ 냉각해수법 : 해수를 냉각시켜 어패류를 임시저장하는 방법
　　㉢ 냉풍냉각법 : 냉기를 불어넣어 냉각시키는 방법으로 딸기, 귤, 포도 등에 사용한다.
　　㉣ 진공냉각 : 청과물을 밀폐가 가능한 곳에 넣고 냉각과 동시에 공기를 제거하는 방법
　　㉤ 냉수냉각법 : 물로 냉각시키는 방법으로 근채류나 복숭아 등의 과일에 이용한다.

③ 냉동법
　㉮ **특징**
　　㉠ 식품을 동결상태로 저장
　　㉡ 급속냉각기술이 요구
　　㉢ 장기간 보존이 가능
　　㉣ 육류, 어패류 등 단백질 식품에 사용
　㉯ **종류**
　　㉠ 공기냉동법 : 저온의 공기로 냉동시키는 방법(냉동속도가 느리다)
　　㉡ 송풍냉동법 : -30~-40℃의 찬공기를 공급하여 냉동시키는 방법
　　㉢ 접촉냉동법 : 냉각된 알루미늄합금과 같은 금속판을 상하로 밀착시켜 냉동하는 방법

ⓔ 침지냉동법 : 액체질소와 같은 저온액체 속에 식품을 넣어 냉동시키는 방법
ⓜ 분무냉동법 : 증발액체질소나 액화이산화탄소 등을 식품에 직접살포하여 냉동시키는 방법

㉰ **완속냉동과 급속냉동**
완만하게 동결되었을 때는 드립(Drip)의 형성이 커졌으므로 식품의 모양과 품질이 떨어지나 급속냉동할 경우에는 드립의 형성이 작아 해동을 해도 모양과 품질에 지장이 없다.

◈ 채소·과일의 저장온도

종류	저장온도(℃)	종류	저장온도(℃)
바나나	13~15	복숭아	4
고구마	10~13	사과	−1~11
파인애플	5~7	당근	0
토마토	4~10	양파	0
밀감	4~7	오이	7~10

◈ 육류의 저장온도(단기간 저장시)

종류	저장온도(℃)	종류	저장온도(℃)
우유	4~7	햄	2~4
버터	4~7	소세지	2~4
치즈	4~7	새우	2~4
달걀	3~7	간	2~3
쇠고기	3~6	물고기	1~2
돼지고기	2~4	아이스크림	−18~−12

◈ 식품의 규격·기준의 분류
- 우유의 일반 세균수 : 20,000/$m\ell$ 이하
- 우유의 대장균수 : 2/$m\ell$ 이하
- 일반식품의 중금속 허용치 : 10ppm 이하 (단, 두부는 3ppm 이하, 갈색·백색 설탕, 물엿, 인스턴트 커피, 차, 케첩 등은 5ppm 이하)
- 고체식품의 비소 허용치 : 1.5ppm 이하
- 액체식품의 비소 허용치 : 0.3ppm 이하
- 조미료 식품의 비소 허용치 : 1.5ppm 이하
- 청량음료수의 납 함량 : 0.3ppm 이하

제5장 식품에 따른 가공 및 저장

❶ 곡류의 가공 및 저장

1. 쌀

벼는 현미 80%, 왕겨층 20%로서, 현미는 벼를 탈곡하여 왕겨층을 벗겨낸 것으로 과피, 종피, 호분층과 배유, 배아로 구성되어있고 호분층과 배아에 단백질, 지질, 비타민이 많이 분포되어있다.

① 쌀의 구조
  ㉮ **왕겨층** : 가장 바깥쪽 껍질로 벗겨내면 현미가 된다.
  ㉯ **외피** : 과피, 종피, 호분층으로 구성
  ㉰ **배아** : 불포화지방산과 비타민 B_1이 함유
  ㉱ **배유** : 낱알의 주된 성분으로 가식부이다.
  ㉲ 외피와 배아를 제거하면 백미가 된다.

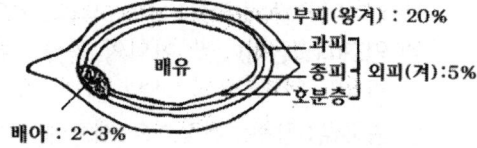

② 도정도에 따른 분류
  ㉮ **현미** : 가장 바깥쪽 껍질만 벗겨낸 것으로 영양분은 가장 많으나 소화율이 가장 낮다.
  ㉯ **백미**
    ㉠ 현미를 도정하여 배유(주로 전분)만 남은 것으로 가장 많이 사용한다.
    ㉡ 현미를 100%로 했을 때 도정한 양에 따라 5분도미, 7분도미, 10분도미로 구분한다.
    ㉢ 분도가 많을 수록(정백의 비율이 커질수록) 단백질, 지방, 섬유질, 비타민 B_1이 감소된다.

  ◈ 도정도, 도정률, 도감
   • 도정도 : 등겨층이 완전히 벗겨진 것을 10분도미, 그 반이 벗겨진 것을 5분도미 등으로 나타낸 것이다.
   • 도정률 : 도정된 정미제품이 현미의 몇 %에 해당하는가를 나타내는 방법이다.
   • 도감 : 도정에 의하여 쌀겨와 배아 등으로 줄어드는 양을 말한다.

  ◈ 쌀겨의 이용
   미강박과 미강유로 착유하여 사용하며, 미강유는 식용하고, 미강박은 사료로 이용한다.

③ 쌀의 소화율
  현미의 소화율은 90%이나, 백미의 소화율은 98%로 백미의 소화가 잘된다.

❖ 쌀의 도정률과 소화흡수율

도정도	도정률(%)	도감률(%)	소화흡수율(%)
현미	100	0	90
5분도미	96	4	94
7분도미	94	6	95.5
10분도미	92	8	98

④ 쌀의 가공품

세계인구의 절반 이상이 쌀을 주식으로 사용하므로, 쌀은 여러 가지로 활용되고 있으며, 쌀에 부족한 영양소를 보충한 가공품이 나오고 있다.

㉮ **강화미** : 비타민 B_1을 강화한 것
  ㉠ Parboiled Rice(찐쌀) : 벼를 물에 담갔다가 물을 빼고 쪄서 말린 다음에 도정한 것
  ㉡ Converted Rice(가공미) : 현미를 물에 담가 가공처리한 것
  ㉢ Premix Rice : 백미에 비타민 B_1, B_2, 무기질용액을 뿌려서 말린 것

㉯ **건조미(Alpha Rice)** : 쌀밥을 고온건조한 것(10% 수분)

㉰ **팽화미(Puffed Rice)** : 고압으로 가열하여 압축한 것(튀밥)

㉱ **인조미(합성미)** : 쌀 이외의 곡류가루와 녹말을 원료로 반죽하여 쌀알 모양으로 성형시킨 것

㉲ **종국류** : 감주, 된장, 술 제조에 쓰이고 그밖에 증편(술떡), 식혜(당화온도 55~60℃), 조청 등을 만든다.

⑤ 쌀의 저장

쌀의 저장은 벼의 상태가 가장 좋으며, 다음이 현미이고 백미의 저장성이 가장 낮다.

2. 보리(대맥, 정맥)

① 특징
  ㉮ 보리의 과피와 종피를 제거하고 배유부만 남은 것으로 쌀과 달리 중앙에 홈이 있어 약간의 호분층을 남기고 있다.
  ㉯ 쌀보다 비타민(특히 비타민 B_1), 단백질, 지질의 함량이 많다.

② 종류
  ㉮ **압맥(납작보리)** : 수분함량 14~16%인 보리를 예열통에 넣고 60~80℃의 가열증기나 포화증기를 가해 수분을 25~30%로 증가시킨 후 2개의 롤러 사이로 통과시켜 만든다.
  ㉯ **할맥** : 보리의 골에 들어있는 섬유소를 제거한 것으로 조리하기가 간편하다.
  ㉰ **맥아(보리싹)**
    ㉠ 단맥아 : 고온에서 발아시켜 싹의 길이가 보리알의 2/3~3/4 정도로 짧은 것으로 맥주양조용에 사용

ⓛ 장맥아 : 저온에서 발아시킨 것으로 싹의 길이가 보리알의 1.5~2배 정도이며, 식혜, 물엿제조에 사용

3. 밀(소맥)

① 제분
㉮ 밀의 입자는 보리에 비하여 골이 깊어서 정백은 곤란하나 가루로 만들기는 쉽다.
㉯ 일반적으로 곡물을 제분하면 입자가 작아지면 표면적이 넓어져서 소화율이 높아진다.

② 숙성
만들어진 제분을 일정기간 동안 숙성시키면 흰빛깔을 띠게 되며, 제빵에도 영향을 미친다.

> ◆ 소맥분 개량제 : 밀가루의 빠른숙성과 표백효과
> • 과산화벤조일
> • 과황산암모늄
> • 과붕산나트륨
> • 이산화염소
> • 브롬산칼륨

③ 글루텐(Gluten)의 형성
글리아딘(점착성이 있는 단백질) + 글루테닌(탄성이 있는 단백질) + 물로 반죽 → 글루텐 형성

④ 글루텐 함량에 따른 소맥분(밀가루)의 구분
밀가루를 물로 반죽하면 점탄성이 강한 글루텐(Gluten)이 형성되는데 이 성질을 이용하여 빵, 국수 등을 만든다.

종 류	글루텐 함량	용 도
강력분	13% 이상	식빵, 마카로니, 스파게티 등
중력분	10%~13%	국수 제조, 만두피, 파이 등
박력분	10% 이하	케이크, 과자류, 튀김옷, 비스킷, 카스테라 등

⑤ 제빵·제과
㉮ **원료**
㉠ 주원료는 밀가루이며, 팽창제, 소금, 설탕, 유지 등의 부원료가 들어간다.
㉡ 제빵시 적정 발효온도는 25~30℃이다.
㉢ 제빵은 강력분을, 제과는 박력분을 사용한다.
㉣ 밀가루 선별
• 글루텐이 많고 알맹이가 굵은 것(흡수력이 크다)
• 시스테인, 글루테디온 등이 많으면 반죽이 단단해지고 탄성이 크며, 탄산가스의 보유력이 크다.
• 당분도 효모의 영양성분으로 중요한 작용을 한다.

㉯ 부원료
- ㉠ 지방 : 연화작용이 있고, 제품의 결을 곱게 만들고, 밀가루제품의 표면 갈변작용
- ㉡ 설탕 : 단맛, 효모의 영양원. 설탕의 캐러멜화에 의한 빛깔(갈색) 및 특유한 향기, 노화방지, 단백연화작용을 한다. 설탕이 너무 많으면 글루텐형성을 방해
- ㉢ 액체 : 물, 우유, 달걀에 포함된 수분 등이 작용할 수 있는데, 글루텐형성에 결정적 역할을 한다. 베이킹파우더는 성분간의 반응을 일으키게 하고, 팽창제의 역할을 한다.
- ㉣ 달걀 : 글루텐형성을 돕지만, 너무 많으면 조직이 빳빳해진다.
- ㉤ 소금 : 점탄성을 증가시키고, 곰팡이의 발육을 억제한다.
- ㉥ 베이킹파우더 : 팽창제로서 가열하면 탄산가스, 암모니아를 발생시키며, 알칼리성을 갖는다.
- ㉦ 효모 : 반죽 안에 있는 포도당을 발효시켜 탄산가스를 발생시키므로 반죽을 부풀어 오르게 한다.

◈ 효모 사용법
- 건조효모의 사용량 : 밀가루의 0.5~1%
- 묽은 설탕물에 넣어 따뜻한 곳(30℃)에서 3~4시간 보온
- 탄산가스가 발생되면 밀가루에 넣어 반죽

㉰ 제조방법에 의한 분류
- ㉠ 발효빵 : 이스트의 발효로 생긴 탄산가스(CO_2)를 이용하여 만든 빵
- ㉡ 무발효빵 : 팽창제(베이킹파우더)에 의해 생긴 암모니아 및 탄산가스를 이용하여 만든 빵

⑥ 제면

㉮ 원료
- ㉠ 글루텐 함량이 중간인 중력분을 사용한다.
- ㉡ 메밀, 밀가루, 전분가루 등으로 메밀국수, 당면, 냉면, 국수 등을 만든다.
- ㉢ 소금 : 밀가루의 글루텐형성을 파괴하는 프로테아제의 작용을 억제한다.
- ㉣ 식용유 : 면이 서로 달라붙는 것을 방지한다.

㉯ 제조법
- ㉠ 마카로니
  - 강력분을 약간 굵게 제분하여 사용
  - 재료는 밀가루, 달걀, 올리브유, 소금을 사용한다.
- ㉡ 당면
  - 동면이라고도 하며 주로 고구마를 사용한다.
  - 묽게 반죽하여 선상으로 한 후 끓는 물에 넣어 삶은 다음 동결시킨다.

4. 전분

① 구성
  ㉮ 전분을 물에 침전하는 가루라는 뜻이다.
  ㉯ 화학적으로는 사슬로 된 아밀로스와 긴 사슬에 가지가 붙은 아밀로펙틴으로 구성되어 있다.

◈ 고구마전분 제조과정

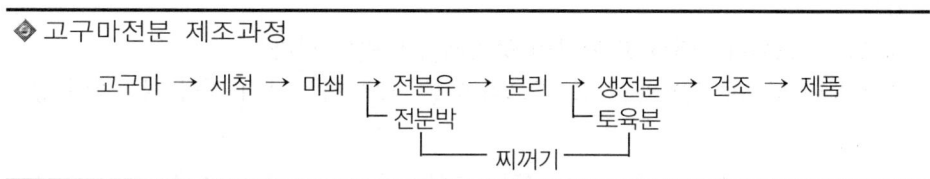

② 전분입자의 크기 및 형태

종류 \ 모양	전분입자의 크기(μ)	형태	평균크기(μ)
고구마	20~40	다면형	18
감자	5~100	달걀형	50
옥수수	6~21	다면형	16
밀	5~40	볼록렌즈형	20
쌀	2~8	다면형	4

③ 가공
  ㉮ **효소당화법**
    ㉠ 맥아(보리)를 발아시켜서 제조
    ㉡ 보리를 20~25℃에서 8일간 발아시켜 원보리의 1.7~2.0배가 되도록 한다.

  ㉯ **맥아엿 제조**
    ㉠ 맥아는 맥아당 50~60%, 덱스트린 10~20%를 함유하고 있어 엿의 제조에 사용
    ㉡ 맥아를 50~63℃에서 5~6시간 가열한다.

  ㉰ **산화전분**
    ㉠ 산으로 가수분해하여 당화한 것
    ㉡ 간식용은 물론 주정원료로 사용된다.

  ㉱ **염산법** : 황산법, 수산법으로 전분을 정제 포도당을 만든다.

  ㉲ **매시포테이토**
    ㉠ 감자를 삶아서 버터, 소금, 향신료 등을 넣고 뜨거울 때 으깬 것
    ㉡ 충분히 숙성된 분질의 감자가 좋다.

㉺ **당면**
　　㉠ 고구마녹말을 원료로 하여 동결상태에서 수분을 제거하고 건조시킨 것
　　㉡ 보존이 용이하고 제품복원성도 좋다.

5. 서류의 저장

① 감자
　㉮ 2℃ 정도에서 냉장하면 당분이 증가해서 단맛이 난다.
　㉯ 전분이 당으로 변하는 것을 막으려면 10~13℃ 정도에서 저장하는 것이 좋다.
② 고구마
　29~30℃, 85%의 습도에 10~14 일간 두었다(Curing 처리)가 저장하면 보존이 오래된다.

❷ 두류의 가공 및 저장

1. 두류의 성분

① 두류는 콩과에 속하는 작물로 뿌리혹박테리아(Azotobacteria)에 의해 뿌리에서 공기중의 유리질소를 고정시키므로 단백질(보통 20~30%, 대두는 40% 함유)과 지방이 풍부한 식품이다.
② 수분은 13% 내외이고, 비타민 C는 전혀 없으나, 콩나물에는 많이 생성된다.
③ 원료인 콩의 약 4배 정도의 두부를 얻는다.
④ 콩을 물에 담그면 미끌미끌해지고 거품이 나는 것은 콩에 함유된 사포닌이란 성분에 의한 것으로, 사포닌은 약리작용이 있으나 소화흡수율이 낮다.

> ◈ 사포닌
> • 대두유와 팥에 함유
> • 거품이 잘 일어나게 한다.
> • 체내에서 용혈작용, 혈관수축·확장 등의 역할

2. 두류의 가공식품

① 두부
　㉮ **원리**
　　㉠ 단백질인 글리시닌이 무기염류에 의해 응고되는 성질을 이용
　　㉡ 응고제 : 황산마그네슘($MgSO_4$), 황산칼슘($CaSO_4$), 염화마그네슘($MgCl_2$), 염화칼슘($CaCl_2$)

ⓒ 원료 : 황색이나 흰색의 콩과 응고제
ⓓ 착즙시 나오는 두유는 우유 대용식품으로 많이 이용한다.
㈏ **제조공정**
　ⓐ 수침 : 대두를 2.5배가 될 때까지 불린다.
　　• 봄·가을 : 12~15시간
　　• 여름 : 6~8시간
　　• 겨울 : 24시간
　ⓑ 마쇄 : 소량의 물을 첨가하여 간다.
　ⓒ 가열 : 마쇄한 콩에 2~3배의 물을 넣고 30~40분간 가열한다.
　ⓓ 착즙과 응고
　　• 냉각전에 마대에 넣고 압착시켜 두유와 비지를 분리한다.
　　• 70~80℃가 되면 두유에 2~3%의 간수를 2~3회 나누어 첨가한다(순두부).
㈐ **유부**
　ⓐ 두부의 수분을 뺀 뒤 기름에 튀긴 것
　ⓑ 50℃까지 냉각시킨 두유에 간수를 넣고 단단하게 교반한 것은 튀겨 만든다.
㈑ **얼린두부** : 동결시킨 두부를 탈수건조한 것

② 콩나물
　㈎ 콩을 발아시킨 것
　㈏ 비타민 C, 비타민 B_1, B_2가 발아와 함께 급격하게 생성(재배 후 6~7 일경에 최고치)된다.

③ 숙주나물
　㈎ 녹두를 발아시킨 것
　㈏ 숙주나물을 데칠 때 뚜껑을 열면 비린내가 나므로 주의한다.

④ 피넛버터
　낙화생을 볶아 마쇄시킨 것

⑤ 양갱
　㈎ 팥앙금과 설탕, 한천(우무)을 이용하여 만든다.
　㈏ 설탕은 점성과 투명도를 높여준다.
　㈐ 한천(우무)은 응고제로 사용한다.

⑥ 기 타
　콩가루, 대두 단백응고물 등

3. 장류의 가공과 저장

① 장류
  ㉮ 장류는 구미의 버터나 치즈에 비할 수 있는 우리나라의 주요 조미료로 된장, 간장, 고추장, 청국장 등이 있다.
  ㉯ **장류의 제조방법**
    ㉠ 재래식 : 메주를 띄워서 담근다.
    ㉡ 개량식 : 황곡의 번식으로 된 속성개량메주로 간장, 된장, 고추장, 막장을 담근다.

② 된장과 간장의 제조과정

```
대두 → 불림 → 찐다 → 접종 → 띄운다  ┐
쌀 또는 보리 → 불림 → 찐다 → 접종 → 띄운다  ┘ → 혼합 → 18% 식염수에 담근다 ─┐
                                                                              │
  ┌──────────────────────────────────────────────────────────────────────────┘
  └→ 거른다 → ┌ 된장 → 숙성 → 제품
              └ 간장 → 가열 → 제품
```

③ 된장제조법
  ㉮ **원료** : 단백질원료, 전분질원료, 소금, 황곡, 물
  ㉯ **제법** : 전분질원료를 쪄서 종국을 넣고 국자를 만들어 소금에 섞어 놓았다가 콩을 쪄서 국자와 혼합한 후 마쇄하여 통에 담아 숙성시킨다.

④ 간장제조법
  ㉮ **원료** : 콩, 볶은 밀, 소금, 황곡, 물,
  ㉯ **제법**
    ㉠ 콩과 볶은 밀을 마쇄하여 혼합하고 황곡균을 뿌려 국자를 만든 후 소금물에 담가 발효시켜 짠 것
    ㉡ 순수한 균의 배양으로 전분과 단백질의 분해력이 강하여 질이 좋다.
    ㉢ 간장의 조미가공 : 감미료, 향미료, 조미료, 착색료, 방부제
    ㉣ 아미노산 간장 : 소금물에 아미노산을 넣고 감미료와 캐러멜색소 등을 첨가하여 제조한 것

⑤ 고추장제조법
  ㉮ **원료** : 쌀, 콩, 고춧가루, 엿기름, 황곡, 소금, 온수
  ㉯ **제법**
    ㉠ 쌀이나 콩을 쪄서 황곡을 살포한다.
    ㉡ 흰색의 균사가 황색이 될 때까지 2~3일간 25~35℃로 보온한 후 건조시킨다.
    ㉢ 건조시킨 것을 가루로 만들어 고춧가루와 엿기름, 온수를 첨가한 후 2~3시간동안 55~60℃로 가열하여 당화시킨다.

ⓓ 소금의 1/2을 넣고 하루정도 지난 후 다시 1/2을 넣어 잘 교반한 후 저온에서 농축시킨다.

⑥ 청국장

콩을 삶아 60℃까지 식힌 후 납두균(Bacillus Natto)을 번식(40~50℃로 보온)시켜 콩의 단백질을 분해한 다음 마늘, 파, 고춧가루, 소금 등의 양념을 가미한 것으로 최적번식온도는 40~45℃이다.

◆ 된장·간장의 누룩
- 일반적으로 곰팡이로는 당화력과 단백분해력이 강한 코지(Aspergillus Oryzae)를 사용
- 간장, 된장 등은 누룩 중의 효소들이 단백질을 가수분해하여 만들어진다.
- 간장의 염도는 18~20%, 된장의 염도는 10~15% 정도이다.

◆ 된장의 종류
- 막된장 : 간장을 빼고 난 부산물이 막된장이다.
- 토 장 : 막된장과 메주 및 염수를 혼합숙성했거나, 메주만으로 담은 된장
- 막 장 : 메주로 토장과 마찬가지로 담되, 수분을 좀 많이 하고 햇볕이나 따뜻한 곳에서 숙성을 촉진시킨다.
- 담북장 : 청국장의 가공품
- 즙 장 : 막장과 비슷하게 담되, 수분이 졸졸 흐를 정도로 많고 무나 고추, 배춧잎을 넣고 숙성시킨다. 산미도 약간 있다.
- 생황장 : 삼복 중에 콩과 누룩을 섞어 띄워서 담근다. 누룩의 다목적 이용과 발효원리를 최대한 이용한 장이다.
- 청태장 : 마르지 않은 생콩을 시루에 삶고 쪄서 떡 모양으로 만들어 콩잎을 덮어서 띄운다. 청태콩메주를 뜨거운 장소에서 띄워 햇소추를 섞어 간을 맞춘다.
- 청국장 : 콩을 쑤어 볏짚과 40℃ 보온장소에 2~3일 띄운다. 고추·마늘·생강·소금으로 간을 하고 절구에 넣고 찧는다.
- 집 장 : 여름에 먹는 장의 일종으로, 농촌에서 퇴비를 만드는 7월에 장을 만들어 두엄더미속에 넣어 두었다가 꺼내어 먹는 장이다.
- 두부장 : 사찰음식의 하나로 뚜부장이라고도 한다. 물기를 뺀 두부를 으깨 간을 세게 하여 항아리에 넣었다가 꺼내어 참깨보시기·참기름·고춧가루로 양념하여 베자루에 담아 다시 한번 묻어둔다.
- 지례장 : 일명 "지룸장", "찌엄장"이라고 한다. 메주를 빻아 보통 김치국물을 넣어 익히면 맛이 좋다.
- 생치장 : 꿩으로 만든 장의 일종으로, 암꿩 3~4마리를 깨끗이 씻어서 삶아 껍질과 뼈는 버리고 살고기만 취하여 잘 다져 찧어서 진흙같이 만들어, 이것을 체로 받쳐 놓으면 아주 연하다. 여기에 초피가루와 생강즙과 장물로 간을 맞추어 볶아서 만드는데 마르지도 질지도 않게 한다.
- 비지장 : 두유를 짜고 남은 콩비지로 담근 장이다. 비지장은 더운 날에는 만들지 못하는 단점이 있다.

❸ 채소· 과일의 가공 및 저장

1. 과일의 가공과 저장

과일은 수분의 함량이 많고 조직이 연하여 저장성이 미약하므로 건조시키거나 농축하고, 가열하여 가공저장하거나 쥬스를 만들어 용기에 보관한다.

① 과일의 일반성분
- ㉮ **당질** : 포도당, 과당, 자당으로 된 당분을 많이 함유
- ㉯ **무기질(칼슘, 인, 철)과 비타민 C의 함유량이 많다.**
- ㉰ **특수성분** : 방향성분인 Terpene 등
- ㉱ **유기산** : 사과산, 주석산, 탄닌산 등
- ㉲ **색소** : 카로틴, 안토시안, 플라본
- ㉳ **효소** : 갈색으로 변하는 원인
- ㉴ **펙틴질** : 잼이나 젤리의 응고에 관여

② 잼(Jam)
- ㉮ **펙틴 응고의 비율** : 펙틴은 1.0~1.5%, 산의 pH는 3.46, 당분 60~65%이므로 펙틴과 산이 많은 사과, 포도, 딸기 등으로 잼을 만든다.
- ㉯ **용기** : 과일즙을 변색시키지 않는 스테인레스 스틸, 알루미늄 솥이 좋다.
- ㉰ **농축정도**
  - ㉠ 당도계 측정 : 60~65%
  - ㉡ 온도 : 103~104℃
  - ㉢ 컵테스트 : 흩어지지 않고 밑바닥까지 침전
  - ㉣ 스푼테스트 : 숟가락을 떴을 때 흘러내리지 않을 정도
- ㉱ **잼의 종류**
  - ㉠ 딸기잼, 사과잼, 오렌지잼, 포도잼
  - ㉡ 펙틴 및 산이 적은 배나 감 등은 잼의 재료로 사용하지 않는다.

③ 젤리(Jelly)
  과즙에 설탕 70% 정도를 넣고 가열농축한 후 응고시킨 것

④ 마멀레이드(Marmalade)
  오렌지나 레몬 껍질로 만든 잼

⑤ 과일의 저장
- ㉮ **목적** : 신선한 과일의 판매와 가공시가지 보존기간을 연장시키고, 미숙(생)과일을 후숙시키며, 품질을 향상시키는데 있다.

④ **저장의 원리**
   ㉠ 과일이나 채소는 수확한 후에도 호흡작용을 하며, 성분의 변화를 일으킴과 동시에 증산작용을 하므로 신선도와 풍미가 저하된다.
   ㉡ 저장시에는 호흡작용을 억제시키기 위해 냉장보존과 가스저장이 필요하다.

   ◈ 가스저장(CA저장)
   - 공기 중의 이산화탄소·산소의 농도를 과실의 종류·품종에 알맞게 조절하여 과실의 호흡작용을 억제하는 방법으로 장기저장이 가능한 과실저장법
   - 가스저장의 조건은 10%의 탄산가스(CO_2)와 5~8%의 산소(O_2)가 적당하다.

   ㉢ 저온장해 : 저온보존 중에 열대 또는 아열대산 청과물은 저온감수성이 커서 대사작용이 일어나지 못하여 장해를 받게 된다.

   ◈ 젤리화
   - 젤리화
     과일에 설탕을 넣어 가열, 냉각을 시키면 과일에 들어있는 펙틴과 유기산의 상호작용에 의해 응고되어 교질용액을 만드는데, 펙틴 분자량이 클수록, 메틸화결합이 많을수록 점도가 커진다.

   - 젤리화요소
     과일가공품의 젤리화를 위해서는 펙틴(1~1.5%), 산(0.27~0.3%), 당분(60~65%)이 일정한 비율로 있어야 한다.

   - 메틸화(Methylation)
     유기화합물의 탄소·질소·산소·황 원자 등과 결합한 수소원자를 메틸기(基)로 치환하는 반응.

2. 채소의 가공 및 저장

① 가공시 주의점
   ㉮ 채소에 있어서 중요한 것은 가공으로 인한 성분의 변화가 오는 것이다.
   ㉯ 비타민 C, B_1, B_2는 가공중에 손실이 많으므로 특히 유의하여야 한다.

② 침채류
   ㉮ **침채발효와 소금** : 삼투압작용으로 탈수되어 세포의 파괴가 일어나 반투성이 없어져 세포내외의 성분교류로 발효가 활발히 진행되어 변화가 일어난다.
   ㉯ **침채 후 변화** : 전분은 당으로, 단백질은 아미노산으로 각각 분해되어 감미와 지미가 생기고, 그 밖에 알코올과 에스테르가 생성되어 특유한 방향을 발생한다.
      ㉠ 침채류에 사용되는 소금은 정제염보다 재염이나 호염(천일염)이 좋다.
      ㉡ 김치의 발효, 숙성과정에 관여하는 미생물 : 혐기성균은 숙성기간 중 점차 증가하

고, 호기성균은 50일까지 점차 감소하다가 증가한다.
ⓒ 김치발효 숙성 중 비타민(비타민 B_1, B_2, 니아신)은 거의 3주 후에 증가하였다가 급격히 감소한다.
ⓔ 발효과정에서 중요한 것은 숙성온도로, 5~10℃에서 수주간 숙성
ⓜ 전분, 단백질 등의 성분분해와 젖산이 발효되어 맛을 낸다.
ⓗ 김치를 끓여도 잎이 부드러워지지 않는 것은 김치에 있는 산성 때문이다.

◈ 반투성
- 역삼투현상을 일으키는 데 사용되는 반투막성질
- 반투막 : 용액·콜로이드용액·혼합기체 등과 같은 혼합물의 일부 성분은 통과시키지만, 다른 성분은 통과시키지 않는 막.

3. 과일, 채소의 적당한 저장온도

종류	저장온도(℃)	종류	저장온도(℃)	종류	저장온도(℃)
바나나	13~15℃	토마토	4~10℃	수박	2~4℃
고구마	10~13℃	귤	4~7℃	양파	0℃
호박	10~13℃	사과	-1~+1℃	양배추	0℃
파인애플	5~7℃	복숭아	4℃	당근	0℃

4. 기타 가공

① 건조과채 : 아황산가스 훈증, 데친 후 건조
② 프리저브(Preserve) : 시럽에 넣고 조리하여 연하고 투명하게 된 과일로, 과일 1에 대하여 설탕 3/4~1/2의 비율로 한다.
③ 피클 : 산과 함께 설탕, 소금과 여러 향료를 넣어 저장하는데, 피클을 아삭하게 하기 위해 염화칼슘을 첨가

④ 유지의 가공 및 저장

1. 유지의 가공

① 유지채취법
㉮ **압착법** : 식물성 원료의 착유에 사용하는 방법으로 원료에 기계적인 압력을 가하여 기름을 채취하는 방법
㉯ **추출법** : 원료를 휘발성인 용제에 담가 유지를 용제에 녹인 후 그 용제를 휘발시켜

기름을 채취하는 방법
    ㉰ **용출법** : 동물성 원료의 착유에 사용하는 방법으로 원료를 가열시킨 후 유지를 녹아 나오게 하여 채취하는 방법
② 유지의 정제
    ㉮ **물리적 정제** : 침전, 여과, 원심분리, 가열
    ㉯ **화학적 정제** : 탈검(Lecithin 제거), 탈산(알칼리로 중화), 탈색(카로티노이드와 클로로필 제거), 탈취(가열증기, CO_2, 수소, 질소)
③ 가공유지(경화유)
    ㉮ 불포화지방산에 니켈(Ni)촉매하에 수소(H_2)를 첨가해 고체화시킨 것
    ㉯ 마가린과 쇼트닝 등
    ㉰ **마가린의 제조** : 식물성 또는 동물성 기름을 이용하여 유화제인 레시틴과 소금, 비타민, 착색제(베타카로틴)를 첨가한 후 25~35℃에서 유화시키며 방향성분을 넣는다.

2. 유지의 산패

① 산패의 원인
    ㉮ 지방이 공기 중의 산소에 의한 산화
    ㉯ 지방이 가열에 의해 가수분해
    ㉰ 지방이 외부의 나쁜 냄새를 흡수

② 산패의 촉진 요소
    ㉮ 공기 중의 효소   ㉯ 빛(자외선)
    ㉰ 수분   ㉱ 금속

3. 유지의 산패를 측정하는 방법

① 과산화물값(Peroxide value)의 측정 : 자동산화의 초기산물인 과산화물을 측정한다.
② 오븐 시험(Oven test) : 유지를 65℃의 오븐에서 저장하면서 산패도를 측정한다.
③ TBA(Thiobarbituric acid)시험, Carbonyl(탄소)화합물의 측정, Anisidine값의 측정, Kreis 시험, 자외선 분광 광도법, 크로마토 그래피 방법, AOM 시험(Active oxygen method) 등이 있다.

4. 항산화제

① 고분자물질·석유제품·유지류·비누 등에 생기기 쉬운 산소의 작용에 의한 자동산화를 방지하기 위해 첨가하는 물질.
② 항산화제의 작용은 보통 영속적인 것이 아니고, 산화반응에 직접 관여해서 산화를 방지하는 퀴논류·아민류·페놀류 등과 산화반응의 촉매구실을 하는 금속을 불활성화(不活性化)하는 간접적인 산화방지제가 있다.
③ 유지 등에는 비타민 E·세사몰·비타민 C·케르세틴 등이 천연의 산화방지제로서 함유되어 있다. 특히 비타민 C, 구연산, 주석산 등은 항산화물질의 항산화작용을 도와주기 때문에 상승제라고도 한다.

5. 검화

① 검화(비누화)

유지가 수산화칼륨(KOH)이나 수산화나트륨(NaOH)에 의해 지방산과 알콜로 가수분해되는 반응으로 검화가 높을수록 저급지방산이 많이 들어 있다.

② 검화가(비누화값)

검화가란 油脂 1g을 완전히 지방산과 그리세린으로 분해하는데 필요한 KOH(0.5N을 사용)의 mg數를 말하며, 산패한 유지의 검화가는 높게 나타난다.

❺ 우유·유제품의 가공 및 저장

1. 우유
① 근래 우유의 소비량이 늘어감에 따라 우유의 가공과 저장의 필요성이 증대되고 있다.
② 젖소에서 그대로 짠 젖을 생유(농유)라 하고, 살균한 것을 시유라 한다.

2. 유제품의 구분

우유를 원료로 하여 가공처리되는 제품
- 액상(液狀)유제품
- 농축유제품
- 냉동유제품
- 모조(模造)유제품
- 지방성유제품
- 건조유제품
- 발효유제품

3. 유제품

① 크림
  ㉮ 우유에서 유지방을 분리한 것
  ㉯ 커피크림(20~25%), 휘핑크림(36% 이상)
  ㉰ 휘핑크림은 지방이 30% 이상으로 제과용으로 사용된다.

② 버터
  ㉮ 우유에서 분리된 지방을 잘 저은 후 모아서 만든 것
  ㉯ 우유지방 85%, 수분 15% 이하, 비타민 A, D를 함유

③ 치즈
  ㉮ 우유의 유단백질을 레닌 또는 산으로 응고시킨 후 발효시킨 제품

㉯ 주성분은 카세인, 지방, 수분 등이다.
㉰ **프로세스치즈** : 1~2종 이상의 내추럴치즈를 갈아 혼합하고 유화제 및 여러가지 향신료를 넣어 만든 것

④ 아이스크림
   ㉮ 탈지유, 지방, 설탕, 젤라틴(유화제의 기능), 달걀 및 향료 등을 섞어서 만든다.
   ㉯ 젤라틴은 젤리, 샐러드, 족편 등에서는 응고제로 쓰이고 머시멜로, 아이스크림 등에서는 유화제로 쓰인다.

⑤ 무당연유
   전유 중의 수분 60%를 제거하고 농축한 것

⑥ 가당연유
   ㉮ 우유에 40~45%의 설탕을 넣어 농축한 것
   ㉯ 설탕이 세균의 번식을 억제하는 방부제역할을 한다.

⑦ 분유
   ㉮ **전지분유** : 수분 2~3%로 분무건조한 것
   ㉯ **탈지분유** : 수분, 지방을 제거한 것
   ㉰ **조제분유** : 우유 중에 부족되는 성분을 보강하여 유아양육에 알맞은 이상적 식품이 되도록 만든 것

⑧ 연질우유
   ㉮ 허약한 환자, 어린이를 위해 만든 특수식품
   ㉯ 우유에 트립신(Trypsin)을 넣어 일부 단백을 분해시키고, Ca, P을 20%씩 빼서 소화하기 쉽게 만든 것

⑨ 요구르트
   1/2로 농축시킨 탈지유에 8%의 설탕을 넣고 살균하여 20~30℃에서 냉각시킨 후 2%의 종균을 넣어 33~37℃로 4~5시간 발효시켜 젖산이 0.8%로 되면 즉시 냉장시켜 식용한다.

4. 유제품의 저장온도와 기간

종 류	저장 조건	안전한 저장 기간
우유, 크림	4℃	3~5 일
치즈	0~4℃	
전지분유	10℃ 이하	2~3 주일
탈지분유, 연유통조림	실 온	
연유통조림 개관한 것	10℃ 이하	3~5 일

5. 우유의 검사방법

비중측정, 알코올시험, 지방측정, 산도측정

6. 균질화

우유를 살균하기 전에 50~60℃로 가열하여 우유의 입자를 2μ 이하로 균질화하여, 우유의 점조도와 풍미를 좋게 하며, 정체시 크림층의 생성을 방지한다.

7. 유화식품

① 수중유적형 : 우유, 아이스크림, 마요네즈 등
② 유중수적형 : 버터, 마가린 등

> ◈ 종균과 칼피스
> • 종균 : 락토바실로스불가리쿠스
> • 칼피스 : 젖산을 발효하여 설탕, 향료 등을 첨가한 후 시럽으로 만든 것

❻ 달걀의 가공 및 저장

1. 알(난)제품

① 동결란 : -20~-30℃에서 동결
② 건조란 : 분무건조
③ 케이크, 아이스크림, 마요네즈(난황의 유화성 이용) 원료로 사용
④ 달걀음료 : 달걀, 물, 우유, 술 등에 다량의 당분, 유기산류, 색소, 향료를 첨가하여 살균한 것.
⑤ 피단 : 석회수, 목회, 식염, 홍차, 점토를 물로 반죽한 후 달걀 껍질에 두껍게 발라 6개월간 보존하면 발효와 알칼리작용으로 고화된다. 암모니아, 황화수소가 발생
⑥ 소시지, 생선묵 등에 난백(흰자)을 첨가하면 탄력성이 강해진다.

2. 달걀의 저장

① 냉장법 : 0℃전후의 온도, 90~95%의 습도로 저장하면 1개월 정도는 안전
② 냉동법 : -20~-30℃로 동결, -15℃로 저장
③ 가스저장법 : CO_2, N_2, O_3에서 냉장
④ 표면도포법 : 바셀린, 파라핀, 유지, 젤라틴 등을 발라서 냉장

⑤ 침지법 : 석회수 등의 약물에 담가서 보관하거나 포화소금을 끓인 후 달걀을 담그어 살균하는 방법

3. 달걀의 단백가
① 달걀은 단백가 및 생물가 100으로 가장 우수하다.
② 단백질평가의 기준(지표)가 되는 식품이다.

◆ 레시틴과 마요네즈
- 레시틴
  - 난황에 들어있는 인지질로서 황색의 점조물로 유화작용이 커서 마요네즈나 아이스크림 등의 제조에 이용된다.
  - 마요네즈는 난황의 유화성을 이용하여 만든다.

- 마요네즈
  - 난황(노른자)에 여러 가지 조미료와 향신료를 첨가하여 샐러드오일을 떨어뜨리면서 교반하여 미립자의 상태로 혼합·유화시킨 것
  - 난황(노른자) 안에 들어있는 레시틴과 세팔린이 유화를 안정하게 해준다.

❼ 육류의 가공 및 저장

1. 가축과 가금의 도살
① 가축이 건강할 때 도살하는 것이 좋다.
  ㉮ 도살 전에 충분히 휴양시킨다.
  ㉯ 하루 정도 단식을 시킨다.
  ㉰ 충분히 급수하여 장을 깨끗하게 한다.
  ㉱ 타액법, 전살법을 사용하여 도살한다.
② 피를 빼고 70~75℃의 물에 5분간 넣어 털과 껍질을 벗기고 불순한 내용물을 제거한 후에 세척한다.
  ㉮ **사후강직(경직)**
    ㉠ 동물이 도살된 후에는 효소의 작용, 이화학적 원인, 미생물의 작용에 의하여 육질이 변화한다. 사후시간이 경과함에 따라서 액토미오신(Actomyosin)을 생성하기 때문에 근육의 수축 또는 경직발생
    ㉡ 사후강직시 열이 발생하는 원인 : 사후동물의 체온변화는 일반적으로 처음온도에 비해 1℃ 상승하다가 다시 하강하는데, 이 경직열은 근육중의 글리코겐이 젖산으로

변화할 때 발생한다.
ⓒ 사후강직시간
- 닭고기 : 6~12시간
- 쇠고기·말고기 : 3일
- 돼지고기 : 12~24시간

㉯ **숙성(Aging)**
㉠ 근육자체의 단백분해효소에 의해 단백질이 자가 분해되는 것으로, 보수성이 커지며, 맛도 좋아진다.
㉡ 쇠고기의 숙성 최적기간은 0℃에서 10일간, 5℃에서 7~8일간, 10℃에서 4일간, 15℃에서 2~3일간이 소요되며, 습도는 85~90%로 유지하면서 숙성

2. 육류의 영양

보통 살코기는 16~22%의 단백질을 함유하며, 간에는 철, 칼슘, 비타민A를 많이 함유한다. 특히, 돼지고기에는 비타민B1이 풍부하게 들어 있다.

3. 수육의 연화

① 지방함량이 높을수록, 결체조직이 적을수록, 어린동물, 근섬유의 수가 많을수록 조직은 가늘고 고기는 연하다.
② 고기의 질을 높여주는 연화법
  ㉮ **단백분해효소 첨가** : 파파인, 브로멜린, Ficin, 펩신 등
  ㉯ **동결**
  ㉰ **pH의 변화** : pH 5~6의 범위보다 높거나 낮으면 연하다
  ㉱ **첨가물질** : 설탕, 인산염, 1.5%의 식염용액
  ㉲ **기계적 방법** : 갈거나, 두들김

4. 육류의 저장

도살하기 전에 동물의 피로, 공복, 갈증을 없애주면 수육의 부패가 지연된다.

① 냉장 : 0~4℃
② 절이기 : 소금, 질산나트륨을 첨가하고, 가열하는 방법으로, 고기의 색과 맛에 특유한 변화가 일어난다.
③ 냉동 : -18~-20℃에서 급속동결한 후 -10~-18℃로 저장
④ 건조 : 수분활성의 감소(건포)
⑤ 훈연 : 돼지의 뒷다리 부분이 사용되는데, 저장뿐만 아니라 맛의 증진, 단백질을 응고시킨다. 훈제로는 단단한 나무에서 나오는 톱밥이 좋다.

◈ 훈연을 하는 목적
- 보존성을 주어 저장성을 증진시킨다.
- 상품의 가치를 증진시킨다.
- 육질의 부피를 감소시킨다.
- 제품의 풍미와 색을 좋게 한다.

◈ 훈연법의 종류
- 열훈법 : 훈연할 때 온도를 80~85℃로 유지하는 방법으로 훈연시간은 짧으나 저장성이 낮다.
- 온훈법·냉훈법 : 온훈법은 30~35℃에서, 냉훈법은 15~20℃에서 훈연하는 방법으로 시간을 오래걸리나 저장성이 높다.
- 전기훈연법 : 훈연 중 유효성분이 빨리 고기에 흡착하므로 훈연성분의 결합을 촉진시킨다.
- 액체훈연법 : 훈연의 성분을 가장 빨리 흡착시키는 방법으로 아미노산에 침지 후 훈연하기도 한다.

5. 육류의 가공품(훈제품)

① 햄과 소세지

㉮ **특징**
   ㉠ 돼지고기의 특성을 이용한 것으로 염지훈연하여 저장성과 풍미를 갖게 한 것
   ㉡ 좋은 제품을 생산하는 요령은 제조 중에 고기의 온도를 18℃ 이하로 하는 것과 원료의 콜로이드 상태와 접착성이 변하지 않아야 하는 것이다.

㉯ **원료**
   ㉠ 햄 : 돼지다리살에 식염, 설탕, 초석, 아질산염, 향신료를 섞어 훈연시킨 것
   ㉡ 소시지 : 암돼지고기를 다져 소금, 초석, 설탕, 향신료를 섞어서 훈연시킨 것

㉰ **염지**
   ㉠ 원료의 고기에 염지제를 표면에 바른 다음 1~2일 방치하거나, 습염지법을 이용하여 10℃ 이하로 냉각한 조미액에 3~7일간 방치한다.
   ㉡ 염지제 : 소금, Sodium Nitrate, 설탕, 후추
   ㉢ 염지액 : 염지제를 끓인 후 냉각
   ㉣ 향신료 : 후추, 육계, Thyme, Sage
   ㉤ 조미액의 배합비율
      물(100) : 소금(18~20) : 설탕(5.3~7) : 초석(0.6~0.7) : 향신료(0.3)

㉱ **훈연**
   ㉠ 훈연을 하기 전 염지가 끝난 고기를 냉수에 담아 소금기를 빼고 모양을 고르게 한다.

ⓒ 수지가 적은 참나무 등을 선택한다.
ⓒ 훈연효과 : 건조, 풍미, 색깔, 지방에 대한 항산화, 육질의 연화
② 베이컨
㉮ **원료** : 지압이 많은 돼지복부살을 소금에 절여 훈연시킨 것
㉯ **염지** : 햄과 같은 방법으로 염지
㉰ **훈연** : 베이컨핀에 꽂아 33~38℃로 10시간 훈연한다
㉱ 훈연한 것을 절단하여 포장한다.
③ 기타 가공품
㉮ **콘드비프(Corned Beef)** : 육포, 통조림류 등
㉯ 육포는 쇠고기를 얇게 저며 양념을 하여 말린 것이다.

◆ 폴리인산염
육가공에서 결착력과 보수성을 높이기 위해 사용한다.

6. 가공육제품의 내포장재(케이싱)
육류를 가공할 때 원료육을 충전해서 만드는 포장재료
① 천연케이싱 : 천연 케이싱은 동물의 내장기관을 이용하는 것이다.
② 재생케이싱 : 섬유성 단백질 콜라겐을 표피·힘줄·근육 등을 식육가공의 부산물 중에서 빼내어 정제 용해한 후에 이것을 다시 통 모양의 필름으로 굳힌 다음 건조·재제조한 것으로 가식성(可蝕性)이고 통기성이 있으므로, 드라이 소시지류처럼 훈제나 건조할 필요가 있는 제품의 대규모 제조에 적합하다.
③ 파이브로스(Fibrous)케이싱 : 목재의 펄프와 목화의 식물성 셀룰로스를 가공하여 다양한 크기로 만든 것으로 가식성이 있다.
④ 플라스틱 케이싱 : 플라스틱을 주성분으로 한 것으로 불가식성이다.

❽ 어패류의 가공 및 저장

1. 어패류의 구분
① 어패류는 수분 25%, 단백질 20%, 무기질 1.5% 정도를 함유하며, 지방이 2% 이하이면 흰살생선, 5% 이상이면 붉은살생선으로 분류한다.
② 붉은살생선은 해면가까이에 살며 지방분이 많고, 흰살생선은 해저가까이에 살며 지방분이 적다.

③ 한류성어류 : 청어, 명태, 대구 등
④ 난류성어류 : 조기, 고등어, 갈치 등

2. 어패류의 저장

① 어패류는 선도의 저하가 대단히 빠르므로 어획직후부터 선도관리를 잘해야 한다.
② 급속동결법 : -30℃로 동결, -15℃ 정도로 저장

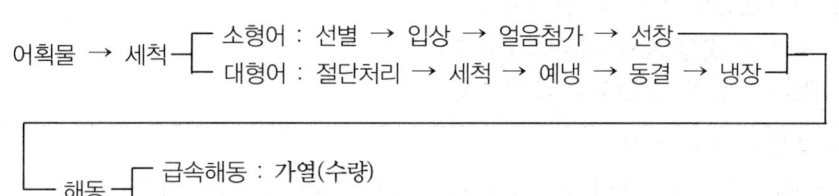

◈ 어패류의 저장 및 해동

3. 어패류의 가공

① 건조식품
  ㉮ 멸치, 오징어, 새우, 북어 등
  ㉯ **자숙공정**
    ㉠ 삶아 익힌 후 말리는 과정
    ㉡ 자가효소파괴, 세균사멸, 변질방지, 단백질응고로 유출방지, 건조촉진
    ㉢ 멸치, 새우 등의 건조식품에 사용
② 젓갈류
  ㉮ 어패류의 단백질이 펩톤이나 펩타이드, 유기염기, 젖산, 아미노산 등으로 분해되어 감칠맛이 증가한다.
  ㉯ 오징어젓, 새우젓, 멸치젓, 조개젓 등이 있다.
  ㉰ 20~30%의 소금을 사용하여 일정시간 숙성시키면 저장성 발효식품이 된다.
  ㉱ 새우젓은 6월에 담근 것을 육젓이라 하며 대체로 삼복직전에 담고, 멸치젓은 춘젓이라고 하여 봄에 담는 것이 맛이 있다.
③ 연제품(어묵)
  ㉮ 어육단백질인 미오신(Myosin)이 소금에 녹는 성질을 이용하여 생선을 잘 갈아서 조미료를 섞은 다음 찌거나 굽거나 튀긴 것
  ㉯ 흰살생선을 주로 이용한다.
④ 기타 : 통조림류, 훈제어류, 어패류간장 등

> ◈ 미오신
> • 어육단백질의 60~70%을 차지하며, 어묵의 탄력형성에 작용한다.
> • 흰살어묵은 탄력이 강하고, 붉은살 어묵은 탄력이 약하다.

4. 어패류의 저장

① 동건법 : 얼렸다 녹이는 것을 반복하여 건조(북어 등)
② 염건법 : 소금에 절인 후 건조(굴비 등)
③ 소건법 : 날 것인 채로 건조(오징어 등)
④ 염장법 : 소금에 절임(고등어, 꽁치 등)

> ◈ 염장시 소금 농도
> 고등어, 조기, 갈치, 청어 등은 20~30%, 대구는 7~15%의 농도로 염장한다.

5. 해조류의 가공 및 저장

① 해조류
  ㉮ 소화율이 낮아서 열량원으로서는 가치가 없고, 통변을 조절, 만복감을 주며, 요드의 함량이 높은 것이 특징
  ㉯ 녹조류(청태, 청각), 갈조류(미역, 다시마, 톳), 홍조류(김, 우뭇가사리)로 구분된다.
  ㉰ 해조류는 대체로 건조탈수하여 가공저장한다.

② 해조류의 이용
  ㉮ 해조류에 들어있는 당질의 주성분인 점물질은 칼슘과 나트륨염으로서 풀로 이용되거나 아이스크림 또는 과자 등에 이용된다.
  ㉯ **점물질** : 갈락토스, 만노스, 글루코스, 프룩토스, 질로스, 아라비노스, 우로닉산 등
  ㉰ 다시마는 알지닉산(Alginic Acid)라고 한다.

③ 우무·한천
  ㉮ 미생물의 배지, 과자, 양갱, 한천젤리에 이용
  ㉯ 우뭇가사리를 삶아서 끈끈한 액으로 만들어 젤(Gel)화한 것이 우무이고, 한천은 우무를 잘라서 동결시킨 것이다.
  ㉰ 분말한천은 점액을 분무건조시킬 때 얻을 수 있다.

> ◈ 김이 저장중에 색소가 변화하는 이유
> Phycocyan이 Phycoerythrin으로 되기 때문이며, 햇빛에 많은 영향을 받는다.

❾ 통조림

1. 통조림의 기원
니콜라스 아페르는 경험을 통하여 어떠한 식품이라도 가열 후 밀봉하면 오랫동안 저장할 수 있다는 것을 확인하고 통조림을 고안해 냈다.

2. 통조림의 특징
① 다른 식품에 비하여 장기간 저장이 가능하다.
② 저장과 운반이 편리하다.
③ 내용물을 조리, 가공하지 않고 그대로 먹을 수 있다.
④ 위생적이며, 기타 취급이 편리하다.

3. 용기(통조림관)
① 유리병이 갖는 특성
  ㉮ 내용물을 쉽게 판별할 수 있다.
  ㉯ 용기와 식품간의 화학적변화가 없다.
  ㉰ 과일·채소 등 형태가 크고 반고체의 식품을 저장할 때는 입구가 큰 것을 사용하고, 유동액 등은 입구가 작은 것을 사용한다.
  ㉱ 충격에 약하므로 수송시 주의하여야 한다.
  ㉲ 재사용이 가능하다.

② 깡통(캔)의 특성
  ㉮ 철판에 3%의 주석을 도금하여 만든다.
  ㉯ 내용물을 쉽게 식별할 수 없어 외관상의 변질만 알아볼 수 있다.
  ㉰ 오래저장시에는 주석이 용출되어 인체에 유해하다.
  ㉱ 저장성이 불량하면 백탁이 생성될 수 있다.
  ㉲ 수송이 간편하며, 납땜질로 완전히 밀봉하기 때문에 오랫동안 보존할 수 있다.
  ㉳ 재사용이 어렵다.

③ 레토르트(Retort Pouch)
  ㉮ 플라스틱 주머니에 밀봉가열한 식품으로 통조림, 병조림과 같이 저장성을 갖는다.
  ㉯ 풍미 및 영양가의 손실이 적고, 냉장·냉동할 필요가 없으며, 방부제가 필요없이 저장할 수 있다.
  ㉰ 음료, 비상식품, 병원급식용, 식품가공 등에 널리 이용된다.
  ㉱ 포장의 다양성을 꾀할 수 있으며, 가열·가온시간이 절약된다.

4. 통조림 제조의 주요 4대공정

① 탈기
- ㉮ 가열에 의한 권체부의 파손방지
- ㉯ 영양소의 산화방지
- ㉰ 호기성균의 번식방지
- ㉱ 깡통의 부식방지
- ㉲ 타검을 쉽게 한다.

② 밀봉
- ㉮ 공기와의 접촉을 방지
- ㉯ 내용물의 산화, 부패, 변질을 방지
- ㉰ 내용물의 누설 등을 방지

③ 살균
- ㉮ **저온살균(60~65℃에서 15~30분간)** : 과일, 야채, 술, 가당우유 등
- ㉯ **가압살균(100℃ 정도)** : 육류, 어류 등

④ 냉각
- ㉮ 보통 40℃ 정도의 물속에 넣어 냉각
- ㉯ 내용물의 품질과 빛깔의 변화를 방지

5. 통조림의 표시(마크)

① 통조림은 품종에 따라 다르며, 고유의 기호가 정해져 있다.

> ◆ 고유기호의 예
> - BL : 수산 Boiled
> - FD : 가미
> - W : 농산물 Boiled
> - S : 훈제 기름절임

② 상단의 처음 두문자는 품종을 표시하고, 셋째문자는 가공·조리법을 표시하며, 넷째문자는 내부상태를 표시한다.

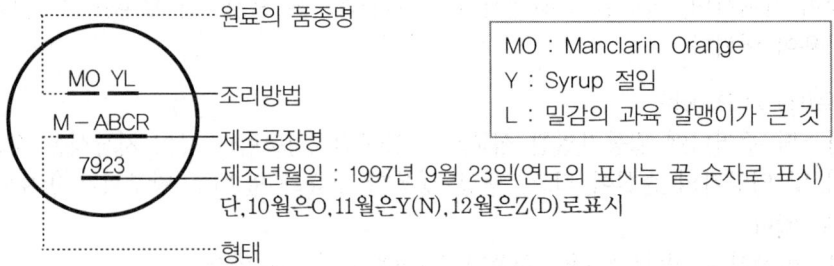

MO : Manclarin Orange
Y : Syrup 절임
L : 밀감의 과육 알맹이가 큰 것

- 원료의 품종명
- 조리방법
- 제조공장명
- 제조년월일 : 1997년 9월 23일(연도의 표시는 끝 숫자로 표시)
  단, 10월은O, 11월은Y(N), 12월은Z(D)로표시
- 형태

6. 통조림의 변질

① 외관상 변질

  ㉮ **팽창(Swell)**
      ㉠ Hard Swell : 통조림실관(Can)의 양면이 강하게 팽창되어 손가락으로 눌러도 전혀 들어가지 않는 현상
      ㉡ Soft Swell : 부푼상태의 실관을 힘으로 누르면 다소 원상에 복귀되나 정상적인 상태로 유지할 수 없는 상태

  ㉯ **스프링거(Springer)** : 내용물이 너무 많을 때
  ㉰ **플리퍼(Flipper)** : 탈기가 불충분할 때
  ㉱ **새기(Leaker)** : 권체가 불완전하든가, 통이 침식당하여 내용물이 새는 것을 말한다.

② 내용물의 변질

  ㉮ **플랫사우어(Flat Sour)** : 미생물에 의해 신맛이 나는 것
  ㉯ **변색** : 내용물의 빛깔이 변하는 현상(황화수소(H_2S)에 의한 흑변)
  ㉰ **펙틴의 용출** : 미숙한 과일로 제조시 흔히 발생
  ㉱ **주석의 용출** : 밀봉불량, 살균부족 등에 의해 주석이 용출
  ㉲ 곰팡이의 발생

7. 통조림의 검사 (순서)

① 외관검사 : 외상, 녹을 검사한다.
② 타관검사 : 타검봉으로 두들겨 보았을 때 맑은 소리가 나는 것이 좋다.
③ 가온검사 : 세균의 증식과 화학변화를 본다.
④ 진공도검사 : 진공상태를 검사한다.
⑤ 개관검사 : 뚜껑을 열고 내용물과 케이스 내부의 녹 등을 검사한다.

◈ 통조림 식품의 유해성 금속물질

  납, 주석으로 허용치는 150ppm 이하이고, 산성 통조림 식품에 한해서 250ppm 이하이다.

◈ 고명(웃기)

식품의 모양과 맛을 내기 위해 음식위에 얹거나 뿌리는 양념의 총칭
- 알고명(알지단)
- 줄알
- 알쌈
- 고기완자, 고기고명
- 녹색고명
- 미나리초대(실파초대)
- 버섯고명
- 호두, 잣, 은행, 실고추

메 모

| 조리기능사 국가자격시험을 대비한 최신 이론교재 |

제 4 편
조리과학과 원가계산

FOOD & COOKING

제1장 조리과학의 개념

❶ 개요

1. 조리의 정의
식품을 위생적으로 적합하게 처리를 한 후 먹기 좋고 소화하기 쉽도록 하며, 또한 맛있고, 보기좋게 하여 식욕이 나도록 하는 과정을 말한다.

2. 조리의 목적
① 안전성·위생성 : 식품에 붙어 있는 유해한 것들을 살균하여 위생적으로 안전한 음식물로 만든다.
② 영양성 : 식품을 연하게 하여 소화작용을 도와 영양섭취를 용이하게 한다.
③ 기호성 : 식품의 맛, 색깔, 모양을 좋게 하여 먹는 사람의 기호에 맞게 한다.
④ 저장성 : 조리를 함으로써 저장이 용이해진다.

❷ 조리의 종류

1. 가열조리
① 특징
  ㉮ 병원균, 부패균, 기생충알을 살균하여 안전한 음식물을 만든다.
  ㉯ 식품의 조직이나 성분에 변화가 나타난다(결합 조직의 연화, 전문의 호화, 단백질의 변성, 지방의 용해, 수분의 감소 또는 증가 등).
  ㉰ 소화흡수율이 증가한다.
  ㉱ 풍미가 증가한다(불미성분제거, 식품감촉의 변화, 조미료, 향신료성분의 침투 등).
② 종류
  ㉮ **습열조리** : 삶기, 조림, 끓이기, 찌기, 데치기 등

㉯ **건열조리(금속판, 석쇠, 방사열, 지방류 등)** ; 굽기(구이), 부치기, 전, 볶기, 튀기기, 불고기 등
㉰ **Microwave조리(초단파, 전자파 이용)** : 전자렌지에 의한 조리로 열효율이 크다.

2. 생식품조리
① 특징 : 식품 그대로의 감촉이나 풍미를 느끼기 위한 조리법으로, 위생적이어야 하며, 식품의 조직이나 섬유는 어느 정도 연하고 불미성분이 없어야 한다.
② 종류 : 생채류, 회 등

3. 기계적조리
저울에 달기, 씻기, 담그기, 갈기, 치대기, 섞기, 내리기, 무치기, 담기 등

4. 화학적조리
효소(분해), 알칼리물질(연화, 표백), 알코올(탈취, 방부), 금속염(응고), 조미 등의 조작으로 빵이나 술, 된장 등은 위의 3가지 조리조작을 병용하여 만들어진다.

❸ 조리의 기본작업

1. 계량
① 종류
   ㉮ 저울, 온도계, 육온도계, 계량컵, 계량스푼 등
   ㉯ 저울에는 분동저울, 용수철저울, 접시저울 등이 있다.
   ㉰ 온도계는 고온을 재는 경우에는 수은온도계가, 저온을 재는 경우에는 알코올온도계가 좋다.

   ◈ 계량의 크기 (cc = mL)
   - 1C = 240cc(우리나라는 200cc = 8oz)
   - 1C = 16TS
   - 1TS = 3ts
   - 1TS = 15cc
   - 1ts = 5cc
   - 1국자 = 100cc
   - C : 컵
   - TS : 테이블스푼(큰 술)
   - ts : 티스푼(작은 술)
   - 1온스(oz : ounce) : 30cc
   - 1파인트(Pint) : 16온스(oz)
   - 1쿼터 : 32온스(oz)

② 물은 표면장력에 의해 양끝 부분이 위로 올라가므로 가운데 부분을 눈높이와 수평이 되도록 해야 한다.

③ 밀가루 등 가루류는 체에 친 후 계량컵에 수북히 흔들지 않고 가볍게 담아 헤라 또는 칼 등으로 위를 밀어 계량한다.
④ 황설탕은 잘채워 계량해야 하며, 백설탕은 누르지 말고 위를 밀어 계량한다.

2. 씻기

① 곡류 : 백미를 여러번 으깨어 씻거나 물에 오래 담가두면 수용성비타민의 손실이 많아지므로 가볍게 씻거나 뜸물을 밥물이나 국물로 사용하면 영양손실을 줄일 수 있다.
② 엽채류 : 푸른채소나 연한채소류는 0.2%의 용액의 중성세제로 씻은 후 흐르는 물에 5회 정도 씻는다.
③ 근채류
  ㉮ 무, 당근, 감자 등은 솔 또는 수세미로 가볍게 비벼 씻고, 양파, 마늘 등은 물에 담가두었다가 불린 다음 벗겨 씻는다.
  ㉯ 우엉이나 연근은 식초를 희석한 물에 담가 산성으로 하면 산화효소가 억제되어 색을 하얗게 유지할 수 있다.
④ 건조채소 : 물에 가볍게 씻어서 물에 담가 불린 후 사용한다.
⑤ 생선류 : 토막을 낸 후 물에 씻으면 영양분의 손실이 많으므로, 먼저 물로 씻은 후에 토막을 낸다.
⑥ 육류 : 물에 가볍게 씻은 후에 썰거나 행주 등으로 닦아낸다.

3. 썰기

① 채소류 : 결을 꺾어 썰고, 속부분을 이용할 때는 겉의 억센부분을 벗겨낸다.
② 생선류 : 생선의 비늘을 긁고, 지느러미, 꼬리, 머리, 내장 등을 정리한 뒤에 토막을 내거나 포를 뜬다.
③ 육류 : 구이나 국에 사용시는 결에 직각이 되도록 썰고, 채를 썰 경우에는 결을 살려 썬다.

4. 끓이기·굽기 등의 조리

① 식품의 종류에 따라 조리한다.
② 영양소의 특성을 살릴 수 있도록 조리한다.

5. 조리의 온도

조리기술에는 조리의 온도와 맛있게 먹을 수 있는 온도 등을 알아야 하며, 대개 음식온도는 체온을 중심으로 25~30℃ 범위가 좋다.

① 끓이기 : 100℃에서 가열
② 찌기 : 수증기 속 85~90℃에서 가열한다.

③ 굽기
　㉮ **간접구이** : 식품을 오븐에 굽는 방법
　㉯ **직접구이** : 금속판이나 석쇠에서 160℃ 이상의 온도로 가열하는 방법
　㉰ 식품의 종류에 따라서는 200℃가 넘는 온도로 굽는 경우도 많다.
④ 튀기기
　㉮ **일반온도** : 160~180℃
　㉯ **수분이 많은 식품** : 150℃
　㉰ **튀김껍질이 없는 것** : 130~140℃
　㉱ **내용이 미리 가열되어 있는 것** : 180~190℃에서 단시간에 튀긴다.

❹ 가열조리

1. 끓이기

① 열의 손실과 국물의 증발을 방지하기 위하여 뚜껑있는 용기사용
② 너무 많은 식품을 넣지말고, 재료를 잘게 썰거나 끓이기 전에 한번 볶아서 끓인다.
③ 채소류나 어패류는 적은 양의 국물로서 단시간에 끓인다.
④ 액즙에서 재료가 끓기 시작한 후 15분이 경과하면 뒤집어서 맛을 균등하게 한다.
⑤ 수용성영양소의 용출이 크므로, 국물과 함께 먹는 것이 좋으며, 국물을 사용하지 않을 경우에는 끓이는 방법은 영양소의 손실이 크게 된다.

> ◈ 스튜 (스튜잉)
> 고기에 버터와 조미료를 섞어 볶다가 야채를 넣어서 푹 끓인 국물있는 음식으로 우리나라의 찜과 비슷하다. (사태육, 양지육 등의 부위가 이용된다.)

2. 찜

① 수증기의 잠열(1g당 539cal)에 의하여 식품을 가열하는 조리법
② 시간이 오래걸리나 영양소의 손실이 적고, 온도의 분포가 고르다.
③ 가열하기 전에 미리 가미하며, 찌는 도중에 뚜껑을 열지 않는다.
④ 보통은 100℃의 온도를 유지하면서 찌지만, 알찜, 카스타드 푸딩은 85~90℃ 정도에서 쪄야 부드러운 찜이 된다.

3. 조림

① 식품자체에 맛이 잘 배이도록 한다.
② 단단한 재료를 먼저 넣고, 약한 재료를 나중에 넣는다.

③ 강한 불에서 시작하여 끓기 시작하면 약한 불로 타지 않도록 한다.
④ 생선조림일 경우에는 양념장을 먼저 끓인 후 생선을 넣는다.

4. 튀김

① 튀김의 특징
  ㉮ 기름속에서 단시간에 조리하는 방법
  ㉯ 영양소의 손실이 가장 적고, 수분이 가장 적다.
  ㉰ 튀김의 적온은 160~180℃이나, 수분이 많은 식품은 150~160℃, 크로켓은 190℃에서 튀긴다.
  ㉱ 튀김기름의 양은 재료의 2~5배 정도, 덧튀김일 때는 15% 정도
  ㉲ 튀김옷은 글루텐함량이 적은 박력분을 사용한다.
  ㉳ 0.2%의 중탄산나트륨을 첨가하면 아삭거린다.
  ㉴ 찬물로 반죽하며, 많이 젓지 않아야 한다.
  ㉵ 닭튀김을 하였을 때 살코기 색이 연한핑크색을 나타내는 것은 근육성분의 화학적 반응이므로 식용이 가능하다.

② 튀김옷
  ㉮ 물과 밀가루의 반죽은 1 : 1.7이 적당하다.
  ㉯ 글루텐함량이 적은 박력분을 사용한다.
  ㉰ 반죽은 덩어리가 생길 정도로 가볍게 반죽한다.
  ㉱ 반죽을 오래치대면 점성이 커져 바삭하지 않게 된다.
  ㉲ 찬물(얼음물)로 반죽을 하면 튀김옷이 바삭해진다.

5. 삶기와 데치기

식품조직의 연화, 탈수, 색의 조화, 단백질응고, 소독을 위한 조리방법

6. 볶기

① 구이와 튀김의 중간 조리법
② 단단한 재료는 수분을 약간 첨가한다.
③ 영양소손실이 적고 지용성비타민의 흡수가 좋다.

7. 굽기

① 가열하는 방법과 사용기구에 따라 구분
  ㉮ **그릴링** : 조수육(鳥獸肉)·어패류(魚貝類)를 석쇠 위에 올려 놓거나 꼬치에 꿰어 직접 불에 쬐어 굽는 방법
  ㉯ **브로일링** : 고기를 석쇠에 올려 놓고 직접 불에서 굽는 방법

㉰ **로스팅** : 오븐에서 굽는 방법
㉱ **팬프라잉** : 후라이팬에 굽는 방법
㉲ **그리들링** : 철판구이 방법
② 직접구이와 간접구이로 구분
③ 석쇠나 오븐 등을 미리 뜨겁게 달구어 식품표면의 성분이 용출되지 않도록 한다.

8. 전자오븐
① 초단파를 이용하여 짧은 시간내에 고열로써 조리하는 방법
② 내외부가 같은 속도로 조리된다.
③ 내열성 유리그릇이나 사기, 플라스틱, 종이그릇 등을 사용
④ 밀봉된 식품은 일부개봉 또는 다른 그릇을 사용

9. 가열기기의 열효율
① 전력 : 50~65%
② 가스 : 40~45%
③ 장작 : 25~45%
④ 석탄, 연탄 : 30~40%

10. 국 끓이는 시간
① 감자, 당근 : 15~20분
② 호박 : 7분
③ 무 : 15분
④ 미역 : 5분
⑤ 토란 : 10~15분
⑥ 두부 : 2분
⑦ 배추, 콩나물, 국수 : 5~8분

11. 음식의 적온
① 청량음료 : 2~5℃
② 밥, 우유 : 40~45℃ 내외
③ 맥주, 냉수 : 7~10℃
④ 식혜, 술 발효시 : 55~60℃
⑤ 빵 발효시 : 25~30℃
⑥ 커피, 홍차, 달걀찜, 국 : 70~75℃
⑦ 전골류 : 90℃ 이상
⑧ 겨자, 종국 발효시 : 40~45℃

❖ 조미료와 향신료
• 조미료
 - 분자의 크기가 큰 것부터 넣어야 고루 흡수가 된다.
 - 설탕→소금→간장→식초→화학조미료의 순으로 넣는다.
 (설탕→소금→간장→된장→식초→참기름)

• 향신료
 - 음식에 풍미를 주어 식욕을 촉진시키는 식물성 물질
 - 고추, 바닐라, 올스파이스, 계피, 정향, 너트메그, 후추, 산초 팬넬 등
 - 향신료는 많은 종류를 사용할 경우 음식의 고유한 맛이 훼손된다.

❺ 각국 요리의 특징

1. 한국요리
① 수육, 생선, 콩, 채소를 주재료로 하여 독특한 양념을 사용하는 요리로서 구이, 찜, 부침, 무침 등이 있다.
② 우리나라의 요리는 기호적이고 중국요리와 일본요리의 중간성격으로 맛이 좋은 특징이 있다.

2. 서양요리
① 어패류, 조류, 수육 등의 식품을 동물성 지방이나 생채소와 함께 많이 사용한다.
② 조리법이 다채롭고 향신료 등을 많이 사용한 소스가 발달되었으며, 프랑스, 영국, 미국, 기타 유럽의 요리를 통틀어서 서양요리 또는 향요리라고 한다.

3. 중국요리
① 어패류, 조류, 수육 그리고 건어물 등의 식품을 교묘하게 조리하고 많은 양의 기름으로 농후하게 맛을 내는 요리이다.
② 재료의 사용범위가 넓어 요리법의 종류도 많고, 맛을 즐긴다는 것을 특징으로 하고 있다.
③ 또한 지방에 따라 동쪽은 시고, 남쪽은 달고 매우며, 북쪽은 짜다는 특색이 있다.

> ◆ 나이유
> 국물에 우유와 청주와 소금을 넣어 빛깔을 희게 한 소스로, 간장 같은 유색 조미료는 쓰지 않는다. 닭고기·새우·굴·컬리플라워 등과 맛이 잘 조화된다.

4. 일본요리
① 어패류나 채소를 주재료로 하며, 구이, 찜, 무침 등 크게 3가지를 위주로 하고 있다.
② 다양한 해산물과 야채를 이용하여 담백한 맛을 낸다.
③ 관동, 관서로 맛에 차이가 있으나 계절감을 요리에 넣어 요리에 맞는 식기와 더불어 눈을 즐겁게 하는 특징이 있다.
④ 기름의 사용이 적어서 영양상의 결함을 일으키기 쉬운 요리이다.

> ◆ 냉동식품의 해동방법
> - 냉장고에 보관한다(냉장고 가장 아랫단에서 녹인다).
> - 7℃ 이하의 냉장온도에서 자연해동시킨다.
> - 흐르는 물에 녹인다(찬물에서 녹인다).
> - 직접가열 조리하면서 해동한다.
> - 전자레인지 오븐에서 해동한다.

제2장 식품의 조리법

❶ 쌀의 조리법

1. 밥짓기

① 수세
  ㉮ 가볍게 저어서 윗물을 버리는 과정을 3~4회 정도로 하면서 씻는다.
  ㉯ 무기질의 손실이 가장 크며, 비타민 B_1의 손상도 크다.

② 흡수
  ㉮ **흡수량**
    ㉠ 흡수량은 물의 온도, 쌀의 종류에 따라 차이가 있으나, 보통 20~35%의 수분을 흡수한다.
    ㉡ 멥쌀은 30분, 찹쌀은 50분 후에 흡수량에 도달한다.
    ㉢ 햅쌀은 묵은쌀보다 물이 덜 흡수된다.
  ㉯ **단계별 흡수**
    ㉠ 제1단계 : 수세과정과 수세후 물에 담그었을 때의 흡수량으로 대개 20~35%의 수분을 흡수한다.
    ㉡ 제2단계 : 가열했을 때 흡수하는 양으로 가장 많은 양의 물을 흡수한다.
    ㉢ 제3단계 : 뜸들이는 과정에서 흡수하는 양으로 물의 흡수는 없고 솥안의 수분만을 흡수할 정도이다.

❖ 쌀의 종류에 따른 물의 분량

쌀의 종류	쌀의 중량에 대한 물의 분량	체적(부피)에 대한 물의 분량
백미(보통쌀)	쌀 중량의 1.5배	쌀 용량의 1.2배
햅쌀	쌀 중량의 1.4배	쌀 용량의 1.1배
찹쌀	쌀 중량의 1.1~1.2배	쌀 용량의 0.9~1.0배
불린쌀(침수)	쌀 중량의 1.2배	쌀 용량의 1.0배(동일량)

③ 가열
쌀의 전분이 α 화하려면 98℃에서 20~30분 동안 가열해야 한다.

④ 뜸들이기
㉮ 밥짓기의 가장 마지막 단계로 가급적 고온을 유지한 상태로 약 10~15분간 유지하는 것이 좋다.
㉯ 온도가 낮아지면 밥이 질게 된다.
㉰ **맛있게 된 밥**: 수분함유량은 약 65%로, 쌀 중량의 약 2.5배 정도

◆ 식혜
찐쌀을 50~60℃의 엿기름녹인물에 넣으면 엿기름속의 아밀라제의 작용으로 당분이 생성되는 것을 이용하여 만든다.

2. 전분의 호화(α화 = 알파화)

① 전분의 호화
㉮ 전분에 물, 열을 가하면 전분입자가 물을 흡수한 후 팽창하여 전체가 점성이 높은 반투명의 콜로이드상태가 되는데, 이러한 변화를 호화라고 한다.
㉯ 호화된 전분을 계속 가열하면 생전분의 규칙적인 분자의 규칙이 파괴되어 소화가 잘 되는 맛있는 전분으로 변화된다. 이것을 전분의 α 화라 한다. 결국 익은 전분은 모두 α 전분이 된다.
㉰ 호화된 전분은 소화하기 쉬운 형태인데, 이것을 α-Starch라고 하며, 생전분은 β(베타)전분으로 β-Starch라 한다.
㉱ 전분을 α 화하기 위해서는 수분이 적은 곡류는 물과 함께 가열해야 하나, 감자류와 같이 수분이 많은 식품은 그 자신이 가지고 있는 수분만으로도 충분하다.

② 전분호화에 영향을 끼치는 인자
㉮ **전분의 종류**: 전분입자가 클수록 빠른 시간에 호화한다.
㉯ **전분의 농도**: 완전 호화를 위해 곡식1 : 물6의 비율이 적당하다.
㉰ **가열온도**: 온도가 높을수록 빨리 호화된다.
㉱ **젓는 속도와 양**: 지나치게 저으면 점성이 감소된다.
㉲ **전분액의 pH**: 산을 넣으면 점도가 낮아진다.
㉳ **호화방해**: 달걀, 지방, 소금, 분유 등은 모두 전분입자의 호화를 방해한다.

3. 전분의 호정화(덱스트린화)

① 전분에 물을 가하지 않고 160℃ 이상으로 가열하면 전분이 가용성이 되고, 이어서 덱스트린(호정)이 되는데, 이러한 변화를 호정화라 한다.
② 호정은 호화보다 물에 잘녹고, 소화가 잘된다(미숫가루, 튀밥, 뻥튀기, 팝콘 등)

4. 전분의 노화

① 노화현상
  ㉮ α-Starch(호화된 전분)를 실온에 오래 방치하면 굳어지는데, 이 현상을 전분의 노화라고 한다(밥이나 떡 등이 굳어지는 현상).
    ※ α 화 된 전분은 β 화로 환원되지 않는다.
  ㉯ α 전분을 급속히 탈수하면 오랫동안 α 형을 유지할 수 있다. 이러한 원리를 응용해서 비스켓을 만든다.

② 노화촉진에 관계하는 요인
  ㉮ **온도** : 0~4℃(냉장고에서 전분의 노화가 빨라진다)
  ㉯ **수분함량** : 30~70%
  ㉰ **pH** : 수소이온이 많을수록, 산도가 높을수록
  ㉱ **전분 분자의 종류** : 아밀로스의 함량이 많을수록
  ㉲ 멥쌀, 보리 등은 아밀로스 20~30%와 아밀로펙틴 70~80%의 비율로 구성되어 있고, 찹쌀과 찰옥수수는 100% 아밀로펙틴으로 구성되어 있다. 따라서 찹쌀과 찰옥수수의 노화가 늦게 일어난다.

③ 노화의 방지
  ㉮ α 전분을 80℃ 이상으로 유지하면서 급속건조한다.
  ㉯ 0℃ 이하로 얼려 급속 탈수한 후 수분함량을 15% 이하로 한다.
  ㉰ 설탕 또는 유화제를 첨가한다.
  ㉱ α Rice(건조반), 쿠키, 밥풀튀김, 냉동미, α 떡가루 등

❷ 소맥분(밀가루)의 조리

소맥분(밀가루)은 날것으로는 효용이 없으나 가루로 가공하면 여러 가지 가공형태에 이용되어 맛있는 식품으로서 먹을 수 있다.

1. 소맥분 단백질의 특성

① 소맥분 속에는 글루텐이라는 단백질이 물을 흡수하면, 반죽을 할수록 점·탄성이 증가하는 성질이 있다.
② 글루텐을 소맥분에서 분리하려면 소맥분에 물을 섞어 반죽한 덩어리로 만든 후 물속에서 씻어내면 가용성 성분이나 전분류는 씻겨나가고 물에 녹지 않는 글루텐만 남게된다.
③ 글루텐은 글루테닌과 글리아딘으로 되어 있다.

2. 소맥분의 조리

① 이스트(효모)를 이용한 빵이 비타민 B_1의 손실은 20% 정도이고, 오븐에 굽는 시간이 길수록 손실이 크다. 또한 비타민 B_1은 알칼리에 불안정하므로 팽창제로 소다를 넣어 반죽하면 분해가 빠르다.
② 비타민 B_2는 열에는 비교적 안정하지만, 광선에 분해가 빠르다.
③ 이스트(효모)의 발효온도 : 25℃~30℃
④ 빵이나 마카로니는 글루텐함량이 많은 강력분을 사용하여 잘 반죽해야 하며, 소금, 계란, 기름을 첨가한다.
⑤ 튀김옷으로는 글루텐함량이 적은 박력분을 사용하며, 가볍게 반죽을 한다.
⑥ 국수 등 면류에는 중력분을 사용하며 찬물에서 반죽을 한다.

3. 소맥분의 종류

종류	글루텐 함량	용도
강력분	13% 이상	식빵, 마카로니, 스파게티 등
중력분	10%~13%	국수류, 면류 제조(만두피) 등
박력분	10% 이하	케이크, 과자류, 튀김옷, 건빵, 카스테라 등

4. 분말전분의 조리

① 전분입자를 먼저 분리시키는 것이 좋다.
② 전분입자를 분리시키는 재료 : 버터, 설탕, 냉수
③ 뜨거운 물은 사용하지 않는다.

❸ 두류 및 두제품의 조리법

1. 두류의 성분

① 대두는 단백질함량이 41.8g/100g이며, 완전단백질로서 우수한 고단백식품이다.
② 대두단백질은 물에서 90%까지 추출할 수 있는 수용성단백질이다.
③ 땅콩의 경우는 지방함량이 높다.
④ 팥, 녹두, 완두, 강낭콩 등은 단백질의 양은 적고 탄수화물의 함량이 높다.

2. 가열시 두류의 변화

① 콩속에는 소화를 억제하는 안티트립신이 있어 소화를 방해하나 가열하면 이 성분이 파괴되어 단백질의 이용율을 높인다.

② 두류를 가열하면 독성성분(사포닌, 안티트립신, 헤마글루티닌 등)이 파괴되고, 소화흡수율을 증가시킨다.
③ 콩의 연화
  ㉮ 알칼리성물질(중탄산소다 등)을 첨가하면 빨리 무르지만, 비타민 B_1의 파괴가 심하다.
  ㉯ 1%의 식염수에 담구었다가 연화시키면 빨리 무른다.
  ㉰ **가열과 갈변** : 카르보닐기와 아미노기반응으로 갈변되는데, 대두식품의 특성이다(메주 콩을 삶았을 때의 짙은 갈색, 간장의 색 등).

3. 대두의 소화성

가공하는 방법에 따라 소화율의 차이가 크다.

- 간장 : 98%
- 두부 : 93%
- 된장·청국장 : 85%
- 콩가루 : 83%
- 볶은콩·콩조림 : 65%

4. 두류의 흡수성

흰대두 > 검은대두 > 흰강낭콩 > 얼룩강낭콩 > 햇팥 > 묵은팥 순이다.

5. 두부

① 두부의 제조
  ㉮ 두부는 콩을 물에 불린 후 갈아 끓여 단백질 이외의 가용성분을 추출한 후 황산칼슘·염화칼슘·염화마그네슘 등의 응고제를 넣어 응고시킨 뒤 목판형틀에서 굳히면 틀모양대로 나온다.
  ㉯ 두부의 원료인 대두단백질은 글리시닌이다.
  ㉰ 두부를 끓일 때 중조 0.2%, 전분 1%, 식염수 0.5%를 넣으면 두부의 표면이 부드러워진다.
② 두부의 조리
  ㉮ 소금, 전분, 중조, 글루타민산나트륨을 첨가하여 가열하면 두부가 부드러워진다.
  ㉯ 식초를 첨가하면 단단해진다.
  ㉰ 유부는 두부를 이용하여 튀긴 것이다.

> ◈ 소금의 종류
> • 호염(천일염) : 해수를 증발시켜 소금을 만든 것으로서 불순물이 많다.
> • 정제염 : 호염(렴)에서 불순물을 제거한 것.

6. 된장

된장의 숙성 중에 다음 네 작용이 서로 관련해서 일어나는 작용으로 맛이 난다.
  ① 당화작용 : 탄수화물 → 당분
  ② 알코올 발효작용 : 당분 → 알코올 + CO_2
  ③ 단백질 분해작용 : 단백질 → 아미노산
  ④ 신발효작용 : 당분, 단백질 → 유기산

❹ 채소 및 과일의 조리법

1. 채소의 분류

  ① 엽채류 : 잎줄기 식품으로 시금치, 배추, 아욱, 근대, 상치 등
  ② 과채류 : 과실과 씨를 식용으로 하는 것.으로 고추, 토마토, 참외, 오이, 호박, 가지 등
  ③ 근채류 : 뿌리(줄기 포함)를 식용으로 하는 것으로 당근, 연근, 우엉, 무, 감자, 고구마 등
  ④ 경채류 : 샐러리, 아스파라거스, 죽순 등
  ⑤ 종실류 : 옥수수, 콩, 수수 등의 식물

2. 채소, 과일의 일반적 성질

  ① 채소류
    ㉮ 엽채류 : 수분과 섬유소를 많이 함유하고, 무기질, 비타민이 풍부하여 철분, 비타민(A, B, C)의 중요한 공급원으로 푸른잎의 색이 짙을수록 비타민 A의 함량이 크다.
    ㉯ 과채류 : 고추에는 비타민(C, A)의 함량이 아주 많고, 토마토도 비타민(C, A)의 공급원이다.
    ㉰ 근채류 : 상당량의 당질을 함유한다.
    ㉱ 종실류 : 상당량의 단백질, 전분을 함유한다.

  ② 과실류
    ㉮ 수분의 함량은 80~90% 정도이나 참외·수박은 92%, 마른과일은 25%를 함유
    ㉯ 비타민 C의 공급원
    ㉰ 맛과 향기는 방향족화합물인 에스테르와 유기산(능금산 → 사과, 구연산 → 감귤류, 주석산 → 포도)에 의해 생성된다.

3. 채소와 과일의 조리

조리를 함으로써 맛이 좋아지고, 섬유소와 반섬유소가 연화되고, 부분적으로 전분이 호화되기 때문에 소화가 쉽다.

① 가열조리
  ㉮ 식품성식품에 들어있는 탄닌이나 사포닌 성분은 떫은 맛이나 쓴맛을 내므로 이런 성분이 들어 있는 식품은 삶던가 물에 오래 담궈 떫은 맛을 적게하는 것이 필요하다.
  ㉯ 야채를 삶으면 떫은 맛을 없애는 것 뿐만아니라 색소에도 영향을 준다.
  ㉰ 우엉, 연근 등은 식초물에 데치고, 토란은 쌀뜨물에 데친다.
  ㉱ 녹엽(푸른 야채)를 삶을 경우에는 물이 끓을 때 살짝 데치는 것이 좋다. 이 때 물의 양이 너무 적으면 야채를 넣을 때 물의 온도가 내려갈 수 있으므로 물의 양을 충분히 한다.
  ㉲ 볶음이나 튀김 또는 굽기를 할 경우는 가능한 조리시간을 짧게 하여 색과 영양(비타민 C)의 손실을 적게하는 것이 요령이다.
  ㉳ 시금치나 근대 등이 녹색채소를 데칠 때에는 불이성분인 수산을 제거하기 위해 뚜껑을 열고 단시간에 데친다.

② 날것의 조리
  가지, 두릅, 연근 같은 것은 칼자국이 갈색으로 변하므로 물이나 식염수 또는 10%의 식초물에 담가두면 좋다.

③ 섬유질의 변화
  ㉮ 조리하는 물에 중탄산나트륨(식소다)를 넣으면 섬유소를 분해하는 경향이 있어 질감을 부드럽게 하고, 산을 넣으면 단단해 진다.
  ㉯ 신김치를 끓여도 김치잎이 연해지지 않는 것은 김치에 있는 산 때문이다.
  ㉰ **김치의 연부현상** : 김치가 공기와 접촉하여 호기성미생물로 인해 효소가 펙틴질분해하여 김치를 더 무르게 하는 현상

④ 색소의 변화
  ㉮ **엽록소(Chlorophyll)**
    ㉠ 식품의 잎과 줄기에 분포하는 녹색의 색소
    ㉡ 세포속에 단백질과 결합한 상태로 엽록체에 존재한다.
    ㉢ 녹색채소는 알칼리에서는 선명한 녹색을 유지하지만, 야채가 무르고 비타민(특히 B_1)의 파괴율이 높으나 산에서는 누렇게 변한다.
  ㉯ **카로티노이드** : 산, 알칼리, 열에는 영향을 받지 않는다.
  ㉰ **안토시아닌** : 산에서는 선명한 선홍색, 알칼리에서는 보라, 적청색으로 변한다.
  ㉱ **플라본** : 찐빵에 식소다를 넣었을 때 빵의 색이 누렇게 되는 현상으로 산에서는 백색, 알칼리에서는 황색으로 변한다.

4. 채소의 전처리(데치기 : Blanching)
① 뚜껑을 열고 끓는 물에 단시간 익히는 것으로 즉시 찬물에 헹군다.
② 효소파괴와 살균작용, 약간의 부피감소효과가 있다.

③ 녹색채소는 소금을 약간(1% 정도) 넣어주면 색이 선명해지며, 비타민 C의 손실을 방지할 수 있다.

5. 채소의 조리시 유의사항

① 씻을 때는 흘러내리는 물에 씻는다.
② 열, 산, 알칼리에 약하므로 생으로 먹는 것이 좋다.
③ 조리시 칼, 그릇 등에 유의한다.
④ 녹황색채소(당근)는 되도록 기름을 이용한 조리법으로 한다.
⑤ 비타민 B_1은 물에 잘 녹으므로 씻을 때 주의하고, 알칼리에 약하므로 소다 등을 사용하지 않는다.
⑥ 죽순, 우엉, 연근 등 흰색채소는 쌀뜨물이나 식초물에 삶아야 흰색이 유지되고 섬유가 연해진다.
⑦ 양배추나 양파같이 유황을 함유한 채소는 뚜껑을 연채 가능한 짧은 시간에 조리한다.
⑧ 채소를 데칠때는 물의 양을 5배 정도로 하고 뚜껑을 열고 끓는 물에 단시간에 데쳐 냉수에 헹군다.
⑨ 조리하기 2시간 전에 채소를 물에 씻은 후 물기를 빼고 뚜껑있는 그릇에 담아 냉장고에 넣어두면 싱싱하고 아삭해진다.
⑩ 무와 당근을 함께 조리하면 당근에 함유된 비타민 C의 산화효소제인 아스코르비나제의 작용에 의해 무에 함유된 비타민 C가 파괴되므로, 가능한 빠른 시간에 섭취하는 것이 좋다.
⑪ 시금치에는 환원력이 강한 수산(Oxalic Acid)이 많이 들어 있다.
⑫ 감자는 뜨거울 때 으깨거나 체에 내려야 쉽다.
⑬ 김치는 비타민 C의 급원식품으로 젖산균에 의해 발효되며, 보통 3~6℃에서 3주 정도에 숙성한다.

> ◆ 곤약
> • 구약나물의 탄수화물 주성분인 글루코만난에 알칼리성 응고제를 넣어 굳힌 것
> • 칼로리가 거의 없으며 장운동을 활발하게 하기때문에, 다이어트나 변비에 많이 먹는다.
> • 곤약을 재료로 한 요리 : 어묵해물냄비, 곤약조림 등

6. 감자의 조리

감자는 전분이 15~16% 정도 함유되어 있으며, 비타민류의 함량이 비교적 많고, 특히 비타민 C가 15~30mg 들어 있다.

① 감자의 식용가
  ㉮ 점성 또는 분성을 나타내는 정도를 식용가라 하는데, 단백질이 많을수록, 또는 전분

이 적을수록 식용가가 커서 점성을 나타낸다.
- ㈏ **점성의 감자** : 찌거나 구울 때 부서지지 않고 기름을 써서 볶는 요리에 적당
- ㈐ **분성의 감자** : 굽거나 찌거나 으깨어 먹는 요리에 적당

② 조리에 의한 변화

가열조리하면 조직이 부드러워지고, 전분은 호화해서 소화하기 쉬운 형태로 되지만, 비타민 C가 손실된다.

❺ 유지류의 조리법

지방이 상온에서 액체상태인 것을 유(油), 고체상태인 것을 지(脂)라고 하며, 이를 합쳐서 유지(油脂)라고 부른다.

1. 요리에 있어서 유지의 이용

① 음식에 맛을 부여
② 유화액의 형성 : 우유, 크림, 버터, 난황, 프렌치드레싱, 잣미음, 크림스프, 마요네즈 등
③ 튀김요리
 - ㈎ 특유한 향기, 색이 생긴다, 튀김용기름은 발연점이 높은 것이 좋고, 직경이 좁은 냄비가 좋다.
 - ㈏ 튀김기름은 비열이 낮아 온도가 쉽게 변한다.
 - ㈐ 튀김기름의 양은 재료가 잠겨야 되며 용기는 두터운 것이 좋다.
 - ㈑ 냉동식품은 실온에 보관된 식품에 비해 25% 정도 시간이 더 필요하다.
④ 연화작용 : 밀가루제품을 부드럽게 만드는 작용을 말한다.
⑤ 크리밍성 : 교반에 의해서 기름내부에 공기를 품는 성질을 말한다.

2. 지방의 열에 의한 변화

① 중합 : 점성이 커지고 영양가도 손실된다.
② 산화
 - ㈎ 가열, 산소에 의해 알데히드, 산 등을 생성한다.
 - ㈏ 알데히드는 식물성식품의 향기성분이다.
③ 가수분해 : 고온으로 가열하면 유리지방산, 유리글리세롤을 형성해서 아크롤레인이라는 물질을 생성한다.
④ 아크롤레인(Acrolein) : 발연점 이상되면 청백색의 연기와 함께 자극성취기가 발생하고, 기름에 거품이 나며, 기름이 분해되면서 생성되는 물질이다.

3. 기름의 발연점

① 기름을 가열하였을 때 연기가 나는 시점의 온도

② 발연점에 영향을 주는 요소
  ㉮ 유리지방산의 함량이 높을수록 발연점이 낮아진다.
  ㉯ 노출된 기름의 표면적이 넓으면 발연점이 낮아진다.
  ㉰ 기름에 이물질이 섞여 있으면 발연점이 낮아진다.

4. 유지미의 부가

① 튀김을 하면 식품에서 물을 증발시킬 때 물과 교차하여 기름이 식품에 흡수되어 특유의 맛과 향기가 난다.
② 튀김시 기름의 흡착량은 튀기는 식품양의 약 20% 정도이다.

❻ 육류의 조리법

일반적으로 육류는 육회나 생선회를 제외하고는 가열조리가 대부분으로 적당히 가열을 하면 위생상 안전하고 풍미도 좋아진다.

1. 육류의 조리방법

① 습열조리
  ㉮ 물속 또는 액체에 넣어 가열하거나, 찌는 방법으로, 콜라겐이 젤라틴화하고, 고기가 연해진다.
  ㉯ 탕류는 찬물에서부터 넣어 끓여야 성분용출이 잘되어 맛있는 국물을 만들 수 있다.
  ㉰ 편육은 끓는 물에서 삶아야 고기맛이 빠지지 않는다.
  ㉱ 장정육, 업진육, 사태육, 양지육에 적당하다.
  ㉲ 편육, 찜, 조림, 탕, 전골 등
  ㉳ 장조림을 할 때는 물이 끓은 후에 고기를 넣고 삶은 후 간장을 넣어야 고기가 단단해 지지 않는다.

② 건열조리
  ㉮ 연한 부위(안심, 등심, 채끝, 우둔, 홍두께, 염통, 콩팥, 간 등)의 조리에 적당하다.
  ㉯ 구이, 튀김, 전, 산적, 불고기, Broiling, Roasting, Grilling 등

2. 육류의 조직

① 동물의 나이가 어리고, 운동량이 적을수록 결체조직이 적게 함유되어 연하다.
② 특히 어린고기는 지방함량이 적어 담백하다.
③ 어육의 자기소화(어육 자체효소에 의하여 자체성분이 분해되는 현상)에 의해 숙성한다.

3. 고기의 종류와 조리

① 융점이 높은 지방을 가진 쇠고기나 양고기는 보통 가열해서 더울 때 먹는 요리에 적합하다.
② 융점이 낮은 지방을 가진 돼지고기나 가금류고기는 식어도 맛이 변하지 않으며, 이러한 성질을 이용하여 햄이나 소세지 같은 가열하지 않고 먹을 수 있는 가공품을 제조한다.
③ 같은 종류의 고기라도 각 부분에 따라 특징을 가지고 있으므로 각각의 특징을 살려 조리하는 것이 요령이다.
④ 보통 조리에 사용되는 고기를 횡문근이라하고, 내장고기를 평활근이라 한다.
⑤ 일반적으로 고기는 섬유질을 직각으로 써는 것이 요령이다.

조리명	고 기 부 위
구 이	등심, 안심, 채끝살, 갈비, 홍두깨살, 염통, 콩팥
찜	갈비, 사태, 등심, 쐬악지
편 육	양지, 장정육, 사태, 우설, 업진육
조 림	홍두깨살, 우둔살, 대접살, 쐬악지, 장정육
탕	사태, 꼬리, 양지, 내장(양, 곱창), 업진육

4. 가열에 의한 고기의 변화

① 색의 변화 : 갈색
② 중량의 손실 : 20~40% 감소, 즉, 보수성 감소
③ 용적의 수축 : 고기 내부온도가 높을수록, 시간이 지날수록 수축이 심하다.
④ 지방조직·단백질의 변화 : 콜라겐은 65℃ 이상에서 분해되어 젤라틴화한다.
⑤ 풍미의 변화, 영양가의 손실
⑥ 돼지고기는 내부가 75℃ 이상이 되도록 가열하여야 하며, 75℃ 이하일 때는 유구조충, 선모충 등의 기생충에 감염될 우려가 있다.

5. 육류의 선택

① 소의 부위별 특징 및 조리의 용도

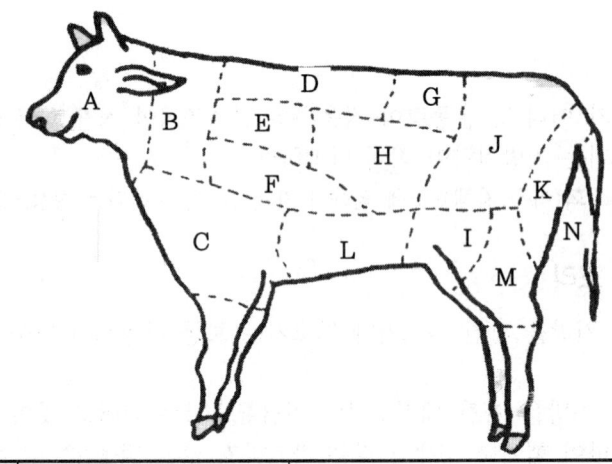

구분	명칭	조리용도	특징
A	쇠머리	찜, 편육, 설농탕, 곰탕	
B	장정육	조림, 다진고기, 편육	육질이 질기고 결합조직이 많으며 지방이 적다.
C	양지육	탕류	
D	등심	구이, 볶음, 전골	
E	갈비	구이, 볶음, 찜	살이 두껍고 얼룩지방이 있으며 질이 좋다.
F	씨악지	구이, 볶음	
G	채끝살	조림, 산적	
H	안심(로스)	구이, 볶음	부드러운 살코기로 맛이 좋다.
I	대접살	육포, 회	
J	우둔육	육포, 회, 장조림	상부에 지방이 있으며 연하다.
K	홍두깨살	조림, 탕, 산적	
L	업진육	찜, 편육, 탕	지방과 고기가 층을 이루며 질기고, 뼈성질이 많으며 지방이 적다.
M	사태육	편육, 탕	
N	꼬리	곰탕	

② 소의 내장 및 기타

구분	명칭	조리용도	명칭	조리용도
내장	염통	구이, 전골	콩팥	구이, 전골
	간	구이, 전유어	곱창	탕
	천엽	회, 전유어	양	탕, 전유어
기타	혀	편육, 찜	뼈	탕
	등골	전유어, 전골	가죽	전약(편)

③ 돼지의 부위명칭과 조리의 용도

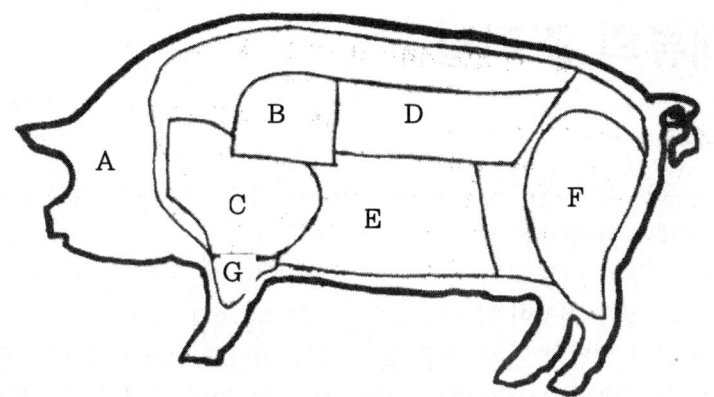

구분	명칭	조리용도	특징
A	돼지머리	편육, 곰탕	
B	어깨로스	구이, 찜	살코기 속에 지방이 많으며 연하다.
C	수파육	구이, 찜	
D	등심로스	구이, 찜	지방이 두껍고 고기가 연하며 맛이 있다.
E	삼겹살	조림, 편육	고기가 세겹으로 층이 되어 있다.
F	볼기살	조림, 찜	지방이 적다.
G	다리	편육, 국	

6. 육류의 감별

① 쇠고기
  ㉮ 색이 빨갛고 윤택이 나며, 얄팍하게 썰었을 때 손으로 찢기 쉬운 것이 좋다.
  ㉯ 수분이 충분하게 함유되고, 손가락으로 눌렀을 때 탄력성이 있는 것이 좋다.
  ㉰ 고기의 빛깔이 너무 빨간 것은 오래 되었거나 늙은 고기 또는 노동을 많이 한 고기이므로 질기고 좋지 않다.

② 돼지고기
  ㉮ 기름지고 윤기가 있으며 살이 두껍고 살코기의 색이 엷은 것이 좋다.
  ㉯ 살코기의 색이 빨간 것은 늙은 고기이다.

③ 닭고기
  ㉮ 색깔이 담황색이고 윤기가 있으며 탄력과 수분함량이 많은 것이 좋다.
  ㉯ 생후 1년 이내의 닭이 맛과 육질이 가장 좋다.

❼ 어패류의 조리법

1. 생선의 근육

① 생선의 균육도 다른 동물의 근육과 같이 근섬유가 치밀하며, 사후강직을 일으키고, 자기소화와 부패가 일어난다.
② 어류에는 지방분이 적고 살코기가 흰 백색어류(도미, 민어, 광어, 조기 등)와 지방분이 많고 살코기가 붉은 적색어류(꽁치, 고등어, 정어리 등)가 있다.
③ 생선은 산란기 직전의 것이 가장 살이 찌고 지방도 많으며 맛도 좋으나, 산란기에 들어가면 축적된 영양분이 난소의 정소(精巢)를 만드는데 쓰여지므로 생식기가 커짐에 따라 몸이 마르기 시작하고 지방도 적어져 맛이 없어진다.
④ 적색어류는 백색어류보다 자기소화가 빨리오고, 담수어(민물고기)는 해수어(바다고기)보다 낮은 온도에서 자기소화가 일어나며 비린내도 심하다.

2. 어육의 성분

① 단백질
 ㉮ 생선의 단백질은 완전단백질로서 구조단백질인 섬유상 단백질과 근원단백질인 구상단백질 및 결합조직을 구성하는 단백질(불완전단백질)로 되어 있다.
 ㉯ 섬유상 단백질은 생선의 근섬유 주체를 형성하는 단백질로서 미오신, 액틴, 액토미오신이 전체 단백질의 70%를 차지하며, 소금에 녹는 성질(염용성단백질)이 있어 어묵의 형성에 이용된다.
 ㉰ 구상단백질은 콜로이드액으로 근섬유사이를 메꾸고 있으며, 물과 묽은 소금물에 잘 녹으므로 생선토막을 물로 씻을 때 손실이 잘된다.
② 지방
 ㉮ 생선의 지방은 약 80%가 불포화지방산이고, 나머지가 포화지방산으로 되어 있다.
 ㉯ 생선에 들어있는 고도의 불포화지방산은 공기중의 산소와 결합하면 산화·분해되기 쉽다.
 ㉰ 산패된 지방은 인체에 해를 준다.
③ 탄수화물
 생선의 근육에는 극소량의 글리코겐이 있으나 시판중인 것에는 거의 존재하지 않는다.
④ 기타의 성분
 무기질, 비타민, 엑기스성분, 색소성분이 상당량 존재한다.
⑤ 어취
 생선의 비린내는 어체내에 있는 트리메틸아민 옥사이드(Trimethylamine Oxide, TMAO)가 트리

메틸아민으로 환원될 때 나는 냄새이다.

3. 생선 조리법
① 생선구이 : 소금구이의 경우 생선중량의 2~3%를 뿌리면 탈수도 일어나지 않고 간도 맞다.
② 생선조림
 ㉮ 처음 가열할 때 수분간은 뚜껑을 열어 비린내를 휘발시킨다.
 ㉯ 식초나 레몬을 이용하면 생선살을 단단하게 한다.
 ㉰ 물이 끓기 시작할 때 생선을 넣어야 모양이 흐트러지지 않는다.
③ 생선튀김 : 튀김옷은 박력분을 사용한다. 180℃에서 2~3분간 튀기는 것이 좋다.
④ 전유어
 ㉮ 조리 과정 중에 생선의 비린내(어취)가 증발되고, 달걀단백질의 열응고로 생선의 형태를 유지시켜 준다.
 ㉯ 부치기 직전에 밀가루를 묻혀야 들뜨지 않고 잘부쳐진다.
⑤ 소태(Sauted) : 적은 기름으로 살짝 볶는 것을 말한다.
⑥ 생선을 양념구이를 할 때 쇠꼬치에 끼우면 생선의 모양을 유지시킬 수 있다.
⑦ 가시가 많은 생선은 식초나 레몬을 가하여 약한 불에 오래 조리하면 뼈가 물러진다.
⑧ 숙회 : 끓는 물에 살짝 데치거나 끓는 물을 어패류에 끼얹어 만드는 것으로 신선한 어패류를 사용하여야 한다.
⑨ 해파리는 끓는 물에 오래 데치면 너무 수축하여 질겨지므로 살짝 데치는 정도로 익힌다.
⑩ 오징어는 오래 가열하면 질겨지므로 끓는 물에 단시간 가열한다.

4. 가열에 의한 변화
① 단백질의 응고 ② 탈수와 체적감소 : 보통 생선 20~25%, 오징어 30% 정도 탈수
③ 수용성 성분의 용출 ④ 콜라겐의 젤라틴화 ⑤ 껍질의 수축

◈ 신선한 어류 선택법
- 아가미가 고운 선홍색인 것 • 눈이 푸르고 맑을 것
- 전체적으로 윤기가 있고 목이 빳빳하게 젖혀져 있을 것
- 토막생선은 등뼈가 붙어 있고 피가 선명할 것 • 비늘이 튼튼하게 붙어 있을 것
- 탄력이 있을 것
---

5. 비린내를 없애는 방법
① 물로 씻기, 식초, 술, 간장, 된장, 고추장, 파, 마늘, 생강, 고추냉이, 겨자, 고추, 후추, 무, 쑥갓, 미나리 등을 첨가하거나 우유에 담가두었다가 조리를 한다.

② 어육단백질은 생강의 탈취작용을 저해하므로 반드시 단백질을 변화시킨 후 생강을 넣는 것이 효과적이다(생선이 익은 후 첨가).
③ 생선의 비린내 성분 : 트리메틸아민(TMA, Trimethylamine)

6. 생선이 가장 맛있을 때

① 산란기 전으로, 이 때는 살이 찌고, 지방도 많아지고, 맛을 내는 성분도 증가한다.
② 연어, 청어, 정어리, 뱀장어에는 비타민 A, D가 많다.
③ 조개의 호박산은 독특한 맛을 낸다.

7. 갑각류의 색변화

① 새우, 게, 가재 등의 갑각류의 껍질은 단백질로 구성되어 있다.
② 갑각류를 가열하면 단백질이 변성분리되고 산화되어 짙은홍색으로 변한다.

❽ 알(난 : 달걀)의 조리법

알(난 : 달걀)의 조리는 알의 단백질에 열을 가함으로써 응고하기 쉬운 성질이나 알이 풀어지기 쉬운 성질을 이용한 것이 많다. 달걀(계란)은 난황이 1/3 정도이고, 난백이 2/3를 차지한다. 난황(노른자)에는 지방이 많고 난백(흰자)에는 단백질이 많이 들어있다.

1. 달걀의 열응고성

① 용액을 걸쭉하게 할 때 : 달걀찜, 카스타드, 소스 등
② 빵가루의 결합체
③ 세포벽의 경도를 높이는 작용 : 케이크, 과자 반죽 등
④ 육즙의 청정제 : 난백을 넣어서 흡착하는 성질을 이용하여 여과하면 맑은 국물을 얻을 수 있다.

2. 조리온도

① 난백(흰자)은 58℃에서 응고하기 시작하여 65℃에서 완전히 응고가 되며, 난황(노른자)은 65℃에서 응고되기 시작하여 70℃에서 완전히 응고된다.
② 100℃의 온도에서 3분간 가열하면 난백은 익으나 난황은 익지 않는다.
③ 100℃에서 5분간 가열하면 난황은 반숙이 되고, 약 10분간 가열하면 완숙이 된다.
④ 달걀의 단백질은 반숙이 소화에 좋으며, 완숙된 난백은 소화가 잘 안된다.
⑤ 반숙을 만들려면 탕의 온도를 70℃로 유지하면서 계란을 넣어 15분간 가열한다.

3. 달걀의 변색

① 100℃에서 15분 이상 가열하면 난황의 주위가 암갈색으로 된다. 이것은 난백에서 유리된 황화수소가 난황중의 철과 결합하여 황화제1철을 만들기 때문이다.
② 다소 과하게 가열하였어도 냉수에 식히면 황화제1철의 변화를 막을 수 있다.
③ 적당하게 익혔어도 여열이 크면 황화제1철의 변화가 일어날 수 있다.
④ 오래된 계란일수록 기실(공기주머니)이 많아지며 변색이 잘 일어난다.
⑤ 달걀을 삶아서 냉수에 식히면 방지할 수 있다.
⑥ 수란을 뜰 때 식초를 넣으면 산의 단백질응고작용에 의해 모양의 유지를 도와준다.

4. 난황의 유화성

① 난황 중의 인단백에 함유된 레시틴(Lecithin)이 유화제의 역할을 한다.
② 난황의 유화성을 이용하여 마요네즈 등을 만든다.

5. 난백의 기포성(케이크, 머랭게)

① 기포성 증가
　㉮ 수양난백이 많은때에 기포발생이 잘된다.　　㉯ 30℃ 전후에서 기포생성이 좋다.
　㉰ 소량의 산을 첨가하면 기포현상을 도와준다.
　㉱ 밑이 좁고 둥근바닥 그릇이 기포성이 좋다.
② 지방, 우유, 난황, 설탕, 소금 등은 기포성을 저하시킨다.
③ 설탕은 기포성을 저하시키지만 안정성을 높이므로 머랭게를 만들 때 설탕의 첨가는 충분히 거품을 낸 후에 넣는다.

◈ 신선한 달걀 선택법
- 껍질이 까슬까슬하다.
- 햇빛을 통해 볼 때 맑게 보인다.
- 흔들어 보았을 때 소리가 없다.
- 깼을 때 노른자가 뚜렷하고 흰자의 농도가 진하다.
- 윤기가 없다
- 소금물에 넣었을 때 가라앉는다.

---

❾ 우유의 조리법

우유는 단백질과 칼슘의 공급원이고, 약알칼리성 식품이다.

1. 우유와 모유의 비교
① 단백질은 우유에 더 많고 그 조성도 다르다.
② 지방량은 거의 비슷하지만 모유지방이 흡수가 잘 되고 필수지방산이 많다.
③ 회분·칼슘·인이 우유에 훨씬 더 많다.

2. 우유의 조리성
① 요리를 희게 한다(화이트 소스). ② 매끄러운 감촉과 유연한 맛과 방향을 준다.
③ 단백질의 Gel 강도를 높인다(카스타드 푸딩). ④ 식품에 좋은 갈색을 준다(과자류, 핫케이크).
⑤ 생선의 비린내를 흡착한다(우유 중 지방구, 카세인 때문).

3. 우유의 가열처리에 의한 변화
① 피막의 형성 : 단백질이 표면에 집합되어 피막을 형성한다.
② 갈색화 : 주로 고온에서 장시간가열시 발생한다.
③ 익는 냄새 : 74℃ 이상으로 하면 익는 냄새가 난다.
④ 눌어타기 : 바닥에 락트알부민이 응고되어 눌어탄다.
⑤ 우유의 가열 : 우유를 데울 때는 이중냄비(중탕)에서 저어가며 가열한다.

4. 우유의 응고반응
① 효소(레닌, 브로멜린, 파파인), 산, 탄닌, 다량의 소금에 의해서 응고한다.
② 응고현상은 60~65℃ 이상에서 일어나므로 우유를 가열할 때는 온도에 유의하여야 한다.

❿ 한천과 젤라틴의 조리법

1. 한천(우뭇가사리)
① 홍조류를 삶아서 얻은 액을 냉각시켜 엉기게 한 것이 우무인데, 이것을 잘라서 동결·건조한 것
② 주성분은 갈락토스(6탄당 탄수화물)이지만 인체내에서 소화가 되지 않으나 장을 자극하여 변비를 예방한다.
③ 조리에 사용하는 한천의 농도 : 0.5~3% 정도
④ 응고온도 : 38~40℃
⑤ 양갱, 한천젤리 등

2. 젤라틴

① 동물의 결체조직인 콜라겐의 가수분해로 얻는 불완전단백질
② 적당한 농도 : 1.5~2%
③ 응고온도 : 16℃ 이하에서 응고
④ 응고제 : 젤리, 샐러드, 족편 등
⑤ 유화제 : 머시멜로우, 아이스크림 등

⑪ 냉동식품의 조리법

1. 냉장과 냉동

① 미생물을 20~40℃에서 가장 잘 번식하나 10℃ 이하에서는 번식이 억제되고, 0℃ 이하에서는 번식이 정지된다.
② 효소는 20~40℃에서 작용이 최대로 나타나고 10℃ 이하에서는 효소의 작용이 둔화되며, 0℃ 이하에서는 거의 일어나지 않는다.
③ 냉장식품은 얼리지 않고 저온에서 저장한 것이며, 냉동식품은 얼려서 저장한 것이다.
④ 냉동식품으로 저장할 때 완속냉동(서서히 얼리는 것)을 하면 얼음 결정이 커져 조직이 부서질 수 있으므로 -40℃ 이하에서 급속동결하는 방법을 사용한다. 특히 근래에는 액체질소(-194℃)를 이용한 방법을 사용하고 있다.

2. 냉동식품의 해동

① 어·육류
  ㉮ 급속한 해동은 조직이 상하고 드립이 많이 생기므로 냉장고의 중단에서 자연해동하는 것이 좋다.
  ㉯ 단시간에 해동하려면 플라스틱 필름에 싸서 수돗물에 넣으면 되나 역시 풍미가 떨어진다.
② 야채류
  ㉮ 날로는 동결하지 못하므로 재료에 증기를 통해서 데친 상태가 된 것을 끓는 물에서 2~3분간 끓인다.
  ㉯ 과열하지 않도록 주의한다.
③ 튀김류
  ㉮ 빵가루로 겉을 싼 것은 동결된 상태대로 다소 높은 온도의 기름에다 튀긴다.
  ㉯ 후라이한 것을 얼린 것은 오븐에서 15~20분 정도 덥힌다.
④ 조리식품
  ㉮ 플라스틱 필름에 넣은 것은 포장 그대로 끓는 물에 약 10분간 끓인다.

㉮ 알루미늄박스에 넣은 것은 오븐에서 약 20분간 덥힌다.

⑤ 빵·케익류 : 실내온도 정도에서 자연히 해동하거나 오븐에서 덥힌다.
⑥ 과일류
　㉮ 동결한 그대로 쥬스로 만들던가, 반동결상태에서 먹는다.
　㉯ 완전해동을 하면 조직이 부서져서 나쁘다.

◆ 튀김의 적온과 시간

조리종류	온도(℃)	시간(분)
어패류	180~190	1~2
감자(두께 0.7cm)	160~180	3
크로켓	180	3~4
도너츠	180	3

◆ 튀김옷의 배합

종류	밀가루	달걀	물
어패류	20%	밀가루의 50%	밀가루의 120%
채소류 및 굴	30~40%		

◆ 각 식품의 맛있는 성분표

재료	주요맛의 성분재료
쇠고기의 살	이노신산
화학 조미료	글루타민산
말린 멸치	이노신산 유도체
패 류	호박산
수 육 류	아미노산과 유기염기
채 소 류	아미노산류
생 선 류	베타인, 호박산
오 징 어	베타인
다 시 마	호박산, 글루타민산
말린느타리버섯	구아닌산, 아미노산류

제3장 식단작성

❶ 개요

인체에 필요한 영양을 균형적으로 공급하고 영양지식을 기초로 합리적인 식습관을 형성

1. 목적
① 시간과 노력의 절약
② 영양과 기호의 충족
③ 식품비의 조절 또는 절약
④ 합리적 식습관의 형성

2. 식단작성시 고려할 점
- 영양성
- 기호성
- 경제성
- 능률성
- 위생성
- 지역성
- 식품의 배합성
- 조리기술

3. 식단작성의 요소
① 영양이 풍부한 식단
② 변화가 풍부한 식단
③ 균형잡힌 식단

4. 단일식단과 복수식단
① 단일식단
  ㉮ 선택의 여지가 없이 고정시켜 놓은 식단
  ㉯ 학교급식, 대학기숙사급식, 양로원에서 사용

② 복수식단
  ㉮ 몇 가지의 식단 중 선택할 수 있는 식단
  ㉯ 음식점에서 주로 사용

5. 검식과 보존식

① 검식 : 안전하고 신선한 식단을 만들기 위해 조리 를 검식한 후 배식
② 보존식 : 급식으로 제공된 요리 1인분을 식중독 발생에 대비하여 냉동고에 144시간 이상 보존 (=냉동고에 6일간)

❷ 식단작성의 기초지식

1. 다섯가지 기초식품군

① 구성식품
   근육, 혈액, 뼈, 모발, 피부, 장기 등과 같은 몸의 조직을 만든다.

   ㉮ 제1군
      ㉠ 단백질식품 : 고기, 생선, 알 및 콩류
      ㉡ 쇠고기, 돼지고기, 굴, 두부, 땅콩, 된장, 달걀, 베이컨, 소시지, 치즈, 생선묵 등

   ㉯ 제2군
      ㉠ 칼슘식품 : 우유 및 유제품, 뼈째 먹는 생선
      ㉡ 멸치, 뱅어포, 잔새우, 잔생선, 사골, 우유, 분유, 아이스크림, 요구르트 등

② 조절식품
   몸의 생리기능을 조절하고, 질병을 예방한다.

   ㉰ 제3군
      ㉠ 무기질 및 비타민 : 채소 및 과일류
      ㉡ 시금치, 당근, 쑥갓, 풋고추, 콩나물, 미역, 파래, 김 등

③ 열량식품
   힘과 체온을 낸다.

   ㉱ 제4군
      ㉠ 당질(탄수화물)식품 : 곡류 및 감자류
      ㉡ 쌀, 보리, 콩, 팥, 옥수수, 밤, 국수류, 떡, 과자, 캔디, 꿀 등

   ㉲ 제5군
      ㉠ 지방식품 : 유지류
      ㉡ 참기름, 콩기름, 쇠기름, 쇼트닝, 버터, 마가린, 깨, 실백, 호두 등이 있다.

2. 기초대사

① 생체가 생명을 유지하는 데 필요한 최소한의 에너지 대사.
② 절대안정한 상태에서 실온을 약 20℃로 유지하고, 식후 12~18시간이 경과한 상태에서 일정시간 방출하는 열량(熱量)을 측정하여 산출한다.
③ 단위체표면적당 기초대사량은 연령·성별·체질·영양상태와 측정한 계절·시각에 따라 다르다.
④ 태어난 직후가 최소이고 급격히 증가하다가 5세 정도에 최대가 되며(52~53 kcal/m^2/h), 그 후 점차 감소하여 20~40세까지는 일정한 값을 유지하고, 연령이 증가함에 따라 서서히 감소한다.
⑤ 일반적으로 성인 남자는 여자에 비해 5~10%가 높다. 이러한 현상은 여자가 남자보다도 체내 지방조직이 발달해 있기 때문이다.
⑥ 기초대사는 각종 호르몬과 약제의 투여에 의해서도 크게 변한다.

3. 한국인 표준식의 식품구성량

① 식단작성에 필요한 섭취식품량은 한국인 영양권장량 중 성인남자 20~49세의 체중 67kg인 1일분에 따른 식품구성량을 기준으로 한다.
② 영양권장량은 생리적 필요량에 안전율(10%)이 가산되어 있으므로 권장량보다 식품섭취가 미달인 경우에도 쉽게 결핍증에 걸리지 않는다. 그러나 조리할 대의 손실을 별도로 고려하여야 한다.

◆ 한국인 영양권장량에 다른 성인환산치(섭취비율)
(중등노동을 하는 20~49세, 체중 67kg인 성인남자를 1.0으로 한 표)

구분	연령	섭취비율	구분	연령	섭취비율
어린이	1~3	0.48	여자	10~12	0.80
	4~6	0.60		13~15	0.92
	7~9	0.72		16~19	0.92
남자	10~12	0.92		20~49	0.80
	13~15	1.04		50~64	0.72
	16~19	1.04		65 이상	0.64
	20~49	1.00	임신후반기와 수유기	임신후반기	0.85
	50~64	0.92		수유기	0.93
	65 이상	0.80			

4. 급식구성원의 섭취식품량 계산법

① 가족이나 많은 사람들의 섭취식품 산출량계산에는 연령별, 성별에 따라 영양권장량의 성인환산치를 활용하고, 이것에다 일수를 곱하여 산출한다.
② 산출표의 산출량에 의해 식품분배계획을 세워 식단을 작성한다.

③ 표에 의해서 4인가족에 필요한 1주일분의 섭취식품량을 산출했을 때 환산치의 합계는 3.00이 나왔다면 이 계수를 가족이 섭취하여야 할 식품량을 계산하는데 활용한다.

◈ 4인 가족의 섭취식품량

구분	연령	섭취비율	구분	연령	섭취비율
아버지	35(63kg)	1.00	딸	4	0.60
어머니	32(52kg)	0.80			
아들	6	0.60	합계		3.00

◈ 가족섭취량 계산의 예

군별	식품	권장량(g)×섭취비율×일수=가족의 섭취량
1 ⋮ 5	곡류, 감자류 육류, 된장 ⋮	80×3.00×7 = 1,680 30×3.00×7 = 630

◈ 대치식품
- 조리에 필요한 어떤 식품 대신, 영양가가 같으면서 값도 싼 다른 식품을 선택한 경우 그 값싼 식품
- 예를 들어 단백질식품인 고기를 사용해야 할 경우에, 쇠고기 대신 같은 영양가를 가졌으면서도 값이 싼 돼지고기나 닭고기를 선택했을때 그 돼지고기나 닭고기가 쇠고기에 대한 대치식품이라고 할 수 있다.
- 5가지 기초식품군에서 함유하고 있는 주요영양소가 같아야만 대치식품이 될 수 있다.

❸ 식단표 작성

1. 식단작성을 위한 영양량

① 음식물에 있는 영양소는 체내에서 일상생활에 필요한 여러 가지 작용을 한다.
② 조리를 하는 사람은 5대 영양소가 균형있게 유지되도록 하여야 한다.

2. 식단작성의 순서

① 영양기준량의 산출(영양필요량 산출)
   한국인 영양권장량을 적용하여 성별, 연령별, 노동강도를 고려하여 산출한다.

② 식품섭취량의 산출 (식품량 산출)
　㉮ 한국인 영양권장량을 기준으로 식품군별로 식품을 선택하고, 섭취량을 산출한다.
　㉯ 열량영양소 중 탄수화물 65%, 단백질 15%, 지방 20%를 취하도록 권장한다.
　㉰ 표준성인 1인 1일 권장열량 : 2,500kcal

③ 3식의 배분결정(3식 영양 배분)
　3식의 단위 중 주식은 1 : 1 : 1, 부식은 1 : 1 : 2 또는 3 : 4 : 5 정도로 수급계획을 수립

④ 음식수 및 요리명 결정
　식단에 사용할 음식수를 정하고, 식품 섭취량이 모두 들어갈 수 있도록 고려하여 요리명을 결정한다.

⑤ 식단작성 주기결정
　10일, 1주일, 5일(학교급식)로 식단작성주기를 결정하고, 그 주기 내의 식사횟수를 결정한다.

⑥ 식량배분계획
　성인남자 1일분의 식량구성량에 평균성인환산치와 날짜를 곱해 계산한다.

⑦ 식단표작성
　식단표에 요리명, 식품명, 중량, 작성자명, 1인당 사용량, 영양가, 대치식품, 가격 등을 기입하는 것이 좋다.

3. 식이요법(제한식)

① 당뇨병
　인슐린 작용부족으로 인한 탄수화물 대사장애이므로 당질·열량을 제한하며, 고기·생선·달걀·우유·콩류 등의 단백질식품과 비타민·무기질 등을 공급해 줄 수 있는 채소를 섭취하고 당분이 적은 과일 등은 섭취해도 된다. 당뇨라고 해서 무조건 당질의 섭취를 하지 않는 것이 아니라 적당하게 유지하도록 하여야 한다.

② 신장병
　단백질, 염분, 수분을 제한하고, 자극성이 있는 향신료나 술, 커피, 홍차 등의 섭취를 금지한다.

③ 고혈압
　동물성 지방, 열량, 염분의 제한이 필요

④ 심장병
　지방, 염분, 알코올 등을 제한하고 충분한 영양을 공급한다.

⑤ 간질환
　담즙분비에 이상이 생겨 담즙이 혈액속에 퍼지게 되어 피부와 소변색깔이 황색이 되는

질병으로 지방·알코올·향신료의 섭취를 제한하고, 단백질(두류, 곡류, 야채, 레몬 등)을 섭취하도록 한다.

⑥ 폐결핵

소모성질환으로 미열이 나고 신진대사가 높으며 몸이 나른해지는 질병으로 단백질, 지방, 칼슘과 철분, 비타민, 나이아신 등을 섭취하도록 하며, 특히 비타민 B_6를 충분히 섭취하도록 하여야 소화액의 분비, 중형 및 항독작용이 생긴다.

⑦ 비만증

탄수화물, 지방의 섭취를 제한하고, 저열량식품으로서 우유대신 탈지유나 설탕없는 음료, 빵식에서도 버터를 금하고 주식을 감소시킨다.

⑧ 위궤양

단백질, 비타민 C, 철분을 섭취하도록 하고, 소화가 잘되고 자극이 적은 식품으로 소량씩 자주 섭취한다.

❹ 전통식 상차림

1. 상차림의 준비

① 반상, 교자상에 사용되는 그릇에는 은기, 유기, 목기, 사기 등이 있다.
② 한식에는 숟가락, 젓가락의 위치와 밥그릇, 국그릇의 위치를 바로 잡고, 김치류를 놓는다.
③ 한식에서 냅킨을 사용할 때 숟가락이나 젓가락 밑에 놓기도 하고, 개인접시 밑에 놓기도 한다.

2. 반상

밥을 주식으로 준비한 식탁으로 반찬의 수를 첩수라 하며 첩수에 따라 반상의 종류가 결정된다

① 전통식의 첩수
㉮ **3첩반상** : 밥, 탕, 김치, 종지 1개, 반찬 3가지(생채 조림 또는 구이, 장아찌)
㉯ **5첩반상** : 밥, 탕, 김치, 종지 2개, 조치(찌개), 반찬 5가지(생채, 조림, 마른찬, 숙채, 전유어)
㉰ **7첩반상** : 밥, 탕, 김치, 종지3개, 조치2(찌개, 찜), 반찬 7가지(생채, 조림, 마른찬, 숙채, 전유어, 구이, 회)
㉱ **9첩반상** : 밥, 탕, 김치, 종지3개, 조치2(찌개, 찜), 반찬 9가지(생채2, 조림, 마른찬, 숙채, 전유어, 구이2, 회)

㉤ **12첩 반상** : 밥, 탕, 김치, 종지3개, 조치2(찌개, 찜), 반찬 12가지(생채2, 조림, 마른찬, 숙채2, 전유어2, 구이2, 회2)
㉥ **숙채** : 나물을 말하며, 기름에 볶거나 또는 데쳐서 양념에 무친 것을 말한다.

② 전통기본식
밥, 국, 김치, 종지(간장, 초장, 초고추장)는 첩수에서 제외한다.

③ 전통상차림
㉮ 밥은 왼쪽, 국은 오른쪽, 종지는 가운데, 김치는 맨 뒷줄 가운데 에 놓는다.
㉯ 주식—국—구이·조림·튀김류—나물—김치류—후식·음료의 순으로 나열

④ 요리를 내는 순서
㉮ 입맛 돋움요리로서 잣죽을 냄
㉯ 전유어, 구이, 찜, 튀김, 회(술이 따름)
㉰ 신선로(또는 찌개나 전골), 초요리, 나물이나 생채
㉱ 밥, 국과 그에 따른 찬류
㉲ 후식류(차, 과일, 다과)

3. 면상

① 면류인 국수를 주식으로 준비한 상으로 점심에 주로 사용
② 온면, 냉면, 칼국수, 떡국, 수제비, 만두국 등을 주식으로 하고, 냉채, 전류, 잡채, 과일 등과 각종 떡류와 식혜, 수정과, 화채 등을 놓는다.
③ 면상에는 깍두기, 장아찌, 밑반찬, 젓갈 등을 사용하지 않는다.
④ 우리나라에서는 생일, 결혼, 회갑, 정초 등 축하하는 날에 면상으로 대접한다.

4. 교자상

① 많은 사람들이 회식할 때 차리는 상을 말한다.
② 신선로, 찜, 회, 숙채, 냉채, 생과 등의 요리 중 계절에 알맞고 축하연의 성격과도 맞도록 하되, 손님들의 식성과 기호를 고려하여 식단을 작성한다.

5. 주연상(주안상)

술을 대접할 때 차리는 상으로, 술안주를 중심으로 차린다. 술안주에 적당한 요리는 다음과 같다.
① 여러 가지 육포, 어포, 건어 등   ② 전류와 편육류
③ 찜류나 신선로, 전골, 얼큰한 찌개류   ④ 겨자채 같은 생채요리
⑤ 김치 등

❖ 식품군별 대표식품과 1인 1회 분량

식품군	1인 1회 분량				
곡류 및 전분류 (300kcal)	밥 1공기 (210g)	국수 1대접 (건면 90g)	식빵 3쪽 (100g)	떡 2~3편 (100g)	① 씨리얼 (90g)
고기, 생선, 계란, 콩류 (80kcal)	육류 1접시 (생 60g)	닭 (생 60g)	생선 3토막 (생 70g)	달걀 1개 (50g)	두부 (80g)
	② 잔멸치·어채류 (30g)	패류 (80g)	콩 (20g)	견과류 (13g)	
채소 및 과일류 (소분류에 따라 열량이 다양함)	시금치나물 1접시 (생 70g)	콩나물 1접시 (생 70g)	배추김치 1접시(60g)	느타리버섯 1접시 (생 70g)	물미역 1접시 (70g)
	감자 소 1개 (100g)	귤 中 1개 (100g)	토마토 中 1개 (200g)	사과 中 1/2개 (100g)	오렌지쥬스 1/2컵 (100g)
우유 및 유제품 (135kcal)	우유 1컵 (200g)	치즈 1.5~2장 (30g)	호상요구르트 1컵 (180g)	액상요구르트 1컵 (180g)	아이스크림 1컵 (100g)
유지 및 당류 (45kcal)	식용유 1작은술 (5g)	버터 1작은술 (6g)	마요네즈 1작은술 (6g)	탄산음료 1/2컵 (100g)	설탕 1큰술 (12g)

① 씨리얼의 일상 1회 섭취량은 30g(115kcal) ② 잔멸치, 어채류의 일상 1회 섭취량은 15g(40kcal)

❖ 첩수에 따른 반찬의 종류

음식종류 첩수	기본음식					반찬의 종류					
	밥	국(탕)	김치	장류	조치류	숙채	생채	구이·조림	전	마른찬 또는 젓갈	회
3첩	○	○	1	1 간장		1	1	택 1	·	·	·
5첩	○	○	1	2 간장 초간장	1 찌개	1	1	택 1	1	1	·
7첩	○	○	1	3 간장 초간장 초고추장	2 찌개 찜	1	1	1	1	1	1
9첩	○	○	1	3 간장 초간장 초고추장	2 찌개 찜	1	2	2	1	1	1
12첩	○	○	1	3 간장 초간장 초고추장	2 찌개 찜	2	2	2	1	2 전 편육	1	2

제4장 조리설비

❶ 조리장의 기본조건

1. 조리장설비의 3원칙의 고려순서
① 위생성 → ② 능률성 → ③ 경제성 (위생적인 면을 제일 먼저 고려해야 한다.)

2. 조리장의 면적 및 형태
① 조리장의 면적은 식당넓이의 1/3이 기준이고, 직사각형 형태의 구조가 효율적이다.
② 일반급식소에서의 급식수 1식당 주방면적은 0.1㎡ 정도를 사용한다.

3. 조리장의 구조
① 충분한 내구력이 있는 구조일 것
② 객실 및 객석과는 구획의 구분이 분명할 것
③ 통풍, 채광, 배수 및 청소가 쉬운 구조일 것
④ 바닥과 바닥으로부터 1m 까지의 내벽은 타일 등 내수성자재를 사용할 것
⑤ 지하층은 환기와 채광이 나쁘므로 지하에 조리장을 설치하지 않는다.
⑥ 싱크대와 뒷선반과의 간격은 최소 1.5m 이상이어야 한다.
⑦ 통로는 1.0~1.5m가 적당하다.
⑧ 그리스트랩을 만들어 지방이 하수구로 직접 흘러내려 가는 것을 방지한다.
⑨ 조리장은 동선을 최소화할 수 있는 ㄷ자형이 좋다.

4. 조리장의 관리
① 매일 1회 이상 청소를 실시하고, 매주 1회 이상 대청소를 실시하여 청결한 환경을 유지할 것
② 환기를 자주 실시하여 조리장 내의 공기를 자주 순환시킬 것
③ 조리장 내의 조명을 기준조도(50Lux) 이상으로 항상 유지할 것

④ 조리기구와 식기류, 수저 등은 사용할 때마다 깨끗이 씻어 잘 건조시키고, 매일 1회 이상 멸균처리에 의한 소독을 실시할 것
⑤ 조리전의 원재료와 음식물은 항상 보관시설 또는 냉장시설에 위생적으로 보관할 것
⑥ 손님에게 제공되었다가 회수된 잔여음식물은 반드시 폐기하고, 조리장에서 나오는 폐기물 기타 쓰레기는 나올 때마다 폐기물 용기에 넣어 덮개를 잘 닫아 위생적으로 보관하거나 처리할 것
⑦ 급수는 수돗물 또는 공공시험기관에서 음용에 적합하다고 인정하는 것만을 사용할 것

❷ 조리장의 설비

1. 창과 출입구 설비
① 창틀은 철샷시나 알루미늄샷시가 좋고, 밖으로 내열기식이나 위아래열기식이 채광이나 환기에 좋다.
② 창에 방충망을 설치한다.
③ 출입문은 자유개폐문 또는 자동문이 좋다.

2. 환기시설
① 자연환기법
② 송풍기(Fan)
③ 후드(Hood : 사방개방형이 효율적이다)

3. 조명
① 조명은 50Lux 이상으로 한다.
② 전등의 위치는 그림자가 생기지 않도록 정한다.
③ 형광등 보다는 백열전구가 좋다.

4. 조리장의 작업대배치순서
준비대 → 개수대 → 조리대 → 가열대 → 배선대

5. 급수설비
① 주방에서 사용하는 급수량은 조리의 종류, 양, 조리방법에 따라 달라진다.
② 일반급식소에서의 1인 1식 기준의 사용수량은 6~10ℓ 정도이다.

6. 배수설비

싱크, 배수관(트랩설치 : 악취방지) 등이 있다.

7. 작업대

① 작업대는 일반적으로 평편한 것이 많으나 물이 흐르지 않게 하기 위해서 가장자리가 약간 올라간 것을 사용한다.
② 작업대의 길이, 폭, 높이의 표준은 싱크대와 같다.
③ 작업대는 사용목적에 의해서 고정된 것과 이동식인 것이 있다.

8. 냉장고, 냉동고, 창고

① 냉장고는 5℃ 내외의 내부온도를 유지하는 것이 표준이며, -50~-30℃의 온도가 필요할 경우도 있다.
② 냉동식품을 오랫동안 보존하려면 -30℃로 한다.
③ 냉장고나 냉동고 등은 각 메이커의 표준품을 사용하도록 한다.

9. 조리용구

① 필러(Peeler, 박피기) : 감자, 당근, 무 등의 껍질을 벗기는 기계
② 식품 절단기(Food cutter)
   ㉮ 베지터블 커터(Vegetable cutter) : 채소를 여러 가지 형태로 자르는 기기
   ㉯ 푸드 초퍼(Food chopper) : 식품을 다지는 기기
   ㉰ 슬라이서(Slicer) : 육류를 저며내는 기기
③ 야채절재기 : 주사위모양으로 써는 것, 동그랗게 써는 것, 가늘게 써는 것 기타 여러 가지 모양을 내서 써는 조리기와 잘게 써는 것 등이 있다.
④ 고기써는 기계 : 작은 것은 수동형도 있으나 대형을 동력식이며, 칼날이 작업에 중요한 역할을 한다. 잘 썰리지 않으면 고기가 변질하는 경우도 있다.
⑤ 혼합기(Mixer) : 빵, 케이크 등을 만들 때 원료의 혼합, 교반 등에 쓰이는 기기(브랜더, 믹서)
⑥ 끓이는 솥 : 조리기기 중 재래식에 속하며, 평편한 평솥, 증기솥 등이 있고, 조리에 편리한 회전솥도 있다.
⑦ 가열조리기기 : 국솥, 튀김기, 번철, 오픈, 가스레인지, 브로일러(복사열을 이용한 구이용기기) 등
⑧ 온장고 : 음식이 식지 않도록 보관하는 것으로 내부 온도는 65℃가 적당하며, 열전도가 잘되는 스테인레스나 알루미늄 용기를 사용한다.
⑨ 그리들(Griddle)은 전이나 햄버거 등의 부침요리에 적합한 기기이며, 휘퍼(Whipper)는 거품을 낼 때 사용하는 기기이다.
⑩ 살라만더(Salamander) : 생선구이나 스테이크 구이용으로 쓰인다.
⑪ 스쿠퍼(Scooper) : 아이스크림이나 야채의 모양을 뜰 때 사용하는 기기이다.

◆ 인덕션조리기
- 유도코일에 의한 자기작용을 이용한 기기
- 조리기구와 자기마찰에 의해 가열
- 조리기 상부는 세라믹물질로 덮여 있고, 조리기구는 금속제품이어야 한다.
- 가열속도가 빠르며, 자기전류의 제어로 열의 세기를 조절할 수 있다.

③ 집단급식

1. 집단급식의 정의

기숙사, 학교, 병원, 공장, 사업장, 등에서 특정한 사람들을 대상으로 비영리로 음식을 계속적으로 공급하는 것

2. 집단급식의 목적

① 급식대상자의 영양개선을 함으로써 영양을 확보
② 올바른 식생활 개선도모

3. 학교급식의 목적

① 식사에 대한 올바른 이해와 바람직한 식습관형성
② 학교생활을 풍부하게 하고, 밝은 사회성함양
③ 합리적인 식생활과 영양개선 및 건강증진
④ 식량의 증산, 배분, 소비에 대한 이해증진

4. 산업체급식의 목적

① 연령, 성별, 노동강도에 따라 영양소의 필요량을 충족
② 영양개선의 효과
③ 원만한 인간형성

5. 집단급식시 고려사항

① 급식대상자에 따른 영양기준량을 산출
② 지역적인 식습관을 고려하여, 새로운 식습관 형성
③ 피급식자의 생활시간 조사에 다른 3식의 영양량 적정배분

6. 집단급식의 조리기술

① 국
- ㉮ 집단급식에서는 맑은 국보다 토장국이 좋다.
- ㉯ 적절한 재료를 사용하여 1인당 건더기의 분량을 60~100g, 국물과 건더기의 비율을 $\frac{2}{3} : \frac{1}{3}$이 되도록 한다.

② 찌개
- ㉮ 적절한 재료와 재료에 따른 조미료를 선택하여 건더기와 국물의 비율이 $\frac{2}{3} : \frac{1}{3}$이 되도록 한다.
- ㉯ 불의 조절은 센불에서 끓이기 시작하여 한번 끓인 후에 불을 약간 약하게 하여 20분 정도 푹 끓이도록 한다.

③ 조림
- ㉮ 조림은 찌개와 달리 국물의 맛을 내는 것은 중요하지 않으므로 식품 자체에 맛이 잘 들도록 하는 것이 중요하다.
- ㉯ 재료를 썰 때는 너무 부서지지 않게 하고, 재료와 재료사이에 조미료를 가하여 어느 부분이나 같은 맛이 나도록 한다.
- ㉰ 불의 조절은 센불에서 시작하여 끓기 시작할 때 불을 약간 약하게 뜸들이는 정도로 한다.
- ㉱ 재료의 색을 유지하고 싶거나 냄새를 빼고 싶을 때는 뚜껑을 덮지 않고 조리한다.
- ㉲ 2가지 재료를 같이 조릴 때는 시간이 오래걸리는 재료부터 조리다가 다른 재료를 넣는다.
- ㉳ 타기 쉬운 재료는 처음부터 약한 불에서 조리한다.
- ㉴ 생선은 조미료를 넣고 끓이다가 조리는 것이 영양손실도 적고, 생선살이 부서지지 않는다.

④ 구이
- ㉮ 불이 너무 세면 거죽은 타고 속은 익지 않는 경우가 발생한다.
- ㉯ 굽는 재료가 너무 두꺼우면 조미료가 식품내부에까지 침투하지 못하여 맛이 나빠진다.
- ㉰ 석쇠나 오븐은 미리 뜨겁게 달군 후에 굽는 것이 좋다.
- ㉱ 소금을 뿌릴 때는 굽기 전에 미리 소금을 뿌린 후 20~30분 정도 놓아 두어 소금이 생선표면에서 없어진 후에 굽도록 한다.

⑤ 튀김
튀김에 소요되는 시간이 국에 비해 3배정도 더 필요하므로 급식사정에 고려하여 행한다.

⑥ 나물
- ㉮ 채소를 날로 사용할 때는 신선한 것을 사용하여, 깨끗이 세척하도록 한다.
- ㉯ 채소를 데쳐서 사용할 때는 데친 후 완전히 식혀서 무치도록 한다.

㉰ 나물은 먹기 직전에 무쳐야 향기와 특유의 맛을 유지한다.

7. 셀프서비스 배식방법
① 카페테리아 : 자신이 직접 음식을 선택하는 형식
② 스모가스보드서비스 : 훈제육(통구이)을 자신이 직접 잘라가는 방식
③ 자동판매기 : 커피, 음료 등

8. 카운터서비스(Counter Service)
이용고객이 카운터 테이블에 앉아 조리하는 모습을 지켜보며 식사할 수 있도록 하는 형식

❹ 식품구입

1. 식품의 구입계획을 위한 기초지식
① 물가파악을 위한 자료정비
   ㉮ 전년도 사용식품의 단가일람표   ㉯ 소비자 물가지수
   ㉰ 도매 물가지수   ㉱ 식품의 도소매가격
   ㉲ 신문의 물가란, 인근시설의 구입가격의 경향
② 식품의 출회표와 가격상황
③ 식품의 유통기구와 가격
④ 폐기율 및 가식부율
⑤ 사용계획 및 업자선정

2. 식품구입시 고려사항
① 식품구입 계획시 특히 고려할 점 : 식품의 가격과 출회표
② 쇠고기 구입시 유의사항 : 중량, 부위
③ 과일구입시 유의사항 : 산지, 상자당 갯수, 품종
④ 곡류 및 건어물 등 부패성이 적은 식품 : 1개월분을 한꺼번에 구입하거나 가격이 저렴한 시기에 대량구입
⑤ 채소, 어패류는 필요에 따라 수시 구입
⑥ 특히 생선류는 신선도가 중요하므로 사용직전에 구입하는 것이 바람직하다.

3. 식품의 발주
① 식품의 총발주량은 다음과 같이 구할 수 있다.

- 총발주량 = $\dfrac{\text{정미중량}}{100-\text{폐기율}} \times 100 \times \text{인원수}$ • 필요비용 = 필요량 $\times \dfrac{100}{\text{가식부율}} \times$ 1kg당의 단가

② 식품의 검수는 철저히 한다.
③ 재료의 발주는 식단표에 의해 1주~10일 단위로 물건구입신청을 한다.

4. 식품의 가식부율과 폐기율

① 가식부율은 가식부(먹을 수 있는 부위)의 중량을 전체중량으로 나누어서 100을 곱한 것으로 100에서 폐기율을 뺀 나머지와 같은 것이다(가식부율=100-폐기율).
② 폐기율은 우리의 보통 식습관 중에서 버리는 부분의 중량을 전체 식품량으로 나누어 100을 곱한 것으로 대체로 어류는 높고 채소류는 낮다.

◆ 식품에 따른 가식부율과 폐기율

식품명	폐기율	가식부율(%)	식품명	폐기율	가식부율(%)
고구마	10	90	미나리	26	74
감자	6	94	파	14	86
토란	7	93	양파	15	85
풋고추	6	94	살구	5	95
무	5	95	사과	10	90
무청	8	92	참외	25	75
배추	8	92	양배추	12	88
상추	5	95	귤	25	75
아욱	10	90	수박	42	58
호박	8	92	포도	29	71
가지	10	90	복숭아	17	83
마늘	10	90	배	24	76
연근	11	89	굴(석굴)	75	25
오이	8	92	굴(깐 것)	0	100
콩나물	10	90	파인애플	51	50
숙주나물	10	90	닭고기	39	61
단감	10	90	돼지고기	0	100
쇠고기	0	100	쇠꼬리	50	50
잣(껍질있는 것)	28	72	동태	20	80
은행	35	65	대구	34	66
호두(껍질있는 것)	57	43	도미	51	49
가자미	49	51	낙지	15	85
고등어	31	69	달걀	14	86
꽁치	24	76	바지락	82	18
연어	28	72	우유	0	100
게(큰 것)	68	32	흰콩	0	100
조기	34	66	된장	0	100

제5장 원가계산

❶ 원가의 의의

1. 원가의 개념
① 특정제품의 제조, 판매, 서비스의 제공을 위하여 소비된 경제가치
② 일정한 급부를 생산하는 데 필요한 경제가치의 소비액을 화폐가치로 표시한 것
③ 기초원가 : 원가인 동시에 비용이 되는 원가
④ 부가원가 : 원가이기는 하나 비용이 아닌 원가
⑤ 계산경제성의 원칙은 중요성의 원칙이라고도 하며, 원가계산시에 경제성을 고려해야 한다는 것을 의미한다.

2. 원가계산의 목적
기업의 경제실제를 계수적으로 파악하여 적정한 판매가격을 결정하고 동시에 경영능률을 증진시키는데 다음의 목적을 갖는다.
① 가격결정의 목적
② 원가관리의 목적
③ 예산편성의 목적
④ 재무제표작성의 목적
⑤ 원가계산은 보통 1개월(경우에 따라 3개월 또는 1년)에 한 번 실시
⑥ 원가계산의 실시기간을 원가계산기간이라고 한다.

3. 원가의 종류
① 재료비, 노무비, 경비
원가를 발생하는 형태에 따라 분류한 것으로 '원가의 3요소' 라 한다.

㉮ **재료비**
㉠ 제품의 제조를 위하여 소비되는 물품의 원가
㉡ 단체급식시설에서의 재료비는 급식재료비를 의미

ⓒ 일정기간에 소비한 재료의 수량에 단가를 곱하여 소비된 재료의 금액을 계산
㉯ **노무비**
ⓐ 제품의 제조를 위하여 소비되는 노동의 가치
ⓑ 임금, 급료, 잡급, 상여금 등
㉰ **경비**
ⓐ 제품의 제조를 위하여 소비되는 재료비, 노무비 이외의 가치
ⓑ 수도광열비, 전력비, 보험료, 감가상각비 등의 비용
② 직접원가, 제조원가, 총원가

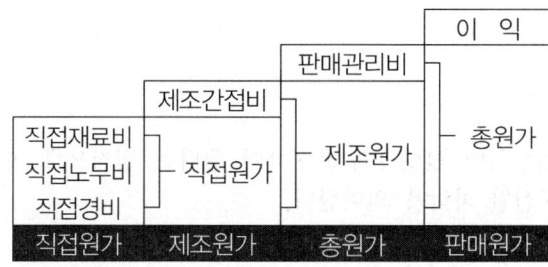

원가의 종류
- 직접원가 = 직접재료비+직접노무비+직접경비
- 간접원가 = 간접재료비+간접노무비+간접경비
- 제조원가 = 직접원가+제조간접비
- 총 원 가 = 제조원가+판매관리비
- 판매원가 = 총원가+이익

③ 직접비, 간접비
㉮ **직접비** : 여러가지 제품이 생산되는 경우에 한 제품의 제조에 직접적으로 발생하는 원가
㉯ **간접비** : 여러가지의 제품에 공동적으로 발생하는 원가
④ 실제원가, 예정원가, 표준원가
㉮ **실제원가(확정원가, 현실원가, 보통원가)** : 제품이 제조된 후에 실제로 소비된 원가를 산출한 것
㉯ **예정원가(예상원가, 추정원가, 견적원가, 사전원가)** : 제품의 제조이전에 제품제조에 소비될 것으로 예상되는 원가를 예상하여 산출한 원가
㉰ **표준원가** : 기업이 이상적으로 제조활동을 할 경우에 소비될 원가로 실제원가를 통제한다.

◆ 판매원가(판매가격)
각 원가요소가 어떠한 범위까지 원가계산에 집계되는가의 관점에서 분류한 것

4. 단체급식시설의 원가요소

① 급식재료비 : 조리제식품·반제품, 급식원재료 또는 조미료 등의 급식에 소요된 모든 재료에 대한 비용
② 노무비 : 급식업무에 종사하는 모든 사람들의 노동력의 대가로 지불되는 비용

③ 시설사용료 : 급식시설의 사용에 대해서 지불하는 비용
④ 수도·광열비 : 전기료, 수도료, 연료비
⑤ 전화사용료 : 업무수행상 사용한 전화료
⑥ 소모품비 : 급식업무에 소요되는 각종 소모품의 사용에 지불되는 비용
　㉮ **내구성소모품** : 식기, 집기 등
　㉯ **완전소모품** : 소독저, 세제 등
⑦ 기타 경비 : 위생비, 피복비, 세척비, 기타 잡비
⑧ 관리비 : 단체급식시설의 규모가 큰 경우 직접경비 이외에 소요되는 간접경비

❷ 원가계산의 원칙

1. 진실성의 원칙

제품의 제조에 소요된 원가를 정확하게 계산하여 진실하게 표현해야 된다는 원칙으로, 여기서의 진실성이란 실제로 발생한 원가의 진실한 파악을 의미한다.

2. 발생기준의 원칙

현금기준과 대립되는 것으로 모든 비용과 수익의 계산은 그 발생시점을 기준으로 하여야 한다는 원칙으로 현금의 수지에 관계없이 원가발생의 사실이 있으면 그것을 원가로 인정해야 한다는 것을 의미한다.

3. 계산경제성의 원칙 (중요성의 원칙)

중요성의 원칙이라고도 하며 원가계산을 할 때에는 경제성을 고려해야 한다는 원칙으로 금액과 소비량이 적은 직접비의 경우에는 간접비로 계산하는 경우를 의미한다.

4. 확실성의 원칙

실행가능한 여러 방법이 있을 경우 가장 확실성이 높은 방법을 선택한다는 원칙으로 이론적으로는 결함이 있으나 확실한 결과를 확보할 수 있는 방법을 선택해야 한다는 것을 의미한다.

5. 정상성의 원칙

정상적으로 발생한 원가만을 계산하고 비정상적으로 발생한 원가는 계산하지 않는 원칙을 말한다.

6. 비교성의 원칙

원가계산의 실행에서 다른 일정기간의 것이나 다른 부분의 것과 비교할 수 있도록 실행되어야 한다는 원칙으로 비교성이 없으면 유효한 경영관리의 수단이 되지 못함을 의미한다.

7. 상호관리의 원칙

원가계산과 일반회계간, 각요소별계산·부문별계산·제품별계산간에 서로 밀접하게 유기적관계를 구성하여 상호관리가 가능하도록 되어져야 한다는 원칙이다.

❸ 원가계산의 구조

1. 제1단계 : 요소별(비목별) 원가계산

제품의 원가를 재료비, 노무비, 경비의 3가지로 분류하여 계산하는 방식으로 비목별 원가계산이라 한다.

① 재료비
 ㉮ **직접재료비** : 쌀, 육류 등의 주요재료비
 ㉯ **간접재료비** : 조미료, 양념 등의 보조재료비

② 노무비
 ㉮ **직접노무비** : 임금 등
 ㉯ **간접노무비** : 수당, 잡급, 급료 등

③ 경비
 ㉮ **직접경비** : 외주가공비, 특허권사용료 등
 ㉯ **간접경비** : 수선비, 여비 전력비, 감가상각비, 보험료, 가스비, 수도·광열비 등

2. 제2단계 : 부문별 원가계산

전 단계에서 파악된 원가요소를 원가부문별로 분류 집계하여 계산하는 원가계산방식

3. 제3단계 : 제품별 원가계산

요소별 원가계산에서 파악된 직접비는 제품별로 집계하고, 부문별 원가계산에서 파악된 부문비는 일정한 기준에 따라 제품별로 배분하여 최종적으로 각 제품의 제조원가를 계산하는 절차

❹ 재료비 및 감가상각

1. 재료비의 개념
① 제품의 제조과정에서 실제로 소비되는 재료의 가치를 화폐액수로 표시한 금액
② 제품원가의 중요 요소   ③ 재료비 = 재료의 실제소비량 × 재료의 소비단가

2. 재료소비량의 계산
① 계속기록법 : 수입, 불출 및 재고량을 계속 기록함으로써 재료소비량을 파악하는 방법
② 재고조사법
  ㉮ 일정기간을 정하여 재고량을 조사함으로써 소비량을 파악하는 방법
  ㉯ (전기이월량 + 당기구입량) − 기말재고량 = 당기소비량
③ 역계산법
  ㉮ 일정단위 생산에 필요한 표준소비량을 정한 후 제품의 수량을 곱하여 전체 재료소비량을 산출하는 방법
  ㉯ 제품단위당 표준소비량 × 생산량 = 재료소비량

3. 재료소비가격의 계산
① 개별법 : 재료를 구입단가별로 가격표를 붙여서 보관하다가 출고할 때 그 가격표에 표시된 구입단가를 재료의 소비가격으로 하는 방법
② 선입선출법(매입순법) : 재료의 구입순서에 따라 먼저 구입한 재료를 먼저 소비한다는 가정 아래 재료의 소비가격을 계산하는 방법
③ 후입선출법(매입역법) : 선입선출법과는 반대로 최근에 구입한 재료부터 먼저 사용한다는 가정 아래 재료의 소비가격을 계산하는 방법
④ 이동평균법 : 구입단가가 다른 재료를 구입할 때마다 재고량의 가중평균단가를 산출하여 이를 소비재료의 가격으로 하는 방법
⑤ 단순평균법(총평균법) : 일정기간동안의 구입단가를 구입횟수로 나눈 구입단가의 평균을 재료소비단가로 하는 방법

4. 단체급식시설에서 적정식품재료비의 계산
① 실제 적정식비 계산법
  ㉮ **한국인 영양권장량을 기준으로 한 식량구성량에 의해 산출하는 방법**
    이 방법은 1인1일 식비를 산출하는 방법으로 각 식품당 단가를 계산하여 한국인 영양권장량에 따른 식품구성량의 식품량에 작용하여 계산하는 방법이다.

㈏ **식단표를 작성하여 산출하는 방법**
  이 방법은 한끼당 또는 하루당 식비를 산출하는 방법으로 식단표를 작성하여 표시된 식품량에 각 식품당 단가를 적용하는 방법이다. 대부분의 경우에 이 방법을 사용하고 있다.

② 재료비 계산시 고려사항
  ㈎ 피급식자의 성별, 연령별, 직종별에 적합한 급여영양의 기준과 식량구성
  ㈏ 식품의 폐기율
  ㈐ 전년도에 사용한 식품의 품목, 수량 및 사용빈도
  ㈑ 전년도에 사용한 각 식품별 평균구입단가와 가격의 상승률
  ㈒ 식사내용의 개선, 행사식 등
  ㈓ 식품재료의 구입방법

5. 재료비 기장법

① 선입선출법 : 재고품 중 제일 먼저 들어온 식품부터 불출한 것처럼 기록하는 방식으로, 기말재고액은 최근에 구입한 식품의 단가가 남게 된다.
② 후입선출법 : 최근에 구입한 식품부터 불출한 것처럼 기록하는 방식으로, 가장 오래 전에 구입한 식품의 단가가 남게 된다.
③ 이동평균법 : 식품을 구입할 때마다 재고량과 금액을 합하여 평균단가를 계산하고, 불출할 때는 이 평균단가로 기입하는 방식
④ 총평균법(단순평균법) : 일정기간 동안의 구입단가를 구입횟수로 나눈 평균단가를 계산하고, 불출시 이 단가로 구입하는 방식

6. 표준원가계산

① 원가관리의 개념
  원가관리란 원가의 통제를 통하여 원가를 합리적으로 절감하려는 경영기법이라고 할 수 있다. 이와 같은 원가관리에 공헌할 수 있는 원가계산방법으로는 표준원가계산방법이 이용되고 있다.

② 표준원가계산

  ㈎ **의의**
    표준원가계산이란 과학적·통계적 방법에 의하여 미리 표준이 되는 원가를 설정하고 이를 실제 원가와 비교·분석하기 위하여 실시하는 원가계산의 한 방법이다.

  ㈏ **표준원가의 설정**
    ㉠ 표준원가는 원가요소별로 직접재료비 표준, 직접노무비 표준, 제조간접비 표준으로 구분하여 설정하는 것이 통상적 방법이다.

ⓒ 제조간접비 표준의 설정은 변동비와 고정비가 있어서 매우 어렵다.
ⓒ 표준원가가 설정되면 실제원가와 비교하여 표준과 실제의 차이를 분석할 수 있게 된다.

(다) **표준원가의 차이분석**
㉠ 표준원가차이란 표준원가와 실제원가와의 차액을 말한다.
ⓒ 표준원가의 차이분석은 직접재료비 차이, 직접노무비 차이, 제조간접비 차이를 구분하여 실시한다.

7. 기업의 자산의 종류
① 고정자산 : 토지, 건물, 기계 등
② 유동자산 : 현금, 예금, 원재료 등
③ 기타 자산 : 지적재산권, 특허권, 광업권 등

8. 손익계산
① 의의
㉮ 손익상태를 분석하기 위한 작업
㉯ 원가, 조업도, 이익의 상호관계를 조사·분석하여 이론부터 경영계획을 수립하는데 유용한 정보를 얻기 위해 실시하는 하나의 기법
㉰ 손익분석은 손익분기점 분석의 기법을 통하여 이루어진다.

② 손익분기점
㉮ 수익과 총비용이 일치하는 지점으로 이익도 손실도 발생하지 않는다.
㉯ 손익분기점을 기준으로 수익(매상고)이 그 이상으로 증대되면 이익이 발생하고, 반대로 감소하면 손실이 발생한다.

9. 감가상각
① 감가상각의 개념
고정자산의 감가를 내용 연수에 일정비율로 할당하여 비용으로 계산하는 절차로 감가된 비율을 감가상각비라 한다.

② 감가상각의 계산요소
감가상각을 하는 데는 기초가격, 내용년수, 잔존가격의 3대요소를 결정해야 한다.
㉮ **기초가격** : 취득원가(구입가격)에 의한다.
㉯ **내용년수** : 취득한 고정자산이 유효하게 사용될 수 있는 추산기간
㉰ **잔존가격** : 고정자산이 내용년수에 도달했을 때 매각하여 얻을 수 있는 추정가격으로 통상 구입가격의 10%를 잔존가격으로 계산한다.

③ 감가상각의 계산방법
  ㉮ **정액법** : 고정자산의 감가총액을 내용 연수로 균등하게 할당하는 방법
  ㉯ **정률법** : 기초가격에서 감가상각비 누계를 차감한 미상각액에 대하여 매년 일정률을 곱하여 산출액 금액을 상각하는 방법

◈ 식품(음식)의 원가계산 방법

- 식품(음식)의 원가 : 재료비 + 노무비 + 경비
- 재료비 : 소요재료량 × 소요재료량의 단위당 재료비 = 소요재료량 × $\dfrac{구입재료값}{구입재료량}$
- 노무비 : 소요시간 × 1시간당임금 = 소요시간 × $\dfrac{1일임금}{8시간}$ = 소요시간 × $\dfrac{1개월임금}{240시간}$
- 경비
  - 수도료 = 소요물량 × 소요물량의 단위당 요금
  - 전기료 = 소요전기량 × 소요전기량의 단위당 요금
  - 가스료 = 소요가스량 × 소요가스량의 단위당 요금
  - 연탄값 = 소요연탄 개수 × 연탄1개의 값

◈ 식품(음식)의 영양가 계산방법

- 식품의 영양가 = $\dfrac{식품분석표상의\ 해당\ 성분수치}{100}$ × 식품의 양
- 대치식품량 = $\dfrac{원래식품의\ 식품분석표상의\ 해당성분수치}{대치하고자\ 하는\ 식품의\ 해당성분수치}$ × 원래식품의 양

◈ 절식, 풍속음식의 분류

- 설날의 세배상(음력 1월 1일) : 떡국, 만둣국, 전유어, 편육, 나박김치, 인절미, 약식, 강정류, 식혜, 수정과 등
- 정월대보름(음력 1월 15일) : 오곡밥, 각색나물, 약식, 산적, 식혜, 수정과, 복쌈, 부럼(밤, 땅콩, 호두) 등
- 추석상(한가위, 음력 8월 15일) : 햅쌀, 송편, 토란탕, 화양적, 누름적, 닭찜, 김치, 나물, 화채(진달래 화채) 등
- 한식(양력 4월 6, 7일) : 과일 포, 쑥절편, 쑥송편 등
- 단오날(음력 5월 5일) : 증편, 애호박, 준치국, 준치만두 등
- 삼복(음력 6월) : 개장국, 참외, 수박 등
- 칠석(음력 7월 7일) : 육개장 등
- 동지(양력 12월 22일) : 팥죽, 동치미 등
- 섣달 그믐날 : 골무병, 주악, 잡과, 떡국, 만두, 전과, 식혜, 보쌈김치, 비빔밥(골동반) 등

◈ 식품의 출고계수

- 식품의 출고계수 = $\dfrac{100}{100 - 폐기율}$

메 모

|| 조리기능사 국가자격시험을 대비한 최신 이론교재 ||

부 록
식품위생법·영·규칙

FOOD & COOKING

제1장 식품위생법

일부개정	2013. 7. 30	법률 제11986호
일부개정	2014. 1. 28	법률 제12390호
일부개정	2014. 3. 18	법률 제12496호
일부개정	2014. 5. 28	법률 제12719호
일부개정	2015. 3. 27	법률 제13277호
일부개정	2015. 5. 18	법률 제13332호
일부개정	2016. 2. 3	법률 제14022호
일부개정	2016. 5. 29	법률 제14262호
일부개정	2016. 12. 22	법률 제14355호
일부개정	2016. 12. 22	법률 제14355호
일부개정	2017. 4. 18	법률 제14835호
일부개정	2017. 12. 19	법률 제15277호
일부개정	2018. 3. 13	법률 제15484호

❶ 총칙

제1조 (목적)

이 법은 식품으로 인하여 생기는 위생상의 위해(危害)를 방지하고 식품영양의 질적 향상을 도모하며 식품에 관한 올바른 정보를 제공하여 국민보건의 증진에 이바지함을 목적으로 한다.

제2조 (정의)

이 법에서 사용하는 용어의 뜻은 다음과 같다.
 1. "식품"이란 모든 음식물(의약으로 섭취하는 것은 제외한다)을 말한다.
 2. "식품첨가물"이란 식품을 제조·가공·조리 또는 보존하는 과정에서 감미(甘味), 착색(着色), 표백(漂白) 또는 산화방지 등을 목적으로 식품에 사용되는 물질을 말한다. 이 경우 기구(器具)·용기·포장을 살균·소독하는 데에 사용되어 간접적으로 식품으로 옮아갈 수 있는 물질을 포함한다.
 3. "화학적 합성품"이란 화학적 수단으로 원소(원소) 또는 화합물에 분해 반응 외의 화학반응을 일으켜서 얻은 물질을 말한다.
 4. "기구"란 다음 각 목의 어느 하나에 해당하는 것으로서 식품 또는 식품첨가물에 직접 닿는 기계·기구나 그 밖의 물건(농업과 수산업에서 식품을 채취하는 데에 쓰는 기

계·기구나 그 밖의 물건 및 「위생용품 관리법」 제2조제1호에 따른 위생용품은 제외한다)을 말한다.
  가. 음식을 먹을 때 사용하거나 담는 것
  나. 식품 또는 식품첨가물을 채취·제조·가공·조리·저장·소분[(小分): 완제품을 나누어 유통을 목적으로 재포장하는 것을 말한다. 이하 같다]·운반·진열할 때 사용하는 것
5. "용기·포장"이란 식품 또는 식품첨가물을 넣거나 싸는 것으로서 식품 또는 식품첨가물을 주고받을 때 함께 건네는 물품을 말한다.
6. "위해"란 식품, 식품첨가물, 기구 또는 용기·포장에 존재하는 위험요소로서 인체의 건강을 해치거나 해칠 우려가 있는 것을 말한다.
7. 삭제
8. 삭제
9. "영업"이란 식품 또는 식품첨가물을 채취·제조·수입·가공·조리·저장·소분·운반 또는 판매하거나 기구 또는 용기·포장을 제조·수입·운반·판매하는 업(농업과 수산업에 속하는 식품 채취업은 제외한다)을 말한다.
10. "영업자"란 제37조제1항에 따라 영업허가를 받은 자나 같은 조 제4항에 따라 영업신고를 한 자 또는 같은 조 제5항에 따라 영업등록을 한 자를 말한다.
11. "식품위생"이란 식품, 식품첨가물, 기구 또는 용기·포장을 대상으로 하는 음식에 관한 위생을 말한다.
12. "집단급식소"란 영리를 목적으로 하지 아니하면서 특정 다수인에게 계속하여 음식물을 공급하는 다음 각 목의 어느 하나에 해당하는 곳의 급식시설로서 대통령령으로 정하는 시설을 말한다.
  가. 기숙사
  나. 학교
  다. 병원
  라. 「사회복지사업법」 제2조제4호의 사회복지시설
  마. 산업체
  바. 국가, 지방자치단체 및 「공공기관의 운영에 관한 법률」 제4조제1항에 따른 공공기관
  사. 그 밖의 후생기관 등
13. "식품이력추적관리"란 식품을 제조·수입·가공단계부터 판매단계까지 각 단계별로 정보를 기록·관리하여 그 식품의 안전성 등에 문제가 발생할 경우 그 식품을 추적하여 원인을 규명하고 필요한 조치를 할 수 있도록 관리하는 것을 말한다.
14. "식중독"이란 식품 섭취로 인하여 인체에 유해한 미생물 또는 유독물질에 의하여 발생하였거나 발생한 것으로 판단되는 감염성 질환 또는 독소형 질환을 말한다.
15. "집단급식소에서의 식단"이란 급식대상 집단의 영양섭취기준에 따라 음식명, 식재료,

영양성분, 조리방법, 조리인력 등을 고려하여 작성한 급식계획서를 말한다.

제3조 (식품 등의 취급)

① 누구든지 판매(판매 외의 불특정 다수인에 대한 제공을 포함한다. 이하 같다)를 목적으로 식품 또는 식품첨가물을 채취·제조·가공·사용·조리·저장·소분·운반 또는 진열을 할 때에는 깨끗하고 위생적으로 하여야 한다.
② 영업에 사용하는 기구 및 용기·포장은 깨끗하고 위생적으로 다루어야 한다.
③ 제1항 및 제2항에 따른 식품, 식품첨가물, 기구 또는 용기·포장(이하 "식품등"이라 한다)의 위생적인 취급에 관한 기준은 보건복지부령으로 정한다.

❷ 식품과 식품첨가물

제4조 (위해식품 등의 판매 등 금지)

누구든지 다음 각 호의 어느 하나에 해당하는 식품등을 판매하거나 판매할 목적으로 채취·제조·수입·가공·사용·조리·저장·소분·운반 또는 진열하여서는 아니 된다.
1. 썩거나 상하거나 설익어서 인체의 건강을 해칠 우려가 있는 것
2. 유독·유해물질이 들어 있거나 묻어 있는 것 또는 그러할 염려가 있는 것. 다만, 식품의약품안전청장이 인체의 건강을 해칠 우려가 없다고 인정하는 것은 제외한다.
3. 병(病)을 일으키는 미생물에 오염되었거나 그러할 염려가 있어 인체의 건강을 해칠 우려가 있는 것
4. 불결하거나 다른 물질이 섞이거나 첨가(添加)된 것 또는 그 밖의 사유로 인체의 건강을 해칠 우려가 있는 것
5. 제18조에 따른 안전성 심사 대상인 농·축·수산물 등 가운데 안전성 심사를 받지 아니하였거나 안전성 심사에서 식용(食用)으로 부적합하다고 인정된 것
6. 수입이 금지된 것 또는 제19조제1항에 따른 수입신고를 하지 아니하고 수입한 것
7. 영업자가 아닌 자가 제조·가공·소분한 것

제5조 (병든 동물 고기 등의 판매 등 금지)

누구든지 보건복지부령으로 정하는 질병에 걸렸거나 걸렸을 염려가 있는 동물이나 그 질병에 걸려 죽은 동물의 고기·뼈·젖·장기 또는 혈액을 식품으로 판매하거나 판매할 목적으로 채취·수입·가공·사용·조리·저장·소분 또는 운반하거나 진열하여서는 아니 된다.

제6조 (기준·규격이 정하여지지 아니한 화학적 합성품 등의 판매 등 금지)

누구든지 다음 각 호의 어느 하나에 해당하는 행위를 하여서는 아니 된다. 다만, 식품의약품안전청장이 제57조에 따른 식품위생심의위원회(이하 "심의위원회"라 한다)의 심의를 거쳐 인체의 건강을 해칠 우려가 없다고 인정하는 경우에는 그러하지 아니하다.

1. 제7조제1항 및 제2항에 따라 기준·규격이 정하여지지 아니한 화학적 합성품인 첨가물과 이를 함유한 물질을 식품첨가물로 사용하는 행위
2. 제1호에 따른 식품첨가물이 함유된 식품을 판매하거나 판매할 목적으로 제조·수입·가공·사용·조리·저장·소분·운반 또는 진열하는 행위

제7조 (식품 또는 식품첨가물에 관한 기준 및 규격)

① 식품의약품안전청장은 국민보건을 위하여 필요하면 판매를 목적으로 하는 식품 또는 식품첨가물에 관한 다음 각 호의 사항을 정하여 고시한다. 다만, 식품첨가물 중 기구 및 용기·포장을 살균·소독하는 데에 쓰여서 간접적으로 식품으로 옮아갈 수 있는 물질은 그 성분명만을 고시할 수 있다.
1. 제조·가공·사용·조리·보존 방법에 관한 기준
2. 성분에 관한 규격

② 식품의약품안전처장은 제1항에 따라 기준과 규격이 고시되지 아니한 식품 또는 식품첨가물의 기준과 규격을 인정받으려는 자에게 제1항 각 호의 사항을 제출하게 하여 「식품·의약품분야 시험·검사 등에 관한 법률」 제6조제3항제1호에 따라 식품의약품안전처장이 지정한 식품전문 시험·검사기관 또는 같은 조 제4항 단서에 따라 총리령으로 정하는 시험·검사기관의 검토를 거쳐 제1항에 따른 기준과 규격이 고시될 때까지 그 식품 또는 식품첨가물의 기준과 규격으로 인정할 수 있다.

③ 수출할 식품 또는 식품첨가물의 기준과 규격은 제1항 및 제2항에도 불구하고 수입자가 요구하는 기준과 규격을 따를 수 있다.

④ 제1항 및 제2항에 따라 기준과 규격이 정하여진 식품 또는 식품첨가물은 그 기준에 따라 제조·수입·가공·사용·조리·보존하여야 하며, 그 기준과 규격에 맞지 아니하는 식품 또는 식품첨가물은 판매하거나 판매할 목적으로 제조·수입·가공·사용·조리·저장·소분·운반·보존 또는 진열하여서는 아니 된다.

제7조의2 (권장규격 예시 등)

① 식품의약품안전청장은 판매를 목적으로 하는 제7조 및 제9조에 따른 기준 및 규격이 설정되지 아니한 식품등이 국민보건상 위해 우려가 있어 예방조치가 필요하다고 인정하는 경우에는 그 기준 및 규격이 설정될 때까지 위해 우려가 있는 성분 등의 안전관리를 권장하기 위한 규격(이하 "권장규격"이라 한다)을 예시할 수 있다.

② 식품의약품안전청장은 제1항에 따라 권장규격을 예시할 때에는 국제식품규격위원회 및 외국의 규격 또는 다른 식품등에 이미 규격이 신설되어 있는 유사한 성분 등을 고려하여야 하고 심의위원회의 심의를 거쳐야 한다.
③ 식품의약품안전청장은 영업자가 제1항에 따른 권장규격을 준수하도록 요청할 수 있으며 이행하지 아니한 경우 그 사실을 공개할 수 있다.

제7조의3 (농약 등의 잔류허용기준 설정 요청 등)

① 식품에 잔류하는 「농약관리법」에 따른 농약, 「약사법」에 따른 동물용 의약품의 잔류허용기준 설정이 필요한 자는 식품의약품안전처장에게 신청하여야 한다.
② 수입식품에 대한 농약 및 동물용 의약품의 잔류허용기준 설정을 원하는 자는 식품의약품안전처장에게 관련 자료를 제출하여 기준 설정을 요청할 수 있다.
③ 식품의약품안전처장은 제1항의 신청에 따라 잔류허용기준을 설정하는 경우 관계 행정기관의 장에게 자료제공 등의 협조를 요청할 수 있다. 이 경우 요청을 받은 관계 행정기관의 장은 특별한 사유가 없으면 이에 따라야 한다.
④ 제1항 및 제2항에 따른 신청 절차·방법 및 자료제출의 범위 등 세부사항은 총리령으로 정한다.

제7조의4 (식품 등의 기준 및 규격 관리계획 등)

① 식품의약품안전처장은 관계 중앙행정기관의 장과의 협의 및 심의위원회의 심의를 거쳐 식품 등의 기준 및 규격 관리 기본계획(이하 "관리계획"이라 한다)을 5년마다 수립·추진할 수 있다.
② 관리계획에는 다음 각 호의 사항이 포함되어야 한다.
  1. 식품 등의 기준 및 규격 관리의 기본 목표 및 추진방향
  2. 식품 등의 유해물질 노출량 평가
  3. 식품 등의 유해물질의 총 노출량 적정관리 방안
  4. 식품 등의 기준 및 규격의 재평가에 관한 사항
  5. 그 밖에 식품 등의 기준 및 규격 관리에 필요한 사항
③ 식품의약품안전처장은 관리계획을 시행하기 위하여 해마다 관계 중앙행정기관의 장과 협의하여 식품 등의 기준 및 규격 관리 시행계획(이하 "시행계획"이라 한다)을 수립하여야 한다.
④ 식품의약품안전처장은 관리계획 및 시행계획을 수립·시행하기 위하여 필요한 때에는 관계 중앙행정기관의 장 및 지방자치단체의 장에게 협조를 요청할 수 있다. 이 경우 협조를 요청받은 관계 중앙행정기관의 장 등은 특별한 사유가 없으면 이에 따라야 한다.
⑤ 관리계획에 포함되는 노출량 평가·관리의 대상이 되는 유해물질의 종류, 관리계획 및 시행계획의 수립·시행 등에 필요한 사항은 총리령으로 정한다.

7조의5 (식품 등의 기준 및 규격의 재평가 등)

① 식품의약품안전처장은 관리계획에 따라 식품등에 관한 기준 및 규격을 주기적으로 재평가하여야 한다.
② 제1항에 따른 재평가 대상, 방법 및 절차 등에 필요한 사항은 총리령으로 정한다.

❸ 기구와 용기·포장

제8조 (유독기구 등의 판매·사용 금지)

유독·유해물질이 들어 있거나 묻어 있어 인체의 건강을 해칠 우려가 있는 기구 및 용기·포장과 식품 또는 식품첨가물에 직접 닿으면 해로운 영향을 끼쳐 인체의 건강을 해칠 우려가 있는 기구 및 용기·포장을 판매하거나 판매할 목적으로 제조·수입·저장·운반·진열하거나 영업에 사용하여서는 아니 된다.

제9조 (기구 및 용기·포장에 관한 기준 및 규격)

① 식품의약품안전청장은 국민보건을 위하여 필요한 경우에는 판매하거나 영업에 사용하는 기구 및 용기·포장에 관하여 다음 각 호의 사항을 정하여 고시한다.
　1. 제조 방법에 관한 기준
　2. 기구 및 용기·포장과 그 원재료에 관한 규격
② 식품의약품안전처장은 제1항에 따라 기준과 규격이 고시되지 아니한 기구 및 용기·포장의 기준과 규격을 인정받으려는 자에게 제1항 각 호의 사항을 제출하게 하여 「식품·의약품분야 시험·검사 등에 관한 법률」 제6조제3항제1호에 따라 식품의약품안전처장이 지정한 식품전문 시험·검사기관 또는 같은 조 제4항 단서에 따라 총리령으로 정하는 시험·검사기관의 검토를 거쳐 제1항에 따라 기준과 규격이 고시될 때까지 해당 기구 및 용기·포장의 기준과 규격으로 인정할 수 있다.
③ 수출할 기구 및 용기·포장과 그 원재료에 관한 기준과 규격은 제1항 및 제2항에도 불구하고 수입자가 요구하는 기준과 규격을 따를 수 있다.
④ 제1항 및 제2항에 따라 기준과 규격이 정하여진 기구 및 용기·포장은 그 기준에 따라 제조하여야 하며, 그 기준과 규격에 맞지 아니한 기구 및 용기·포장은 판매하거나 판매할 목적으로 제조·수입·저장·운반·진열하거나 영업에 사용하여서는 아니 된다.

❹ 표시

제10조 삭제, 제11조 삭제, 제11조의2 삭제

제12조 (육류 및 쌀·김치류의 원산지 등 표시)

① 제36조제1항제3호의 식품접객업 중 대통령령으로 정하는 영업을 영위하는 자 또는 제88조의 집단급식소를 설치·운영하는 자는 쇠고기·돼지고기·닭고기(이하 "육류"라 한다)를 대통령령으로 정하는 조리방법으로 조리하여 판매·제공하는 경우(조리하여 판매하거나 제공할 목적으로 보관·진열하는 경우를 포함한다. 이하 이 조에서 같다)에는 공정한 거래질서 확립과 생산자 및 소비자 보호 등을 위하여 육류의 원산지 및 종류(이하 "원산지등"이라 한다)를 표시하여야 한다.

② 제36조제1항제3호의 식품접객업 중 대통령령으로 정하는 영업을 하는 자로서 영업장의 면적(영업신고서에 기재된 면적을 말한다)이 100제곱미터 이상인 자는 다음 각 호의 어느 하나에 해당하는 쌀 또는 김치류를 조리하여 판매·제공하는 경우에는 공정한 거래질서 확립과 생산자 및 소비자 보호 등을 위하여 그 원산지를 표시하여야 한다.
  1. 쌀: 원형을 유지하여 조리·판매하는 경우로서 대통령령으로 정하는 것
  2. 김치류: 배추김치로서 대통령령으로 정하는 것

③ 제1항 및 제2항에 따른 원산지등의 표시 방법은 보건복지부령으로 정한다.

제12조의2 (유전자변형식품 등의 표시)

① 다음 각 호의 어느 하나에 해당하는 생명공학기술을 활용하여 재배·육성된 농산물·축산물·수산물 등을 원재료로 하여 제조·가공한 식품 또는 식품첨가물(이하 "유전자변형식품등"이라 한다)은 유전자변형식품임을 표시하여야 한다. 다만, 제조·가공 후에 유전자변형 디엔에이(DNA, Deoxyribonucleic acid) 또는 유전자변형 단백질이 남아 있는 유전자변형식품등에 한정한다.
  1. 인위적으로 유전자를 재조합하거나 유전자를 구성하는 핵산을 세포 또는 세포 내 소기관으로 직접 주입하는 기술
  2. 분류학에 따른 과(科)의 범위를 넘는 세포융합기술

② 제1항에 따라 표시하여야 하는 유전자변형식품등은 표시가 없으면 판매하거나 판매할 목적으로 수입·진열·운반하거나 영업에 사용하여서는 아니 된다.

③ 제1항에 따른 표시의무자, 표시대상 및 표시방법 등에 필요한 사항은 식품의약품안전청장이 정한다.

제12조의3 삭제, 　　　제12조의4 삭제, 　　　제13조 삭제

❺ 식품 등의 공전

제14조 (식품 등의 공전)

식품의약품안전청장은 다음 각 호의 기준 등을 실은 식품 등의 공전을 작성·보급하여야 한다.
1. 제7조제1항에 따라 정하여진 식품 또는 식품첨가물의 기준과 규격
2. 제9조제1항에 따라 정하여진 기구 및 용기·포장의 기준과 규격
3. 삭제

❻ 검사 등

제15조 (위해평가)

① 식품의약품안전청장은 국내외에서 유해물질이 함유된 것으로 알려지는 등 위해의 우려가 제기되는 식품등이 제4조 또는 제8조에 따른 식품등에 해당한다고 의심되는 경우에는 그 식품 등의 위해요소를 신속히 평가하여 그것이 위해식품등인지를 결정하여야 한다.
② 식품의약품안전청장은 제1항에 따른 위해평가가 끝나기 전까지 국민건강을 위하여 예방 조치가 필요한 식품등에 대하여는 판매하거나 판매할 목적으로 채취·제조·수입·가공·사용·조리·저장·소분·운반 또는 진열하는 것을 일시적으로 금지할 수 있다. 다만, 국민건강에 급박한 위해가 발생하였거나 발생할 우려가 있다고 식품의약품안전청장이 인정하는 경우에는 그 금지조치를 하여야 한다.
③ 식품의약품안전청장은 제2항에 따른 일시적 금지조치를 하려면 미리 심의위원회의 심의·의결을 거쳐야 한다. 다만, 국민건강을 급박하게 위해할 우려가 있어서 신속히 금지조치를 하여야 할 필요가 있는 경우에는 먼저 일시적 금지조치를 한 뒤 지체 없이 심의위원회의 심의·의결을 거칠 수 있다.
④ 심의위원회는 제3항 본문 및 단서에 따라 심의하는 경우 대통령령으로 정하는 이해관계인의 의견을 들어야 한다.
⑤ 식품의약품안전청장은 제1항에 따른 위해평가나 제3항 단서에 따른 사후 심의위원회의 심의·의결에서 위해가 없다고 인정된 식품등에 대하여는 지체 없이 제2항에 따른 일시적 금지조치를 해제하여야 한다.
⑥ 제1항에 따른 위해평가의 대상, 방법 및 절차, 그 밖에 필요한 사항은 대통령령으로 정한다.

제15조의2 (위해평가 결과 등에 관한 공표)

① 식품의약품안전청장은 제15조에 따른 위해평가 결과에 관한 사항을 공표할 수 있다.
② 중앙행정기관의 장, 특별시장·광역시장·특별자치시장·도지사·특별자치도지사(이하 "시·도지사"라 한다), 시장·군수·구청장(자치구의 구청장을 말한다. 이하 같다) 또는 대통령령으로 정하는 공공기관의 장은 식품의 위해 여부가 의심되는 경우나 위해와 관련된 사실을 공표하려는 경우로서 제15조에 따른 위해평가가 필요한 경우에는 반드시 식품의약품안전처장에게 그 사실을 미리 알리고 협의하여야 한다.
③ 제1항에 따른 공표방법 등 공표에 필요한 사항은 대통령령으로 정한다.

제16조 (소비자 등의 위생 검사등 요청)

① 식품의약품안전처장(대통령령으로 정하는 그 소속 기관의 장을 포함한다. 이하 이 조에서 같다), 시·도지사 또는 시장·군수·구청장은 대통령령으로 정하는 일정 수 이상의 소비자, 소비자단체 또는 「식품·의약품분야 시험·검사 등에 관한 법률」 제6조에 따른 시험·검사기관 중 총리령으로 정하는 시험·검사기관이 식품등 또는 영업시설 등에 대하여 제22조에 따른 출입·검사·수거 등(이하 이 조에서 "위생검사등"이라 한다)을 요청하는 경우에는 이에 따라야 한다. 다만, 다음 각 호의 어느 하나에 해당하는 경우에는 그러하지 아니하다.
  1. 같은 소비자, 소비자단체 또는 시험·검사기관이 특정 영업자의 영업을 방해할 목적으로 같은 내용의 위생검사등을 반복적으로 요청하는 경우
  2. 식품의약품안전처장, 시·도지사 또는 시장·군수·구청장이 기술 또는 시설, 재원(財源) 등의 사유로 위생검사등을 할 수 없다고 인정하는 경우
② 식품의약품안전처장, 시·도지사 또는 시장·군수·구청장은 제1항에 따라 위생검사등의 요청에 따르는 경우 14일 이내에 위생검사등을 하고 그 결과를 대통령령으로 정하는 바에 따라 위생검사등의 요청을 한 소비자, 소비자단체 또는 시험·검사기관에 알리고 인터넷 홈페이지에 게시하여야 한다.
③ 위생검사등의 요청 요건 및 절차, 그 밖에 필요한 사항은 대통령령으로 정한다.

제17조 (위해식품등에 대한 긴급대응)

① 식품의약품안전청장은 판매하거나 판매할 목적으로 채취·제조·수입·가공·조리·저장·소분 또는 운반(이하 이 조에서 "제조·판매등"이라 한다)되고 있는 식품등이 다음 각 호의 어느 하나에 해당하는 경우에는 긴급대응방안을 마련하고 필요한 조치를 하여야 한다.
  1. 국내외에서 식품등 위해발생 우려가 보건복지부령으로 정하는 과학적 근거에 따라 제기되었거나 제기된 경우
  2. 그 밖에 식품등으로 인하여 국민건강에 중대한 위해가 발생하거나 발생할 우려가 있

는 경우로서 대통령령으로 정하는 경우
② 제1항에 따른 긴급대응방안은 다음 각 호의 사항이 포함되어야 한다.
1. 해당 식품 등의 종류
2. 해당 식품등으로 인하여 인체에 미치는 위해의 종류 및 정도
3. 제3항에 따른 제조·판매등의 금지가 필요한 경우 이에 관한 사항
4. 소비자에 대한 긴급대응요령 등의 교육·홍보에 관한 사항
5. 그 밖에 식품 등의 위해 방지 및 확산을 막기 위하여 필요한 사항
③ 식품의약품안전청장은 제1항에 따른 긴급대응이 필요하다고 판단되는 식품등에 대하여는 그 위해 여부가 확인되기 전까지 해당 식품 등의 제조·판매등을 금지하여야 한다.
④ 영업자는 제3항에 따른 식품등에 대하여는 제조·판매등을 하여서는 아니 된다.
⑤ 식품의약품안전청장은 제3항에 따라 제조·판매등을 금지하려면 미리 대통령령으로 정하는 이해관계인의 의견을 들어야 한다.
⑥ 영업자는 제3항에 따른 금지조치에 대하여 이의가 있는 경우에는 대통령령으로 정하는 바에 따라 식품의약품안전청장에게 해당 금지의 전부 또는 일부의 해제를 요청할 수 있다.
⑦ 식품의약품안전청장은 식품등으로 인하여 국민건강에 위해가 발생하지 아니하였거나 발생할 우려가 없어졌다고 인정하는 경우에는 제3항에 따른 금지의 전부 또는 일부를 해제하여야 한다.
⑧ 식품의약품안전청장은 국민건강에 급박한 위해가 발생하거나 발생할 우려가 있다고 인정되는 위해식품에 관한 정보를 국민에게 긴급하게 전달하여야 하는 경우로서 대통령령으로 정하는 요건에 해당하는 경우에는 「방송법」 제2조제3호에 따른 방송사업자 중 대통령령으로 정하는 방송사업자에 대하여 이를 신속하게 방송하도록 요청하거나 「전기통신사업법」 제5조에 따른 기간통신사업자 중 대통령령으로 정하는 기간통신사업자에 대하여 이를 신속하게 문자 또는 음성으로 송신하도록 요청할 수 있다.
⑨ 제8항에 따라 요청을 받은 방송사업자 및 기간통신사업자는 특별한 사유가 없는 한 이에 응하여야 한다.

제18조 (유전자변형식품 등의 안전성 심사 등)

① 유전자변형식품등을 식용(食用)으로 수입·개발·생산하는 자는 최초로 유전자변형식품 등을 수입하는 경우 등 대통령령으로 정하는 경우에는 식품의약품안전처장에게 해당 식품등에 대한 안전성 심사를 받아야 한다.
② 식품의약품안전처장은 제1항에 따른 유전자변형식품 등의 안전성 심사를 위하여 식품의약품안전처에 유전자변형식품등 안전성심사위원회(이하 "안전성심사위원회"라 한다)를 둔다.
③ 안전성심사위원회의 구성·기능·운영에 필요한 사항은 대통령령으로 정한다.
④ 제1항에 따른 안전성 심사의 대상, 안전성 심사를 위한 자료제출의 범위 및 심사절차 등에 관하여는 식품의약품안전처장이 정하여 고시한다.

제19조 (수입 식품 등의 신고 등)

① 다음 각 호의 어느 하나에 해당하는 자는 총리령으로 정하는 바에 따라 식품의약품안전처장에게 신고하여야 한다.
   1. 판매를 목적으로 하거나 영업에 사용할 목적으로 식품등을 수입하려는 자
   2. 해외 판매자의 사이버몰(컴퓨터 등과 정보통신설비를 이용하여 재화 등을 거래할 수 있도록 설정된 가상의 영업장을 말한다) 등으로부터 식품 등의 대신 구매 등을 하는 업자로서 총리령으로 정하는 구매대행자

② 식품의약품안전청장은 제1항에 따라 신고된 식품등에 대하여 통관 절차가 끝나기 전에 관계 공무원이나 검사기관으로 하여금 필요한 검사를 하게 하여야 한다. 다만, 기구 또는 용기·포장은 통관 절차가 끝난 뒤에도 검사하게 할 수 있다.

③ 식품의약품안전청장은 제1항에 따라 신고된 식품등이 다음 각 호의 어느 하나에 해당하는 경우에는 제2항에도 불구하고 검사의 전부 또는 일부를 생략할 수 있다.
   1. 제4조부터 제6조까지 및 제8조에 따른 위해식품등에 해당하지 아니하고, 제7조, 제9조, 제36조 및 제48조에 적합하며, 제13조를 위반하지 아니하였다고 식품의약품안전청장이 미리 확인하여 등록(이하 "수입식품등 사전확인등록"이라 한다)한 경우(수산동식물은 수출국 정부가 인정하는 경우를 포함하되, 수출국이 우리나라에서 수입하는 수산동식물에 대하여 같은 제도를 인정하는 경우만 해당한다)
   2. 식품의약품안전청장이 인정하여 고시한 국내외 검사기관에서 검사를 받아 그 검사성적서 또는 검사증명서를 제출하는 경우
   3. 제20조제2항에 따라 등록한 우수수입업소가 수입한 경우
   4. 그 밖에 제1호부터 제3호까지에 준하는 사항으로서 보건복지부령으로 정하는 사유에 해당하는 경우

④ 제2항 및 제3항에 따른 검사의 종류·대상·방법과 수입식품등 사전확인등록의 기준·절차 등에 관하여 필요한 사항은 보건복지부령으로 정한다.

⑤ 제1항에 따라 제44조제5항에 따른 주문자상표부착식품등을 신고하는 경우 식품의약품안전청장이 정하여 고시하는 기준에 따라 설정한 유통기한의 설정사유를 식품의약품안전청장에게 보고하여야 한다. 보고한 사항 중 보건복지부령으로 정하는 중요한 사항을 변경하는 경우에도 또한 같다.

제19조의2 (수입 식품 등의 신고 대행자 등)

① 식품등을 수입하려는 자는 대통령령으로 정하는 식품안전관리 자격을 갖춘 자 중 식품의약품안전청장에게 등록한 자(이하 "수입식품신고 대행자"라 한다)에게 제19조제1항에 따른 식품 등의 수입신고를 대행하게 할 수 있다.

② 수입식품신고 대행자 등록절차, 교육 및 대행에 따른 수수료는 보건복지부령으로 정한다.

③ 식품의약품안전청장은 제2항에 따라 등록한 수입식품신고 대행자가 다음 각 호의 어느

하나에 해당하는 때에는 등록을 취소하거나 6개월 이내의 기간을 정하여 업무의 정지를 명할 수 있다. 다만, 제1호에 해당하는 때에는 등록을 취소하여야 한다.
1. 거짓이나 그 밖의 부정한 방법으로 등록한 때
2. 업무 정지 명령을 위반하여 업무를 한 때
3. 제1항의 등록기준을 위반한 때
4. 수입신고업무를 담당하는 공무원에게 금품이나 향응 등을 제공한 사실이 있다고 확인된 때
5. 수입자에게 수수료 외의 금품이나 향응 등을 요구한 사실이 확인된 때
6. 제24조에 따른 식품위생검사기관에 수입식품의 신고업무와 관련된 검사를 의뢰할 때 검사수수료 외의 금품이나 향응 등을 제공한 사실이 확인된 때
7. 수입식품신고를 대행할 때 사실과 다르게 신고하거나 허위서류를 첨부하는 등 부정한 방법으로 수입신고한 사실이 확인된 때
8. 제2항에 따라 총리령으로 정한 수수료를 초과하여 징수한 때

④ 제3항에 따른 행정처분의 세부기준은 그 위반 행위의 유형과 위반 정도 등을 고려하여 보건복지부령으로 정한다.

⑤ 제3항에 따른 등록취소 후 3년이 지나지 아니한 자는 새로 등록하여서는 아니 된다.

제19조의3 (식품안전 교육명령 등)

① 식품의약품안전청장은 다음 각 호의 어느 하나에 해당하는 영업자에게 수입 식품 등의 안전성을 확보하기 위한 식품안전 교육을 명할 수 있다.
   1. 제19조제1항에 따라 수입신고한 식품등을 검사한 결과 부적합 식품등을 수입한 영업자
   2. 국내 유통 중인 수입 식품등에 대하여 제22조제1항에 따른 출입·검사·수거 등을 실시한 결과 영업정지 처분을 받은 영업자

② 제1항에 따른 식품안전 교육명령의 조치와 관련한 세부절차, 교육기관, 방법 및 내용 등에 필요한 사항은 보건복지부령으로 정한다.

제19조의4 (검사명령 등)

① 식품의약품안전청장은 다음 각 호의 어느 하나에 해당하는 식품등을 채취·제조·수입·가공·사용·조리·저장·소분·운반 또는 진열하는 영업자에 대하여 제24조제2항에 따른 식품위생검사기관 또는 식품의약품안전청장이 지정한 국외 공인검사기관에서 검사를 받을 것을 명(이하 "검사명령"이라 한다)할 수 있다. 다만, 검사로써 위해성분을 확인할 수 없다고 식품의약품안전청장이 인정하는 경우에는 관계 자료 등으로 갈음할 수 있다.
   1. 국내외에서 유해물질이 검출된 식품등
   2. 제19조제2항에 따라 수입신고한 식품등을 검사한 결과 부적합률이 높은 식품등
   3. 그 밖에 국내외에서 위해발생의 우려가 제기되었거나 제기된 식품등

② 검사명령을 받은 영업자는 보건복지부령으로 정하는 검사기한 내에 검사를 받거나 관련 자료 등을 제출하여야 한다.
③ 제1항 및 제2항에 따른 검사명령 대상 식품 등의 범위, 제출 자료 등 세부사항은 식품의약품안전청장이 정하여 고시한다.

제20조 (우수수입업소 등록 등)

① 제19조에 따라 수입신고한 자는 해당 수입 식품 등의 안전성 확보 등을 위하여 식품의약품안전청장이 정하는 기준에 따라 수출국 제조업소에 대하여 위생관리 상태를 점검할 수 있다.
② 제1항에 따라 위생관리 상태를 점검하는 업소는 식품의약품안전청장에게 우수수입식품업소(이하 "우수수입업소"라 한다)로 등록할 수 있다.
③ 우수수입업소의 등록을 하려는 자는 보건복지부령으로 정하는 바에 따라 식품의약품안전청장에게 신청하여야 한다. 등록한 사항 중 보건복지부령으로 정하는 중요한 사항을 변경하려는 경우에도 또한 같다.
④ 식품의약품안전청장은 우수수입업소가 다음 각 호의 어느 하나에 해당하는 경우에는 그 등록을 취소하거나 시정을 명할 수 있다. 다만, 우수수입업소가 제1호에 해당할 경우 등록을 취소하여야 한다.
  1. 거짓이나 그 밖의 부정한 방법으로 등록을 한 경우
  2. 제75조에 따라 영업정지 2개월 이상의 행정처분을 받은 경우
  3. 그 밖에 제1호 및 제2호에 준하는 사항으로서 보건복지부령으로 정하는 사항을 지키지 아니한 경우
⑤ 우수수입업소의 등록 절차·방법, 수출국 제조업소의 생산·가공시설 안전성 기준 등 세부 사항은 보건복지부령으로 정한다.

제21조 (특정 식품 등의 수입·판매 등 금지)

① 식품의약품안전청장은 특정 국가 또는 지역에서 채취·제조·가공·사용·조리 또는 저장된 식품등이 그 특정 국가 또는 지역에서 위해한 것으로 밝혀졌거나 위해의 우려가 있다고 인정되는 경우에는 그 식품등을 수입·판매하거나 판매할 목적으로 제조·가공·사용·조리·저장·소분·운반 또는 진열하는 것을 금지할 수 있다.
② 식품의약품안전청장은 제15조제1항에 따른 위해평가 또는 제19조제2항에 따른 검사 후 식품등에서 제4조제2호에 따른 유독·유해물질이 검출된 경우에는 해당 식품 등의 수입을 금지하여야 한다. 다만, 인체의 건강을 해칠 우려가 없다고 식품의약품안전청장이 인정하는 경우는 그러하지 아니하다.
③ 식품의약품안전청장은 제1항 및 제2항에 따른 금지를 하려면 미리 관계 중앙행정기관의 장의 의견을 듣고 심의위원회의 심의·의결을 거쳐야 한다. 다만, 국민건강을 급박하게

위해할 우려가 있어서 신속히 금지 조치를 하여야 할 필요가 있는 경우 먼저 금지조치를 한 뒤 지체 없이 심의위원회의 심의·의결을 거칠 수 있다.
④ 제3항 본문 및 단서에 따라 심의위원회가 심의하는 경우 대통령령으로 정하는 이해관계인은 심의위원회에 출석하여 의견을 진술하거나 문서로 의견을 제출할 수 있다.
⑤ 식품의약품안전청장은 직권으로 또는 제1항 및 제2항에 따라 수입·판매 등이 금지된 식품등에 대하여 이해관계가 있는 국가 또는 수입한 영업자의 신청을 받아 그 식품등에 위해가 없는 것으로 인정되면 심의위원회의 심의·의결을 거쳐 제1항 및 제2항에 따른 금지의 전부 또는 일부를 해제할 수 있다.
⑥ 식품의약품안전청장은 제1항 및 제2항에 따른 금지나 제5항에 따른 해제를 하는 경우에는 고시하여야 한다.
⑦ 식품의약품안전청장은 제1항 및 제2항에 따라 수입·판매 등이 금지된 해당 식품 등의 제조업소, 이해관계가 있는 국가 또는 수입한 영업자가 원인 규명 및 개선사항을 제시할 경우에는 제1항 및 제2항에 따른 금지의 전부 또는 일부를 해제할 수 있다. 이 경우 개선사항에 대한 확인이 필요한 때에는 현지 조사를 할 수 있다.

제22조 (출입·검사·수거 등)

① 식품의약품안전청장(대통령령으로 정하는 그 소속 기관의 장을 포함한다. 이하 이 조에서 같다), 시·도지사 또는 시장·군수·구청장은 식품 등의 위해방지·위생관리와 영업질서의 유지를 위하여 필요하면 다음 각 호의 구분에 따른 조치를 할 수 있다.
 1. 영업자나 그 밖의 관계인에게 필요한 서류나 그 밖의 자료의 제출 요구
 2. 관계 공무원으로 하여금 다음 각 목에 해당하는 출입·검사·수거 등의 조치
  가. 영업소(사무소, 창고, 제조소, 저장소, 판매소, 그 밖에 이와 유사한 장소를 포함한다)에 출입하여 판매를 목적으로 하거나 영업에 사용하는 식품등 또는 영업시설 등에 대하여 하는 검사
  나. 가목에 따른 검사에 필요한 최소량의 식품 등의 무상 수거
  다. 영업에 관계되는 장부 또는 서류의 열람
② 식품의약품안전청장은 시·도지사 또는 시장·군수·구청장이 제1항에 따른 출입·검사·수거 등의 업무를 수행하면서 식품등으로 인하여 발생하는 위생 관련 위해방지 업무를 효율적으로 하기 위하여 필요한 경우에는 관계 행정기관의 장, 다른 시·도지사 또는 시장·군수·구청장에게 행정응원(行政應援)을 하도록 요청할 수 있다. 이 경우 행정응원을 요청받은 관계 행정기관의 장, 시·도지사 또는 시장·군수·구청장은 특별한 사유가 없으면 이에 따라야 한다.
③ 제1항 및 제2항의 경우에 출입·검사·수거 또는 열람하려는 공무원은 그 권한을 표시하는 증표 및 조사기간, 조사범위, 조사담당자, 관계 법령 등 대통령령으로 정하는 사항이 기재된 서류를 지니고 이를 관계인에게 내보여야 한다.
④ 제2항에 따른 행정응원의 절차, 비용 부담 방법, 그 밖에 필요한 사항은 대통령령으로

정한다.

제22조의2 (수출국 제조업소 등의 출입 · 검사)

식품의약품안전처장은 다음 각 호의 어느 하나에 해당하는 경우 수출국 정부, 수출국 제조업소 또는 수출업소와 사전에 협의를 거쳐 수입 식품 등의 수출국 제조업소 또는 수출업소를 출입 및 검사할 수 있다.
1. 수입 식품 등의 위해방지를 위하여 현장 실사가 필요하다고 식품의약품안전처장이 인정하는 경우
2. 국내외에서 수집된 수입 식품 등의 안전정보에 관한 사실 확인이 필요하다고 식품의약품안전처장이 인정하는 경우
3. 수입식품등 사전확인등록에 대하여 현지 확인이 필요하다고 식품의약품안전처장이 인정하는 경우
4. 우수수입업소 등록에 대하여 현지 확인이 필요하다고 식품의약품안전처장이 인정하는 경우

제23조 (식품 등의 재검사)

① 식품의약품안전청장(대통령령으로 정하는 그 소속 기관의 장을 포함한다. 이하 이 조에서 같다), 시 · 도지사 또는 시장 · 군수 · 구청장은 제19조 또는 제22조에 따라 식품등을 검사한 결과 해당 식품등이 제7조 또는 제9조에 따른 식품 등의 기준이나 규격에 맞지 아니하면 대통령령으로 정하는 바에 따라 해당 영업자에게 그 검사 결과를 통보하여야 한다.
② 제1항에 따른 통보를 받은 영업자가 그 검사 결과에 이의가 있으면 검사한 제품과 같은 제품(같은 날에 같은 영업시설에서 같은 제조 공정을 통하여 제조 · 생산된 제품에 한정한다)을 식품의약품안전처장이 인정하는 국내외 검사기관 2곳 이상에서 같은 검사 항목에 대하여 검사를 받아 그 결과가 제1항에 따라 통보받은 검사 결과와 다를 때에는 그 검사기관의 검사성적서 또는 검사증명서를 첨부하여 식품의약품안전처장, 시 · 도지사 또는 시장 · 군수 · 구청장에게 재검사를 요청할 수 있다. 다만, 시간이 경과함에 따라 검사 결과가 달라질 수 있는 검사항목 등 총리령으로 정하는 검사항목은 재검사 대상에서 제외한다.
③ 제2항에 따른 재검사 요청을 받은 식품의약품안전처장, 시 · 도지사 또는 시장 · 군수 · 구청장은 영업자가 제출한 검사 결과가 제1항에 따른 검사 결과와 다르다고 확인되거나 같은 항의 검사에 따른 검체(檢體)의 채취 · 취급방법, 검사방법 · 검사과정 등이 제7조제1항 또는 제9조제1항에 따른 식품 등의 기준 및 규격에 위반된다고 인정되는 때에는 지체 없이 재검사하고 해당 영업자에게 재검사 결과를 통보하여야 한다. 이 경우 재검사 수수료와 보세창고료 등 재검사에 드는 비용은 영업자가 부담한다.

제24조 (식품위생검사기관의 지정 등)

① 식품 등의 안전성을 확보하고 위해식품등을 판명하기 위하여 제7조 및 제9조에 따른 기준 및 규격 등의 검사(이하 "식품위생검사"라 한다)를 행하는 기관(이하 "식품위생검사기관"이라 한다)은 다음 각 호와 같다.
　1. 보건복지부령으로 정하는 식품위생검사기관
　2. 식품위생검사를 효율적으로 행하게 하기 위하여 식품의약품안전청장이 지정하는 식품위생검사기관
② 제1항제2호에 따른 식품위생검사기관은 식품위생검사 업무범위별로 다음과 같이 구분하여 지정할 수 있다.
　1. 식품위생전문검사기관 : 제19조제2항 및 제22조제1항에 따른 검사 중 식품위생검사에 해당하는 검사
　2. 자가품질위탁검사기관 : 제31조제2항에 따른 식품위생검사
③ 제2항에 따른 식품위생검사기관이 갖추어야 할 식품위생검사시설, 식품위생검사 전문인력(이하 "검사원"이라 한다)과 식품위생검사기관의 지정ㆍ평가 등에 관하여 필요한 사항은 보건복지부령으로 정한다.

제25조 (식품위생검사기관 지정의 유효기간)

① 제24조제2항에 따라 지정된 식품위생검사기관의 지정에 관한 유효기간은 지정받은 날부터 3년으로 한다.
② 제1항에 따른 유효기간은 보건복지부령으로 정하는 바에 따라 1년을 초과하지 아니하는 범위에서 1회에 한하여 그 기간을 연장할 수 있다.
③ 제1항 및 제2항에 따라 유효기간이 만료되는 식품위생검사기관으로서 제24조제3항에 따른 식품위생검사시설 및 검사원에 관한 요건을 갖춘 식품위생검사기관에 대하여는 제24조에 따라 다시 지정할 수 있다.

제26조 (식품위생검사기관의 출입 등)

식품의약품안전청장(대통령령으로 정하는 그 소속 기관의 장을 포함한다)은 제24조제2항에 따라 지정된 식품위생검사기관이 행하는 식품위생검사의 적정성과 신뢰성 등을 확보하기 위하여 필요하다고 인정하는 경우 식품위생검사를 행하는 자 또는 그 밖의 관계인에 대하여 필요한 보고를 하게 하거나 관계 공무원으로 하여금 식품위생검사기관의 사무소ㆍ검사장소 또는 그 밖에 이와 유사한 장소에 출입하여 식품위생검사시설, 검사원, 검사일지 및 기록서 등을 검사하게 하거나 필요에 따라 식품위생검사와 관련된 장부나 서류 등을 열람하게 할 수 있다.

제27조 (식품위생검사기관의 지정취소 등)

식품의약품안전청장은 제24조제2항에 따라 지정된 식품위생검사기관이 다음 각 호의 어느 하나에 해당하는 경우 보건복지부령으로 정하는 바에 따라 지정을 취소하거나 6개월 이내의 기간을 정하여 식품위생검사업무의 정지를 명하거나 시정명령 등 필요한 조치를 할 수 있다. 다만, 제1호부터 제3호까지에 해당하는 경우에는 그 지정을 취소하여야 한다.
1. 거짓이나 그 밖의 부정한 방법으로 지정을 받은 경우
2. 고의 또는 중대한 과실로 거짓의 식품위생검사에 관한 성적서를 발급한 경우
3. 식품위생검사 업무정지 처분기간 중에 식품위생검사업무를 행하는 경우
4. 보건복지부령으로 정하는 식품위생검사업무에 관한 규정을 위반한 경우

제28조 (지정 제한)

식품의약품안전청장은 다음 각 호의 어느 하나에 해당하는 기관을 제24조제2항에 따른 식품위생검사기관으로 지정하여서는 아니 된다.
1. 제27조에 따라 지정이 취소된 식품위생검사기관을 설립·운영한 자(법인인 경우 그 대표자를 포함한다)가 그 지정이 취소된 날부터 3년이 지나지 아니하고 식품위생검사기관을 설립·운영하고자 하는 기관
2. 제27조에 따라 지정이 취소된 날부터 3년 이내에 같은 장소에서 식품위생검사기관을 설립·운영하고자 하는 기관

제29조 (검사기관의 승계)

① 제24조제2항에 따라 식품위생검사기관으로 지정받은 자(이하 "검사기관 운영자"라 한다)가 사망하거나 식품위생검사기관 운영을 양도하거나 또는 법인의 합병이 있는 경우에는 그 상속인·양수인 또는 합병 후 존속하는 법인이나 합병에 따라 설립되는 법인은 그 검사기관 운영자의 지위 중 이 법에 따른 지위를 승계한다.
② 다음 각 호의 어느 하나에 해당하는 절차에 따라 식품위생검사기관 영업시설의 전부를 인수(引受)한 자로서 제24조에 따른 지정요건을 갖춘 자는 그 검사기관 운영자의 지위 중 이 법에 따른 지위를 승계한다.
1. 「민사집행법」에 따른 경매
2. 「채무자 회생 및 파산에 관한 법률」에 따른 환가(換價)
3. 「국세징수법」, 「관세법」 또는 「지방세법」에 따른 압류재산의 매각
4. 그 밖에 제1호부터 제3호까지의 절차에 준하는 절차
③ 제1항 및 제2항에 따라 검사기관 운영자의 지위를 승계한 자는 1개월 이내에 보건복지부령으로 정하는 바에 따라 식품의약품안전청장에게 신고하여야 한다.

제30조 (검사원의 교육)

① 제24조제2항에 따라 지정된 식품위생검사기관의 대표자 또는 검사원은 매년 식품위생검사의 방법 등에 관한 교육을 받아야 한다.
② 제1항에 따른 검사방법 등에 관한 교육의 실시기관 및 내용 등은 보건복지부령으로 정한다.

제31조 (자가품질검사 의무)

① 식품등을 제조·가공하는 영업자는 보건복지부령으로 정하는 바에 따라 제조·가공하는 식품등이 제7조 또는 제9조에 따른 기준과 규격에 맞는지를 검사하여야 한다.
② 식품의약품안전청장 및 시·도지사는 제1항에 따른 검사를 해당 영업을 하는 자가 직접 행하는 것이 부적합한 경우 제24조제2항제2호에 따른 자가품질위탁검사기관에 위탁하여 검사하게 할 수 있다.
③ 제1항에 따른 검사를 직접 행하는 영업자 및 제2항에 따른 자가품질위탁검사기관은 제1항에 따른 검사 결과 해당 식품등이 제4조 부터 제6조까지, 제7조제4항, 제8조 또는 제9조제4항을 위반하여 국민 건강에 위해가 발생하거나 발생할 우려가 있는 경우에는 지체 없이 식품의약품안전청장에게 보고하여야 한다.
④ 제1항 및 제2항에 따른 검사의 항목·절차, 그 밖에 검사에 필요한 사항은 보건복지부령으로 정한다.

제31조의2 (자가품질검사의무의 면제)

식품의약품안전처장 또는 시·도지사는 제48조제3항에 따른 식품안전관리인증기준적용업소가 다음 각 호에 해당하는 경우에는 제31조제1항에도 불구하고 총리령으로 정하는 바에 따라 자가품질검사를 면제할 수 있다.
  1. 제48조제3항에 따른 식품안전관리인증기준적용업소가 제31조제1항에 따른 검사가 포함된 식품안전관리인증기준을 지키는 경우
  2. 제48조제8항에 따른 조사·평가 결과 그 결과가 우수하다고 총리령으로 정하는 바에 따라 식품의약품안전처장이 인정하는 경우

제32조 (식품위생감시원)

① 제22조제1항에 따른 관계 공무원의 직무와 그 밖에 식품위생에 관한 지도 등을 하기 위하여 식품의약품안전처(대통령령으로 정하는 그 소속 기관을 포함한다), 특별시·광역시·특별자치시·도·특별자치도(이하 "시·도"라 한다) 또는 시·군·구(자치구를 말한다. 이하 같다)에 식품위생감시원을 둔다.

② 제1항에 따른 식품위생감시원의 자격·임명·직무범위, 그 밖에 필요한 사항은 대통령령으로 정한다.

제33조 (소비자식품위생감시원)

① 식품의약품안전처장(대통령령으로 정하는 그 소속 기관의 장을 포함한다. 이하 이 조에서 같다), 시·도지사 또는 시장·군수·구청장은 식품위생관리를 위하여 「소비자기본법」 제29조에 따라 등록한 소비자단체의 임직원 중 해당 단체의 장이 추천한 자나 식품위생에 관한 지식이 있는 자를 소비자식품위생감시원으로 위촉할 수 있다.
② 제1항에 따라 위촉된 소비자식품위생감시원(이하 "소비자식품위생감시원"이라 한다)의 직무는 다음 각 호와 같다.
  1. 제36조제1항제3호에 따른 식품접객업을 하는 자(이하 "식품접객영업자"라 한다)에 대한 위생관리 상태 점검
  2. 유통 중인 식품등이 「식품 등의 표시·광고에 관한 법률」 제4조부터 제7조까지에 따른 표시·광고의 기준에 맞지 아니하거나 같은 법 제8조에 따른 부당한 표시 또는 광고행위의 금지 규정을 위반한 경우 관할 행정관청에 신고하거나 그에 관한 자료 제공
  3. 제32조에 따른 식품위생감시원이 하는 식품등에 대한 수거 및 검사 지원
  4. 그 밖에 식품위생에 관한 사항으로서 대통령령으로 정하는 사항
③ 소비자식품위생감시원은 제2항 각 호의 직무를 수행하는 경우 그 권한을 남용하여서는 아니 된다.
④ 제1항에 따라 소비자식품위생감시원을 위촉한 식품의약품안전처장, 시·도지사 또는 시장·군수·구청장은 소비자식품위생감시원에게 직무 수행에 필요한 교육을 하여야 한다.
⑤ 식품의약품안전처장, 시·도지사 또는 시장·군수·구청장은 소비자식품위생감시원이 다음 각 호의 어느 하나에 해당하면 그 소비자식품위생감시원을 해촉(解囑)하여야 한다.
  1. 추천한 소비자단체에서 퇴직하거나 해임된 경우
  2. 제2항 각 호의 직무와 관련하여 부정한 행위를 하거나 권한을 남용한 경우
  3. 질병이나 부상 등의 사유로 직무 수행이 어렵게 된 경우
⑥ 소비자식품위생감시원이 제2항제1호의 직무를 수행하기 위하여 식품접객영업자의 영업소에 단독으로 출입하려면 미리 식품의약품안전처장, 시·도지사 또는 시장·군수·구청장의 승인을 받아야 한다.
⑦ 소비자식품위생감시원이 제6항에 따른 승인을 받아 식품접객영업자의 영업소에 단독으로 출입하는 경우에는 승인서와 신분을 표시하는 증표 및 조사기간, 조사범위, 조사담당자, 관계 법령 등 대통령령으로 정하는 사항이 기재된 서류를 지니고 이를 관계인에게 내보여야 한다.
⑧ 소비자식품위생감시원의 자격, 직무 범위 및 교육, 그 밖에 필요한 사항은 대통령령으로 정한다.

제34조   삭제

제35조 (소비자 위생점검 참여 등)
① 대통령령으로 정하는 영업자는 식품위생에 관한 전문적인 지식이 있는 자 또는 「소비자기본법」 제29조에 따라 등록한 소비자단체의 장이 추천한 자로서 식품의약품안전청장이 정하는 자에게 위생관리 상태를 점검받을 수 있다.
② 제1항에 따른 점검 결과 식품의약품안전청장이 정하는 기준에 적합하여 합격한 경우 해당 영업자는 그 합격사실을 보건복지부령으로 정하는 바에 따라 해당 영업소에서 제조·가공한 식품등에 표시하거나 광고할 수 있다.
③ 식품의약품안전처장(대통령령으로 정하는 그 소속 기관의 장을 포함한다. 이하 이 조에서 같다), 시·도지사 또는 시장·군수·구청장은 제1항에 따라 위생점검을 받은 영업소 중 식품의약품안전처장이 정하는 기준에 따른 우수 등급의 영업소에 대하여는 관계 공무원으로 하여금 총리령으로 정하는 일정 기간 동안 제22조에 따른 출입·검사·수거 등을 하지 아니하게 할 수 있다.
④ 식품의약품안전처장, 시·도지사 또는 시장·군수·구청장은 제22조제1항에 따른 출입·검사·수거 등에 참여를 희망하는 소비자를 참여하게 하여 위생 상태를 점검할 수 있다.
⑤ 제1항에 따른 위생점검의 시기 등은 대통령령으로 정한다.

❼ 영업

제36조 (시설기준)
① 다음의 영업을 하려는 자는 보건복지부령으로 정하는 시설기준에 맞는 시설을 갖추어야 한다.
  1. 식품 또는 식품첨가물의 제조업, 가공업, 운반업, 판매업 및 보존업
  2. 기구 또는 용기·포장의 제조업
  3. 식품접객업
② 제1항 각 호에 따른 영업의 세부 종류와 그 범위는 대통령령으로 정한다.

제37조 (영업허가 등)
① 제36조제1항 각 호에 따른 영업 중 대통령령으로 정하는 영업을 하려는 자는 대통령령으로 정하는 바에 따라 영업 종류별 또는 영업소별로 식품의약품안전처장 또는 특별자치시장·특별자치도지사·시장·군수·구청장의 허가를 받아야 한다. 허가받은 사항 중 대통령령으로 정하는 중요한 사항을 변경할 때에도 또한 같다.

② 식품의약품안전처장 또는 특별자치시장·특별자치도지사·시장·군수·구청장은 제1항에 따른 영업허가를 하는 때에는 필요한 조건을 붙일 수 있다.

③ 제1항에 따라 영업허가를 받은 자가 폐업하거나 허가받은 사항 중 같은 항 후단의 중요한 사항을 제외한 경미한 사항을 변경할 때에는 식품의약품안전처장 또는 특별자치시장·특별자치도지사·시장·군수·구청장에게 신고하여야 한다.

④ 제36조제1항 각 호에 따른 영업 중 대통령령으로 정하는 영업을 하려는 자는 대통령령으로 정하는 바에 따라 영업 종류별 또는 영업소별로 식품의약품안전처장 또는 특별자치시장·특별자치도지사·시장·군수·구청장에게 신고하여야 한다. 신고한 사항 중 대통령령으로 정하는 중요한 사항을 변경하거나 폐업할 때에도 또한 같다.

⑤ 제36조제1항 각 호에 따른 영업 중 대통령령으로 정하는 영업을 하려는 자는 대통령령으로 정하는 바에 따라 영업 종류별 또는 영업소별로 식품의약품안전처장 또는 특별자치시장·특별자치도지사·시장·군수·구청장에게 등록하여야 하며, 등록한 사항 중 대통령령으로 정하는 중요한 사항을 변경할 때에도 또한 같다. 다만, 폐업하거나 대통령령으로 정하는 중요한 사항을 제외한 경미한 사항을 변경할 때에는 식품의약품안전처장 또는 특별자치시장·특별자치도지사·시장·군수·구청장에게 신고하여야 한다.

⑥ 제1항, 제4항 또는 제5항에 따라 식품 또는 식품첨가물의 제조업·가공업의 허가를 받거나 신고 또는 등록을 한 자가 식품 또는 식품첨가물을 제조·가공하는 경우에는 총리령으로 정하는 바에 따라 식품의약품안전처장 또는 특별자치시장·특별자치도지사·시장·군수·구청장에게 그 사실을 보고하여야 한다. 보고한 사항 중 총리령으로 정하는 중요한 사항을 변경하는 경우에도 또한 같다.

⑦ 식품의약품안전처장 또는 특별자치시장·특별자치도지사·시장·군수·구청장은 영업자(제4항에 따른 영업신고 또는 제5항에 따른 영업등록을 한 자만 해당한다)가 「부가가치세법」 제8조에 따라 관할세무서장에게 폐업신고를 하거나 관할세무서장이 사업자등록을 말소한 경우에는 신고 또는 등록 사항을 직권으로 말소할 수 있다.

⑧ 제3항부터 제5항까지의 규정에 따라 폐업하고자 하는 자는 제71조 부터 제76조까지의 규정에 따른 영업정지 등 행정 제재처분기간 중에는 폐업신고를 할 수 없다.

⑨ 식품의약품안전처장 또는 특별자치시장·특별자치도지사·시장·군수·구청장은 제7항의 직권말소를 위하여 필요한 경우 관할 세무서장에게 영업자의 폐업여부에 대한 정보 제공을 요청할 수 있다. 이 경우 요청을 받은 관할 세무서장은 「전자정부법」 제39조에 따라 영업자의 폐업여부에 대한 정보를 제공한다.

제38조 (영업허가 등의 제한)

① 다음 각 호의 어느 하나에 해당하면 제37조제1항에 따른 영업허가를 하여서는 아니 된다.
  1. 해당 영업 시설이 제36조에 따른 시설기준에 맞지 아니한 경우
  2. 제75조제1항 또는 제2항에 따라 영업허가가 취소(제44조제2항제1호를 위반하여 영업

허가가 취소된 경우와 제75조제1항제18호에 따라 영업허가가 취소된 경우는 제외한다)되거나 「식품 등의 표시·광고에 관한 법률」 제16조제1항·제2항에 따라 영업허가가 취소되고 6개월이 지나기 전에 같은 장소에서 같은 종류의 영업을 하려는 경우. 다만, 영업시설 전부를 철거하여 영업허가가 취소된 경우에는 그러하지 아니하다.
3. 제44조제2항제1호를 위반하여 영업허가가 취소되거나 제75조제1항제18호에 따라 영업허가가 취소되고 2년이 지나기 전에 같은 장소에서 제36조제1항제3호에 따른 식품접객업을 하려는 경우
4. 제75조제1항 또는 제2항에 따라 영업허가가 취소(제4조부터 제6조까지, 제8조 또는 제44조제2항제1호를 위반하여 영업허가가 취소된 경우와 제75조제1항제18호에 따라 영업허가가 취소된 경우는 제외한다)되거나 「식품 등의 표시·광고에 관한 법률」 제16조제1항·제2항에 따라 영업허가가 취소되고 2년이 지나기 전에 같은 자(법인인 경우에는 그 대표자를 포함한다)가 취소된 영업과 같은 종류의 영업을 하려는 경우
5. 제44조제2항제1호를 위반하여 영업허가가 취소되거나 제75조제1항제18호에 따라 영업허가가 취소된 후 3년이 지나기 전에 같은 자(법인인 경우에는 그 대표자를 포함한다)가 제36조제1항제3호에 따른 식품접객업을 하려는 경우
6. 제4조부터 제6조까지 또는 제8조를 위반하여 영업허가가 취소되고 5년이 지나기 전에 같은 자(법인인 경우에는 그 대표자를 포함한다)가 취소된 영업과 같은 종류의 영업을 하려는 경우
7. 제36조제1항제3호에 따른 식품접객업 중 국민의 보건위생을 위하여 허가를 제한할 필요가 뚜렷하다고 인정되어 시·도지사가 지정하여 고시하는 영업에 해당하는 경우
8. 영업허가를 받으려는 자가 피성년후견인이거나 파산선고를 받고 복권되지 아니한 자인 경우

② 다음 각 호의 어느 하나에 해당하는 경우에는 제37조제4항에 따른 영업신고 또는 같은 조 제5항에 따른 영업등록을 할 수 없다
1. 제75조제1항 또는 제2항에 따른 등록취소 또는 영업소 폐쇄명령(제44조제2항제1호를 위반하여 영업소 폐쇄명령을 받은 경우와 제75조제1항제18호에 따라 영업소 폐쇄명령을 받은 경우는 제외한다)이나 「식품 등의 표시·광고에 관한 법률」 제16조제1항부터 제4항까지에 따른 등록취소 또는 영업소 폐쇄명령을 받고 6개월이 지나기 전에 같은 장소에서 같은 종류의 영업을 하려는 경우. 다만, 영업시설 전부를 철거하여 등록취소 또는 영업소 폐쇄명령을 받은 경우에는 그러하지 아니하다.
2. 제44조제2항제1호를 위반하여 영업소 폐쇄명령을 받거나 제75조제1항제18호에 따라 영업소 폐쇄명령을 받은 후 1년이 지나기 전에 같은 장소에서 제36조제1항제3호에 따른 식품접객업을 하려는 경우
3. 제75조제1항 또는 제2항에 따른 등록취소 또는 영업소 폐쇄명령(제4조부터 제6조까지, 제8조 또는 제44조제2항제1호를 위반하여 등록취소 또는 영업소 폐쇄명령을 받은 경우와 제75조제1항제18호에 따라 영업소 폐쇄명령을 받은 경우는 제외한다)이나

「식품 등의 표시·광고에 관한 법률」 제16조제1항부터 제4항까지에 따른 등록취소 또는 영업소 폐쇄명령을 받고 2년이 지나기 전에 같은 자(법인인 경우에는 그 대표자를 포함한다)가 등록취소 또는 폐쇄명령을 받은 영업과 같은 종류의 영업을 하려는 경우

4. 제44조제2항제1호를 위반하여 영업소 폐쇄명령을 받거나 제75조제1항제18호에 따라 영업소 폐쇄명령을 받고 2년이 지나기 전에 같은 자(법인인 경우에는 그 대표자를 포함한다)가 제36조제1항제3호에 따른 식품접객업을 하려는 경우
5. 제4조 부터 제6조까지 또는 제8조를 위반하여 등록취소 또는 영업소 폐쇄명령을 받고 5년이 지나지 아니한 자(법인인 경우에는 그 대표자를 포함한다)가 등록취소 또는 폐쇄명령을 받은 영업과 같은 종류의 영업을 하려는 경우

제39조 (영업 승계)

① 영업자가 영업을 양도하거나 사망한 경우 또는 법인이 합병한 경우에는 그 양수인·상속인 또는 합병 후 존속하는 법인이나 합병에 따라 설립되는 법인은 그 영업자의 지위를 승계한다.
② 다음 각 호의 어느 하나에 해당하는 절차에 따라 영업 시설의 전부를 인수한 자는 그 영업자의 지위를 승계한다. 이 경우 종전의 영업자에 대한 영업 허가·등록 또는 그가 한 신고는 그 효력을 잃는다.
  1. 「민사집행법」에 따른 경매
  2. 「채무자 회생 및 파산에 관한 법률」에 따른 환가(換價)
  3. 「국세징수법」, 「관세법」 또는 「지방세기본법」에 따른 압류재산의 매각
  4. 그 밖에 제1호부터 제3호까지의 절차에 준하는 절차
③ 제1항 또는 제2항에 따라 그 영업자의 지위를 승계한 자는 총리령으로 정하는 바에 따라 1개월 이내에 그 사실을 식품의약품안전처장 또는 특별자치시장·특별자치도지사·시장·군수·구청장에게 신고하여야 한다.
④ 제1항 및 제2항에 따른 승계에 관하여는 제38조를 준용한다. 다만, 상속인이 제38조제1항제8호에 해당하면 상속받은 날부터 3개월 동안은 그러하지 아니하다.

제40조 (건강진단)

① 보건복지부령으로 정하는 영업자 및 그 종업원은 건강진단을 받아야 한다. 다만, 다른 법령에 따라 같은 내용의 건강진단을 받는 경우에는 이 법에 따른 건강진단을 받은 것으로 본다.
② 제1항에 따라 건강진단을 받은 결과 타인에게 위해를 끼칠 우려가 있는 질병이 있다고 인정된 자는 그 영업에 종사하지 못한다.
③ 영업자는 제1항을 위반하여 건강진단을 받지 아니한 자나 제2항에 따른 건강진단 결과 타인에게 위해를 끼칠 우려가 있는 질병이 있는 자를 그 영업에 종사시키지 못한다.

④ 제1항에 따른 건강진단의 실시방법 등과 제2항 및 제3항에 따른 타인에게 위해를 끼칠 우려가 있는 질병의 종류는 보건복지부령으로 정한다.

제41조 (식품위생교육)

① 대통령령으로 정하는 영업자 및 유흥종사자를 둘 수 있는 식품접객업 영업자의 종업원은 매년 식품위생에 관한 교육(이하 "식품위생교육"이라 한다)을 받아야 한다.
② 제36조제1항 각 호에 따른 영업을 하려는 자는 미리 식품위생교육을 받아야 한다. 다만, 부득이한 사유로 미리 식품위생교육을 받을 수 없는 경우에는 영업을 시작한 뒤에 보건복지부장관이 정하는 바에 따라 식품위생교육을 받을 수 있다.
③ 제1항 및 제2항에 따라 교육을 받아야 하는 자가 영업에 직접 종사하지 아니하거나 두 곳 이상의 장소에서 영업을 하는 경우에는 종업원 중에서 식품위생에 관한 책임자를 지정하여 영업자 대신 교육을 받게 할 수 있다. 다만, 집단급식소에 종사하는 조리사 및 영양사가 식품위생에 관한 책임자로 지정되어 제56조제1항 단서에 따라 교육을 받은 경우에는 제1항 및 제2항에 따른 해당 연도의 식품위생교육을 받은 것으로 본다.
④ 제2항에도 불구하고 다음 각 호의 어느 하나에 해당하는 면허를 받은 자가 제36조제1항제3호에 따른 식품접객업을 하려는 경우에는 식품위생교육을 받지 아니하여도 된다.
   1. 제53조에 따른 조리사 면허
   2. 「국민영양관리법」 제15조에 따른 영양사 면허
   3. 「위생사에 관한 법률」 제3조에 따른 위생사 면허
⑤ 영업자는 특별한 사유가 없는 한 식품위생교육을 받지 아니한 자를 그 영업에 종사하게 하여서는 아니 된다.
⑥ 제1항 및 제2항에 따른 교육의 내용, 교육비 및 교육 실시 기관 등에 관하여 필요한 사항은 보건복지부령으로 정한다.

제42조 (실적보고)

① 삭제
② 식품 또는 식품첨가물을 제조·가공하는 영업자는 총리령으로 정하는 바에 따라 식품 및 식품첨가물을 생산한 실적 등을 식품의약품안전처장 또는 시·도지사에게 보고하여야 한다.

제43조 (영업 제한)

① 시·도지사는 영업 질서와 선량한 풍속을 유지하는 데에 필요한 경우에는 영업자 중 식품접객영업자와 그 종업원에 대하여 영업시간 및 영업행위를 제한할 수 있다.
② 제1항에 따른 제한 사항은 대통령령으로 정하는 범위에서 해당 시·도의 조례로 정한다.

제44조 (영업자 등의 준수사항)

① 제36조제1항 각 호의 영업을 하는 자 중 대통령령으로 정하는 영업자와 그 종업원은 영업의 위생관리와 질서유지, 국민의 보건위생 증진을 위하여 영업의 종류에 따라 다음 각 호에 해당하는 사항을 지켜야 한다.
  1. 「축산물 위생관리법」 제12조에 따른 검사를 받지 아니한 축산물 또는 실험 등의 용도로 사용한 동물은 운반·보관·진열·판매하거나 식품의 제조·가공에 사용하지 말 것
  2. 「야생생물 보호 및 관리에 관한 법률」을 위반하여 포획·채취한 야생생물은 이를 식품의 제조·가공에 사용하거나 판매하지 말 것
  3. 유통기한이 경과된 제품·식품 또는 그 원재료를 조리·판매의 목적으로 소분·운반·진열·보관하거나 이를 판매 또는 식품의 제조·가공에 사용하지 말 것
  4. 수돗물이 아닌 지하수 등을 먹는 물 또는 식품의 조리·세척 등에 사용하는 경우에는 「먹는물관리법」 제43조에 따른 먹는물 수질검사기관에서 총리령으로 정하는 바에 따라 검사를 받아 마시기에 적합하다고 인정된 물을 사용할 것. 다만, 둘 이상의 업소가 같은 건물에서 같은 수원(水源)을 사용하는 경우에는 하나의 업소에 대한 시험 결과로 나머지 업소에 대한 검사를 갈음할 수 있다.
  5. 제15조제2항에 따라 위해평가가 완료되기 전까지 일시적으로 금지된 식품등을 제조·가공·판매·수입·사용 및 운반하지 말 것
  6. 식중독 발생 시 보관 또는 사용 중인 식품은 역학조사가 완료될 때까지 폐기하거나 소독 등으로 현장을 훼손하여서는 아니 되고 원상태로 보존하여야 하며, 식중독 원인 규명을 위한 행위를 방해하지 말 것
  7. 손님을 꾀어서 끌어들이는 행위를 하지 말 것
  8. 그 밖에 영업의 원료관리, 제조공정 및 위생관리와 질서유지, 국민의 보건위생 증진 등을 위하여 총리령으로 정하는 사항
② 식품접객영업자는 「청소년보호법」 제2조에 따른 청소년(이하 이 항에서 "청소년"이라 한다)에게 다음 각 호의 어느 하나에 해당하는 행위를 하여서는 아니 된다.
  1. 청소년을 유흥접객원으로 고용하여 유흥행위를 하게 하는 행위
  2. 「청소년보호법」 제2조제5호가목(1)에 따른 청소년출입·고용 금지업소에 청소년을 출입시키거나 고용하는 행위
  3. 「청소년보호법」 제2조제5호나목(1)에 따른 청소년고용금지업소에 청소년을 고용하는 행위
  4. 청소년에게 주류(酒類)를 제공하는 행위
③ 누구든지 영리를 목적으로 제36조제1항제3호의 식품접객업을 하는 장소(유흥종사자를 둘 수 있도록 대통령령으로 정하는 영업을 하는 장소는 제외한다)에서 손님과 함께 술을 마시거나 노래 또는 춤으로 손님의 유흥을 돋우는 접객행위(공연을 목적으로 하는 가수,

악사, 댄서, 무용수 등이 하는 행위는 제외한다)를 하거나 다른 사람에게 그 행위를 알선하여서는 아니 된다.
④ 제3항에 따른 식품접객영업자는 유흥종사자를 고용·알선하거나 호객행위를 하여서는 아니 된다.
⑤ 주문자 상표부착방식으로 수출국에 제조·가공을 위탁하여 제19조에 따라 식품등(이하 "주문자상표부착식품등"이라 한다)을 수입·판매하는 영업자는 다음 각 호의 사항을 지켜야 한다.
  1. 주문자상표부착식품등을 제조·가공하는 업체에 대하여 식품의약품안전청장이 정하는 위생점검에 관한 기준에 따라 대통령령으로 정한 기관 또는 단체로 하여금 현지 위생점검 등을 실시하여야 한다.
  2. 주문자상표부착식품등에 대하여 제31조에 따른 검사를 실시하고, 그 기록을 2년간 보관하여야 한다.

제45조 (위해식품 등의 회수)

① 판매의 목적으로 식품등을 제조·가공·소분·수입 또는 판매한 영업자(「수입식품안전관리 특별법」 제15조에 따라 등록한 수입식품등 수입·판매업자를 포함한다. 이하 이 조에서 같다)는 해당 식품 등이 제4조 부터 제6조까지, 제7조제4항, 제8조, 제9조제4항 또는 제12조의2제2항을 위반한 사실(식품 등의 위해와 관련이 없는 위반사항을 제외한다)을 알게 된 경우에는 지체 없이 유통 중인 해당 식품등을 회수하거나 회수하는 데에 필요한 조치를 하여야 한다. 이 경우 영업자는 회수계획을 식품의약품안전처장, 시·도지사 또는 시장·군수·구청장에게 미리 보고하여야 하며, 회수결과를 보고받은 시·도지사 또는 시장·군수·구청장은 이를 지체 없이 식품의약품안전처장에게 보고하여야 한다. 다만, 해당 식품등이 「수입식품안전관리 특별법」에 따라 수입한 식품등이고, 보고의무자가 해당 식품등을 수입한 자인 경우에는 식품의약품안전처장에게 보고하여야 한다.
② 식품의약품안전청장, 시·도지사 또는 시장·군수·구청장은 제1항에 따른 회수에 필요한 조치를 성실히 이행한 영업자에 대하여 해당 식품등으로 인하여 받게 되는 제75조 또는 제76조에 따른 행정처분을 대통령령으로 정하는 바에 따라 감면할 수 있다.
③ 제1항에 따른 회수대상 식품등·회수계획·회수절차 및 회수결과 보고 등에 관하여 필요한 사항은 보건복지부령으로 정한다.

제46조 (식품 등의 이물 발견보고 등)

① 판매의 목적으로 식품등을 제조·가공·소분·수입 또는 판매하는 영업자는 소비자로부터 판매제품에서 식품의 제조·가공·조리·유통 과정에서 정상적으로 사용된 원료 또는 재료가 아닌 것으로서 섭취할 때 위생상 위해가 발생할 우려가 있거나 섭취하기에 부적합한 물질[이하 "이물(異物)"이라 한다]을 발견한 사실을 신고받은 경우 지체 없이 이를 식품의약품안전청장, 시 · 도지사 또는 시장 · 군수 · 구청장에게 보고하여야 한다.

② 「소비자기본법」에 따른 한국소비자원 및 소비자단체는 소비자로부터 이물 발견의 신고를 접수하는 경우 지체 없이 이를 식품의약품안전청장에게 통보하여야 한다.

③ 시·도지사 또는 시장·군수·구청장은 소비자로부터 이물 발견의 신고를 접수하는 경우 이를 식품의약품안전청장에게 통보하여야 한다.

④ 식품의약품안전청장은 제1항부터 제3항까지의 규정에 따라 이물 발견의 신고를 통보받은 경우 이물혼입 원인 조사를 위하여 필요한 조치를 취하여야 한다.

⑤ 제1항에 따른 이물 보고의 기준·대상 및 절차 등에 필요한 사항은 보건복지부령으로 정한다.

제47조 (위생등급)

① 식품의약품안전처장 또는 특별자치시장·특별자치도지사·시장·군수·구청장은 총리령으로 정하는 위생등급 기준에 따라 위생관리 상태 등이 우수한 식품 등의 제조·가공업소, 식품접객업소 또는 집단급식소를 우수업소 또는 모범업소로 지정할 수 있다.

② 식품의약품안전청장(대통령령으로 정하는 그 소속 기관의 장을 포함한다), 시·도지사 또는 시장·군수·구청장은 제1항에 따라 지정한 우수업소 또는 모범업소에 대하여 관계 공무원으로 하여금 보건복지부령으로 정하는 일정 기간 동안 제22조에 따른 출입·검사·수거 등을 하지 아니하게 할 수 있으며, 시·도지사 또는 시장·군수·구청장은 제89조제3항제1호에 따른 영업자의 위생관리시설 및 위생설비시설 개선을 위한 융자 사업과 같은 항 제6호에 따른 음식문화 개선과 좋은 식단 실천을 위한 사업에 대하여 우선 지원 등을 할 수 있다.

③ 식품의약품안전처장 또는 특별자치시장·특별자치도지사·시장·군수·구청장은 제1항에 따라 우수업소 또는 모범업소로 지정된 업소가 그 지정기준에 미치지 못하거나 영업정지 이상의 행정처분을 받게 되면 지체 없이 그 지정을 취소하여야 한다.

④ 제1항 및 제3항에 따른 우수업소 또는 모범업소의 지정 및 그 취소에 관한 사항은 보건복지부령으로 정한다.

제47조의2 (식품접객업소의 위생등급 지정 등)

① 식품의약품안전처장, 시·도지사 또는 시장·군수·구청장은 식품접객업소의 위생 수준을 높이기 위하여 식품접객영업자의 신청을 받아 식품접객업소의 위생상태를 평가하여 위생등급을 지정할 수 있다.

② 식품의약품안전처장은 제1항에 따른 식품접객업소의 위생상태 평가 및 위생등급 지정에 필요한 기준 및 방법 등을 정하여 고시하여야 한다.

③ 식품의약품안전처장, 시·도지사 또는 시장·군수·구청장은 제1항에 따른 위생등급 지정 결과를 공표할 수 있다.

④ 위생등급을 지정받은 식품접객영업자는 그 위생등급을 표시하여야 하며, 광고할 수 있다.
⑤ 위생등급의 유효기간은 위생등급을 지정한 날부터 2년으로 한다. 다만, 총리령으로 정하는 바에 따라 그 기간을 연장할 수 있다.
⑥ 식품의약품안전처장, 시·도지사 또는 시장·군수·구청장은 제1항에 따라 위생등급을 지정받은 식품접객영업자가 다음 각 호의 어느 하나에 해당하는 경우 그 지정을 취소하거나 시정을 명할 수 있다.
  1. 위생등급을 지정받은 후 그 기준에 미달하게 된 경우
  2. 위생등급을 표시하지 아니하거나 허위로 표시·광고하는 경우
  3. 제75조에 따라 영업정지 이상의 행정처분을 받은 경우
  4. 그 밖에 제1호부터 제3호까지에 준하는 사항으로서 총리령으로 정하는 사항을 지키지 아니한 경우
⑦ 식품의약품안전처장, 시·도지사 또는 시장·군수·구청장은 위생등급 지정을 받았거나 받으려는 식품접객영업자에게 필요한 기술적 지원을 할 수 있다.
⑧ 식품의약품안전처장, 시·도지사 또는 시장·군수·구청장은 제1항에 따라 위생등급을 지정한 식품접객업소에 대하여 제22조에 따른 출입·검사·수거 등을 총리령으로 정하는 기간 동안 하지 아니하게 할 수 있다.
⑨ 시·도지사 또는 시장·군수·구청장은 제89조의 식품진흥기금을 같은 조 제3항제1호에 따른 영업자의 위생관리시설 및 위생설비시설 개선을 위한 융자 사업과 같은 항 제7호의2에 따른 식품접객업소의 위생등급 지정 사업에 우선 지원할 수 있다.
⑩ 식품의약품안전처장, 시·도지사 또는 시장·군수·구청장은 위생등급 지정에 관한 업무를 대통령령으로 정하는 관계 전문기관이나 단체에 위탁할 수 있다. 이 경우 필요한 예산을 지원할 수 있다.
⑪ 제1항에 따른 위생등급과 그 지정 절차, 제3항에 따른 위생등급 지정 결과 공표 및 제7항에 따른 기술적 지원 등에 필요한 사항은 총리령으로 정한다.

제48조 (위해요소중점관리기준)

① 식품의약품안전처장은 식품의 원료관리 및 제조·가공·조리·소분·유통의 모든 과정에서 위해한 물질이 식품에 섞이거나 식품이 오염되는 것을 방지하기 위하여 각 과정의 위해요소를 확인·평가하여 중점적으로 관리하는 기준(이하 "식품안전관리인증기준"이라 한다)을 식품별로 정하여 고시할 수 있다.
② 총리령으로 정하는 식품을 제조·가공·조리·소분·유통하는 영업자는 제1항에 따라 식품의약품안전처장이 식품별로 고시한 식품안전관리인증기준을 지켜야 한다.
③ 식품의약품안전처장은 제2항에 따라 식품안전관리인증기준을 지켜야 하는 영업자와 그 밖에 식품안전관리인증기준을 지키기 원하는 영업자의 업소를 식품별 식품안전관리인증기준 적용업소(이하 "식품안전관리인증기준적용업소"라 한다)로 인증할 수 있다. 이 경우 식품안전관리인증기준적용업소로 인증을 받은 영업자가 그 인증을 받은 사항 중 총리령으로

정하는 사항을 변경하려는 경우에는 식품의약품안전처장의 변경 인증을 받아야 한다.
④ 식품의약품안전처장은 식품안전관리인증기준적용업소로 인증받은 영업자에게 총리령으로 정하는 바에 따라 그 인증 사실을 증명하는 서류를 발급하여야 한다. 제3항 후단에 따라 변경 인증을 받은 경우에도 또한 같다.
⑤ 식품안전관리인증기준적용업소의 영업자와 종업원은 총리령으로 정하는 교육훈련을 받아야 한다.
⑥ 식품의약품안전처장은 제3항에 따라 식품안전관리인증기준적용업소의 인증을 받거나 받으려는 영업자에게 위해요소중점관리에 필요한 기술적·경제적 지원을 할 수 있다.
⑦ 식품안전관리인증기준적용업소의 인증요건·인증절차, 제5항에 따른 영업자 및 종업원에 대한 교육실시 기관, 교육훈련 방법·절차, 교육훈련비 및 제6항에 따른 기술적·경제적 지원에 필요한 사항은 총리령으로 정한다.
⑧ 식품의약품안전처장은 식품안전관리인증기준적용업소의 효율적 운영을 위하여 총리령으로 정하는 식품안전관리인증기준의 준수 여부 등에 관한 조사·평가를 할 수 있으며, 그 결과 식품안전관리인증기준적용업소가 다음 각 호의 어느 하나에 해당하면 그 인증을 취소하거나 시정을 명할 수 있다. 다만, 식품안전관리인증기준적용업소가 제1호의2 및 제2호에 해당할 경우 인증을 취소하여야 한다.
1. 식품안전관리인증기준을 지키지 아니한 경우
1의2. 거짓이나 그 밖의 부정한 방법으로 인증을 받은 경우
2. 제75조 또는 「식품 등의 표시·광고에 관한 법률」 제16조제1항·제3항에 따라 영업정지 2개월 이상의 행정처분을 받은 경우
3. 영업자와 그 종업원이 제5항에 따른 교육훈련을 받지 아니한 경우
4. 그 밖에 제1호부터 제3호까지에 준하는 사항으로서 총리령으로 정하는 사항을 지키지 아니한 경우
⑨ 식품안전관리인증기준적용업소가 아닌 업소의 영업자는 식품안전관리인증기준적용업소라는 명칭을 사용하지 못한다.
⑩ 식품안전관리인증기준적용업소의 영업자는 인증받은 식품을 다른 업소에 위탁하여 제조·가공하여서는 아니 된다. 다만, 위탁하려는 식품과 동일한 식품에 대하여 식품안전관리인증기준적용업소로 인증된 업소에 위탁하여 제조·가공하려는 경우 등 대통령령으로 정하는 경우에는 그러하지 아니하다.
⑪ 식품의약품안전처장(대통령령으로 정하는 그 소속 기관의 장을 포함한다), 시·도지사 또는 시장·군수·구청장은 식품안전관리인증기준적용업소에 대하여 관계 공무원으로 하여금 총리령으로 정하는 일정 기간 동안 제22조에 따른 출입·검사·수거 등을 하지 아니하게 할 수 있으며, 시·도지사 또는 시장·군수·구청장은 제89조제3항제1호에 따른 영업자의 위생관리시설 및 위생설비시설 개선을 위한 융자 사업에 대하여 우선 지원 등을 할 수 있다.
⑫ 식품의약품안전처장은 식품안전관리인증기준적용업소의 공정별·품목별 위해요소의 분

석, 기술지원 및 인증 등의 업무를 제70조의2에 따른 한국식품안전관리인증원 등 대통령령으로 정하는 기관에 위탁할 수 있다.
⑬ 식품의약품안전처장은 제12항에 따른 위탁기관에 대하여 예산의 범위에서 사용경비의 전부 또는 일부를 보조할 수 있다.
⑭ 제12항에 따른 위탁기관의 업무 등에 필요한 사항은 대통령령으로 정한다.

제48조의2 (인증 유효기간)

① 제48조제3항에 따른 인증의 유효기간은 인증을 받은 날부터 3년으로 하며, 같은 항 후단에 따른 변경 인증의 유효기간은 당초 인증 유효기간의 남은 기간으로 한다.
② 제1항에 따른 인증 유효기간을 연장하려는 자는 총리령으로 정하는 바에 따라 식품의약품안전처장에게 연장신청을 하여야 한다.
③ 식품의약품안전처장은 제2항에 따른 연장신청을 받았을 때에는 안전관리인증기준에 적합하다고 인정하는 경우 3년의 범위에서 그 기간을 연장할 수 있다.

제48조의3 (식품안전관리인증기준적용업소에 대한 조사·평가 등)

① 식품의약품안전처장은 식품안전관리인증기준적용업소로 인증받은 업소에 대하여 식품안전관리인증기준의 준수 여부와 제48조제5항에 따른 교육훈련 수료 여부를 연 1회 이상 조사·평가하여야 한다.
② 식품의약품안전처장은 제1항에 따른 조사·평가 결과 그 결과가 우수한 식품안전관리인증기준적용업소에 대해서는 제1항에 따른 조사·평가를 면제하는 등 행정적·재정적 지원을 할 수 있다. 다만, 식품안전관리인증기준적용업소가 제48조의2제1항에 따른 인증 유효기간 내에 이 법을 위반하여 영업의 정지, 허가 취소 등 행정처분을 받은 경우에는 제1항에 따른 조사·평가를 면제하여서는 아니 된다.
③ 그 밖에 조사·평가의 방법 및 절차 등에 필요한 사항은 총리령으로 정한다.

제49조 (식품이력추적관리 등록기준 등)

① 식품을 제조·수입·가공 또는 판매하는 자 중 식품이력추적관리를 하려는 자는 총리령으로 정하는 등록기준을 갖추어 해당 식품을 식품의약품안전처장에게 등록할 수 있다. 다만, 영유아식 제조·수입·가공업자, 일정 매출액·매장면적 이상의 식품판매업자 등 총리령으로 정하는 자는 식품의약품안전처장에게 등록하여야 한다.
② 제1항에 따라 등록한 식품을 제조·수입·가공 또는 판매하는 자는 식품이력추적관리에 필요한 기록의 작성·보관 및 관리 등에 관하여 식품의약품안전처장이 정하여 고시하는 기준(이하 "식품이력추적관리기준"이라 한다)을 지켜야 한다.
③ 제1항에 따라 등록을 한 자는 등록사항이 변경된 경우 변경사유가 발생한 날부터 1개월 이내에 식품의약품안전청장에게 신고하여야 한다.

④ 제1항에 따라 등록한 식품에는 식품의약품안전청장이 정하여 고시하는 바에 따라 식품이력추적관리의 표시를 할 수 있다.
⑤ 식품의약품안전처장은 제1항에 따라 등록한 식품을 제조·수입·가공 또는 판매하는 자에 대하여 식품이력추적관리기준의 준수 여부 등을 3년마다 조사·평가하여야 한다. 다만, 제1항 단서에 따라 등록한 식품을 제조·수입·가공 또는 판매하는 자에 대하여는 2년마다 조사·평가하여야 한다.
⑥ 보건복지부장관 또는 식품의약품안전청장은 제1항에 따라 등록을 한 자에게 예산의 범위에서 식품이력추적관리에 필요한 자금을 지원할 수 있다.
⑦ 식품의약품안전청장은 제1항에 따라 등록을 한 자가 식품이력추적관리기준을 지키지 아니하면 그 등록을 취소하거나 시정을 명할 수 있다.
⑧ 식품이력추적관리의 등록절차, 등록사항, 등록취소 등의 기준 및 조사·평가, 그 밖에 등록에 필요한 사항은 총리령으로 정한다.

제49조의2 (식품이력추적관리정보의 기록·보관 등)

① 제49조제1항에 따라 등록한 자(이하 이 조에서 "등록자"라 한다)는 식품이력추적관리기준에 따른 식품이력추적관리정보를 총리령으로 정하는 바에 따라 전산기록장치에 기록·보관하여야 한다.
② 등록자는 제1항에 따른 식품이력추적관리정보의 기록을 해당 제품의 유통기한 등이 경과한 날부터 2년 이상 보관하여야 한다.
③ 등록자는 제1항에 따라 기록·보관된 정보가 제49조의3제1항에 따른 식품이력추적관리시스템에 연계되도록 협조하여야 한다.

제49조의3 (식품이력추적관리시스템의 구축 등)

① 식품의약품안전처장은 식품이력추적관리시스템을 구축·운영하고, 식품이력추적관리시스템과 제49조의2제1항에 따른 식품이력추적관리정보가 연계되도록 하여야 한다.
② 식품의약품안전처장은 제1항에 따라 식품이력추적관리시스템에 연계된 정보 중 총리령으로 정하는 정보는 소비자 등이 인터넷 홈페이지를 통하여 쉽게 확인할 수 있도록 하여야 한다.
③ 제2항에 따른 정보는 해당 제품의 유통기한 또는 품질유지기한이 경과한 날부터 1년 이상 확인할 수 있도록 하여야 한다.
④ 누구든지 제1항에 따라 연계된 정보를 식품이력추적관리 목적 외에 사용하여서는 아니된다.

제50조   삭제

❽ 조리사와 영양사

제51조 (조리사)

① 집단급식소 운영자와 대통령령으로 정하는 식품접객업자는 조리사(調理士)를 두어야 한다. 다만, 다음 각 호의 어느 하나에 해당하는 경우에는 조리사를 두지 아니하여도 된다.
  1. 집단급식소 운영자 또는 식품접객영업자 자신이 조리사로서 직접 음식물을 조리하는 경우
  2. 1회 급식인원 100명 미만의 산업체인 경우
  3. 제52조제1항에 따른 영양사가 조리사의 면허를 받은 경우
② 집단급식소에 근무하는 조리사는 다음 각 호의 직무를 수행한다.
  1. 집단급식소에서의 식단에 따른 조리업무[식재료의 전(前)처리에서부터 조리, 배식 등의 전 과정을 말한다]
  2. 구매식품의 검수 지원
  3. 급식설비 및 기구의 위생·안전 실무
  4. 그 밖에 조리실무에 관한 사항

제52조 (영양사)

① 집단급식소 운영자는 영양사(營養士)를 두어야 한다. 다만, 다음 각 호의 어느 하나에 해당하는 경우에는 영양사를 두지 아니하여도 된다.
  1. 집단급식소 운영자 자신이 영양사로서 직접 영양 지도를 하는 경우
  2. 1회 급식인원 100명 미만의 산업체인 경우
  3. 제51조제1항에 따른 조리사가 영양사의 면허를 받은 경우
② 집단급식소에 근무하는 영양사는 다음 각 호의 직무를 수행한다.
  1. 집단급식소에서의 식단 작성, 검식(檢食) 및 배식관리
  2. 구매식품의 검수(檢受) 및 관리
  3. 급식시설의 위생적 관리
  4. 집단급식소의 운영일지 작성
  5. 종업원에 대한 영양 지도 및 식품위생교육

제53조 (조리사 및 영양사의 면허)

① 조리사가 되려는 자는 「국가기술자격법」에 따라 해당 기능분야의 자격을 얻은 후 특별자치시장·특별자치도지사·시장·군수·구청장의 면허를 받아야 한다.
② 영양사가 되려는 자는 다음 각 호의 어느 하나에 해당하는 자로서 영양사 자격시험에 합격한 후 보건복지부장관의 면허를 받아야 한다.
　1. 「고등교육법」에 따른 학교에서 식품학 또는 영양학을 전공한 자로서 교과목과 학점 이수 등에 관하여 보건복지부령으로 정하는 요건을 갖춘 자
　2. 외국에서 영양사 면허를 받은 자
　3. 외국의 영양사 양성학교 중 보건복지부장관이 인정하는 학교를 졸업한 자
③ 보건복지부장관은 제2항에 따른 영양사 자격시험의 관리를 보건복지부령으로 정하는 바에 따라 시험관리 능력이 있다고 인정되는 관계 전문기관으로 하여금 하게 할 수 있다.
④ 제1항 및 제2항에 따른 조리사와 영양사의 면허 및 영양사의 자격시험 등에 관하여 필요한 사항은 보건복지부령으로 정한다.

제54조 (결격사유)

다음 각 호의 어느 하나에 해당하는 자는 조리사 또는 영양사 면허를 받을 수 없다.
　1. 「정신보건법」 제3조제1호에 따른 정신질환자. 다만, 전문의가 조리사 또는 영양사로서 적합하다고 인정하는 자는 그러하지 아니하다.
　2. 「전염병예방법」 제2조제2항에 따른 전염병환자. 다만, 같은 조 제1항제2호아목에 따른 B형간염환자는 제외한다.
　3. 「마약류관리에 관한 법률」 제2조제2호에 따른 마약이나 그 밖의 약물 중독자
　4. 조리사 또는 영양사 면허의 취소처분을 받고 그 취소된 날부터 1년이 지나지 아니한 자

제55조 (명칭 사용 금지)

조리사 또는 영양사가 아니면 조리사 또는 영양사라는 명칭을 사용하지 못한다.

제56조 (교육)

① 보건복지부장관은 식품위생 수준 및 자질의 향상을 위하여 필요한 경우 조리사와 영양사에게 교육(조리사의 경우 보수교육을 포함한다. 이하 이 조에서 같다)을 받을 것을 명할 수 있다. 다만, 집단급식소에 종사하는 조리사와 영양사는 2년마다 교육을 받아야 한다.
② 제1항에 따른 교육의 대상자·실시기관·내용 및 방법 등에 관하여 필요한 사항은 보건복지부령으로 정한다.
③ 보건복지부장관은 제1항에 따른 교육 등 업무의 일부를 대통령령으로 정하는 바에 따라 관계 전문기관이나 단체에 위탁할 수 있다.

❾ 식품위생심의위원회

제57조 (식품위생심의위원회의 설치 등)

보건복지부장관 또는 식품의약품안전청장의 자문에 응하여 다음 각 호의 사항을 조사·심의하기 위하여 보건복지부에 식품위생심의위원회를 둔다.
1. 식중독 방지에 관한 사항
2. 농약·중금속 등 유독·유해물질 잔류 허용 기준에 관한 사항
3. 식품 등의 기준과 규격에 관한 사항
4. 그 밖에 식품위생에 관한 중요 사항

제58조 (심의위원회의 조직과 운영)

① 심의위원회는 위원장 1명과 부위원장 2명을 포함한 100명 이내의 위원으로 구성한다.
② 심의위원회의 위원은 다음 각 호의 어느 하나에 해당하는 사람 중에서 보건복지부장관이 임명하거나 위촉한다. 다만, 제3호의 사람을 전체 위원의 3분의 1 이상 위촉하고, 제2호와 제4호의 사람을 합하여 전체 위원의 3분의 1 이상 위촉하여야 한다.
  1. 식품위생 관계 공무원
  2. 식품등에 관한 영업에 종사하는 사람
  3. 시민단체의 추천을 받은 사람
  4. 제59조에 따른 동업자조합 또는 제64조에 따른 한국식품산업협회(이하 "식품위생단체"라 한다)의 추천을 받은 사람
  5. 식품위생에 관한 학식과 경험이 풍부한 사람
③ 심의위원회 위원의 임기는 2년으로 하되, 공무원인 위원은 그 직위에 재직하는 기간 동안 재임한다. 다만, 위원이 궐위된 경우 그 보궐위원의 임기는 전임위원 임기의 남은 기간으로 한다.
④ 심의위원회에 식품 등의 국제 기준 및 규격을 조사·연구할 연구위원을 둘 수 있다.
⑤ 제4항에 따른 연구위원의 업무는 다음 각 호와 같다. 다만, 다른 법령에 따라 수행하는 관련 업무는 제외한다.
  1. 국제식품규격위원회에서 제시한 기준·규격 조사·연구
  2. 국제식품규격의 조사·연구에 필요한 외국정부, 관련 소비자단체 및 국제기구와 상호협력
  3. 외국의 식품의 기준·규격에 관한 정보 및 자료 등의 조사·연구
  4. 그 밖에 제1호부터 제3호까지에 준하는 사항으로서 대통령령으로 정하는 사항
⑥ 이 법에서 정한 것 외에 심의위원회의 조직 및 운영에 필요한 사항은 대통령령으로 정한다.

❿ 식품위생단체 등

제1절 동업자조합

제59조 (설립)
① 영업자는 영업의 발전과 국민보건 향상을 위하여 대통령령으로 정하는 영업 또는 식품의 종류별로 동업자조합(이하 "조합"이라 한다)을 설립할 수 있다.
② 조합은 법인으로 한다.
③ 조합을 설립하려는 경우에는 대통령령으로 정하는 바에 따라 조합원 자격이 있는 자 10분의 1(20명을 초과하면 20명으로 한다) 이상의 발기인이 정관을 작성하여 보건복지부장관의 설립인가를 받아야 한다.
④ 조합은 제3항에 따른 설립인가를 받는 날에 성립된다.
⑤ 조합은 정관으로 정하는 바에 따라 하부조직을 둘 수 있다.

제60조 (조합의 사업)
조합은 다음 각 호의 사업을 한다.
  1. 영업의 건전한 발전과 조합원 공동의 이익을 위한 사업
  2. 조합원의 영업시설 개선에 관한 지도
  3. 조합원을 위한 경영지도
  4. 조합원과 그 종업원을 위한 교육훈련
  5. 조합원과 그 종업원의 복지증진을 위한 사업
  6. 보건복지부장관이 위탁하는 조사·연구 사업
  7. 조합원의 생활안정과 복지증진을 위한 공제사업
  8. 제1호부터 제5호까지에 규정된 사업의 부대사업

제60조의2 (조합의 공제회 설립·운영)
① 조합은 조합원의 생활안정과 복지증진을 도모하기 위하여 식품의약품안전처장의 인가를 받아 공제회를 설립하여 공제사업을 영위할 수 있다.
② 공제회의 구성원(이하 "공제회원"이라 한다)은 공제사업에 필요한 출자금을 납부하여야 한다.
③ 공제회의 설립인가 절차, 운영 등에 관하여 필요한 사항은 대통령령으로 정한다.
④ 조합이 제1항에 따라 공제사업을 하기 위하여 공제회를 설립하고자 하는 때에는 공제회원의 자격에 관한 사항, 출자금의 부담기준, 공제방법, 공제사업에 충당하기 위한 책임

준비금 및 비상위험준비금 등 공제회의 운영에 관하여 필요한 사항을 포함하는 공제정관을 작성하여 식품의약품안전처장의 인가를 받아야 한다. 공제정관을 변경하고자 하는 때에도 또한 같다.
⑤ 공제회는 법인으로 하며, 주된 사무소의 소재지에서 설립등기를 함으로써 성립한다.

제60조의3 (공제사업의 내용)

공제회는 다음 각 호의 사업을 한다.
1. 공제회원에 대한 공제급여 지급
2. 공제회원의 복리·후생 향상을 위한 사업
3. 기금 조성을 위한 사업
4. 식품위생 영업자의 경영개선을 위한 조사·연구 및 교육 사업
5. 식품위생단체 등의 법인에의 출연
6. 공제회의 목적달성에 필요한 대통령령으로 정하는 수익사업

제60조의4 (공제회에 대한 감독)

① 식품의약품안전처장은 공제회에 대하여 감독상 필요한 경우에는 그 업무에 관한 사항을 보고하게 하거나 자료의 제출을 명할 수 있으며, 소속 공무원으로 하여금 장부·서류, 그 밖의 물건을 검사하게 할 수 있다.
② 제1항에 따라 조사 또는 검사를 하는 공무원 등은 그 권한을 표시하는 증표 및 조사기간, 조사범위, 조사담당자, 관계 법령 등 대통령령으로 정하는 사항이 기재된 서류를 가지고 이를 관계인에게 보여주어야 한다.
③ 식품의약품안전처장은 공제회의 운영이 적정하지 아니하거나 자산상황이 불량하여 공제회원 등의 권익을 해칠 우려가 있다고 인정하면 업무집행방법 및 자산예탁기관의 변경, 가치가 없다고 인정되는 자산의 손실처리 등 필요한 조치를 명할 수 있다.
④ 공제회가 제3항의 개선명령을 이행하지 아니한 경우 식품의약품안전처장은 공제회의 임직원의 징계·해임을 요구할 수 있다.

제61조 (대의원회)

① 조합원이 500명을 초과하는 조합은 정관으로 정하는 바에 따라 총회를 갈음할 수 있는 대의원회를 둘 수 있다.
② 대의원은 조합원이어야 한다.

제62조 (「민법」의 준용)

조합 및 공제회에 관하여 이 법에서 규정하지 아니한 것에 대하여는 「민법」 중 사단법인에 관한 규정을 준용한다.

제63조 (자율지도원 등)

① 조합은 조합원의 영업시설 개선과 경영에 관한 지도 사업 등을 효율적으로 수행하기 위하여 자율지도원을 둘 수 있다.
② 조합의 관리 및 운영 등에 필요한 기준은 대통령령으로 정한다.

제2절 식품공업협회

제64조 (설립)

① 식품산업의 발전과 식품위생의 향상을 위하여 한국식품산업협회(이하 "협회"라 한다)를 설립한다.
② 제1항에 따라 설립되는 협회는 법인으로 한다.
③ 협회의 회원이 될 수 있는 자는 영업자 중 식품 또는 식품첨가물을 제조·가공·운반·판매·보존하는 자 및 그 밖에 식품 관련 산업을 운영하는 자로 한다.
④ 협회에 관하여 이 법에서 규정하지 아니한 것에 대하여는 「민법」 중 사단법인에 관한 규정을 준용한다.

제65조 (협회의 사업)

협회는 다음 각 호의 사업을 한다.
1. 식품산업에 관한 조사·연구
2. 식품 및 식품첨가물과 그 원재료(原材料)에 대한 시험·검사 업무
3. 식품위생과 관련한 교육
4. 영업자 중 식품이나 식품첨가물을 제조·가공·운반·판매 및 보존하는 자의 영업시설 개선에 관한 지도
5. 회원을 위한 경영지도
6. 식품안전과 식품산업 진흥 및 지원·육성에 관한 사업
7. 제1호부터 제5호까지에 규정된 사업의 부대사업

제66조 (준용)

협회에 관하여는 제63조제1항을 준용한다. 이 경우 "조합"은 "협회"로, "조합원"은 "협회의 회원"으로 본다.

제3절 식품안전정보센터

제67조 (식품안전정보센터의 설립)
① 식품의약품안전청장의 위탁을 받아 제49조에 따른 식품이력추적관리업무와 식품안전에 관한 업무 중 제68조제1항 각 호에 관한 업무를 효율적으로 수행하기 위하여 식품안전정보원(이하 "정보원"이라 한다)를 둔다.
② 정보원은 법인으로 한다.
③ 정보원에 관하여 이 법에서 규정된 것 외에는 「민법」 중 재단법인에 관한 규정을 준용한다.

제68조 (정보원의 사업)
① 정보원은 다음 각 호의 사업을 한다.
  1. 국내외 식품안전정보의 수집 · 분석 · 정보제공 등
  1의2. 식품안전정책 수립을 지원하기 위한 조사 · 연구 등
  2. 식품안전정보의 수집 · 분석 및 식품이력추적관리 등을 위한 정보시스템의 구축 · 운영 등
  3. 식품이력추적관리의 등록 · 관리 등
  4. 식품이력추적관리에 관한 교육 및 홍보
  5. 식품사고가 발생한 때 사고의 신속한 원인규명과 해당 식품의 회수 · 폐기 등을 위한 정보제공
  6. 식품위해정보의 공동활용 및 대응을 위한 기관 · 단체 · 소비자단체 등과의 협력 네트워크 구축 · 운영
  7. 소비자 식품안전 관련 신고의 안내 · 접수 · 상담 등을 위한 지원
  8. 그 밖에 식품안전정보 및 식품이력추적관리에 관한 사항으로서 식품의약품안전처장이 정하는 사업
② 식품의약품안전청장은 정보원의 설립 · 운영 등에 필요한 비용을 지원할 수 있다.

제69조 (사업계획서 등의 제출)
① 정보원은 보건복지부령으로 정하는 바에 따라 매 사업연도 개시 전에 사업계획서와 예산서를 식품의약품안전청장에게 제출하여 승인을 받아야 한다.
② 정보원은 식품의약품안전청장이 지정하는 공인회계사의 검사를 받은 매 사업연도의 세입 · 세출결산서를 식품의약품안전청장에게 제출하여 승인을 받아 결산을 확정한 후 그 결과를 다음 사업연도 5월 말까지 국회에 보고하여야 한다.

제70조 (지도·감독 등)

① 식품의약품안전청장은 정보원에 대하여 감독상 필요한 때에는 그 업무에 관한 사항을 보고하게 하거나 자료의 제출, 그 밖에 필요한 명령을 할 수 있고, 소속 공무원으로 하여금 그 사무소에 출입하여 장부·서류 등을 검사하게 할 수 있다.
② 제1항에 따라 출입·검사를 하는 공무원은 그 권한을 표시하는 증표 및 조사기간, 조사범위, 조사담당자, 관계 법령 등 대통령령으로 정하는 사항이 기재된 서류를 지니고 이를 관계인에게 내보여야 한다.
③ 정보원에 대한 지도·감독에 관하여 그 밖에 필요한 사항은 보건복지부령으로 정한다.

제70조의2 (한국식품안전관리인증원의 설립)

① 식품의약품안전처장은 제48조에 따른 식품안전관리인증기준적용업소의 공정별·품목별 위해요소의 분석, 기술지원 및 인증 등의 업무를 효율적으로 수행하기 위하여 한국식품안전관리인증원(이하 "식품인증원"이라 한다)을 설립한다.
② 식품인증원은 법인으로 한다.
③ 식품인증원에 관하여 이 법에서 규정된 것 외에는 「민법」 중 재단법인에 관한 규정을 준용한다.
④ 그 밖에 식품인증원의 조직 및 운영 등에 필요한 사항은 대통령령으로 정한다.

제70조의3 (사업)

식품인증원은 식품의약품안전처장으로부터 다음 각 호의 사업을 위탁받아 수행한다.
1. 식품안전관리인증기준적용업소 등에 대한 기술지원
2. 식품안전관리인증기준적용업소 인증
3. 식품안전관리인증기준과 관련된 전문인력의 양성 및 교육·훈련
4. 식품안전관리인증기준적용업소의 공정별·품목별 위해요소 분석
5. 식품안전관리인증기준에 관한 정보의 수집·제공 및 홍보
6. 식품안전관리인증기준에 관한 조사·연구사업
7. 그 밖에 식품안전관리에 관한 사항으로서 식품의약품안전처장이 정하는 사업

제70조의4 (사업계획서 등의 제출)

① 식품인증원의 사업연도는 정부의 회계연도에 따른다.
② 식품인증원은 총리령으로 정하는 바에 따라 매 사업연도 개시 전에 사업계획서와 예산서를 식품의약품안전처장에게 제출하여 승인을 받아야 한다. 이를 변경하고자 할 때에도 또한 같다.

제70조의5 (준용)

식품의약품안전처장의 식품인증원에 대한 지도·감독 등에 관하여는 제70조를 준용한다. 이 경우 "정보원"은 "식품인증원"으로 본다.

제70조의6 (벌칙적용에서의 공무원 의제)

식품인증원의 임직원은 「형법」 제129조 부터 제132조까지의 규정을 적용할 때에는 공무원으로 본다.

제70조의7 (건강 위해가능 영양성분 관리)

① 국가 및 지방자치단체는 식품의 나트륨, 당류, 트랜스지방 등 영양성분(이하 "건강 위해가능 영양성분"이라 한다)의 과잉섭취로 인한 국민보건상 위해를 예방하기 위하여 노력하여야 한다.
② 식품의약품안전처장은 관계 중앙행정기관의 장과 협의하여 건강 위해가능 영양성분 관리 기술의 개발·보급, 적정섭취를 위한 실천방법의 교육·홍보 등을 실시하여야 한다.
③ 건강 위해가능 영양성분의 종류는 대통령령으로 정한다.

제70조의8 (건강 위해가능 영양성분 관리 주관기관 설립·지정)

① 식품의약품안전처장은 건강 위해가능 영양성분 관리를 위하여 다음 각 호의 사업을 주관하여 수행할 기관(이하 "주관기관"이라 한다)을 설립하거나 건강 위해가능 영양성분 관리와 관련된 사업을 하는 기관·단체 또는 법인을 주관기관으로 지정할 수 있다.
  1. 건강 위해가능 영양성분 적정섭취 실천방법 교육·홍보 및 국민 참여 유도
  2. 건강 위해가능 영양성분 함량 모니터링 및 정보제공
  3. 건강 위해가능 영양성분을 줄인 급식과 외식, 가공식품 생산 및 구매 활성화
  4. 건강 위해가능 영양성분 관리 실천사업장 운영 지원
  5. 그 밖에 식품의약품안전처장이 필요하다고 인정하는 건강 위해가능 영양성분 관리사업
② 식품의약품안전처장은 주관기관에 대하여 예산의 범위에서 설립·운영 및 제1항 각 호의 사업을 수행하는 데 필요한 경비의 전부 또는 일부를 지원할 수 있다.
③ 제1항에 따라 설립되는 주관기관은 법인으로 한다.
④ 제1항에 따라 설립되는 주관기관에 관하여 이 법에서 규정된 것을 제외하고는 「민법」 중 재단법인에 관한 규정을 준용한다.
⑤ 식품의약품안전처장은 제1항에 따라 지정된 주관기관이 다음 각 호의 어느 하나에 해당하는 경우 지정을 취소할 수 있다. 다만, 제1호에 해당하는 경우에는 지정을 취소하여야 한다.
  1. 거짓이나 그 밖의 부정한 방법으로 지정을 받은 경우
  2. 제6항에 따른 지정기준에 적합하지 아니하게 된 경우

⑥ 주관기관의 설립, 지정 및 지정 취소의 기준·절차 등에 필요한 사항은 대통령령으로 정한다.

제70조의9 (사업계획서 등의 제출)

주관기관은 총리령으로 정하는 바에 따라 전년도의 사업 실적보고서와 해당 연도의 사업계획서를 작성하여 식품의약품안전처장에게 제출하여야 한다. 다만, 제70조의8제1항에 따라 지정된 주관기관의 경우 같은 항 각 호의 사업 수행과 관련된 사항으로 한정한다.

제70조의10 (지도·감독 등)

① 식품의약품안전처장은 주관기관에 대하여 감독상 필요한 때에는 그 업무에 관한 사항을 보고하게 하거나 자료의 제출, 그 밖에 필요한 명령을 할 수 있다. 다만, 제70조의8제1항에 따라 지정된 주관기관에 대한 지도·감독은 같은 항 각 호의 사업 수행과 관련된 사항으로 한정한다.
② 주관기관에 대한 지도·감독에 관하여 그 밖에 필요한 사항은 총리령으로 정한다.

⑪ 시정명령과 허가취소 등 행정 제재

제71조 (시정명령)

① 식품의약품안전처장, 시·도지사 또는 시장·군수·구청장은 제3조에 따른 식품 등의 위생적 취급에 관한 기준에 맞지 아니하게 영업하는 자와 이 법을 지키지 아니하는 자에게는 필요한 시정을 명하여야 한다.
② 식품의약품안전처장, 시·도지사 또는 시장·군수·구청장은 제1항의 시정명령을 한 경우에는 그 영업을 관할하는 관서의 장에게 그 내용을 통보하여 시정명령이 이행되도록 협조를 요청할 수 있다.
③ 제2항에 따라 요청을 받은 관계 기관의 장은 정당한 사유가 없으면 이에 응하여야 하며, 그 조치결과를 지체 없이 요청한 기관의 장에게 통보하여야 한다.

제72조 (폐기처분 등)

① 식품의약품안전처장, 시·도지사 또는 시장·군수·구청장은 영업자(「수입식품안전관리 특별법」 제15조에 따라 등록한 수입식품등 수입·판매업자를 포함한다. 이하 이 조에서 같다)가 제4조 부터 제6조까지, 제7조제4항, 제8조, 제9조제4항 또는 제12조의2제2항을 위반한 경우에는 관계 공무원에게 그 식품등을 압류 또는 폐기하게 하거나 용도·처리방법 등을 정하여 영업자에게 위해를 없애는 조치를 하도록 명하여야 한다.

② 식품의약품안전청장, 시·도지사 또는 시장·군수·구청장은 제37조제1항, 제4항 또는 제5항을 위반하여 허가받지 아니하거나 신고 또는 등록하지 아니하고 제조·가공·조리한 식품 또는 식품첨가물이나 여기에 사용한 기구 또는 용기·포장 등을 관계 공무원에게 압류하거나 폐기하게 할 수 있다.

③ 식품의약품안전청장, 시·도지사 또는 시장·군수·구청장은 식품위생상의 위해가 발생하였거나 발생할 우려가 있는 경우에는 영업자에게 유통 중인 해당 식품등을 회수·폐기하게 하거나 해당 식품 등의 원료, 제조 방법, 성분 또는 그 배합 비율을 변경할 것을 명할 수 있다.

④ 제1항 및 제2항에 따른 압류나 폐기를 하는 공무원은 그 권한을 표시하는 증표 및 조사기간, 조사범위, 조사담당자, 관계 법령 등 대통령령으로 정하는 사항이 기재된 서류를 지니고 이를 관계인에게 내보여야 한다.

⑤ 제1항 및 제2항에 따른 압류 또는 폐기에 필요한 사항과 제3항에 따른 회수·폐기 대상 식품 등의 기준 등은 보건복지부령으로 정한다.

⑥ 식품의약품안전청장, 시·도지사 및 시장·군수·구청장은 제1항에 따라 폐기처분명령을 받은 자가 그 명령을 이행하지 아니하는 경우에는 「행정대집행법」에 따라 대집행을 하고 그 비용을 명령위반자로부터 징수할 수 있다.

제73조 (위해식품 등의 공표)

① 식품의약품안전청장, 시·도지사 또는 시장·군수·구청장은 다음 각 호의 어느 하나에 해당되는 경우에는 해당 영업자에 대하여 그 사실의 공표를 명할 수 있다. 다만, 식품위생에 관한 위해가 발생한 경우에는 공표를 명하여야 한다.
   1. 제4조부터 제6조까지, 제7조제4항, 제8조 또는 제9조제4항 등을 위반하여 식품위생에 관한 위해가 발생하였다고 인정되는 때
   2. 제45조제1항 또는 「식품 등의 표시·광고에 관한 법률」 제15조제2항에 따른 회수계획을 보고받은 때

② 제1항에 따른 공표방법 등 공표에 관하여 필요한 사항은 대통령령으로 정한다.

제74조 (시설 개수명령 등)

① 식품의약품안전청장, 시·도지사 또는 시장·군수·구청장은 영업시설이 제36조에 따른 시설기준에 맞지 아니한 경우에는 기간을 정하여 그 영업자에게 시설을 개수(改修)할 것을 명할 수 있다.

② 건축물의 소유자와 영업자 등이 다른 경우 건축물의 소유자는 제1항에 따른 시설 개수명령을 받은 영업자 등이 시설을 개수하는 데에 최대한 협조하여야 한다.

제75조 (허가취소 등)

① 식품의약품안전처장 또는 특별자치시장·특별자치도지사·시장·군수·구청장은 영업자가 다음 각 호의 어느 하나에 해당하는 경우에는 대통령령으로 정하는 바에 따라 영업허가 또는 등록을 취소하거나 6개월 이내의 기간을 정하여 그 영업의 전부 또는 일부를 정지하거나 영업소 폐쇄(제37조제4항에 따라 신고한 영업만 해당한다. 이하 이 조에서 같다)를 명할 수 있다.
  1. 제4조부터 제6조까지, 제7조제4항, 제8조, 제9조제4항 또는 제12조의2제2항을 위반한 경우
  2. 삭제
  3. 제17조제4항을 위반한 경우
  4. 삭제, 4의2. 삭제
  5. 제31조제1항 및 제3항을 위반한 경우
  6. 제36조를 위반한 경우
  7. 제37조제1항 후단, 제3항, 제4항 후단 및 제6항을 위반하거나 같은 조 제2항에 따른 조건을 위반한 경우
  7의2. 제37조제5항에 따른 변경 등록을 하지 아니하거나 같은 항 단서를 위반한 경우
  8. 제38조제1항제8호에 해당하는 경우
  9. 제40조제3항을 위반한 경우
  10. 제41조제5항을 위반한 경우
  11. 삭제
  12. 제43조에 따른 영업 제한을 위반한 경우
  13. 제44조제1항·제2항 및 제4항을 위반한 경우
  14. 제45조제1항 전단에 따른 회수 조치를 하지 아니한 경우
  14의2. 제45조제1항 후단에 따른 회수계획을 보고하지 아니하거나 거짓으로 보고한 경우
  15. 제48조제2항에 따른 식품안전관리인증기준을 지키지 아니한 경우
  15의2. 제49조제1항 단서에 따른 식품이력추적관리를 등록하지 아니 한 경우
  16. 제51조제1항를 위반한 경우
  17. 제71조제1항, 제72조제1항·제3항, 제73조제1항 또는 제74조제1항(제88조에 따라 준용되는 제71조제1항, 제72조제1항·제3항 또는 제74조제1항을 포함한다)에 따른 명령을 위반한 경우
  18. 「성매매알선 등 행위의 처벌에 관한 법률」 제4조에 따른 금지행위를 한 경우

② 식품의약품안전처장 또는 특별자치시장·특별자치도지사·시장·군수·구청장은 영업자가 제1항에 따른 영업정지 명령을 위반하여 영업을 계속하면 영업허가 또는 등록을 취소하거나 영업소 폐쇄를 명할 수 있다.

③ 식품의약품안전처장 또는 특별자치시장·특별자치도지사·시장·군수·구청장은 다음 각 호의 어느 하나에 해당하는 경우에는 영업허가 또는 등록을 취소하거나 영업소 폐쇄를 명할 수 있다.
  1. 영업자가 정당한 사유 없이 6개월 이상 계속 휴업하는 경우
  2. 영업자(제37조제1항에 따라 영업허가를 받은 자만 해당한다)가 사실상 폐업하여 「부가가치세법」 제5조에 따라 관할세무서장에게 폐업신고를 하거나 관할세무서장이 사업자등록을 말소한 경우
④ 식품의약품안전처장 또는 특별자치시장·특별자치도지사·시장·군수·구청장은 제3항제2호의 사유로 영업허가를 취소하기 위하여 필요한 경우 관할 세무서장에게 영업자의 폐업여부에 대한 정보 제공을 요청할 수 있다. 이 경우 요청을 받은 관할 세무서장은 「전자정부법」 제39조에 따라 영업자의 폐업여부에 대한 정보를 제공한다.
⑤ 제1항 및 제2항에 따른 행정처분의 세부기준은 그 위반 행위의 유형과 위반 정도 등을 고려하여 총리령으로 정한다.

제76조 (품목 제조정지 등)

① 식품의약품안전처장 또는 특별자치시장·특별자치도지사·시장·군수·구청장은 영업자가 다음 각 호의 어느 하나에 해당하면 대통령령으로 정하는 바에 따라 해당 품목 또는 품목류(제7조 또는 제9조에 따라 정하여진 식품 등의 기준 및 규격 중 동일한 기준 및 규격을 적용받아 제조·가공되는 모든 품목을 말한다. 이하 같다)에 대하여 기간을 정하여 6개월 이내의 제조정지를 명할 수 있다.
  1. 제7조제4항을 위반한 경우
  2. 제9조제4항을 위반한 경우
  3. 삭제
  3의2. 제12조의2제2항을 위반한 경우
  4. 삭제
  5. 제31조제1항을 위반한 경우
② 제1항에 따른 행정처분의 세부기준은 그 위반 행위의 유형과 위반 정도 등을 고려하여 보건복지부령으로 정한다.

제77조 (영업허가 등의 취소 요청)

① 보건복지부장관 또는 식품의약품안전청장은 「축산물가공처리법」, 「수산업법」 또는 「주세법」에 따라 허가 또는 면허를 받은 자가 제4조부터 제6조까지 또는 제7조제4항을 위반한 경우에는 해당 허가 또는 면허 업무를 관할하는 중앙행정기관의 장에게 다음 각 호의 조치를 하도록 요청할 수 있다. 다만, 주류(酒類)는 「보건범죄단속에 관한 특별조치법」 제8조에 따른 유해 등의 기준에 해당하는 경우로 한정한다.
  1. 허가 또는 면허의 전부 또는 일부 취소

2. 일정 기간의 영업정지
3. 그 밖에 위생상 필요한 조치
② 제1항에 따라 영업허가 등의 취소 요청을 받은 관계 중앙행정기관의 장은 정당한 사유가 없으면 이에 따라야 하며, 그 조치결과를 지체 없이 보건복지부장관 또는 식품의약품안전청장에게 통보하여야 한다.

제78조 (행정 제재처분 효과의 승계)

영업자가 영업을 양도하거나 법인이 합병되는 경우에는 제75조제1항 각 호, 같은 조 제2항 또는 제76조제1항 각 호를 위반한 사유로 종전의 영업자에게 행한 행정 제재처분의 효과는 그 처분기간이 끝난 날부터 1년간 양수인이나 합병 후 존속하는 법인에 승계되며, 행정 제재처분 절차가 진행 중인 경우에는 양수인이나 합병 후 존속하는 법인에 대하여 행정 제재처분 절차를 계속할 수 있다. 다만, 양수인이나 합병 후 존속하는 법인이 양수하거나 합병할 때에 그 처분 또는 위반사실을 알지 못하였음을 증명하는 때에는 그러하지 아니하다.

제79조 (폐쇄조치 등)

① 식품의약품안전청장, 시·도지사 또는 시장·군수·구청장은 제37조제1항, 제4항 또는 제5항을 위반하여 허가받지 아니하거나 신고 또는 등록하지 아니하고 영업을 하는 경우 또는 제75조제1항 또는 제2항에 따라 허가 또는 등록이 취소되거나 영업소 폐쇄명령을 받은 후에도 계속하여 영업을 하는 경우에는 해당 영업소를 폐쇄하기 위하여 관계 공무원에게 다음 각 호의 조치를 하게 할 수 있다.
1. 해당 영업소의 간판 등 영업 표지물의 제거나 삭제
2. 해당 영업소가 적법한 영업소가 아님을 알리는 게시문 등의 부착
3. 해당 영업소의 시설물과 영업에 사용하는 기구 등을 사용할 수 없게 하는 봉인(封印)
② 식품의약품안전청장, 시·도지사 또는 시장·군수·구청장은 제1항제3호에 따라 봉인한 후 봉인을 계속할 필요가 없거나 해당 영업을 하는 자 또는 그 대리인이 해당 영업소 폐쇄를 약속하거나 그 밖의 정당한 사유를 들어 봉인의 해제를 요청하는 경우에는 봉인을 해제할 수 있다. 제1항제2호에 따른 게시문 등의 경우에도 또한 같다.
③ 식품의약품안전청장, 시·도지사 또는 시장·군수·구청장은 제1항에 따른 조치를 하려면 해당 영업을 하는 자 또는 그 대리인에게 문서로 미리 알려야 한다. 다만, 급박한 사유가 있으면 그러하지 아니하다.
④ 제1항에 따른 조치는 그 영업을 할 수 없게 하는 데에 필요한 최소한의 범위에 그쳐야 한다.
⑤ 제1항의 경우에 관계 공무원은 그 권한을 표시하는 증표 및 조사기간, 조사범위, 조사담당자, 관계 법령 등 대통령령으로 정하는 사항이 기재된 서류를 지니고 이를 관계인에게 내보여야 한다.

제80조 (면허취소 등)

① 식품의약품안전처장 또는 특별자치시장·특별자치도지사·시장·군수·구청장은 조리사가 다음 각 호의 어느 하나에 해당하면 그 면허를 취소하거나 6개월 이내의 기간을 정하여 업무정지를 명할 수 있다. 다만, 조리사가 제1호 또는 제5호에 해당할 경우 면허를 취소하여야 한다.
  1. 제54조 각 호의 어느 하나에 해당하게 된 경우
  2. 제56조에 따른 교육을 받지 아니한 경우
  3. 식중독이나 그 밖에 위생과 관련한 중대한 사고 발생에 직무상의 책임이 있는 경우
  4. 면허를 타인에게 대여하여 사용하게 한 경우
  5. 업무정지기간 중에 조리사 또는 영양사의 업무를 하는 경우
② 제1항에 따른 행정처분의 세부기준은 그 위반 행위의 유형과 위반 정도 등을 고려하여 보건복지부령으로 정한다.

제81조 (청문)

식품의약품안전처장, 시·도지사 또는 시장·군수·구청장은 다음 각 호의 어느 하나에 해당하는 처분을 하려면 청문을 하여야 한다.
  1. 제19조의2제3항에 따른 수입식품신고 대행자 등록취소
  1의2. 제27조에 따른 식품위생검사기관의 지정취소
  2. 제48조제8항에 따른 식품안전관리인증기준적용업소의 인증취소
  3. 제75조제1항부터 제3항까지의 규정에 따른 영업허가 또는 등록의 취소나 영업소의 폐쇄명령
  4. 제80조제1항에 따른 면허의 취소

제82조 (영업정지 등의 처분에 갈음하여 부과하는 과징금 처분)

① 식품의약품안전처장, 시·도지사 또는 시장·군수·구청장은 영업자가 제75조제1항 각 호 또는 제76조제1항 각 호의 어느 하나에 해당하는 경우에는 대통령령으로 정하는 바에 따라 영업정지, 품목 제조정지 또는 품목류 제조정지 처분을 갈음하여 10억원 이하의 과징금을 부과할 수 있다. 다만, 제6조를 위반하여 제75조제1항에 해당하는 경우와 제4조, 제5조, 제7조, 제10조, 제12조의2, 제13조, 제37조, 제43조 및 제44조를 위반하여 제75조제1항 또는 제76조제1항에 해당하는 중대한 사항으로서 총리령으로 정하는 경우는 제외한다.
② 제1항에 따른 과징금을 부과하는 위반 행위의 종류·정도 등에 따른 과징금의 금액과 그 밖에 필요한 사항은 대통령령으로 정한다.

③ 식품의약품안전청장, 시·도지사 또는 시장·군수·구청장은 과징금을 징수하기 위하여 필요한 경우에는 다음 각 호의 사항을 적은 문서로 관할 세무관서의 장에게 과세 정보 제공을 요청할 수 있다.
   1. 납세자의 인적 사항
   2. 사용 목적
   3. 과징금 부과기준이 되는 매출금액
④ 식품의약품안전청장, 시·도지사 또는 시장·군수·구청장은 제1항에 따른 과징금을 기한 내에 납부하지 아니하는 때에는 대통령령으로 정하는 바에 따라 제1항에 따른 과징금 부과처분을 취소하고 제27조에 따른 식품위생검사 업무정지, 제75조제1항 또는 제76조제1항에 따른 영업정지 또는 제조정지 처분을 하거나 국세 또는 지방세 체납처분의 예에 따라 이를 징수한다. 다만, 다음 각 호의 어느 하나에 해당하는 경우에는 국세 또는 지방세 체납처분의 예에 따라 이를 징수한다.
   1. 제25조제1항 및 제2항에 따른 식품위생검사기관의 유효기간이 지났거나 제27조에 따른 지정취소 등으로 식품위생검사업무 정지처분을 할 수 없는 경우
   2. 제37조제3항, 제4항 및 제5항에 따른 폐업 등으로 제75조제1항 또는 제76조제1항에 따른 영업정지 또는 제조정지 처분을 할 수 없는 경우
⑤ 제1항 및 제4항 단서에 따라 징수한 과징금 중 식품의약품안전청장이 부과·징수한 과징금은 국가에 귀속되고, 시·도지사가 부과·징수한 과징금은 시·도의 식품진흥기금(제89조에 따른 식품진흥기금을 말한다. 이하 이 항에서 같다)에 귀속되며, 시장·군수·구청장이 부과·징수한 과징금은 시·도와 시·군·구의 식품진흥기금에 귀속된다. 이 경우 시·도 및 시·군·구에 귀속시키는 방법 등은 대통령령으로 정한다.
⑥ 시·도지사는 제91조에 따라 제1항에 따른 과징금을 부과·징수할 권한을 시장·군수·구청장에게 위임한 경우에는 그에 필요한 경비를 대통령령으로 정하는 바에 따라 시장·군수·구청장에게 교부할 수 있다.

제83조 (위해식품 등의 판매 등에 따른 과징금 부과 등)

① 식품의약품안전처장, 시·도지사 또는 시장·군수·구청장은 위해식품 등의 판매 등 금지에 관한 제4조 부터 제6조까지의 규정 또는 제8조를 위반한 경우 다음 각 호의 어느 하나에 해당하는 자에 대하여 그가 판매한 해당 식품 등의 소매가격에 상당하는 금액을 과징금으로 부과한다.
   1. 제4조제2호·제3호 및 제5호 부터 제7호까지의 규정을 위반하여 제75조에 따라 영업정지 2개월 이상의 처분, 영업허가 및 등록의 취소 또는 영업소의 폐쇄명령을 받은 자
   2. 제5조, 제6조 또는 제8조를 위반하여 제75조에 따라 영업허가 및 등록의 취소 또는 영업소의 폐쇄명령을 받은 자
   3. 삭제

② 제1항에 따른 과징금의 산출금액은 대통령령으로 정하는 바에 따라 결정하여 부과한다.
③ 제2항에 따라 부과된 과징금을 기한 내에 납부하지 아니하는 경우 또는 제37조제3항, 제4항 및 제5항에 따라 폐업한 경우에는 국세 또는 지방세 체납처분의 예에 따라 이를 징수한다.
④ 제2항에 따라 부과한 과징금의 귀속, 귀속 비율 및 징수 절차 등에 대하여는 제82조제3항·제5항 및 제6항을 준용한다.

제84조 (위반사실 공표)

식품의약품안전청장, 시·도지사 또는 시장·군수·구청장은 제72조, 제75조, 제76조, 제79조, 제82조 또는 제83조에 따라 행정처분이 확정된 영업자에 대한 처분 내용, 해당 영업소와 식품 등의 명칭 등 처분과 관련한 영업 정보를 대통령령으로 정하는 바에 따라 공표하여야 한다.

⑫ 보칙

제85조 (국고 보조)

보건복지부장관 또는 식품의약품안전청장은 예산의 범위에서 다음 경비의 전부 또는 일부를 보조할 수 있다.
1. 제22조제1항(제88조에서 준용하는 경우를 포함한다)에 따른 수거에 드는 경비
2. 제24조에 따라 지정된 식품위생검사기관의 검사와 실험에 드는 경비
3. 조합에서 실시하는 교육훈련에 드는 경비
4. 제32조제1항에 따른 식품위생감시원과 제33조에 따른 소비자식품위생감시원 운영에 드는 경비
5. 정보원의 설립·운영에 드는 경비
6. 제60조제6호에 따른 조사·연구 사업에 드는 경비
7. 제63조제1항(제66조에서 준용하는 경우를 포함한다)에 따른 조합 또는 협회의 자율지도원 운영에 드는 경비
8. 제72조(제88조에서 준용하는 경우를 포함한다)에 따른 폐기에 드는 경비

제86조 (식중독에 관한 조사 보고)

① 다음 각 호의 어느 하나에 해당하는 자는 지체 없이 관할 시장(「제주특별자치도 설치 및 국제자유도시 조성을 위한 특별법」에 따른 행정시장을 포함한다. 이하 이 조에서 같다)·군수·구청장에게 보고하여야 한다. 이 경우 의사나 한의사는 대통령령으로 정하는 바에 따라 식중독 환자나 식중독이 의심되는 자의 혈액 또는 배설물을 보관하는 데에

필요한 조치를 하여야 한다.
1. 식중독 환자나 식중독이 의심되는 자를 진단하였거나 그 사체를 검안(檢案)한 의사 또는 한의사
2. 집단급식소에서 제공한 식품등으로 인하여 식중독 환자나 식중독으로 의심되는 증세를 보이는 자를 발견한 집단급식소의 설치·운영자
② 시장·군수·구청장은 제1항에 따른 보고를 받은 때에는 지체 없이 그 사실을 식품의약품안전처장 및 시·도지사에게 보고하고, 대통령령으로 정하는 바에 따라 원인을 조사하여 그 결과를 보고하여야 한다.
③ 식품의약품안전처장은 제2항에 따른 보고의 내용이 국민보건상 중대하다고 인정하는 경우에는 해당 시·도지사 또는 시장·군수·구청장과 합동으로 원인을 조사할 수 있다.
④ 식품의약품안전처장은 식중독 발생의 원인을 규명하기 위하여 식중독 의심환자가 발생한 원인시설 등에 대한 조사절차와 시험·검사 등에 필요한 사항을 정할 수 있다.

제87조 (식중독대책협의기구 설치)

① 식품의약품안전청장은 식중독 발생의 효율적인 예방 및 확산방지를 위하여 교육과학기술부, 농림수산식품부, 보건복지부, 환경부, 식품의약품안전청, 시·도 등 유관기관으로 구성된 식중독대책협의기구를 설치·운영하여야 한다.
② 제1항에 따른 식중독대책협의기구의 구성과 세부적인 운영사항 등은 대통령령으로 정한다.

제88조 (집단급식소)

① 집단급식소를 설치·운영하려는 자는 총리령으로 정하는 바에 따라 특별자치시장·특별자치도지사·시장·군수·구청장에게 신고하여야 한다.
② 집단급식소를 설치·운영하는 자는 집단급식소 시설의 유지·관리 등 급식을 위생적으로 관리하기 위하여 다음 각 호의 사항을 지켜야 한다.
1. 식중독 환자가 발생하지 아니하도록 위생관리를 철저히 할 것
2. 조리·제공한 식품의 매회 1인분 분량을 보건복지부령으로 정하는 바에 따라 144시간 이상 보관할 것
3. 영양사를 두고 있는 경우 그 업무를 방해하지 아니할 것
4. 영양사를 두고 있는 경우 영양사가 집단급식소의 위생관리를 위하여 요청하는 사항에 대하여는 정당한 사유가 없으면 따를 것
5. 그 밖에 식품 등의 위생적 관리를 위하여 필요하다고 보건복지부령으로 정하는 사항을 지킬 것
③ 집단급식소에 관하여는 제3조 부터 제6조까지, 제7조제4항, 제8조, 제9조제4항, 제22조, 제40조, 제41조, 제48조, 제71조, 제72조 및 제74조를 준용한다.
④ 집단급식소의 시설기준과 그 밖의 운영에 관한 사항은 보건복지부령으로 정한다.

제89조 (식품진흥기금)

① 식품위생과 국민의 영양수준 향상을 위한 사업을 하는 데에 필요한 재원에 충당하기 위하여 시·도 및 시·군·구에 식품진흥기금(이하 "기금"이라 한다)을 설치한다.
② 기금은 다음 각 호의 재원으로 조성한다.
  1. 식품위생단체의 출연금
  2. 제82조, 제83조 및 「건강기능식품에 관한 법률」 제37조, 「식품 등의 표시·광고에 관한 법률」 제19조 및 제20조에 따라 징수한 과징금
  3. 기금 운용으로 생기는 수익금
  4. 그 밖에 대통령령으로 정하는 수입금
③ 기금은 다음 각 호의 사업에 사용한다.
  1. 영업자(「건강기능식품에 관한 법률」에 따른 영업자를 포함한다)의 위생관리시설 및 위생설비시설 개선을 위한 융자 사업
  2. 식품위생에 관한 교육·홍보 사업(소비자단체의 교육·홍보 지원을 포함한다)과 소비자식품위생감시원의 교육·활동 지원
  3. 식품위생과 국민 영양에 관한 조사·연구 사업
  4. 제90조에 따른 포상금 지급 지원
  4의2. 「공익신고자 보호법」 제29조제2항에 따라 지방자치단체가 부담하는 보상금(이 법 및 「건강기능식품에 관한 법률」 위반행위에 관한 신고를 원인으로 한 보상금에 한정한다) 상환액의 지원
  5. 식품위생에 관한 교육·연구 기관의 육성 및 지원
  6. 음식문화의 개선과 좋은 식단 실천을 위한 사업 지원
  7. 집단급식소(위탁에 의하여 운영되는 집단급식소만 해당한다)의 급식시설 개수·보수를 위한 융자 사업
  7의2. 제47조의2에 따른 식품접객업소의 위생등급 지정 사업 지원
  8. 그 밖에 대통령령으로 정하는 식품위생, 국민영양, 식품산업 진흥 및 건강기능식품에 관한 사업
④ 기금은 시·도지사 및 시장·군수·구청장이 관리·운용하되, 그에 필요한 사항은 대통령령으로 정한다.

제90조 (포상금 지급)

① 식품의약품안전처장, 시·도지사 또는 시장·군수·구청장은 이 법에 위반되는 행위를 신고한 자에게 신고 내용별로 1천만원까지 포상금을 줄 수 있다.
② 제1항에 따른 포상금 지급의 기준·방법 및 절차 등에 관하여 필요한 사항은 대통령령으로 정한다.

제90조의2 (정보공개)

① 식품의약품안전청장은 보유·관리하고 있는 식품 등의 안전에 관한 정보 중 국민이 알아야 할 필요가 있다고 인정하는 정보에 대하여는 「공공기관의 정보공개에 관한 법률」에서 허용하는 범위에서 이를 국민에게 제공하도록 노력하여야 한다.
② 제1항에 따라 제공되는 정보의 범위, 제공 방법 및 절차 등에 필요한 사항은 대통령령으로 정한다.

제90조의3 (식품안전관리 업무 평가)

① 식품의약품안전처장은 식품안전관리 업무 수행 실적이 우수한 시·도 또는 시·군·구에 표창 수여, 포상금 지급 등의 조치를 하기 위하여 시·도 및 시·군·구에서 수행하는 식품안전관리업무를 평가할 수 있다.
② 제1항에 따른 평가 기준·방법 등에 관하여 필요한 사항은 총리령으로 정한다.

제91조 (권한의 위임)

이 법에 따른 보건복지부장관 또는 식품의약품안전청장의 권한은 대통령령으로 정하는 바에 따라 그 일부를 시·도지사 또는 지방식품의약품안전청장에게, 시·도지사의 권한은 그 일부를 시장·군수·구청장 또는 보건소장에게 각각 위임할 수 있다.

제92조 (수수료)

다음 각 호의 어느 하나에 해당하는 자는 보건복지부령으로 정하는 수수료를 내야 한다.
  1. 제7조제2항 또는 제9조제2항에 따른 기준과 규격의 인정을 신청하는 자
  1의2. 제7조의3제2항에 따른 농약 및 동물용 의약품의 잔류허용기준 설정을 요청하는 자
  1의3. 삭제
  2. 제18조에 따른 안전성 심사를 받는 자
  3. 삭제 [2015.2.3 제13201호(수입식품안전관리 특별법)] [[시행일 2016.2.4]]
  3의2. 삭제 [2015.2.3 제13201호(수입식품안전관리 특별법)] [[시행일 2016.2.4]]
  3의3. 제23조제2항에 따른 재검사를 요청하는 자
  4. 삭제 [2013.7.30 제11985호(식품·의약품분야 시험·검사 등에 관한 법률)] [[시행일 2014.7.31]]
  5. 제37조에 따른 허가를 받거나 신고 또는 등록을 하는 자
  6. 제48조제3항(제88조에서 준용하는 경우를 포함한다)에 따른 식품안전관리인증기준적용업소 인증 또는 변경 인증을 신청하는 자
  6의2. 제48조의2제2항에 따른 식품안전관리인증기준적용업소 인증 유효기간의 연장신청

을 하는 자
7. 제49조제1항에 따른 식품이력추적관리를 위한 등록을 신청하는 자
8. 제53조에 따른 조리사 면허를 받는 자
9. 제88조에 따른 집단급식소의 설치·운영을 신고하는 자

⑬ 벌칙

제93조 (벌칙)

① 다음 각 호의 어느 하나에 해당하는 질병에 걸린 동물을 사용하여 판매할 목적으로 식품 또는 식품첨가물을 제조·가공 또는 조리한 자는 3년 이상의 징역에 처한다.
  1. 소해면상뇌증(광우병)
  2. 탄저병
  3. 가금 인플루엔자
② 다음 각 호의 어느 하나에 해당하는 원료 또는 성분 등을 사용하여 판매할 목적으로 식품 또는 식품첨가물을 제조·가공·수입 또는 조리한 자는 1년 이상의 징역에 처한다.
  1. 마황(麻黃)
  2. 부자(附子)
  3. 천오(川烏)
  4. 초오(草烏)
  5. 백부자(白附子)
  6. 섬수(섬수)
  7. 백선피(白鮮皮)
  8. 사리풀
③ 제1항 및 제2항의 경우 제조·가공·수입·조리한 식품 또는 식품첨가물을 판매하였을 때에는 그 소매가격의 2배 이상 5배 이하에 해당하는 벌금을 병과(倂科)한다.
④ 제1항 또는 제2항의 죄로 형을 선고받고 그 형이 확정된 후 5년 이내에 다시 제1항 또는 제2항의 죄를 범한 자가 제3항에 해당하는 경우 제3항에서 정한 형의 2배까지 가중한다.

제94조 (벌칙)

① 다음 각 호의 어느 하나에 해당하는 자는 10년 이하의 징역 또는 1억원 이하의 벌금에 처하거나 이를 병과 할 수 있다.
  1. 제4조부터 제6조까지(제88조에서 준용하는 경우를 포함하고, 제93조제1항 및 제3항에 해당하는 경우는 제외한다)를 위반한 자
  2. 제8조(제88조에서 준용하는 경우를 포함한다)를 위반한 자

2의2. 삭제
3. 제37조제1항을 위반한 자
② 제1항의 죄로 형을 선고받고 그 형이 확정된 후 5년 이내에 다시 제1항의 죄를 범한 자는 1년 이상 10년 이하의 징역에 처한다.
③ 제2항의 경우 그 해당 식품 또는 식품첨가물을 판매한 때에는 그 소매가격의 4배 이상 10배 이하에 해당하는 벌금을 병과한다.

제95조 (벌칙)

다음 각 호의 어느 하나에 해당하는 자는 5년 이하의 징역 또는 5천만원 이하의 벌금에 처하거나 이를 병과할 수 있다.
1. 제7조제4항(제88조에서 준용하는 경우를 포함한다) 또는 제9조제4항(제88조에서 준용하는 경우를 포함한다)을 위반한 자
2. 삭제
2의2. 제37조제5항을 위반한 자
3. 제43조에 따른 영업 제한을 위반한 자
3의2. 제45조제1항 전단을 위반한 자
4. 제72조제1항·제3항(제88조에서 준용하는 경우를 포함한다) 또는 제73조제1항에 따른 명령을 위반한 자
5. 제75조제1항에 따른 영업정지 명령을 위반하여 영업을 계속한 자(제37조제1항에 따른 영업허가를 받은 자만 해당한다)

제96조 (벌칙)

제51조 또는 제52조를 위반한 자는 3년 이하의 징역 또는 3천만원 이하의 벌금에 처하거나 이를 병과할 수 있다.

제97조 (벌칙)

다음 각 호의 어느 하나에 해당하는 자는 3년 이하의 징역 또는 3천만원 이하의 벌금에 처한다.
1. 제10조제2항(제88조에서 준용하는 경우를 포함한다), 제12조의2제2항, 제17조제4항, 제31조제1항·제3항, 제37조제3항·제4항, 제39조제3항, 제48조제2항·제10항, 제49조제1항 단서 또는 제55조를 위반한 자
2. 제19조제2항, 제22조제1항(제88조에서 준용하는 경우를 포함한다) 또는 제72조제1항·제2항(제88조에서 준용하는 경우를 포함한다)에 따른 검사·출입·수거·압류·폐기를 거부·방해 또는 기피한 자
3. 제20조제4항제1호부터 제3호까지에 해당하는 위반행위를 한 자

4. 제36조에 따른 시설기준을 갖추지 못한 영업자
5. 제37조제2항에 따른 조건을 갖추지 못한 영업자
6. 제42조제1항 또는 제44조제1항에 따라 영업자가 지켜야 할 사항을 지키지 아니한 자. 다만, 보건복지부령으로 정하는 경미한 사항을 위반한 자는 제외한다.
7. 제75조제1항에 따른 영업정지 명령을 위반하여 계속 영업한 자(제37조제4항 또는 제5항에 따라 영업신고 또는 등록을 한 자만 해당한다) 또는 같은 조 제1항 및 제2항에 따른 영업소 폐쇄명령을 위반하여 영업을 계속한 자
8. 제76조제1항에 따른 제조정지 명령을 위반한 자
9. 제79조제1항에 따라 관계 공무원이 부착한 봉인 또는 게시문 등을 함부로 제거하거나 손상시킨 자

제98조 (벌칙)

다음 각 호의 어느 하나에 해당하는 자는 1년 이하의 징역 또는 1천만원 이하의 벌금에 처한다.
1. 제44조제3항을 위반하여 접객행위를 하거나 다른 사람에게 그 행위를 알선한 자
2. 제46조제1항을 위반하여 소비자로부터 이물 발견의 신고를 접수하고 이를 거짓으로 보고한 자
3. 이물의 발견을 거짓으로 신고한 자
4. 제45조제1항 후단을 위반하여 보고를 하지 아니하거나 거짓으로 보고한 자

제99조 (벌칙 적용에서의 공무원 의제)

제24조제2항에 따라 지정된 식품위생검사기관의 임직원은 「형법」제129조부터 제132조까지의 규정에 따른 벌칙의 적용에서는 공무원으로 본다.

제100조 (양벌규정)

법인의 대표자나 법인 또는 개인의 대리인, 사용인, 그 밖의 종업원이 그 법인 또는 개인의 업무에 관하여 제93조제3항 또는 제94조부터 제97조까지의 어느 하나에 해당하는 위반행위를 하면 그 행위자를 벌하는 외에 그 법인 또는 개인에게도 해당 조문의 벌금형을 과(科)하고, 제93조제1항의 위반행위를 하면 그 법인 또는 개인에 대하여도 1억5천만원 이하의 벌금에 처하며, 제93조제2항의 위반행위를 하면 그 법인 또는 개인에 대하여도 5천만원 이하의 벌금에 처한다. 다만, 법인 또는 개인이 그 위반행위를 방지하기 위하여 해당 업무에 관하여 상당한 주의와 감독을 게을리하지 아니한 경우에는 그러하지 아니하다.

제101조 (과태료)

① 삭제

② 다음 각 호의 어느 하나에 해당하는 자에게는 500만원 이하의 과태료를 부과한다.
1. 제3조·제40조제1항 및 제3항(제88조에서 준용하는 경우를 포함한다), 제41조제1항 및 제5항(제88조에서 준용하는 경우를 포함한다) 또는 제86조제1항을 위반한 자
1의2. 삭제
1의3. 제19조의4제2항을 위반하여 검사기한 내에 검사를 받지 아니하거나 자료 등을 제출하지 아니한 영업자
1의4. 삭제
2. 삭제
3. 제37조제6항을 위반하여 보고를 하지 아니하거나 허위의 보고를 한 자
4. 제42조제2항을 위반하여 보고를 하지 아니하거나 허위의 보고를 한 자
5. 삭제
6. 제48조제9항(제88조에서 준용하는 경우를 포함한다)을 위반한 자
7. 제56조제1항을 위반하여 교육을 받지 아니한 자
8. 제74조제1항(제88조에서 준용하는 경우를 포함한다)에 따른 명령에 위반한 자
9. 제88조제1항을 위반하여 신고를 하지 아니하거나 허위의 신고를 한 자
10. 제88조제2항을 위반한 자
③ 다음 각 호의 어느 하나에 해당하는 자에게는 300만원 이하의 과태료를 부과한다.
1. 제29조제3항을 위반하여 검사기관 운영자의 지위를 승계하고 1개월 이내에 지위승계를 신고하지 아니한 자
2. 제42조제1항 또는 제44조제1항에 따라 영업자가 지켜야 할 사항 중 보건복지부령으로 정하는 경미한 사항을 지키지 아니한 자
3. 제46조제1항을 위반하여 소비자로부터 이물 발견신고를 받고 보고하지 아니한 자
4. 제49조제3항을 위반하여 식품이력추적관리 등록사항이 변경된 경우 변경사유가 발생한 날부터 1개월 이내에 신고하지 아니한 자
5. 제49조의3제4항을 위반하여 식품이력추적관리정보를 목적 외에 사용한 자
④ 제1항부터 제3항까지의 규정에 따른 과태료는 대통령령으로 정하는 바에 따라 식품의약품안전청장, 시·도지사 또는 시장·군수·구청장이 부과·징수한다.

제102조 (과태료에 관한 규정 적용의 특례)

제101조의 과태료에 관한 규정을 적용하는 경우 제82조에 따라 과징금을 부과한 행위에 대하여는 과태료를 부과할 수 없다. 다만, 제82조제4항 본문에 따라 과징금 부과처분을 취소하고 영업정지 또는 제조정지 처분을 한 경우에는 그러하지 아니하다.

제2장 식품위생법 시행령

제1조 (목적)
이 영은 「식품위생법」에서 위임된 사항과 그 시행에 필요한 사항을 규정함을 목적으로 한다.

제2조 (집단급식소의범위)
「식품위생법」(이하 "법"이라 한다) 제2조제12호에 따른 집단급식소는 1회 50명 이상에게 식사를 제공하는 급식소를 말한다.

제3조 (표시·광고의 심의)
① 법 제12조의3제1항에 따라 표시·광고에 대하여 심의를 받아야 하는 식품은 다음 각 호와 같다.
  1. 영유아용 식품(영아용 조제식품, 성장기용 조제식품, 영유아용 곡류 조제식품 및 그 밖의 영유아용 식품을 말한다)
  2. 체중조절용 조제식품
  3. 특수의료용 식품
  4. 임산부·수유부용 식품
② 식품의약품안전청장은 법 제12조의3제2항에 따라 식품의 표시·광고의 사전심의에 관한 업무를 법 제64조에 따른 한국식품산업협회에 위탁한다.

제4조 (위해평가의 대상 등)
① 법 제15조제1항에 따른 식품, 식품첨가물, 기구 또는 용기·포장(이하 "식품등"이라 한다)의 위해평가(이하 "위해평가"라 한다) 대상은 다음 각 호로 한다.
  1. 국제식품규격위원회 등 국제기구 또는 외국 정부가 인체의 건강을 해칠 우려가 있다고 인정하여 판매하거나 판매할 목적으로 채취·제조·수입·가공·사용·조리·저장·소분(소분: 완제품을 나누어 유통을 목적으로 재포장하는 것을 말한다. 이하 같다)·운반 또는 진열을 금지하거나 제한한 식품등
  2. 국내외의연구·검사기관에서 인체의 건강을 해칠 우려가 있는 원료 또는 성분 등이 검출된 식품등

3. 「소비자기본법」 제29조에따라 등록한 소비자단체 또는 식품 관련 학회가 위해평가를 요청한 식품등으로서 법 제57조에 따른 식품위생심의위원회(이하 "심의위원회"라 한다)가 인체의 건강을 해칠 우려가 있다고 인정한 식품등
4. 새로운 원료·성분 또는 기술을 사용하여 생산·제조·조합되거나 안전성에 대한 기준 및 규격이 정하여지지 아니하여 인체의 건강을 해칠 우려가 있는 식품등

② 위해평가에서 평가하여야 할 위해요소는 다음 각 호의 요인으로 한다.
1. 잔류농약, 중금속, 식품첨가물, 잔류 동물용 의약품, 환경오염물질 및 제조·가공·조리과정에서 생성되는 물질 등 화학적 요인
2. 식품 등의 형태 및 이물(이물) 등 물리적 요인
3. 식중독 유발 세균 등 미생물적 요인

③ 위해평가는 다음 각 호의 과정을 순서대로 거친다. 다만, 식품의약품안전청장이 현재의 기술수준이나 위해요소의 특성에 따라 따로 방법을 정한 경우에는 그에 따를 수 있다.
1. 위해요소의 인체 내 독성을 확인하는 위험성 확인과정
2. 위해요소의 인체노출 허용량을 산출하는 위험성 결정과정
3. 위해요소가 인체에 노출된 양을 산출하는 노출평가과정
4. 위험성 확인과정, 위험성 결정과정 및 노출평가과정의 결과를 종합하여 해당 식품등이 건강에 미치는 영향을 판단하는 위해도(위해도) 결정과정

④ 심의위원회는 제3항 각 호에 따른 각 과정별 결과 등에 대하여 심의·의결하여야 한다. 다만, 해당 식품등에 대하여 국제식품규격위원회 등 국제기구 또는 국내외의 연구·검사기관에서 이미 위해평가를 실시하였거나 위해요소에 대한 과학적 시험·분석 자료가 있는 경우에는 심의·의결을 한 것으로 본다.
⑤ 삭제
⑥ 제1항부터 제4항까지의 규정에 따른 위해평가의 방법, 기준 및 절차 등에 관한 세부 사항은 식품의약품안전청장이 정하여 고시한다.

제5조 (위해평가에 관한 이해관계인의 범위)

법 제15조제4항에서 "대통령령으로 정하는 이해관계인"이란 법 제15조제2항에 따른 일시적 금지조치로 인하여 영업상의 불이익을 받았거나 받게 되는 영업자를 말한다.

제5조의2 (위해평가 결과의 공표)

① 식품의약품안전청장은 법 제15조의2제1항에 따라 위해평가의 결과를 인터넷 홈페이지, 신문, 방송 등을 통하여 공표할 수 있다.
② 법 제15조의2제2항에서 "대통령령으로 정하는 공공기관"이란 「공공기관의 운영에 관한 법률」 제4조에 따른 공공기관을 말한다.

제6조 (소비자의 위생검사등 요청)

① 법 제16조제1항 각 호 외의 부분 본문에서 "대통령령으로 정하는 그 소속 기관의 장"이란 지방식품의약품안전청장을 말하고, "대통령령으로 정하는 일정 수 이상의 소비자"란 같은 영업소에 의하여 같은 피해를 입은 5명 이상의 소비자를 말한다.
② 법 제16조제1항에 따라 법 제22조에 따른 출입·검사·수거 등(이하 이 조에서 "위생검사등"이라 한다)을 요청하려는 자는 총리령으로 정하는 요청서를 식품의약품안전처장(지방식품의약품안전청장을 포함한다. 이하 이 조에서 같다), 특별시장·광역시장·특별자치시장·도지사·특별자치도지사(이하 "시·도지사"라 한다) 또는 시장·군수·구청장(자치구의 구청장을 말한다. 이하 같다)에게 제출하되, 소비자의 대표자, 「소비자기본법」 제29조에 따른 소비자단체의 장 또는 「식품·의약품분야 시험·검사 등에 관한 법률」 제6조에 따른 시험·검사기관의 장을 통하여 제출하여야 한다.
③ 식품의약품안전처장, 시·도지사 또는 시장·군수·구청장은 법 제16조제2항에 따라 위생검사등의 결과를 알리는 경우에는 소비자의 대표자, 소비자단체의 장 또는 식품위생검사기관의 장이 요청하는 방법으로 하되, 따로 정하지 아니한 경우에는 문서로 한다

제7조 (위해식품등에 대한 긴급대응)

① 법 제17조제1항제2호에서 "대통령령으로 정하는 경우"란 다음 각 호의 어느 하나에 해당하는 경우를 말한다.
  1. 국내외에서 위해식품 등의 섭취로 인하여 사상자가 발생한 경우
  2. 국내외의 연구·검사기관에서 인체의 건강을 해칠 심각한 우려가 있는 원료 또는 성분이 식품등에서 검출된 경우
  3. 법 제93조제1항에 따른 질병에 걸린 동물을 사용하였거나 같은 조 제2항에 따른 원료 또는 성분 등을 사용하여 제조·가공 또는 조리한 식품등이 발견된 경우
② 법 제17조제5항에서 "대통령령으로 정하는 이해관계인"이란 법 제17조제3항에 따른 금지조치로 인하여 영업상의 불이익을 받거나 받게 되는 영업자를 말한다.
③ 법 제17조제6항에 따라 해당 금지의 전부 또는 일부의 해제를 요청하려는 영업자는 보건복지부령으로 정하는 해제 요청서를 식품의약품안전청장에게 제출하여야 한다.
④ 제3항에 따른 해제 요청서를 받은 식품의약품안전청장은 검토 결과를 지체 없이 해당 요청자에게 알려야 한다.

제8조 (위해식품 긴급정보 발송)

① 법 제17조제8항에서 "대통령령으로 정하는 요건에 해당하는 경우"란 제7조제1항 각 호의 어느 하나에 해당하는 경우를 말한다.

② 법 제17조제8항에서 "대통령령으로 정하는 방송사업자"란 「방송법 시행령」 제1조의2제1호의 지상파텔레비전방송사업자 및 같은 조 제2호의 지상파라디오방송사업자를 말한다.
③ 법 제17조제8항에서 "대통령령으로 정하는 기간통신사업자"란 「전기통신사업법」 제5조에 따라 기간통신사업자로 허가받은 자로서 주파수를 할당받아 제공하는 역무 중 이동전화 역무 또는 개인휴대통신 역무를 제공하는 자를 말한다.
④ 법 제17조제8항에 따른 방송 및 송신의 구체적인 방법과 절차는 제2항 및 제3항에 따른 각각의 방송사업자 및 기간통신사업자가 자율적으로 결정한다.

제9조 (유전자변형식품등의 안전성 심사)

법 제18조제1항에서 "최초로 유전자변형식품등을 수입하는 경우 등 대통령령으로 정하는 경우"란 다음 각 호의 어느 하나에 해당하는 경우를 말한다.
1. 최초로 유전자변형식품등[인위적으로 유전자를 재조합하거나 유전자를 구성하는 핵산을 세포나 세포 내 소기관으로 직접 주입하는 기술 또는 분류학에 따른 과(科)의 범위를 넘는 세포융합기술에 해당하는 생명공학기술을 활용하여 재배·육성된 농산물·축산물·수산물 등을 원재료로 하여 제조·가공한 식품 또는 식품첨가물을 말한다. 이하 이 조 및 제10조에서 같다]을 수입하거나 개발 또는 생산하는 경우
2. 법 제18조에 따른 안전성 심사를 받은 후 10년이 지난 유전자변형식품등으로서 시중에 유통되어 판매되고 있는 경우
3. 그 밖에 법 제18조에 따른 안전성 심사를 받은 후 10년이 지나지 아니한 유전자변형식품등으로서 식품의약품안전처장이 새로운 위해요소가 발견되었다는 등의 사유로 인체의 건강을 해칠 우려가 있다고 인정하여 심의위원회의 심의를 거쳐 고시하는 경우

제10조 (유전자변형식품등 안전성심사위원회의 구성·운영 등)

① 법 제18조제2항에 따른 유전자변형식품등 안전성심사위원회(이하 "안전성심사위원회"라 한다)는 위원장 1명을 포함한 20명 이내의 위원으로 구성한다.
② 안전성심사위원회의 위원은 유전자변형식품등에 관한 학식과 경험이 풍부한 사람으로서 다음 각 호의 어느 하나에 해당하는 사람 중에서 식품의약품안전처장이 위촉한다.
  1. 유전자변형식품 관련 학회 또는 「고등교육법」 제2조제1호 및 제2호에 따른 대학 또는 산업대학의 추천을 받은 사람
  2. 시민단체(「비영리민간단체 지원법」 제2조에 따른 비영리민간단체를 말한다. 이하 같다)의 추천을 받은 자
  3. 식품위생 관계 공무원
③ 안전성심사위원회의 위원장은 위원 중에서 호선(互選)한다.
④ 제2항 제1호 및 제2호의 위원의 임기는 2년으로 한다. 다만, 위원이 궐위(궐위)된 경우 그 보궐위원의 임기는 전임위원 임기의 남은 기간으로 한다.

⑤ 위원장은 안전성심사위원회를 대표하며, 안전성심사위원회의 업무를 총괄한다.
⑥ 안전성심사위원회에 출석한 위원에게는 예산의 범위에서 수당과 여비를 지급할 수 있다. 다만, 공무원인 위원이 그 소관 업무와 직접 관련하여 출석하는 경우에는 그러하지 아니하다.
⑦ 제1항부터 제6항까지, 제10조의2 및 제10조의3에서 규정한 사항 외에 안전성심사위원회의 운영에 필요한 사항은 안전성심사위원회의 의결을 거쳐 위원장이 정한다.

제10조의2 (위원의 제척 · 기피 · 회피)

① 안전성심사위원회의 위원이 다음 각 호의 어느 하나에 해당하는 경우에는 안전성심사위원회의 심의 · 의결에서 제척(除斥)된다.
  1. 위원 또는 그 배우자나 배우자이었던 사람이 해당 안건의 당사자(당사자가 법인 · 단체 등인 경우에는 그 임원 또는 직원을 포함한다. 이하 이 호 및 제2호에서 같다)가 되거나 그 안건의 당사자와 공동권리자 또는 공동의무자인 경우
  2. 위원이 해당 안건의 당사자와 친족이거나 친족이었던 경우
  3. 위원 또는 위원이 속한 법인 · 단체 등이 해당 안건에 대하여 증언, 진술, 자문, 연구, 용역 또는 감정을 한 경우
  4. 위원이나 위원이 속한 법인 · 단체 등이 해당 안건의 당사자의 대리인이거나 대리인이었던 경우
  5. 위원이 해당 안건의 당사자인 법인 · 단체 등에 최근 3년 이내에 임원 또는 직원으로 재직하였던 경우
② 해당 안건의 당사자는 위원에게 공정한 심의 · 의결을 기대하기 어려운 사정이 있는 경우에는 안전성심사위원회에 기피 신청을 할 수 있고, 안전성심사위원회는 의결로 이를 결정한다. 이 경우 기피 신청의 대상인 위원은 그 의결에 참여하지 못한다.
③ 위원이 제1항 각 호에 따른 제척 사유에 해당하는 경우에는 스스로 해당 안건의 심의 · 의결에서 회피(回避)하여야 한다.

제11조 (특정 식품 등의 수입 · 판매 등 금지조치에 관한 이해관계인의 범위)

법 제21조제4항에서 "대통령령으로 정하는 이해관계인"이란 법 제21조제1항에 따른 금지조치로 인하여 영업상의 불이익을 받았거나 받게 되는 영업자를 말한다.

제12조 (출입 · 검사 · 수거 등)

법 제22조제1항 각 호 외의 부분에서 "대통령령으로 정하는 그 소속 기관의 장"이란 지방식품의약품안전청장을 말한다.

제13조 (행정응원의 절차 등)

① 법 제22조제2항에 따라 식품의약품안전처장(지방식품의약품안전청장을 포함한다. 이하 이 조에서 같다)이 관계 행정기관의 장, 다른 관할구역의 시·도지사 또는 시장·군수·구청장에게 행정응원을 요청할 때에는 응원이 필요한 지역, 업무 수행의 내용, 위생점검반의 편성 및 운영에 관한 계획을 수립하여 통보하여야 한다.
② 제1항에 따른 행정응원 업무를 수행하는 공무원은 식품의약품안전청장의 지휘·감독을 받는다.
③ 제1항에 따른 행정응원에 드는 비용은 식품의약품안전청장이 부담한다.

제13조의2 (출입·검사·수거 등의 조치 시 제시하는 서류의 기재사항)

법 제22조제3항에서 "조사기간, 조사범위, 조사담당자, 관계 법령 등 대통령령으로 정하는 사항"이란 다음 각 호의 사항을 말한다.
  1. 조사목적
  2. 조사기간 및 대상
  3. 조사의 범위 및 내용
  4. 조사담당자의 성명 및 소속
  5. 제출자료의 목록
  6. 조사 관계 법령
  7. 그 밖에 해당 조사에 필요한 사항

제14조 (식품 등의 재검사)

① 법 제23조제1항에서 "대통령령으로 정하는 그 소속 기관의 장"이란 지방식품의약품안전청장을 말한다.
② 법 제23조제1항에 따라 식품의약품안전청장(지방식품의약품안전청장을 포함한다. 이하 이 조에서 같다), 시·도지사 또는 시장·군수·구청장은 해당 영업자에게 해당 검사에 적용한 검사방법, 검체의 채취·취급방법 및 검사 결과를 해당 검사성적서 또는 검사증명서가 작성된 날부터 7일 이내에 통보하여야 한다.
③ 삭제   ④ 삭제   ⑤ 삭제

제15조 (식품위생검사기관의 출입 등)

법 제26조에서 "대통령령으로 정하는 그 소속 기관의 장"이란 지방식품의약품안전청장을 말한다.

제16조 (식품위생감시원의 자격 및 임명)

① 법 제32조제1항에서 "대통령령으로 정하는 그 소속 기관"이란 지방식품의약품안전청을 말한다.
② 법 제32조제1항에 따른 식품위생감시원은 식품의약품안전청장(지방식품의약품안전청장을 포함한다), 시·도지사 또는 시장·군수·구청장이 다음 각 호의 어느 하나에 해당하는 소속 공무원 중에서 임명한다.
　1. 위생사, 식품기술사·식품기사·식품산업기사·수산제조기술사·수산제조기사·수산제조산업기사 또는 영양사
　2. 「고등교육법」 제2조제1호 및 제4호에 따른 대학 또는 전문대학에서 의학·한의학·약학·한약학·수의학·축산학·축산가공학·수산제조학·농산제조학·농화학·화학·화학공학·식품가공학·식품화학·식품제조학·식품공학·식품과학·식품영양학·위생학·발효공학·미생물학·조리학·생물학 분야의 학과 또는 학부를 졸업한 자 또는 이와 같은 수준 이상의 자격이 있는 자
　3. 외국에서 위생사 또는 식품제조기사의 면허를 받은 자나 제2호와 같은 과정을 졸업한 자로서 식품의약품안전청장이 적당하다고 인정하는 자
　4. 1년 이상 식품위생행정에 관한 사무에 종사한 경험이 있는 자
③ 식품의약품안전청장(지방식품의약품안전청장을 포함한다), 시·도지사 또는 시장·군수·구청장은 제2항 각 호의 요건에 해당하는 자만으로는 식품위생감시원의 인력 확보가 곤란하다고 인정될 경우에는 식품위생행정에 종사하는 자 중 소정의 교육을 2주 이상 받은 자에 대하여 그 식품위생행정에 종사하는 기간 동안 식품위생감시원의 자격을 인정할 수 있다.

제17조 (식품위생감시원의 직무)

법 제32조에 따른 식품위생감시원의 직무는 다음 각 호와 같다.
　1. 식품 등의 위생적인 취급에 관한 기준의 이행 지도
　2. 수입·판매 또는 사용 등이 금지된 식품 등의 취급 여부에 관한 단속
　3. 표시기준 또는 과대광고 금지의 위반 여부에 관한 단속
　4. 출입·검사 및 검사에 필요한 식품 등의 수거
　5. 시설기준의 적합 여부의 확인·검사
　6. 영업자 및 종업원의 건강진단 및 위생교육의 이행 여부의 확인·지도
　7. 조리사 및 영양사의 법령 준수사항 이행 여부의 확인·지도
　8. 행정처분의 이행 여부 확인
　9. 식품 등의 압류·폐기 등
　10. 영업소의 폐쇄를 위한 간판 제거 등의 조치
　11. 그 밖에 영업자의 법령 이행 여부에 관한 확인·지도

제18조 (소비자식품위생감시원의 자격 등)

① 법 제33조제1항에서 "대통령령으로 정하는 그 소속 기관의 장"이란 지방식품의약품안전청장을 말한다.
② 법 제33조제1항에 따른 소비자식품위생감시원(이하 "소비자식품위생감시원"이라 한다)으로 위촉될 수 있는 자는 다음 각 호의 어느 하나에 해당하는 자로 한다.
　1. 식품의약품안전청장이 정하여 고시하는 교육과정을 마친 자
　2. 제16조제2항 각 호의 어느 하나에 해당하는 자
③ 법 제33조제2항제4호에서 "대통령령으로 정하는 사항"이란 제17조에 따른 식품위생감시원의 직무 중 같은 조 제8호에 따른 행정처분의 이행 여부 확인을 지원하는 업무를 말한다.
④ 법 제33조제4항에 따라 식품의약품안전청장(지방식품의약품안전청장을 포함한다. 이하 제5항에서 같다), 시·도지사 또는 시장·군수·구청장은 소비자식품위생감시원에 대하여 반기(반기)마다 식품위생법령 및 위해식품등 식별 등에 관한 교육을 실시하고, 소비자식품위생감시원이 직무를 수행하기 전에 그 직무에 관한 교육을 실시하여야 한다.
⑤ 식품의약품안전청장, 시·도지사 또는 시장·군수·구청장은 소비자식품위생감시원의 활동을 지원하기 위하여 예산 또는 법 제89조에 따른 식품진흥기금(이하 "기금"이라 한다)의 범위에서 식품의약품안전청장이 정하는 바에 따라 수당 등을 지급할 수 있다.
⑥ 법 제33조제6항에 따른 단독출입의 승인 절차와 그 밖에 소비자식품위생감시원의 운영에 필요한 사항은 식품의약품안전청장이 정하여 고시한다.
⑦ 법 제33조제7항에서 "조사기간, 조사범위, 조사담당자 및 관계 법령 등 대통령령으로 정하는 사항"이란 다음 각 호의 사항을 말한다.
　1. 조사목적
　2. 조사기간 및 대상
　3. 조사의 범위 및 내용
　4. 소비자식품위생감시원의 성명 및 위촉기관
　5. 소비자식품위생감시원의 소속 단체(단체에 소속된 경우만 해당한다)
　6. 그 밖에 해당 조사에 필요한 사항
⑧ 법 제33조제7항에 따라 영업소를 단독으로 출입할 때 지니는 승인서 및 증표의 서식은 총리령으로 정한다.

제19조 (시민식품감사인 위촉 등)

① 법 제34조제1항에서 "대통령령으로 정하는 영업자"란 다음 각 호의 영업자를 말한다.
　1. 제21조제1호의 식품제조·가공업자
　2. 제21조제3호의 식품첨가물제조업자

② 법 제34조제1항제1호 및 제2호에 따라 소비자단체의 장 및 식품위생 관련 단체의 장이 시민식품감사인을 추천하려는 경우에는 제16조제2항 각 호의 어느 하나에 해당하는 자 중에서 추천하여야 한다.
③ 제1항에 따른 영업자가 시민식품감사인을 위촉하려는 경우에는 식품의약품안전청장 또는 시·도지사에게 지정을 신청하여야 한다.
④ 제3항에 따라 지정신청을 받은 식품의약품안전청장 또는 시·도지사는 법 제34조제1항 각 호의 어느 하나에 해당하는 자 중 2명 이상을 지정하여 영업자에게 통보하여야 하고, 영업자는 그 중 1명을 시민식품감사인으로 위촉한다.
⑤ 시민식품감사인의 직무는 다음 각 호와 같다.
  1. 법 제3조에 따른 식품 등의 위생적인 취급에 관한 기준의 이행 여부 점검
  2. 수입·판매 또는 사용 등이 금지된 식품 등의 취급 여부 점검
  3. 법 제10조에 따른 표시기준 또는 법 제13조에 따른 허위표시 등 금지의 위반 여부 점검
  4. 법 제31조에 따른 자가품질검사 실시 여부의 확인·점검
  5. 법 제36조에 따른 시설기준의 적합 여부의 확인·점검
  6. 법 제40조에 따른 건강진단 및 법 제41조에 따른 식품위생교육 이행 여부의 확인·점검
⑥ 법 제34조제6항 각 호 외의 부분 본문에서 "대통령령으로 정하는 그 소속 기관의 장"이란 지방식품의약품안전청장을 말한다.
⑦ 제1항부터 제4항까지에서 규정한 사항 외에 시민식품감사인의 위촉 절차, 위촉 방법 및 직무수행 보고 등에 관하여 필요한 사항은 보건복지부령으로 정한다.

제20조 (소비자 위생점검 참여 등)

① 법 제35조제1항에서 "대통령령으로 정하는 영업자"란 다음 각 호의 영업자를 말한다.
  1. 제21조제1호의 식품제조·가공업자
  2. 제21조제3호의 식품첨가물제조업자
  3. 제21조제5호나목6)의 기타 식품판매업자
  4. 제21조제8호의 식품접객업자 중 법 제47조제1항에 따라 모범업소로 지정받은 영업자
② 법 제35조제3항에서 "대통령령으로 정하는 그 소속 기관의 장"이란 지방식품의약품안전청장을 말한다.
③ 제1항에 따른 영업자가 법 제35조제1항에 따라 위생관리 상태 점검을 신청하는 경우에는 1개월 이내에 위생점검을 하여야 한다. 이 경우 같은 업소에 대한 위생점검은 연 1회로 한정한다.
④ 제3항에 따른 위생점검 방법 및 절차는 보건복지부령으로 정한다.

제21조 (영업의 종류)

법 제36조제2항에 따른 영업의 세부 종류와 그 범위는 다음 각 호와 같다.
1. 식품제조·가공업: 식품을 제조·가공하는 영업
2. 즉석판매제조·가공업: 보건복지부령으로 정하는 식품을 제조·가공업소에서 직접 최종소비자에게 판매하는 영업
3. 식품첨가물제조업
    가. 감미료·착색료·표백제 등의 화학적 합성품을 제조·가공하는 영업
    나. 천연 물질로부터 유용한 성분을 추출하는 등의 방법으로 얻은 물질을 제조·가공하는 영업
    다. 식품첨가물의 혼합제재를 제조·가공하는 영업
    라. 기구 및 용기·포장을 살균·소독할 목적으로 사용되어 간접적으로 식품에 이행(이행)될 수 있는 물질을 제조·가공하는 영업
4. 식품운반업: 직접 마실 수 있는 유산균음료(살균유산균음료를 포함한다)나 어류·조개류 및 그 가공품 등 부패·변질되기 쉬운 식품을 전문적으로 운반하는 영업. 다만, 해당 영업자의 영업소에서 판매할 목적으로 식품을 운반하는 경우와 해당 영업자가 제조·가공한 식품을 운반하는 경우는 제외한다.
5. 식품소분·판매업
    가. 식품소분업: 보건복지부령으로 정하는 식품 또는 식품첨가물의 완제품을 나누어 유통할 목적으로 재포장·판매하는 영업
    나. 식품판매업
        1) 식용얼음판매업: 식용얼음을 전문적으로 판매하는 영업
        2) 식품자동판매기영업: 식품을 자동판매기에 넣어 판매하는 영업. 다만, 유통기간이 1개월 이상인 완제품만을 자동판매기에 넣어 판매하는 경우는 제외한다.
        3) 유통전문판매업: 식품 또는 식품첨가물을 스스로 제조·가공하지 아니하고 제1호의 식품제조·가공업자 또는 제3호의 식품첨가물제조업자에게 의뢰하여 제조·가공한 식품 또는 식품첨가물을 자신의 상표로 유통·판매하는 영업
        4) 집단급식소 식품판매업: 집단급식소에 식품을 판매하는 영업
        5) 식품등수입판매업: 식품등을 수입하여 판매하는 영업. 다만, 식품 등의 채취·제조 또는 가공에 사용되는 기계를 수입하는 경우는 제외한다.
        6) 기타 식품판매업: 1)부터 5)까지를 제외한 영업으로서 보건복지부령으로 정하는 일정 규모 이상의 백화점, 슈퍼마켓, 연쇄점 등에서 식품을 판매하는 영업
6. 식품보존업
    가. 식품조사처리업: 방사선을 쬐어 식품의 보존성을 물리적으로 높이는 것을 업(業)으로 하는 영업
    나. 식품냉동·냉장업: 식품을 얼리거나 차게 하여 보존하는 영업. 다만, 수산물의

냉동·냉장은 제외한다.
7. 용기·포장류제조업
　가. 용기·포장지제조업: 식품 또는 식품첨가물을 넣거나 싸는 물품으로서 식품 또는 식품첨가물에 직접 접촉되는 용기(옹기류는 제외한다)·포장지를 제조하는 영업
　나. 옹기류제조업: 식품을 제조·조리·저장할 목적으로 사용되는 독, 항아리, 뚝배기 등을 제조하는 영업
8. 식품접객업
　가. 휴게음식점영업: 주로 다류(茶類), 아이스크림류 등을 조리·판매하거나 패스트푸드점, 분식점 형태의 영업 등 음식류를 조리·판매하는 영업으로서 음주행위가 허용되지 아니하는 영업. 다만, 편의점, 슈퍼마켓, 휴게소, 그 밖에 음식류를 판매하는 장소(만화가게 및 「게임산업진흥에 관한 법률」 제2조제7호에 따른 인터넷컴퓨터게임시설제공업을 하는 영업소 등 음식류를 부수적으로 판매하는 장소를 포함한다)에서 컵라면, 일회용 다류 또는 그 밖의 음식류에 물을 부어 주는 경우는 제외한다.
　나. 일반음식점영업: 음식류를 조리·판매하는 영업으로서 식사와 함께 부수적으로 음주행위가 허용되는 영업
　다. 단란주점영업: 주로 주류를 조리·판매하는 영업으로서 손님이 노래를 부르는 행위가 허용되는 영업
　라. 유흥주점영업: 주로 주류를 조리·판매하는 영업으로서 유흥종사자를 두거나 유흥시설을 설치할 수 있고 손님이 노래를 부르거나 춤을 추는 행위가 허용되는 영업
　마. 위탁급식영업: 집단급식소를 설치·운영하는 자와의 계약에 따라 그 집단급식소에서 음식류를 조리하여 제공하는 영업
　바. 제과점영업: 주로 빵, 떡, 과자 등을 제조·판매하는 영업으로서 음주행위가 허용되지 아니하는 영업

제22조 (유흥종사자의 범위)

① 제21조제8호라목에서 "유흥종사자"란 손님과 함께 술을 마시거나 노래 또는 춤으로 손님의 유흥을 돋우는 부녀자인 유흥접객원을 말한다.
② 제21조제8호라목에서 "유흥시설"이란 유흥종사자 또는 손님이 춤을 출 수 있도록 설치한 무도장을 말한다.

제23조 (허가를 받아야 하는 영업 및 허가관청)

법 제37조제1항 전단에 따라 허가를 받아야 하는 영업 및 해당 허가관청은 다음 각 호와 같다.
1. 제21조제6호가목의 식품조사처리업: 식품의약품안전청장
2. 제21조제8호다목의 단란주점영업과 같은 호 라목의 유흥주점영업: 특별자치시장·특별자치도지사 또는 시장·군수·구청장

제24조 (허가를 받아야 하는 변경사항)

법 제37조제1항 후단에 따라 변경할 때 허가를 받아야 하는 사항은 영업소 소재지로 한다.

제25조 (영업신고를 하여야 하는 업종)

① 법 제37조제4항 전단에 따라 특별자치시장·특별자치도지사 또는 시장·군수·구청장에게 신고를 하여야 하는 영업은 다음 각 호와 같다.
1. 삭제
2. 제21조제2호의 즉석판매제조·가공업
3. 삭제
4. 제21조제4호의 식품운반업
5. 제21조제5호의 식품소분·판매업
6. 제21조제6호나목의 식품냉동·냉장업
7. 제21조제7호의 용기·포장류제조업(자신의 제품을 포장하기 위하여 용기·포장류를 제조하는 경우는 제외한다)
8. 제21조제8호가목의 휴게음식점영업, 같은 호 나목의 일반음식점영업, 같은 호 마목의 위탁급식영업 및 같은 호 바목의 제과점영업

② 제1항에도 불구하고 다음 각 호의 어느 하나에 해당하는 경우에는 신고하지 아니한다.
1. 「양곡관리법」 제19조에 따른 양곡가공업 중 도정업을 하는 경우
2. 「수산물품질관리법」 제19조에 따라 수산물가공업의 등록을 하고 해당 영업을 하는 경우
3. 삭제
4. 「축산물가공처리법」 제22조에 따라 축산물가공업의 허가를 받아 해당 영업을 하는 경우
5. 「건강기능식품에 관한 법률」 제5조 및 제6조에 따라 건강기능식품제조업, 건강기능식품수입업 및 건강기능식품판매업의 영업허가를 받거나 영업신고를 하고 해당 영업을 하는 경우

6. 식품첨가물이나 다른 원료를 사용하지 아니하고 농산물·임산물·수산물을 단순히 자르거나, 껍질을 벗기거나, 말리거나, 소금에 절이거나, 숙성하거나, 가열(살균의 목적 또는 성분의 현격한 변화를 유발하기 위한 목적의 경우는 제외한다. 이하 같다)하는 등의 가공과정 중 위생상 위해가 발생할 우려가 없고 식품의 상태를 관능검사(관능검사)로 확인할 수 있도록 가공하는 경우. 다만, 다음 각 목의 어느 하나에 해당하는 경우는 제외한다.
   가. 집단급식소에 식품을 판매하기 위하여 가공하는 경우
   나. 식품의약품안전청장이 법 제7조제1항에 따라 기준과 규격을 정하여 고시한 신선편의식품(과일, 야채, 채소, 새싹 등을 식품첨가물이나 다른 원료를 사용하지 아니하고 단순히 자르거나, 껍질을 벗기거나, 말리거나, 소금에 절이거나, 숙성하거나, 가열하는 등의 가공과정을 거친 상태에서 따로 씻는 등의 과정 없이 그대로 먹을 수 있게 만든 식품을 말한다)을 판매하기 위하여 가공하는 경우
7. 「농어촌발전특별조치법」 제2조제2호에 따른 농업인등 및 「농어업경영체 육성 및 지원에 관한 법률」 제16조에 따른 영농조합법인과 영어조합법인이 생산한 농산물·임산물·수산물을 집단급식소에 판매하는 경우. 다만, 다른 사람으로 하여금 생산하거나 판매하게 하는 경우는 제외한다.

제26조 (신고를 하여야 하는 변경사항)

법 제37조제4항 후단에 따라 변경할 때 신고를 하여야 하는 사항은 다음 각 호와 같다.
1. 영업자의 성명(법인인 경우에는 그 대표자의 성명을 말한다)
2. 영업소의 명칭 또는 상호
3. 영업소의 소재지
4. 영업장의 면적
5. 삭제
6. 제21조제2호의 즉석판매제조·가공업을 하는 자가 같은 호에 따른 즉석판매제조·가공 대상 식품 중 식품의 유형을 달리하여 새로운 식품을 제조·가공하려는 경우(변경 전 식품의 유형 또는 변경하려는 식품의 유형이 법 제31조에 따른 자가품질검사 대상인 경우만 해당한다)
7. 삭제
8. 제21조제4호의 식품운반업을 하는 자가 냉장·냉동차량을 증감하려는 경우
9. 제21조제5호나목2)의 식품자동판매기영업을 하는 자가 같은 특별자치시·시(「제주특별자치도 설치 및 국제자유도시 조성을 위한 특별법」에 따른 행정시를 포함한다)·군·구(자치구를 말한다. 이하 같다)에서 식품자동판매기의 설치 대수를 증감하려는 경우

제26조의2 (등록하여야 하는 영업)

① 법 제37조제5항 본문에 따라 특별자치시장·특별자치도지사 또는 시장·군수·구청장에게 등록하여야 하는 영업은 다음 각 호와 같다. 다만, 제1호에 따른 식품제조·가공업 중 「주세법」 제6조에 따라 주류 제조면허를 받아 주류를 제조하는 경우에는 식품의약품안전처장에게 등록하여야 한다.
　1. 제21조제1호의 식품제조·가공업
　2. 제21조제3호의 식품첨가물제조업
② 제1항에도 불구하고 다음 각 호의 어느 하나에 해당하는 경우에는 등록하지 아니한다.
　1. 「양곡관리법」 제19조에 따른 양곡가공업 중 도정업을 하는 경우
　2. 「식품산업진흥법」 제19조의5에 따라 수산물가공업[어유(간유) 가공업, 냉동·냉장업 및 선상수산물가공업만 해당한다]의 신고를 하고 해당 영업을 하는 경우
　3. 「주세법」 제6조에 따라 주류제조면허를 받아 주류를 제조하는 경우
　4. 「축산물위생관리법」 제22조에 따라 축산물가공업의 허가를 받아 해당 영업을 하는 경우
　5. 「건강기능식품에 관한 법률」 제5조에 따라 건강기능식품제조업의 영업허가를 받아 해당 영업을 하는 경우
　6. 식품첨가물이나 다른 원료를 사용하지 아니하고 농산물·임산물·수산물을 단순히 자르거나, 껍질을 벗기거나, 말리거나, 소금에 절이거나, 숙성하거나, 가열하는 등의 가공과정 중 위생상 위해가 발생할 우려가 없고 식품의 상태를 관능검사로 확인할 수 있도록 가공하는 경우. 다만, 다음 각 목의 어느 하나에 해당하는 경우는 제외한다.
　　가. 집단급식소에 식품을 판매하기 위하여 가공하는 경우
　　나. 식품의약품안전처장이 법 제7조제1항에 따라 기준과 규격을 정하여 고시한 신선편의식품(과일, 야채, 채소, 새싹 등을 식품첨가물이나 다른 원료를 사용하지 아니하고 단순히 자르거나, 껍질을 벗기거나, 말리거나, 소금에 절이거나, 숙성하거나, 가열하는 등의 가공과정을 거친 상태에서 따로 씻는 등의 과정 없이 그대로 먹을 수 있게 만든 식품을 말한다)을 판매하기 위하여 가공하는 경우

제26조의3 (등록하여야 하는 변경사항)

법 제37조제5항 본문에 따라 변경할 때 등록하여야 하는 사항은 다음 각 호와 같다.
　1. 영업소의 소재지
　2. 제21조제1호의 식품제조·가공업을 하는 자가 추가로 시설을 갖추어 새로운 식품군(법 제7조제1항에 따라 식품의약품안전처장이 정하여 고시하는 식품의 기준 및 규격에 따른 식품군을 말한다)에 해당하는 식품을 제조·가공하려는 경우

3. 제21조제3호의 식품첨가물제조업을 하는 자가 추가로 시설을 갖추어 새로운 식품첨가물(법 제7조제1항에 따라 식품의약품안전청장이 정하여 고시하는 식품의 기준 및 규격에 따른 식품첨가물을 말한다)을 제조하려는 경우

제27조 (식품위생교육의 대상)

법 제41조제1항에서 "대통령령으로 정하는 영업자"란 다음 각 호의 영업자를 말한다.
1. 제21조제1호의 식품제조·가공업자
2. 제21조제2호의 즉석판매제조·가공업자
3. 제21조제3호의 식품첨가물제조업자
4. 제21조제4호의 식품운반업자
5. 제21조제5호의 식품소분·판매업자(식용얼음판매업자 및 식품자동판매기영업자는 제외한다)
6. 제21조제6호의 식품보존업자
7. 제21조제7호의 용기·포장류제조업자
8. 제21조제8호의 식품접객업자

제28조 (영업의 제한 등)

법 제43조제2항에 따라 특별시·광역시·특별자치시·도·특별자치도(이하 "시·도"라 한다)의 조례로 영업을 제한하는 경우 영업시간의 제한은 1일당 8시간 이내로 하여야 한다.

제29조 (준수사항 적용 대상 영업자의 범위)

① 법 제44조제1항 각 호 외의 부분에서 "대통령령으로 정하는 영업자"란 다음 각 호의 영업자를 말한다
1. 제21조제1호의 식품제조·가공업자
2. 제21조제2호의 즉석판매제조·가공업자
3. 제21조제3호의 식품첨가물제조업자
4. 제21조제4호의 식품운반업자
5. 제21조제5호의 식품소분·판매업자
6. 제21조제6호가목의 식품조사처리업자
7. 제21조제8호의 식품접객업자

② 법 제44조제3항에서 "대통령령으로 정하는 영업"이란 제21조제8호라목의 유흥주점영업을 말한다.

제30조 (위생점검 실시기관 등)

① 법 제44조제5항제1호에서 "대통령령으로 정한 기관 또는 단체"란 다음 각 호의 기관 또는 단체를 말한다.
1. 법 제24조제2항제1호에 따른 식품위생전문검사기관
2. 「한국보건산업진흥원법」에 따른 한국보건산업진흥원
3. 「고등교육법」 제2조제1호 및 제2호에 따른 대학 및 산업대학
4. 그 밖에 식품의약품안전청장이 정하는 기관 또는 단체

② 위생점검을 실시하는 자는 제1항에 따른 기관 또는 단체에 소속된 자로서 제16조제2항 각 호의 어느 하나에 해당하는 자이어야 한다.

제31조 (위해식품등을 회수한 영업자에 대한 행정처분의 감면)

법 제45조제1항에 따라 위해식품 등의 회수에 필요한 조치를 성실히 이행한 영업자에 대하여 같은 조 제2항에 따라 행정처분을 감면하는 경우 그 감면기준은 다음 각 호의 구분에 따른다.

1. 법 제45조제1항 후단의 회수계획에 따른 회수계획량(이하 이 조에서 "회수계획량"이라 한다)의 5분의 4 이상을 회수한 경우: 그 위반행위에 대한 행정처분을 면제
2. 회수계획량 중 일부를 회수한 경우: 다음 각 목의 어느 하나에 해당하는 기준에 따라 행정처분을 경감
    가. 회수계획량의 3분의 1 이상을 회수한 경우(제1호의 경우는 제외한다)
        1) 법 제75조제4항 및 제76조제2항에 따른 행정처분의 기준(이하 이 조에서 "행정처분기준"이라 한다)이 영업허가 취소, 등록취소 또는 영업소 폐쇄인 경우에는 영업정지 2개월 이상 6개월 이하의 범위에서 처분
        2) 행정처분기준이 영업정지 또는 품목·품목류의 제조정지인 경우에는 정지처분기간의 3분의 2 이하의 범위에서 경감
    나. 회수계획량의 4분의 1 이상 3분의 1 미만을 회수한 경우
        1) 행정처분기준이 영업허가 취소, 등록취소 또는 영업소 폐쇄인 경우에는 영업정지 3개월 이상 6개월 이하의 범위에서 처분
        2) 행정처분기준이 영업정지 또는 품목·품목류의 제조정지인 경우에는 정지처분기간의 2분의 1 이하의 범위에서 경감

제32조 (위생등급)

법 제47조제2항에서 "대통령령으로 정하는 그 소속 기관의 장"이란 지방식품의약품안전청장을 말한다.

제33조 (식품안전관리인증기준)

① 법 제48조제10항 단서에서 "위탁하려는 식품과 동일한 식품에 대하여 식품안전관리인증기준적용업소로 인증된 업소에 위탁하여 제조·가공하려는 경우 등 대통령령으로 정한 경우"란 다음 각 호의 경우를 말한다.
1. 위탁하려는 식품과 같은 식품에 대하여 법 제48조제3항에 따라 식품안전관리인증기준적용업소(이하 "식품안전관리인증기준적용업소"라 한다)로 인증된 업소에 위탁하여 제조·가공하려는 경우
2. 위탁하려는 식품과 같은 제조 공정·중요관리점(식품의 위해를 방지하거나 제거하여 안전성을 확보할 수 있는 단계 또는 공정을 말한다)에 대하여 식품안전관리인증기준적용업소로 인증된 업소에 위탁하여 제조·가공하려는 경우

② 법 제48조제11항에서 "대통령령으로 정하는 그 소속 기관의 장"이란 지방식품의약품안전청장을 말한다.

제34조 (식품안전관리인증기준적용업소에 관한 업무의 위탁 등)

① 식품의약품안전처장은 법 제48조제12항에 따라 식품안전관리인증기준적용업소에 관한 업무의 일부를 다음 각 호의 어느 하나에 해당하는 기관에 위탁한다.
1. 법 제70조의2에 따른 한국식품안전관리인증원
2. 「정부출연연구기관 등의 설립·운영 및 육성에 관한 법률」에 따른 정부출연연구기관
3. 정부가 설립하거나 운영비용의 전부 또는 일부를 지원하는 연구기관으로서 식품안전관리인증기준(법 제48조제1항에 따른 식품안전관리인증기준을 말한다. 이하 같다)에 관한 전문인력을 보유한 기관
4. 그 밖에 식품안전관리인증기준 업무를 할 목적으로 설립된 비영리법인 또는 연구소

② 제1항에 따라 위탁받는 기관은 다음 각 호의 업무를 수행한다.
1. 법 제48조제3항·제4항·제6항 및 법 제48조의2제2항에 따른 식품안전관리인증기준적용업소의 인증, 변경인증, 인증 증명 서류의 발급, 인증을 받거나 받으려는 영업자에 대한 기술지원 및 인증 유효기간의 연장
2. 삭제
3. 식품안전관리인증기준과 관련된 전문인력의 양성 및 교육·훈련
4. 식품안전관리인증기준적용업소의 공정별·품목별 위해요소의 분석
5. 식품안전관리인증기준에 관한 정보의 수집·제공 및 홍보
6. 식품안전관리인증기준에 관한 조사·연구사업
7. 그 밖에 식품안전관리인증기준 활성화를 위하여 필요한 사업

제35조 (위생수준 안전평가)

① 법 제50조제1항에서 "제48조에 따라 식품안전관리인증기준을 준수하여야 하는 영업자 등 대통령령으로 정하는 영업자"란 다음 각 호의 영업자를 말한다.
  1. 법 제48조에 따라 식품안전관리인증기준을 지켜야 하는 영업자
  2. 제21조제1호의 식품제조·가공업자 중 연매출액이 500억 이상인 영업자
  3. 제1호 및 제2호 외에 위생수준 안전평가를 받으려고 신청한 영업자 중 식품의약품안전청장이 필요하다고 인정하는 영업자
② 식품의약품안전청장은 법 제50조제3항에 따라 위생수준 안전평가에 관한 업무를 다음 각 호의 어느 하나에 해당하는 전문기관 또는 단체에 위탁한다.
  1. 「한국보건산업진흥원법」에 따른 한국보건산업진흥원
  2. 「정부출연연구기관 등의 설립·운영 및 육성에 관한 법률」에 따른 정부출연연구기관
  3. 정부가 설립하거나 운영비용의 전부 또는 일부를 지원하는 연구기관으로서 위생수준 안전평가에 관한 전문인력을 보유한 기관
  4. 그 밖에 위생수준 안전평가에 관한 업무를 할 목적으로 설립된 비영리법인 및 연구소

제36조 (조리사를 두어야 하는 식품접객업자)

법 제51조제1항 각 호 외의 부분 본문에서 "대통령령으로 정하는 식품접객업자"란 제21조제8호의 식품접객업 중 복어독 제거가 필요한 복어를 조리·판매하는 영업을 하는 자를 말한다. 이 경우 해당 식품접객업자는 「국가기술자격법」에 따른 복어 조리 자격을 취득한 조리사를 두어야 한다.

제37조 삭제

제38조 (교육의 위탁)

① 보건복지부장관은 법 제56조제3항에 따라 조리사 및 영양사에 대한 교육업무를 위탁하려는 경우에는 조리사 및 영양사에 대한 교육을 목적으로 설립된 전문기관 또는 단체에 위탁하여야 한다.
② 제1항에 따라 교육업무를 위탁받은 전문기관 또는 단체는 조리사 및 영양사에 대한 교육을 실시하고, 교육이수자 및 교육시간 등 교육실시 결과를 보건복지부장관에게 보고하여야 한다.

제39조 (식품위생심의위원회의 위원장 등)

법 제58조제6항에 따라 심의위원회의 위원장은 위원 중에서 호선하고, 심의위원회의 부위원장은 심의위원회의 위원장이 지명하는 위원이 된다.

제39조의2 (위원의 제척·기피·회피)

① 심의위원회의 위원이 다음 각 호의 어느 하나에 해당하는 경우에는 심의위원회의 조사·심의에서 제척(除斥)된다.
　1. 위원 또는 그 배우자나 배우자이었던 사람이 해당 안건의 당사자(당사자가 법인·단체 등인 경우에는 그 임원 또는 직원을 포함한다. 이하 이 호 및 제2호에서 같다)가 되거나 그 안건의 당사자와 공동권리자 또는 공동의무자인 경우
　2. 위원이 해당 안건의 당사자와 친족이거나 친족이었던 경우
　3. 위원 또는 위원이 속한 법인·단체 등이 해당 안건에 대하여 증언, 진술, 자문, 연구, 용역 또는 감정을 한 경우
　4. 위원이나 위원이 속한 법인·단체 등이 해당 안건의 당사자의 대리인이거나 대리인이었던 경우
　5. 위원이 해당 안건의 당사자인 법인·단체 등에 최근 3년 이내에 임원 또는 직원으로 재직하였던 경우
② 해당 안건의 당사자는 위원에게 공정한 조사·심의를 기대하기 어려운 사정이 있는 경우에는 심의위원회에 기피 신청을 할 수 있고, 심의위원회는 의결로 기피 여부를 결정한다. 이 경우 기피 신청의 대상인 위원은 그 의결에 참여하지 못한다.
③ 위원이 제1항 각 호에 따른 제척 사유에 해당하는 경우에는 스스로 해당 안건의 조사·심의에서 회피(回避)하여야 한다.

제39조의3 (심의위원회 위원의 해촉)

식품의약품안전처장은 법 제58조제2항제2호부터 제5호까지의 규정에 따른 심의위원회의 위원이 다음 각 호의 어느 하나에 해당하는 경우에는 해당 위원을 해촉할 수 있다.
　1. 심신장애로 인하여 직무를 수행할 수 없게 된 경우
　2. 직무와 관련된 비위사실이 있는 경우
　3. 직무태만, 품위손상이나 그 밖의 사유로 인하여 위원으로 적합하지 아니하다고 인정되는 경우
　4. 위원 스스로 직무를 수행하는 것이 곤란하다고 의사를 밝히는 경우
　5. 제39조의2제1항 각 호의 어느 하나에 해당하는 경우에도 불구하고 회피 신청을 하지 아니한 경우

제40조 (위원의 임기와 직무)

① 삭제
② 위원장은 심의위원회를 대표하며, 심의위원회의 업무를 총괄한다.
③ 부위원장은 위원장을 보좌하며, 위원장이 부득이한 사유로 직무를 수행할 수 없을 때에는 그 직무를 대행한다.

제41조 (회의 및 의사)

① 위원장은 심의위원회의 회의를 소집하고 그 의장이 된다.
② 위원장은 보건복지부장관, 식품의약품안전청장 또는 위원 3분의 1 이상의 요구가 있을 때에는 지체 없이 회의를 소집하여야 한다.
③ 회의는 재적위원 과반수의 출석으로 개의(개의)하고, 출석위원 과반수의 찬성으로 의결한다.

제42조 (의견의 청취)

위원장은 심의위원회의 심의사항과 관련하여 필요한 경우에는 관계인을 출석시켜 의견을 들을 수 있다.

제43조 (분과위원회)

① 심의위원회에 전문분야별로 분과위원회를 둘 수 있다.
② 분과위원회의 위원장은 분과위원회에서 심의·의결한 사항을 지체 없이 심의위원회의 위원장에게 보고하여야 한다.
③ 분과위원회의 회의 및 의사에 관하여는 제41조를 준용한다. 이 경우 "심의위원회"는 "분과위원회"로 본다.

제44조 (연구위원 등)

① 법 제58조제4항에 따라 심의위원회에 20명 이내의 연구위원을 둘 수 있다.
② 법 제58조제5항제4호에 따른 연구위원의 업무는 다음 각 호와 같다.
  1. 국제식품규격위원회에서 논의할 기준·규격의 제·개정안 발굴 및 제안
  2. 식품등의 국제 기준·규격에 관한 국내외 전문가 네트워크 구축 및 운영
  3. 국제식품규격위원회가 발행한 문서에 대한 번역본 발간 및 배포
  4. 그 밖에 식품등의 국제 기준·규격에 관한 사항으로서 보건복지부장관 또는 식품의약품안전청장이 심의위원회에 조사·연구를 의뢰한 사항
③ 연구위원은 심의위원회의 회의에 출석하여 발언할 수 있다.
④ 연구위원은 식품등에 관한 학식과 경험이 풍부한 자 중에서 보건복지부장관이 임명한다.

제45조 (간사)

심의위원회의 사무를 처리하기 위하여 심의위원회에 간사 1명을 두며, 보건복지부장관이 소속 공무원 중에서 임명한다.

제46조 (수당과 여비)

① 심의위원회에 출석한 위원에게는 예산의 범위에서 보건복지부장관이 정하는 바에 따라 수당과 여비를 지급할 수 있다. 다만, 공무원인 위원이 그 소관 업무와 직접 관련하여 출석하는 경우에는 그러하지 아니하다.
② 보건복지부장관은 연구위원에게 예산의 범위에서 연구비와 여비 등을 지급할 수 있다.

제47조 (운영세칙)

이 영에서 정하는 사항 외에 심의위원회의 운영에 관한 사항과 연구위원의 복무 등에 관하여 필요한 사항은 심의위원회의 의결을 거쳐 위원장이 정한다.

제48조 (동업자조합 설립단위 등)

① 법 제59조제1항에서 "대통령령으로 정하는 영업"이란 제21조 각 호의 영업을 말한다.
② 법 제59조제1항에 따라 설립하는 동업자조합(이하 "조합"이라 한다)의 설립단위는 전국으로 한다. 다만, 지역 또는 영업의 특수성 등으로 인하여 전국적 조합 설립이 불가능하다고 보건복지부장관이 인정하는 경우에는 그러하지 아니하다.

제49조 (설립인가의 신청)

법 제59조제3항에 따라 조합의 설립인가를 받으려는 자는 설립인가신청서에 다음 각 호의 서류를 첨부하여 보건복지부장관에게 제출하여야 한다.
1. 창립총회의 회의록
2. 정관
3. 사업계획서 및 수지예산서
4. 재산목록
5. 임원명부
6. 임원의 취임승낙서
7. 임원의 이력서

제49조의2 (공제회 설립인가 등)

① 조합은 법 제60조의2에 따라 공제회의 설립인가를 받으려면 공제회 설립인가 신청서에

공제회의 구성원(이하 "공제회원"이라 한다)의 자격, 출자금의 부담기준, 공제방법, 공제사업에 충당하기 위한 책임준비금 및 비상위험준비금 등 공제회의 운영에 필요한 사항을 정한 공제정관을 첨부하여 식품의약품안전처장에게 신청하여야 한다.

② 공제회는 매 사업연도 말에 책임준비금, 비상위험준비금 및 지급준비금을 계상(計上)하고 적립하여야 한다.

③ 삭제

④ 법 제60조의3제6호에서 "대통령령으로 정하는 수익사업"이란 다음 각 호의 사업을 말한다.
1. 공제회원에 대한 융자 사업
2. 공제회원에 대한 경영컨설팅 사업
3. 그 밖에 공제회원의 생활안정과 복지증진을 위한 사업

⑤ 법 제60조의4제2항에서 "조사기간, 조사범위, 조사담당자, 관계 법령 등 대통령령으로 정하는 사항"이란 다음 각 호의 사항을 말한다.
1. 조사목적
2. 조사기간 및 대상
3. 조사의 범위 및 내용
4. 조사담당자의 성명 및 소속
5. 제출자료의 목록
6. 그 밖에 해당 조사와 관련하여 필요한 사항

제50조 (자율지도원의 임명 및 직무 등)

① 조합은 법 제63조제1항에 따라 정관으로 정하는 자격기준에 해당하는 자를 자율지도원으로 둘 수 있다.

② 제1항에 따른 자율지도원은 정관으로 정하는 바에 따라 해당 조합의 장이 임명한다.

③ 제1항에 따른 자율지도원은 소속된 조합의 조합원에 대하여 다음 각 호의 사항에 관한 직무를 수행한다.
1. 법 제36조에 따른 시설기준에 관한 지도
2. 영업자 및 그 종업원의 위생교육, 건강진단, 그 밖에 위생관리의 지도
3. 법 제44조에 따른 영업자의 준수사항 이행 지도 및 법 제37조제2항에 따른 조건부 허가에 따른 조건 이행 지도
4. 그 밖에 정관으로 정하는 식품위생 지도에 관한 사항

제50조의2 (식품안전정보원에 대한 출입·검사 시 제시하는 서류의 기재사항)

법 제70조제2항에서 "조사기간, 조사범위, 조사담당자, 관계 법령 등 대통령령으로 정하는 사항"이란 다음 각 호의 사항을 말한다.

1. 조사목적
2. 조사기간 및 대상
3. 조사의 범위 및 내용
4. 조사담당자의 성명 및 소속
5. 제출자료의 목록
6. 그 밖에 해당 조사와 관련하여 필요한 사항

제50조의3 (한국식품안전관리인증원의 조직 및 운영)

① 법 제70조의2에 따른 한국식품안전관리인증원(이하 이 조에서 "식품인증원"이라 한다)에 임원으로 원장을 포함한 이사와 감사를 둔다.
② 식품인증원의 원장은 식품의약품안전처장이 임명한다.
③ 식품인증원의 업무에 관한 중요한 사항을 심의·의결하기 위하여 식품인증원에 이사회를 둔다.
④ 제1항부터 제3항까지에서 규정한 사항 외에 식품인증원의 조직 및 운영에 관하여 필요한 사항은 정관으로 정한다.

제50조의4 (건강 위해가능 영양성분의 종류)

법 제70조의7제1항에 따른 건강 위해가능 영양성분의 종류는 다음 각 호와 같다.
1. 나트륨
2. 당류
3. 트랜스지방

제50조의5 (주관기관의 지정 및 지정 취소의 기준·절차 등)

① 법 제70조의8제1항에 따른 주관기관(이하 "주관기관"이라 한다)으로 지정을 받으려는 자는 총리령으로 정하는 지정신청서(전자문서로 된 신청서를 포함한다)에 다음 각 호의 서류(전자문서를 포함한다)를 첨부하여 식품의약품안전처장에게 제출하여야 한다.
1. 정관 또는 이에 준하는 사업운영규정
2. 제2항제2호에 따른 요건을 갖추었음을 증명하는 서류
3. 법 제70조의8제1항 각 호의 사업에 관한 사업계획서
② 주관기관의 지정기준은 다음 각 호와 같다.
1. 법 제70조의8제1항 각 호의 사업을 주된 업무로 하는 비영리 목적의 기관·단체 또는 법인일 것
2. 법 제70조의8제1항 각 호의 사업을 수행할 수 있는 전담인력과 조직 등 식품의약품안전처장이 정하여 고시하는 요건을 갖출 것

③ 식품의약품안전처장은 법 제70조의8제1항에 따라 주관기관을 지정한 경우에는 총리령으로 정하는 주관기관 지정서를 발급하여야 한다.

④ 법 제70조의8제1항에 따라 주관기관으로 지정을 받은 자는 그 명칭, 대표자 또는 소재지 중 어느 하나가 변경된 경우에는 총리령으로 정하는 변경지정신청서(전자문서로 된 신청서를 포함한다)에 다음 각 호의 서류(전자문서를 포함한다)를 첨부하여 식품의약품안전처장에게 제출하여야 한다.
   1. 주관기관 지정서
   2. 변경된 사항을 증명하는 서류

⑤ 식품의약품안전처장은 제1항에 따른 지정신청 또는 제4항에 따른 변경지정신청을 받은 경우에는 「전자정부법」 제36조제1항에 따른 행정정보의 공동이용을 통하여 법인 등기사항증명서(법인인 경우로 한정한다)를 확인하여야 한다.

⑥ 식품의약품안전처장은 제4항에 따른 변경지정신청이 적합하다고 인정되는 경우에는 주관기관 지정서에 변경된 사항을 적어 내주어야 한다.

⑦ 주관기관의 장은 법 제70조의8제5항에 따라 지정이 취소된 경우에는 주관기관 지정서를 식품의약품안전처장에게 반납하여야 한다.

⑧ 제1항부터 제3항까지의 규정에서 정한 사항 외에 주관기관의 지정 절차 등에 관하여 필요한 세부사항은 식품의약품안전처장이 정한다.

제50조의6 (식품등의 압류 · 폐기 시 제시하는 서류의 기재사항)

법 제72조제4항에서 "조사기간, 조사범위, 조사담당자, 관계 법령 등 대통령령으로 정하는 사항"이란 다음 각 호의 사항을 말한다.
   1. 조사목적
   2. 조사기간 및 대상
   3. 조사의 범위 및 내용
   4. 조사담당자의 성명 및 소속
   5. 압류 · 폐기 대상 제품
   6. 조사 관계 법령
   7. 그 밖에 해당 조사와 관련하여 필요한 사항

제51조 (위해식품 등의 공표방법)

① 법 제73조제1항에 따라 위해식품등의 공표명령을 받은 영업자는 지체 없이 위해 발생사실 또는 다음 각 호의 사항이 포함된 위해식품등의 긴급회수문을 「신문 등의 진흥에 관한 법률」 제9조제1항에 따라 등록한 전국을 보급지역으로 하는 1개 이상의 일반일간신문[당일 인쇄 · 보급되는 해당 신문의 전체 판(판)을 말한다. 이하 같다]에 게재하고, 식품의약품안전청의 인터넷 홈페이지에 게재를 요청하여야 한다.
   1. 식품등을 회수한다는 내용의 표제

2. 제품명
3. 회수대상 식품 등의 제조일·수입일 또는 유통기한·품질유지기한
4. 회수 사유
5. 회수방법
6. 회수하는 영업자의 명칭
7. 회수하는 영업자의 전화번호, 주소, 그 밖에 회수에 필요한 사항
② 제1항에 따른 공표에 관한 세부사항은 보건복지부령으로 정한다.

제52조 (허가취소 등)

① 다음 각 호의 처분은 처분 사유 및 처분 내용 등이 기재된 서면으로 하여야 한다.
  1. 법 제75조에 따른 영업허가 취소, 등록취소, 영업정지 또는 영업소 폐쇄 처분
  2. 법 제76조에 따른 품목·품목류 제조정지 처분
  3. 법 제80조에 따른 조리사 또는 영양사의 면허취소 또는 업무정지 처분
② 제1항에 따른 처분을 하기 위하여 법 제81조에 따른 청문을 하거나 「행정절차법」 제27조에 따른 의견제출을 받았을 때에는 특별한 사유가 없으면 그 절차를 마친 날부터 14일 이내에 처분을 하여야 한다.

제52조의2 (영업소 폐쇄를 위한 조치 시 제시하는 서류의 기재사항)

법 제79조제5항에서 "조사기간, 조사범위, 조사담당자, 관계 법령 등 대통령령으로 정하는 사항"이란 다음 각 호의 사항을 말한다.
  1. 조사목적
  2. 조사기간 및 대상
  3. 조사의 범위 및 내용
  4. 조사담당자의 성명 및 소속
  5. 조사 관계 법령
  6. 그 밖에 해당 조사와 관련하여 필요한 사항

제53조 (영업정지 등의 처분에 갈음하여 부과하는 과징금의 산정기준)

법 제82조제1항 본문에 따라 부과하는 과징금의 금액은 위반행위의 종류와 위반 정도 등을 고려하여 보건복지부령으로 정하는 영업정지, 품목·품목류 제조정지 처분기준에 따라 별표 1의 기준을 적용하여 산정한다.

제54조 (과징금의 부과 및 징수절차)

① 식품의약품안전청장, 시·도지사 또는 시장·군수·구청장은 법 제82조에 따라 과징금을 부과하려면 그 위반행위의 종류와 해당 과징금의 금액 등을 명시하여 납부할 것을 서면으로 알려야 한다.
② 법 제82조에 따른 과징금의 징수절차는 보건복지부령으로 정한다.

제54조의2 (과징금 납부기한의 연장 및 분할 납부)

① 식품의약품안전처장, 시·도지사 또는 시장·군수·구청장은 법 제82조제1항에 따라 과징금을 부과받은 자(이하 "과징금납부의무자"라 한다)가 납부하여야 할 과징금의 금액이 100만원 이상인 경우로서 다음 각 호의 어느 하나에 해당하는 사유로 인하여 과징금의 전액을 한꺼번에 납부하기 어렵다고 인정될 때에는 그 납부기한을 연장하거나 분할 납부하게 할 수 있다. 이 경우 필요하다고 인정하면 담보를 제공하게 할 수 있다.
  1. 재해 등으로 재산에 현저한 손실을 입은 경우
  2. 사업 여건의 악화로 사업이 중대한 위기에 있는 경우
  3. 과징금을 한꺼번에 납부하면 자금사정에 현저한 어려움이 예상되는 경우
  4. 그 밖에 제1호부터 제3호까지의 규정에 준하는 사유가 있는 경우
② 제1항에 따라 과징금의 납부기한을 연장하거나 분할 납부하려는 과징금납부의무자는 그 납부기한의 10일 전까지 납부기한의 연장 또는 분할 납부의 사유를 증명하는 서류를 첨부하여 식품의약품안전처장, 시·도지사 또는 시장·군수·구청장에게 신청하여야 한다.
③ 제1항에 따라 과징금의 납부기한을 연장하거나 분할 납부하게 할 경우 납부기한의 연장은 그 납부기한의 다음 날부터 1년을 초과할 수 없고, 분할된 납부기한 간의 간격은 4개월을 초과할 수 없으며, 분할 납부의 횟수는 3회를 초과할 수 없다.
④ 식품의약품안전처장, 시·도지사 또는 시장·군수·구청장은 제1항에 따라 납부기한이 연장되거나 분할 납부하기로 결정된 과징금납부의무자가 다음 각 호의 어느 하나에 해당하는 경우에는 납부기한의 연장 또는 분할 납부 결정을 취소하고 과징금을 한꺼번에 징수할 수 있다.
  1. 분할 납부하기로 결정된 과징금을 납부기한까지 내지 아니한 경우
  2. 담보의 제공에 관한 식품의약품안전처장, 시·도지사 또는 시장·군수·구청장의 제1항 각 호 외의 부분 후단에 따른 명령을 이행하지 아니한 경우
  3. 강제집행, 경매의 개시, 파산선고, 법인의 해산, 국세 또는 지방세의 체납처분을 받은 경우 등 과징금의 전부 또는 잔여분을 징수할 수 없다고 인정되는 경우

제55조 (과징금 부과처분 취소 대상자)

법 제82조제4항 각 호 외의 부분 본문에 따라 과징금 부과처분을 취소하고 업무정지, 영업정지 또는 제조정지 처분을 하거나 국세 또는 지방세 체납처분의 예에 따라 과징금을 징수하여야 하는 대상자는 과징금을 기한 내에 납부하지 아니한 자로서 1회의 독촉을 받고 그 독촉을 받은 날부터 15일 이내에 과징금을 납부하지 아니한 자를 말한다.

제56조 (기금의 귀속비율)

법 제82조제5항 후단에 따른 기금의 시·도 및 시·군·구 귀속비율은 다음 각 호와 같다.
1. 시·도: 100분의 40
2. 시·군·구: 100분의 60

제57조 (위해식품 등의 판매 등에 따른 과징금 부과 기준 및 절차)

① 법 제83조제1항에 따라 부과하는 과징금의 금액은 위해식품 등의 판매량에 판매가격을 곱한 금액으로 한다.
② 제1항에 따른 판매량은 위해식품등을 최초로 판매한 시점부터 적발시점까지의 출하량에서 회수량 및 자연적 소모량을 제외한 수량으로 하고, 판매가격은 판매기간 중 가격이 변동된 경우에는 판매시기별로 가격을 산정한다.
③ 법 제83조제1항에 따른 과징금의 부과·징수절차 및 귀속 비율에 관하여는 제54조 및 제56조를 준용한다.

제58조 (위반사실의 공표)

법 제84조에 따라 식품의약품안전청장, 시·도지사 또는 시장·군수·구청장은 행정처분이 확정된 영업자에 대한 다음 각 호의 사항을 지체 없이 해당 기관의 인터넷 홈페이지 또는 「신문 등의 자유와 기능보장에 관한 법률」 제12조제1항에 따라 등록한 전국을 보급지역으로 하는 일반일간신문 등에 게재하여야 한다.
1. 「식품위생법」 위반사실의 공표라는 내용의 표제
2. 영업의 종류
3. 영업소 명칭, 소재지 및 대표자 성명
4. 식품 등의 명칭(식품 등의 제조·가공, 수입, 소분·판매업만 해당한다)
5. 위반 내용(위반행위의 구체적인 내용과 근거 법령을 포함한다)
6. 행정처분의 내용, 처분일 및 기간
7. 단속기관 및 단속일 또는 적발일

제59조 (식중독 원인의 조사)

① 식중독 환자나 식중독이 의심되는 자를 진단한 의사나 한의사는 다음 각 호의 어느 하나에 해당하는 경우 법 제86조제1항 각 호 외의 부분 후단에 따라 해당 식중독 환자나 식중독이 의심되는 자의 혈액 또는 배설물을 채취하여 법 제86조제2항에 따라 시장(「제주특별자치도 설치 및 국제자유도시 조성을 위한 특별법」에 따른 행정시장을 포함한다. 이하 이 조에서 같다)·군수·구청장이 조사하기 위하여 인수할 때까지 변질되거나 오염되지 아니하도록 보관하여야 한다. 이 경우 보관용기에는 채취일, 식중독 환자나 식중독이 의심되는 자의 성명 및 채취자의 성명을 표시하여야 한다.
  1. 구토·설사 등의 식중독 증세를 보여 의사 또는 한의사가 혈액 또는 배설물의 보관이 필요하다고 인정한 경우
  2. 식중독 환자나 식중독이 의심되는 자 또는 그 보호자가 혈액 또는 배설물의 보관을 요청한 경우
② 법 제86조제2항에 따라 시장·군수·구청장이 하여야 할 조사는 다음 각 호와 같다.
  1. 식중독의 원인이 된 식품등과 환자 간의 연관성을 확인하기 위해 실시하는 설문조사, 섭취음식 위험도 조사 및 역학적(疫學的) 조사
  2. 식중독 환자나 식중독이 의심되는 자의 혈액·배설물 또는 식중독의 원인이라고 생각되는 식품등에 대한 미생물학적 또는 이화학적(理化學的) 시험에 의한 조사
  3. 식중독의 원인이 된 식품 등의 오염경로를 찾기 위하여 실시하는 환경조사
③ 시장·군수·구청장은 제2항제2호에 따른 조사를 할 때에는 법 제24조제1항제1호에 따른 식품위생검사기관에 협조를 요청할 수 있다.

제60조 (식중독대책협의기구의 구성·운영 등)

① 법 제87조제1항에 따른 식중독대책협의기구(이하 "협의기구"라 한다)의 위원은 다음 각 호에 해당하는 자로 한다.
  1. 교육부, 법무부, 국방부, 농림축산식품부, 보건복지부 및 환경부 등 중앙행정기관의 장이 해당 중앙행정기관의 고위공무원단에 속하는 일반직공무원 또는 이에 상당하는 공무원[법무부 및 국방부의 경우에는 각각 이에 해당하는 검사(檢事) 및 장성급(將星級) 장교를 포함한다] 중에서 지명하는 자
  2. 지방자치단체의 장이 해당 지방행정기관의 고위공무원단에 속하는 일반직공무원 또는 이에 상당하는 지방공무원 중에서 지명하는 자
  3. 그 밖에 식품의약품안전청장이 지정하는 기관 및 단체의 장
② 식품의약품안전청장은 협의기구의 회의를 소집하고 그 의장이 된다.
③ 협의기구의 회의는 재적위원 과반수의 출석으로 개의하고, 출석위원 과반수의 찬성으로 의결한다.

④ 협의기구는 그 직무를 수행하기 위하여 필요한 경우에는 관계 공무원이나 관계 전문가를 협의기구의 회의에 출석시켜 의견을 듣거나 관계 기관·단체 등으로 하여금 자료나 의견을 제출하도록 하는 등 필요한 협조를 요청할 수 있다.
⑤ 협의기구는 업무 수행을 위하여 필요한 경우에는 관계 전문가 또는 관계 기관·단체 등에 전문적인 조사나 연구를 의뢰할 수 있다.
⑥ 이 영에서 규정한 사항 외에 협의기구의 운영에 필요한 사항은 협의기구의 의결을 거쳐 식품의약품안전청장이 정한다.

제61조 (기금사업)

① 법 제89조제3항제8호에 따라 기금을 사용할 수 있는 사업은 다음 각 호의 사업으로 한다.
  1. 식품의 안전성과 식품산업진흥에 대한 조사·연구사업
  2. 식품사고 예방과 사후관리를 위한 사업
  3. 식중독 예방과 원인 조사, 위생관리 및 식중독 관련 홍보사업
  4. 식품의 재활용을 위한 사업
  5. 식품위생과식품산업 진흥을위한 전산화사업
  6. 식품산업진흥사업
  7. 시·도지사가 식품위생과 주민 영양을 개선하기 위하여 민간단체에 연구를 위탁한 사업
  8. 남은 음식 재사용 안 하기 활동에 대한 지원
  9. 제18조제5항에 따른 수당 등의 지급
  10. 법 제31조제2항에 따른 자가품질검사의 위탁검사를 위한 식품위생검사기관의 검사실 설치 지원
  11. 법 제47조제2항에 따른 우수업소와 모범업소에 대한 지원
  12. 법 제48조제11항에 따른 식품안전관리인증기준을 지키는 영업자와 이를 지키기 위하여 관련 시설 등을 설치하려는 영업자에 대한 지원
  13. 법 제63조제1항에 따른 자율지도원의 활동 지원
  14. 「건강기능식품에 관한 법률」 제22조제6항에 따른 우수건강기능식품제조기준을 지키는 영업자와 이를 지키기 위하여 관련 시설 등을 설치하려는 영업자에 대한 지원
  15. 「어린이 식생활안전관리 특별법」 제6조제2항에 따른 어린이 기호식품 전담 관리원의 지정 및 운영
  16. 「어린이 식생활안전관리 특별법」 제7조제3항에 따른 어린이 기호식품 우수판매업소 시설의 개수·보수에 대한 융자사업
  17. 「어린이 식생활안전관리 특별법」 제21조제4항에 따른 어린이급식관리지원센터 설치 및 운영 비용 보조

② 보건복지부장관은 제62조제2항에 따른 기금운용계획에 따라 시·도지사 또는 시장·군수·구청장이 행하는 사업의 이행 여부를 확인하거나 해당 사업의 추진현황을 시·도지사 또는 시장·군수·구청장으로 하여금 보고하도록 할 수 있다. 이 경우 시장·군수·구청장은 시·도지사를 거쳐 보고하여야 한다.

제62조 (기금의 운용)

① 기금의 회계연도는 정부회계연도에 따른다.
② 시·도지사 또는 시장·군수·구청장은 매년 기금운용계획을 수립하여야 한다. 이 경우 기금운용계획에는 기금의 운용 및 관리에 드는 비용을 포함시킬 수 있다.
③ 시·도지사 또는 시장·군수·구청장은 기금의 융자업무를 취급하기 위하여 기금을 금융기관에 위탁하여 관리하게 할 수 있다.
④ 시·도지사 또는 시장·군수·구청장은 기금의 수입과 지출에 관한 사무를 하게 하기 위하여 소속 공무원 중에서 기금수입징수관, 기금재무관, 기금지출관 및 기금출납공무원을 임명한다.
⑤ 시·도지사 또는 시장·군수·구청장은 기금계정을 설치할 은행을 지정하고, 지정한 은행에 수입계정과 지출계정을 구분하여 기금계정을 설치하여야 한다.
⑥ 시·도지사 또는 시장·군수·구청장은 기금재무관에게 지출원인행위를 하도록 하는 경우 기금운용계획에 따라 지출한도액을 배정하여야 한다.
⑦ 제1항부터 제6항까지에서 규정한 사항 외에 기금의 운용에 필요한 사항은 시·도 및 시·군·구의 조례로 정한다.

제63조 (포상금의 지급기준)

① 법 제90조제1항에 따라 포상금을 지급하는 경우 그 기준은 다음 각 호와 같다.
  1. 법 제93조를 위반한 자를 신고한 경우: 1천만원 이하
  2. 법 제4조부터 제6조(법 제88조에서 준용하는 경우를 포함한다)까지, 제8조(법 제88조에서 준용하는 경우를 포함한다) 또는 제37조제1항을 위반한 자를 신고한 경우: 30만원 이하
  3. 법 제7조제4항(법 제88조에서 준용하는 경우를 포함한다), 제9조제4항(법 제88조에서 준용하는 경우를 포함한다), 제19조제1항,제37조제5항,제44조제1항·제2항을 위반한 자 또는 법 제75조제1항에 따른 영업정지명령을 위반하여 영업을 계속한 자를 신고한 경우: 20만원 이하
  4. 법 제13조, 제37조제4항을 위반한 자 또는 법 제76조제1항에 따른 품목제조정지명령을 위반한 자를 신고한 경우: 10만원 이하
  5. 법 제12조, 제40조제3항 또는 제88조제1항을 위반한 자를 신고한 경우: 5만원 이하
  6. 제1호부터 제5호까지의 규정 외에 법을 위반한 자 중 위생상 위해발생 우려가 있는 위반사항을 신고한 경우: 3만원 이하

② 제1항에 따른 포상금의 세부적인 지급대상, 지급금액, 지급방법 및 지급절차 등은 식품의약품안전청장이 정하여 고시한다.

제64조 (신고자 비밀보장)

① 식품의약품안전청장, 시·도지사 또는 시장·군수·구청장은 법 제90조제1항에 따라 법을 위반한 행위를 신고한 자의 인적사항 등 그 신분이 누설되지 아니하도록 하여야 한다.
② 식품의약품안전청장, 시·도지사 또는 시장·군수·구청장은 신고자의 신분이 공개된 경우 그 경위를 확인하여 신고자의 신분을 누설한 자에 대하여 징계를 요청하는 등 필요한 조치를 할 수 있다.

제64조의2 (정보공개)

① 법 제90조의2제1항에 따라 제공되는 식품등의 안전에 관한 정보의 범위는 다음 각 호와 같다.
  1. 심의위원회의 조사·심의 내용
  2. 안정성심사위원회의 심사 내용
  3. 국내외에서 유해물질이 함유된 것으로 알려지는 등 위해의 우려가 제기되는 식품등에 관한 정보
  4. 그 밖에 식품등의 안전에 관한 정보로서 식품의약품안전청장이 공개할 필요가 있다고 인정하는 정보
② 식품의약품안전청장은 법 제90조의2제1항에 따라 식품등의 안전에 관한 정보를 인터넷 홈페이지, 신문, 방송 등을 통하여 공개할 수 있다.

제65조 (권한의 위임)

식품의약품안전청장은 법 제91조에 따라 다음 각 호의 권한을 지방식품의약품안전청장에게 위임한다.
  1. 법 제19조에 따른 수입 식품등의 신고의 수리 및 검사
  1의2. 법 제19조의2에 따른 수입식품신고 대행자 등록 및 등록취소 또는 업무정지
  1의3. 법 제19조의3에 따른 식품안전 교육명령
  2. 법 제24조제2항제2호에 따른 식품위생검사기관의 지정
  3. 법 제27조에 따른 식품위생검사기관에 대한 업무정지, 시정명령 또는 지정취소(제2호에 따라 위임된 권한에 따른 업무정지, 시정명령 또는 지정취소로 한정한다)
  4. 법 제37조제1항 및 제2항에 따른 영업의 허가 및 변경허가
  4의2. 법 제37조제3항에 따른 폐업신고 및 변경신고
  4의3. 법 제37조제5항 본문에 따른 영업의 등록 및 변경등록

4의4. 법 제37조제6항에 따른 보고 및 변경보고
4의5. 법 제37조제7항에 따른 등록 사항의 직권말소
5. 법 제39조에 따른 영업 승계 신고의 수리
6. 법 제45조에 따른 위해식품등의 회수계획 보고에 관한 업무 및 행정처분 감면
6의2. 법 제46조제1항에 따른 이물(異物) 발견보고
7. 삭제
8. 법 제48조제8항에 따른 식품안전관리인증기준적용업소에 대한 조사·평가 및 인증취소 또는 시정명령
8의2. 법 제49조제1항 및 제3항에 따른 식품이력추적관리 등록 및 변경신고
8의3. 법 제49조제5항에 따른 식품이력추적관리기준 준수 여부 등에 대한 조사·평가
8의4. 법 제49조제7항에 따른 식품이력추적관리 등록을 한 자에 대한 등록취소 또는 시정명령
9. 법 제71조에 따른 시정명령
10. 법 제72조에 따른 식품등의 압류·폐기처분 또는 위해 방지 조치 명령
11. 법 제73조에 따른 위해식품등의 공표
12. 법 제74조에 따른 시설 개수명령
13. 법 제75조에 따른 허가·등록 취소 또는 영업정지명령
14. 법 제76조에 따른 품목 또는 품목류 제조정지명령
15. 법 제79조에 따른 영업소를 폐쇄하기 위한 조치 및 그 해제를 위한 조치
16. 법 제81조제1호, 제1호의2(이 조 제2호 및 제3호에 따라 위임된 권한에 따른 청문으로 한정한다), 제2호 및 제3호에 따른 청문
17. 법 제82조 및 제83조에 따른 과징금 부과·징수
18. 법 제90조제1항에 따른 포상금 지급
19. 법 제92조제5호(이 조 제4호, 제4호의2 및 제4호의3에 따라 위임된 권한에 따른 수수료만 해당한다)에 따른 수수료의 징수
20. 법 제101조에 따른 과태료 부과·징수

제65조의2 (민감정보 및 고유식별정보의 처리)

식품의약품안전처장(제34조 또는 제65조에 따라 식품의약품안전처장의 권한 또는 업무를 위임·위탁받은 자를 포함한다), 시·도지사 또는 시장·군수·구청장(해당 권한이 위임·위탁된 경우에는 그 권한을 위임·위탁받은 자를 포함한다)은 다음 각 호의 사무를 수행하기 위하여 불가피한 경우 「개인정보 보호법」 제23조에 따른 건강에 관한 정보, 같은 법 시행령 제18조제2호에 따른 범죄경력자료에 해당하는 정보, 같은 영 제19조제1호 또는 제4호에 따른 주민등록번호 또는 외국인등록번호가 포함된 자료를 처리할 수 있다.
1. 법 제16조에 따른 위생검사등의 요청에 관한 사무
2. 법 제22조에 따른 자료제출 및 출입·검사·수거 등의 조치에 관한 사무

3. 삭제
4. 법 제37조에 따른 영업허가, 영업신고, 영업등록 등에 관한 사무
5. 법 제38조에 따른 영업허가 및 영업등록 등에 관한 사무
6. 법 제39조에 따른 영업 승계에 관한 사무
7. 법 제43조에 따른 영업시간 및 영업행위의 제한에 관한 사무
8. 법 제45조에 따른 식품등의 회수에 관한 사무
9. 법 제48조에 따른 식품안전관리인증기준적용업소의 인증, 기술적·경제적 지원, 조사·평가 및 인증취소·시정명령 등에 관한 사무
10. 법 제53조에 따른 조리사의 면허에 관한 사무
11. 법 제71조 부터 제80조까지의 규정에 따른 행정처분에 관한 사무
12. 법 제81조에 따른 청문에 관한 사무
13. 법 제82조 및 제83조에 따른 과징금의 부과·징수에 관한 사무
14. 법 제90조에 따른 포상금 지급에 관한 사무

제66조 (규제의 재검토)

① 삭제
② 보건복지부장관은 별표 1 제2호의 과징금 기준이 적절한지를 2014년 12월 31일까지 검토하여 개선 등의 조치를 하여야 한다.

제67조 (과태료의 부과기준)

① 법 제101조제1항부터 제3항까지의 규정에 따른 과태료의 부과기준은 별표 2와 같다.
② 식품의약품안전청장, 시·도지사 또는 시장·군수·구청장은 해당 위반행위의 정도 및 위반 횟수 등을 고려하여 별표 2에 따른 과태료 금액의 2분의 1 범위에서 그 금액을 경감하거나 가중할 수 있다.

[별표 1] 영업정지 등의 처분에 갈음하여 부과하는 과징금 산정기준(제53조 관련)

1. 일반기준

가. 영업정지 1개월은 30일을 기준으로 한다.
나. 영업정지에 갈음한 과징금부과의 기준이 되는 매출금액은 처분일이 속한 연도의 전년도의 1년간 총매출금액을 기준으로 한다. 다만, 신규사업·휴업 등으로 인하여 1년간의 총매출금액을 산출할 수 없는 경우에는 분기별·월별 또는 일별 매출금액을 기준으로 연간 총매출금액으로 환산하여 산출한다.
다. 품목류 제조정지에 갈음한 과징금부과의 기준이 되는 매출금액은 품목류에 해당하는 품목들의 처분일이 속한 연도의 전년도의 1년간 총매출금액을 기준으로 한다. 다만, 신규 제조·휴업 등으로 인하여 품목류에 해당하는 품목들의 1년간의 총매출금액을 산출할 수 없는 경우에는 분기별·월별 또는 일별 매출금액을 기준으로 연간 총매출금액으로 환산하여 산출한다.
라. 품목 제조정지에 갈음한 과징금부과의 기준이 되는 매출금액은 처분일이 속하는 달로부터 소급하여 직전 3개월간 해당 품목의 총 매출금액에 4를 곱하여 산출한다. 다만, 신규 제조 또는 휴업 등으로 3개월의 총 매출금액을 산출 할 수 없는 경우에는 전월(전월의 실적을 알 수 없는 경우에는 당월을 말한다)의 1일 평균매출액에 365를 곱하여 산출한다.
마. 나목부터 라목까지의 규정에도 불구하고 과징금 산정금액이 2억원을 초과하는 경우에는 2억원으로 한다.

2. 과징금 기준

등급	연간매출액(단위 : 백만원)			1일 과징금액 (단위:원)
	식품 및 식품첨가물 제조·가공업외의 영업정지	식품 및 식품첨가물 제조·가공업의 영업정지	품목 또는 품목류 제조정지	
1	30이하			8만
2	30초과 ~ 50이하	100이하	100이하	12만
3	50초과 ~ 100이하	100초과 ~ 200이하	100초과 ~ 200이하	20만
4	100초과 ~ 150이하	200초과 ~ 310이하	200초과 ~ 300이하	28만
5	150초과 ~ 210이하	310초과 ~ 430이하	300초과 ~ 400이하	36만
6	210초과 ~ 270이하	430초과 ~ 560이하	400초과 ~ 500이하	44만
7	270초과 ~ 330이하	560초과 ~ 700이하	500초과 ~ 650이하	52만
8	330초과 ~ 400이하	700초과 ~ 860이하	650초과 ~ 800이하	60만

9	400초과 ~ 470이하	860초과 ~ 1,040이하	800초과 ~ 950이하	68만
10	470초과 ~ 550이하	1,040초과 ~ 1,240이하	950초과 ~ 1,100이하	76만
11	550초과 ~ 650이하	1,240초과 ~ 1,460이하	1,100초과 ~ 1,300이하	82만
12	650초과 ~ 750이하	1,460초과 ~ 1,710이하	1,300초과 ~ 1,500이하	88만
13	750초과 ~ 850이하	1,710초과 ~ 2,000이하	1,500초과 ~ 1,700이하	94만
14	850초과 ~ 1,000이하	2,000초과 ~ 2,300이하	1,700초과 ~ 2,000이하	100만
15	1,000초과 ~ 1,200이하	2,300초과 ~ 2,600이하	2,000초과 ~ 2,300이하	106만
16	1,200초과 ~ 1,500이하	2,600초과 ~ 3,000이하	2,300초과 ~ 2,700이하	112만
17	1,500초과 ~ 2,000이하	3,000초과 ~ 3,400이하	2,700초과 ~ 3,100이하	118만
18	2,000초과 ~ 2,500이하	3,400초과 ~ 3,800이하	3,100초과 ~ 3,600이하	124만
19	2,500초과 ~ 3,000이하	3,800초과 ~ 4,300이하	3,600초과 ~ 4,100이하	130만
20	3,000초과 ~ 4,000이하	4,300초과 ~ 4,800이하	4,100초과 ~ 4,700이하	136만
21	4,000초과 ~ 5,000이하	4,800초과 ~ 5,400이하	4,700초과 ~ 5,300이하	142만
22	5,000초과 ~ 6,500이하	5,400초과 ~ 6,000이하	5,300초과 ~ 6,000이하	148만
23	6,500초과 ~ 8,000이하	6,000초과 ~ 6,700이하	6,000초과 ~ 6,700이하	154만
24	8,000초과 ~ 10,000이하	6,700초과 ~ 7,500이하	6,700초과 ~ 7,400이하	160만
25	10,000초과	7,500초과 ~ 8,600이하	7,400초과 ~ 8,200이하	166만
26		8,600초과 ~ 10,000이하	8,200초과 ~ 9,000이하	172만
27		10,000초과 ~ 12,000이하	9,000초과 ~ 10,000이하	178만
28		12,000초과 ~ 15,000이하	10,000초과 ~ 11,000이하	184만
29		15,000초과 ~ 20,000이하	11,000초과 ~ 12,000이하	190만
30		20,000초과 ~ 25,000이하	12,000초과 ~ 13,000이하	196만
31		25,000초과 ~ 30,000이하	13,000초과 ~ 14,000이하	202만
32		30,000초과 ~ 35,000이하	14,000초과 ~ 15,000이하	208만
33		35,000초과 ~ 40,000이하	15,000초과 ~ 17,000이하	214만
34		40,000초과	17,000초과 ~ 20,000이하	220만
			20,000초과	

[별표 2] 과태료의 부과기준(제67조관련)

구분	근거법령	위반사항	과태료액
1	법 제101조 제2항 제1호	법 제3조(법 제88조에서 준용하는 경우를 포함한다)를 위반한 경우	20만원이상 50만원 이하의 범위에서 보건복지부령으로 정하는 금액
2	법 제101조 제1항 제1호	법 제11조제2항을 위반하여 영양표시 기준을 준수하지 아니한 경우 가. 영양표시를 전부 하지 아니한 경우 나. 영양성분 표시 시 지방(포화지방 및 트랜스지방), 콜레스테롤, 나트륨 중 1개 이상을 표시하지 아니한 경우 다. 영양성분 표시 시 열량, 탄수화물, 당류, 단백질 중 1개 이상을 표시하지 아니한 경우 라. 실제측정값이 영양표시량 대비 허용오차범위를 넘은 경우	200만원 100만원 20만원 50만원 20만원
3	법 제101조 제1항 제2호	법 제12조제1항 또는 제2항을 위반하여 육류의 원산지등 또는 쌀·김치류의 원산지를 표시하지 아니한 경우 가. 쇠고기의 원산지 및 종류 모두를 표시하지 아니한 경우 나. 쇠고기의 원산지만 표시하지 아니한 경우 다. 쇠고기의 종류만 표시하지 아니한 경우 라. 쌀의 원산지를 표시하지 아니한 경우 마. 배추김치의 원산지를 표시하지 아니한 경우 바. 돼지고기의 원산지를 표시하지 아니한 경우 사. 닭고기의 원산지를 표시하지 아니한 경우	 500만원 300만원 100만원 100만원 100만원 100만원 100만원
4	법 제101조 제3항 제1호	법 제29조제3항을 위반하여 검사기관 운영자의 지위를 승계하고 1개월 이내에 지위승계를 신고하지 아니한 경우	300만원
5	법 제101조 제2항 제2호	법 제34조제5항을 위반하여 보고를 하지 아니하거나 허위의 보고를 한 경우	300만원
6	법 제101조 제2항 제3호	법 제37조제5항을 위반하여 보고를 하지 아니하거나 허위의 보고를 한 경우	200만원
7	법 제101조 제2항 제1호	법 제40조제1항(법 제88조에서 준용하는 경우를 포함한다)을 위반한 경우 가. 건강진단을 받지 아니한 영업자 또는 집단급식소의 설치·운영자(위탁급식영업자에게 위탁한 집단급식소의 경우는 제외한다) 나. 건강진단을 받지 아니한 종업원	 20만원 10만원

8	법 제101조 제2항 제1호	법 제40조제3항(법 제88조에서 준용하는 경우를 포함한다)을 위반한 경우 　가. 건강진단을 받지 아니한 자를 영업에 종사시킨 영업자 　　1) 종업원 수가 5명 이상인 경우 　　　가) 건강진단 대상자의 100분의 50 이상 위반 　　　나) 건강진단 대상자의 100분의 50 미만 위반 　　2) 종업원 수가 4명 이하인 경우 　　　가) 건강진단 대상자의 100분의 50 이상 위반 　　　나) 건강진단 대상자의 100분의 50 미만 위반 　나. 건강진단결과 다른 사람에게 위해를 끼칠 우려가 있는 질병이 있다고 인정된 자를 영업에 종사시킨 영업자	 50만원 30만원 30만원 20만원 100만원
9	법 제101조 제2항 제1호	법 제41조제1항(법 제88조에서 준용하는 경우를 포함한다)을 위반한 경우 　가. 위생교육을 받지 아니한 영업자 또는 집단급식소의 설치·운영자(위탁급식영업자에게 위탁한집단급식소의 경우는 제외한다) 　나. 위생교육을 받지 아니한 종업원	 20만원 10만원
10	법 제101조 제2항 제1호	법 제41조제5항(법 제88조에서 준용하는 경우를 포함한다)을 위반하여 위생교육을 받지 아니한 종업원을 영업에 종사시킨 영업자 또는 집단급식소의설치·운영자(위탁급식영업자에게 위탁한 집단급식소의 경우는 제외한다)	20만원
11	법 제101조 제3항 제2호	법 제42조제1항 또는 제44조제1항에 따라 영업자가 지켜야 할 사항 중 보건복지부령으로 정하는 경미한 사항을 지키지 아니한 경우	30만원
12	법 제101조 제2항 제4호	법 제42조제2항을 위반하여 보고를 하지 아니하거나 허위의 보고를 한 경우	30만원
13	법 제101조 제2항 제5호	법 제45조제1항 후단을 위반하여 보고를 하지 아니하거나 허위의 보고를 한 경우	500만원
14	법 제101조 제3항 제3호	법 제46조제1항을 위반하여 소비자로부터 이물발견신고를 받고 보고하지 아니한 경우 　가. 이물 발견 사실을 전부 보고하지 아니한 경우 　나. 이물 발견 사실 일부를 보고하지 아니하였거나 이물 등 증거품을 보관하지 아니한 경우	 300만원 100만원
15	법 제101조 제2항 제6호	법 제48조제9항(법 제88조에서 준용하는 경우를 포함한다)을 위반한 경우	300만원
16	법 제101조 제3항 제4호	법 제49조제3항을 위반하여 식품이력추적관리 등록사항이 변경된 경우 변경사유가 발생한 날부터 1개월 이내에 신고하지 아니한 경우	30만원

17	법 제101조 제2항 제7호	법 제56조제1항을 위반하여 교육을 받지 아니한 경우	20만원
18	법 제101조 제2항 제8호	법 제74조제1항(법 제88조에서 준용하는 경우를 포함한다)에 따른 명령을 위반한 경우	200만원
19	법 제101조 제2항 제1호	법 제86조제1항을 위반한 경우 　가. 식중독 환자나 식중독이 의심되는 자를 진단하였거나 그 사체를 검안한 의사 또는 한의사 　나. 집단급식소에서 제공한 식품등으로 인하여 식중독 한자나 식중독으로 의심되는 증세를 보이는 자를 발견한 집단급식소의 설치·운영자	100만원 200만원
20	법 제101조 제2항 제9호	법 제88조제1항을 위반하여 신고를 하지 아니하거나 허위의 신고를 한 경우	100만원
21	법 제101조 제2항 제10호	법 제88조제2항을 위반한 경우(위탁급식영업자에게 위탁한 집단급식소의 경우는 제외한다) 　가. 최근 1년 이내에 식중독을 발생하게 한 집단급식소의 설치·운영자 　　1) 처음 발생한 경우 　　2) 2회 이상 발생한 경우 　나. 조리·제공한 식품의 매회 1인분 분량을 보건복지부령으로 정하는 바에 따라 144시간 이상 보관하지 아니한 경우 　다. 영양사의 업무를 방해하는 집단급식소의 설치·운영자 　라. 정당한 사유 없이 영양사가 위생관리를 위하여 요청하는 사항을 따르지 아니한 집단급식소의 설치·운영자 　마. 그 밖에 보건복지부령으로 정한 준수사항을 위반한 집단급식소의 설치·운영자	20만원이상 50만원 이하의 범위에서 보건복지부령으로 정하는 금액

제3장 식품위생법 시행규칙

제1조 (목적)

이 규칙은 「식품위생법」 및 같은 법 시행령에서 위임된 사항과 그 시행에 필요한 사항을 규정함을 목적으로 한다.

제2조 (식품 등의 위생적인 취급에 관한 기준)

「식품위생법」(이하 "법"이라 한다) 제3조제3항에 따른 식품, 식품첨가물, 기구 또는 용기·포장(이하
"식품등"이라 한다)의 위생적인 취급에 관한 기준은 별표 1과 같다.

제3조 (판매 등이 허용되는 식품등)

유독·유해물질이 들어 있거나 묻어 있는 식품등 또는 그러할 염려가 있는 식품등으로서 법 제4조제2호단서에 따라 인체의 건강을 해칠 우려가 없다고 식품의약품안전청장이 인정하여 판매 등의 금지를 하지 아니할 수 있는 것은 다음 각 호의 어느 하나에 해당하는 것으로 한다.
 1. 법 제7조제1항·제2항 또는 법 제9조제1항·제2항에 따른 식품 등의 제조·가공 등에 관한 기준 및 성분에 관한 규격(이하 "식품 등의 기준 및 규격"이라 한다)에 적합한 것
 2. 제1호의 식품 등의 기준 및 규격이 정해지지 아니한 것으로서 식품의약품안전청장이 법 제57조에 따른 식품위생심의위원회(이하 "식품위생심의위원회"라 한다)의 심의를 거쳐 유해의 정도가 인체의 건강을 해칠 우려가 없다고 인정한 것

제4조 (판매 등이 금지되는 병든 동물 고기 등)

법 제5조에서 "보건복지부령으로 정하는 질병"이란 다음 각 호의 질병을 말한다.
 1. 「축산물위생관리법 시행규칙」 별표 3 제1호다목에 따라 도축이 금지되는 가축전염병
 2. 리스테리아병, 살모넬라병, 파스튜렐라병 및 선모충증

제5조 (식품 등의 한시적 기준 및 규격의 인정 등)

① 식품등을 제조·가공하는 자가 법 제7조제2항 또는 법 제9조제2항에 따라 한시적으로 제조·가공 등에 관한 기준과 성분에 관한 규격을 인정받을 수 있는 식품등은 다음 각

호와 같다.
1. 식품(원료로 사용되는 경우만 해당한다)
    가. 국내에서 새로 원료로 사용하려는 농산물·축산물·수산물 등
    나. 농산물·축산물·수산물 등으로부터 추출·농축·분리 등의 방법으로 얻은 것으로서 식품으로 사용하려는 원료
2. 식품첨가물: 법 제7조제1항에 따라 개별 기준 및 규격이 정하여지지 아니한 식품첨가물
3. 기구 또는 용기·포장: 법 제9조제1항에 따라 개별 기준 및 규격이 고시되지 아니한 식품 및 식품첨가물에 사용되는 기구 또는 용기·포장
② 식품의약품안전청장은 법 제24조제1항제1호 및 제2항제1호에 따라 지정된 식품위생검사기관(이하 이 조에서 "식품위생검사기관"이라 한다)이 한시적으로 인정하는 식품 등의 제조·가공 등에 관한 기준과 성분의 규격에 대하여 검토한 내용이 제4항에 따른 검토기준에 적합하지 아니하다고 인정하는 경우에는 그 식품위생검사기관에 시정을 요청할 수 있다.
③ 식품위생검사기관은 제2항에 따른 검토를 하는 데에 필요한 경우에는 그 검토를 의뢰한 자에게 관계 문헌, 원료 및 시험에 필요한 특수시약의 제출을 요청할 수 있다.
④ 한시적으로 인정하는 식품 등의 제조·가공 등에 관한 기준과 성분의 규격에 관하여 필요한 세부 검토기준 등에 대해서는 식품의약품안전청장이 정하여 고시한다.

제5조의2 (농약 또는 동물용 의약품 잔류허용기준의 설정)

① 식품에 대하여 법 제7조의3제1항에 따라 농약 또는 동물용 의약품 잔류허용기준(이하 "잔류허용기준"이라 한다)의 설정을 신청하려는 자는 별지 제1호서식의 설정 신청서(전자문서로 된 신청서를 포함한다)를 식품의약품안전처장에게 제출하여야 한다. ② 법 제7조의3제2항에 따라 수입식품에 대한 잔류허용기준의 설정을 요청하려는 자는 별지 제1호의2서식의 설정 요청서(전자문서로 된 요청서를 포함한다)에 다음 각 호의 자료(전자문서를 포함한다)를 첨부하여 식품의약품안전처장에게 제출하여야 한다.
1. 농약 또는 동물용 의약품의 독성에 관한 자료와 그 요약서
2. 농약 또는 동물용 의약품의 식품 잔류에 관한 자료와 그 요약서
3. 국제식품규격위원회의 잔류허용기준에 관한 자료와 잔류허용기준의 설정에 관한 자료
4. 수출국의 잔류허용기준에 관한 자료와 잔류허용기준의 설정에 관한 자료
5. 수출국의 농약 또는 동물용 의약품의 표준품
③ 식품의약품안전처장은 제1항에 따른 신청이나 제2항에 따른 요청 내용이 타당한 경우에는 잔류허용기준을 설정할 수 있으며, 잔류허용기준 설정 여부가 결정되면 지체 없이 그 사실을 별지 제1호의3서식에 따라 신청인 또는 요청인에게 통보하여야 한다.

제5조의3 (잔류허용기준의 변경 등)

① 제5조의2제1항 또는 제2항에 따라 잔류허용기준의 설정을 받은 자가 그 기준을 변경할 필요가 있는 경우에는 별지 제1호서식의 변경 신청서또는 별지 제1호의2서식의 변경 요청서를 식품의약품안전처장에게 제출하여야 한다.

② 제5조의2제1항 또는 제2항에 따라 잔류허용기준 설정을 신청 또는 요청하는 대신 잔류허용기준을 설정할 필요가 없음을 확인받으려는 자는 별지 제1호서식의 설정면제 신청서 또는 별지 제1호의2서식의 설정면제 요청서를 식품의약품안전처장에게 제출하여야 한다.

③ 잔류허용기준의 변경·설정면제 및 통보에 관하여는 제5조의2제3항을 준용한다.

제5조의4 (식품등의 기준 및 규격 관리 기본계획 등의 수립·시행)

① 법 제7조의4제1항에 따른 식품 등의 기준 및 규격 관리 기본계획(이하 "관리계획"이라 한다)에 포함되는 노출량 평가·관리의 대상이 되는 유해물질의 종류는 다음 각 호와 같다.
  1. 중금속
  2. 곰팡이 독소
  3. 유기성오염물질
  4. 제조·가공 과정에서 생성되는 오염물질
  5. 그 밖에 식품등의 안전관리를 위하여 식품의약품안전처장이 노출량 평가·관리가 필요하다고 인정한 유해물질

② 식품의약품안전처장은 관리계획 및 법 제7조의4제3항에 따른 식품등의 기준 및 규격 관리 시행계획을 수립·시행할 때에는 다음 각 호의 자료를 바탕으로 하여야 한다.
  1. 식품등의 유해물질 오염도에 관한 자료
  2. 식품등의 유해물질 저감화(低減化)에 관한 자료
  3. 총식이조사(TDS, Total Diet Study)에 관한 자료
  4. 「국민영양관리법」 제7조제2항제2호다목에 따른 영양 및 식생활 조사에 관한 자료

제5조의5 (식품등의 기준 및 규격의 재평가 등)

① 법 제7조의5제1항에 따른 재평가 대상은 다음 각 호와 같다.
  1. 법 제7조제1항에 따라 정해진 식품 또는 식품첨가물의 기준 및 규격
  2. 법 제9조제1항에 따라 정해진 기구 및 용기·포장의 기준 및 규격

② 식품의약품안전처장은 법 제7조의5제1항에 따라 재평가를 할 때에는 미리 그 계획서를 작성하여 식품위생심의위원회의 심의를 받아야 한다.

③ 법 제7조의5제1항에 따른 재평가의 방법 및 절차에 관한 세부 사항은 식품의약품안전처장이 정하여 고시한다.

제6조 (영양표시 대상 식품)

① 법 제11조제1항에서 "보건복지부령으로 정하는 식품"이란 다음 각 호의 식품을 말한다.
　1. 장기보존식품(레토르트식품만 해당한다)
　2. 과자류 중 과자, 캔디류 및 빙과류 중 빙과
　3. 빵류 및 만두류
　4. 초콜릿류 및 코코아가공품류
　5. 잼류
　6. 식용 유지류(油脂類)(동물성유지, 식용유지가공품 중 모조치즈, 식물성크림, 기타식용 유지가공품은 제외한다)
　7. 면류
　8. 음료류[다류(茶類)와 커피류 중 볶은 커피 및 인스턴트 커피는 제외한다]
　9. 특수용도식품
　10. 어육가공품 중 어육소시지
　11. 즉석섭취식품 및 즉석조리식품
　12. 장류(한식메주, 한식된장, 청국장 및 한식메주를 이용한 한식간장은 제외한다)
　13. 시리얼류
　14. 제1호부터 제13호까지의 규정에 따른 식품 외의 식품으로서 법 제11조제2항에 따른 영업자가 스스로 영양표시를 하는 식품
② 제1항에도 불구하고 다음 각 호의 식품은 영양표시 대상 식품으로 보지 아니한다.
　1. 즉석판매제조ㆍ가공업자가 제조ㆍ가공하는 식품
　2. 최종 소비자에게 제공되지 아니하고 다른 식품을 제조ㆍ가공 또는 조리할 때 원료로 사용되는 식품
　3. 식품의 포장 또는 용기의 주 표시면 면적이 30제곱센티미터 이하인 식품

제7조 (나트륨 함량 비교 표시 대상 식품)

법 제11조의2제1항에서 "총리령으로 정하는 식품"이란 다음 각 호의 식품을 말한다.
　1. 조미식품이 포함되어 있는 국수, 냉면, 유탕면류
　2. 즉석섭취식품 중 햄버거, 샌드위치

제8조 (허위표시, 과대광고, 비방광고 및 과대포장의 범위)

① 법 제13조에 따른 허위표시 및 과대광고의 범위는 용기ㆍ포장 및 라디오ㆍ텔레비전ㆍ신문ㆍ잡지ㆍ음악ㆍ영상ㆍ인쇄물ㆍ간판ㆍ인터넷, 그 밖의 방법으로 식품 등의 명칭ㆍ제조방법ㆍ품질ㆍ영양가ㆍ원재료ㆍ성분 또는 사용에 대한 정보를 나타내거나 알리는 행위 중 다음 각 호의 어느 하나에 해당하는 것으로 한다.

1. 법 제19조에 따라 수입신고한 사항이나 법 제37조에 따라 허가받거나 신고·등록 또는 보고한 사항과 다른 내용의 표시·광고
2. 질병의 예방 또는 치료에 효능이 있다는 내용의 표시·광고
3. 식품등의 명칭·제조방법, 품질·영양표시, 식품이력추적표시, 식품 또는 식품첨가물의 영양가·원재료·성분·용도와 다른 내용의 표시·광고
4. 제조 연월일 또는 유통기한을 표시함에 있어서 사실과 다른 내용의 표시·광고
5. 제조방법에 관하여 연구하거나 발견한 사실로서 식품학·영양학 등의 분야에서 공인된 사항 외의 표시·광고. 다만, 제조방법에 관하여 연구하거나 발견한 사실에 대한 식품학·영양학 등의 문헌을 인용하여 문헌의 내용을 정확히 표시하고, 연구자의 성명, 문헌명, 발표 연월일을 명시하는 표시·광고는 제외한다.
6. 각종 상장·감사장 등을 이용하거나 "인증"·"보증" 또는 "추천"을 받았다는 내용을 사용하거나 이와 유사한 내용을 표현하는 표시·광고. 다만, 다음 각 목에 해당하는 내용을 사용하는 경우는 제외한다.
    가. 제품과 직접 관련하여 받은 상장
    나. 「정부조직법」 제2조 부터 제4조까지의 규정에 따른 중앙행정기관·특별지방행정기관 및 그 부속기관, 「지방자치법」 제2조에 따른 지방자치단체 또는 「공공기관의 운영에 관한 법률」 제4조에 따른 공공기관으로부터 받은 인증·보증
    다. 「식품산업진흥법」 제22조에 따른 전통식품 품질인증, 「산업표준화법」 제15조에 따른 제품인증 등 다른 법령에 따라 받은 인증·보증
    라. 식품의약품안전처장이 고시하는 절차와 방법에 따라 식품등에 대한 인증·보증의 신뢰성을 인정받은 기관으로부터 받은 인증·보증
7. 외국어의 사용 등으로 외국제품으로 혼동할 우려가 있는 표시·광고 또는 외국과 기술제휴한 것으로 혼동할 우려가 있는 내용의 표시·광고
8. 다른 업소의 제품을 비방하거나 비방하는 것으로 의심되는 표시·광고나 "주문 쇄도" 등 제품의 제조방법·품질·영양가·원재료·성분 또는 효과와 직접적인 관련이 적은 내용 또는 사용하지 않은 성분을 강조함으로써 다른 업소의 제품을 간접적으로 다르게 인식하게 하는 표시·광고
9. 미풍양속을 해치거나 해칠 우려가 있는 저속한 도안·사진 등을 사용하는 표시·광고 또는 미풍양속을 해치거나 해칠 우려가 있는 음향을 사용하는 광고
10. 화학적 합성품의 경우 그 원료의 명칭 등을 사용하여 화학적 합성품이 아닌 것으로 혼동할 우려가 있는 광고
11. 판매사례품 또는 경품 제공·판매 등 사행심을 조장하는 내용의 표시·광고(「독점규제 및 공정거래에 관한 법률」 에 따라 허용되는 경우는 제외한다)
12. 소비자가 건강기능식품으로 오인·혼동할 수 있는 특정 성분의 기능 및 작용에 관한 표시·광고
13. 체험기를 이용하는 광고

② 제1항제2호·제5호·제6호·제12호 및 제13호에도 불구하고 다음 각 호에 해당되는 경우에는 허위표시나 과대광고로 보지 아니한다.
1. 「식품위생법 시행령」 (이하 "영"이라 한다) 제21조제8호가목·나목에 따른 휴게음식점영업소 및 일반음식점영업소에서 조리·판매하는 식품, 같은 호 마목에 따른 위탁급식영업소에서 조리·제공하는 식품 및 같은 호 바목에 따른 제과점영업소에서 제조·판매하는 식품에 대한 표시·광고
2. 영 제25조제2항제6호본문에 따라 영업신고를 하지 아니한 식품에 대한 표시·광고
2의2. 영 제26조의2제2항제6호본문에 따라 영업등록을 하지 아니한 식품에 대한 표시·광고
3. 「농어촌발전특별조치법」 제2조제2호에 따른 농업인등 및 「농업·농촌 및 식품산업 기본법」 제28조에 따른 영농조합법인과 「수산업법」 제10조에 따른 영어조합법인이 국내산 농·임·수산물을 주된 원료로 하여 제조·가공한 메주·된장·고추장·간장·김치에 대하여 식품영양학적으로 공인된 사실이라고 식품의약품안전청장이 인정한 표시·광고
4. 그 밖에 별표 3에 따른 허위표시·과대광고로 보지 아니하는 표시 및 광고의 범위에 해당하는 표시·광고
③ 법 제13조에 따른 과대포장의 범위는 「자원의 절약과 재활용촉진에 관한 법률」 제9조에 따른 「제품의 포장재질·포장방법에 관한 기준 등에 관한 규칙」에서 정하는 바에 따른다.
④ 누구든지 식품 또는 식품첨가물에는 의약품과 혼동할 우려가 있는 표시를 하거나 광고를 하여서는 아니 된다.

제9조 (위생검사등 요청서)

영 제6조제2항에 따라 출입·검사·수거 등(이하 "위생검사등"이라 한다)을 요청하려는 자는 별지 제1호의4서식의 요청서에 요청인의 신분을 확인할 수 있는 증명서를 첨부하여 식품의약품안전처장, 지방식품의약품안전청장, 특별시장·광역시장·특별자치시장·도지사·특별자치도지사(이하 "시·도지사"라 한다) 또는 시장·군수·구청장(자치구의 구청장을 말한다. 이하 같다)에게 제출하여야 한다.

제9조의2 (위생검사등 요청기관)

법 제16조제1항 각 호 외의 부분 본문에서 "총리령으로 정하는 식품위생검사기관"이란 다음 각 호의 기관을 말한다.
1. 식품의약품안전평가원
2. 지방식품의약품안전청
3. 시·도 보건환경연구원

제10조 (긴급대응의 대상 등)

법 제17조제1항제1호에 따른 "국내외에서 식품등 위해발생 우려가 보건복지부령으로 정하는 과학적 근거에 따라 제기되었거나 제기된 경우"란 식품위생심의위원회가 과학적 시험 및 분석자료 등을 바탕으로 조사·심의하여 인체의 건강을 해칠 우려가 있다고 인정한 경우를 말한다.

제11조 (금지 해제 요청서)

영 제7조제3항에 따라 해당 금지의 전부 또는 일부의 해제를 요청하려는 영업자는 별지 제2호서식의 해제 요청서에 법 제24조제1항제1호 및 제2항제1호에 따라 지정된 식품위생검사기관이 발행한 검사성적서를 첨부하여 식품의약품안전청장에게 제출하여야 한다.

제12조 (식품 등의 수입신고)

① 법 제19조제1항제1호에 따라 수입신고를 하려는 자(이하 "수입신고인"이라 한다)는 별지 제3호서식의 식품등의 수입신고서에 다음 각 호의 서류를 첨부하여 수입되는 식품등의 통관장소를 관할하는 지방식품의약품안전청장에게 제출하여야 한다. 이 경우 수입되는 식품등의 도착 예정일 5일 전부터 미리 신고할 수 있으며, 미리 신고한 도착항, 도착 예정일 등 주요 사항이 변경되는 경우에는 즉시 그 내용을 문서(전자문서를 포함한다)로 신고하여야 한다.
  1. 「식품·의약품분야 시험·검사 등에 관한 법률」 제6조제3항제1호에 따라 식품의약품안전처장이 지정한 식품전문 시험·검사기관, 같은 조 제4항 단서에 따라 총리령으로 정하는 시험·검사기관 또는 같은 법 제8조에 따른 국외시험·검사기관이 정밀검사를 하여 발행한 검사성적서 또는 검사증명서(별표 4 제2호에 따른 검사의 종류 중 정밀검사의 대상 식품등만 해당한다)
  2. 한글표시가 된 포장지(한글표시가 인쇄된 스티커를 붙인 포장지를 포함한다) 또는 한글표시 내용이 기재된 서류
  3. 구분유통증명서[종자의 구입·생산·보관·선별·운반·선적 과정에서 유전자재조합식품(유전자재조합기술을 활용하여 재배·육성된 농·축·수산물 등으로서 안전성 평가를 받은 식품 또는 이를 원료로 제조·가공한 식품을 말한다. 이하 같다)과 구분하여 관리하였음을 증명하는 서류를 말한다] 또는 이와 동등한 효력이 있음을 생산국의 정부가 인정하는 증명서(유전자재조합 표시대상에 해당하는 식품으로서 유전자재조합식품이라는 표시를 하지 아니한 경우만 해당한다)
  4. 제45조제1항제3호에 따른 유통기한 설정사유서 또는 제46조제1항에 따른 유통기한 연장사유서(법 제44조제5항에 따른 주문자상표부착식품등만 해당한다)

5. 제1호부터 제4호까지의 서류 외에 다이옥신 잔류량 검사성적서, 소해면상뇌증에 감염되지 아니한 건강한 반추동물의 원료를 사용하였다는 생산국 정부증명서, 유전자재조합 안전성관련 승인서류 등 위해정보에 따라 식품의 안전을 확보하기 위하여 식품의약품안전처장이 필요하다고 인정하는 서류
6. 수출계획서(외국으로부터 반송된 식품등을 국내에서 재가공후 수출하기 위하여 수입하는 경우만 해당한다)
7. 「농수산물 품질관리법」 제88조제1항제2호에 따른 협약(이하 "위생약정"이라 한다)을 체결한 국가로부터 수입하는 경우 수출국 정부에서 인정하는 검사기관에서 발급한 검사성적서 또는 검사증명서 원본(검사성적서 또는 검사증명서를 첨부하기로 위생약정을 체결한 국가로부터 수입하는 수산물의 경우만 해당한다)
8. 할랄인증 식품(제8조제1항제6호라목에 따른 기관으로부터 이슬람교도가 먹을 수 있도록 허용됨을 인증받은 식품을 말한다. 이하 같다) 인증서 사본(할랄인증 식품의 표시·광고를 하는 경우만 해당한다)

② 지방식품의약품안전청장은 제1항에 따라 식품 등의 수입신고를 받은 경우에는 별표 4의 검사방법에 따라 해당 식품등에 대한 검사를 하고, 그 결과 적합하다고 인정되고 수입신고인이 원하는 경우에는 별지 제4호서식의 식품 등의 수입신고확인증을 발급하여야 한다.

③ 지방식품의약품안전청장은 제1항에 따른 신고 내용을 별지 제5호서식의 식품등 수입신고 수리대장에 기재하고, 매년 식품 등의 수입신고 상황을 해당 연도가 끝난 후 1개월 이내에 별지 제6호서식으로 식품의약품안전청장에게 보고하여야 한다. 다만, 전산으로 처리한 경우에는 따로 보고하지 아니할 수 있다.

④ 「관세법」 등 다른 법률에 따라 압류·몰수된 수입물품의 경우에는 제1항에 따른 식품 등의 수입신고서 및 첨부서류의 제출을 생략할 수 있다.

⑤ 식품등이 제1항 후단에 따라 미리 신고한 도착 예정일보다 늦게 도착하는 경우 그 지연기간은 「민원사무 처리에 관한 법률 시행령」 제13조에 따른 민원사무의 처리기간에 포함하여 계산하지 아니한다.

⑥ 지방식품의약품안전청장은 제1항에 따른 식품 등의 수입신고에 필요한 서류의 접수 및 제2항에 따른 식품 등의 수입신고확인증의 발급을 식품의약품안전청장이 정하는 바에 따라 전자문서로 행할 수 있다.

제12조의2 (구매대행자의 수입신고)

① 법 제19조제1항제2호에 따른 구매대행자는 해외 판매자의 사이버몰(컴퓨터 등과 전보통신설비를 이용하여 재화 등을 거래할 수 있도록 설정된 가상의 영업장을 말한다) 등으로부터 식품등의 대신 구매 등을 하는 업자로서 「전자상거래 등에서의 소비자보호에 관한 법률」 제12조제1항 본문에 따른 신고 대상 통신판매업자로 한다.

② 법 제19조제1항제2호에 따라 수입신고를 하려는 자(이하 "구매대행 수입신고인"이라 한다)는 별지 제3호의2서식의 구매대행 식품등의 수입신고서(전자문서로 된 신고서를 포함한다)를 수입되는 식품등의 통관장소를 관할하는 지방식품의약품안전청장에게 제출하여야 한다. 이 경우 수입신고는 수입 통관이 이루어지기 전에 하여야 한다.
③ 지방식품의약품안전청장은 제2항에 따라 신고된 식품등(이하 "구매대행 식품등"이라 한다)에 대하여 별표 4의 검사방법에 따라 해당 식품등에 대한 검사를 하고, 그 결과 적합하다고 인정되고 구매대행 수입신고인이 원하는 경우에는 별지 제4호의2서식의 구매대행 식품등의 수입신고확인증을 발급하여야 한다.
④ 구매대행 식품등은 법 제10조에 따른 표시, 법 제11조에 따른 식품의 영양표시 및 법 제12조의2에 따른 유전자재조합식품등의 표시를 생략할 수 있다.
⑤ 구매대행 식품등의 수입신고 수리대장 기재와 수입신고 상황의 보고, 수입신고서 등의 제출 생략 등에 관하여는 제12조제3항·제4항 및 제6항을 준용한다. 이 경우 "식품등"은 "구매대행 식품등"으로 본다.

제13조 (조건부 수입신고)

① 제12조에도 불구하고 다음 각 호의 어느 하나에 해당하는 식품등에 대해서는 검사 결과를 확인하기 전에 필요한 조건을 붙여 식품 등의 수입신고확인증을 발급할 수 있다.
  1. 신선한 식품류
     가. 살아 있거나 신선하거나 냉장한 수산물
     나. 신선하거나 냉장한 농산물·임산물(썩었거나 상한 것이 조금 있는 경우로서 이를 선별할 수 있는 경우를 포함한다)
  2. 원료의 수급(수급) 또는 물가 조절을 위하여 긴급히 수입하는 식품등
  3. 법 제10조에 따른 표시기준을 위반한 정도가 경미한 경우로서 통관 후 시중에 유통·판매하기 전에 그 위반사항을 보완할 수 있는 식품등
  4. 별표 4 제2호에 따른 검사의 종류 중 무작위표본검사의 대상에 해당하는 식품등
② 제1항에 따라 조건부로 수입신고확인증을 발급받으려는 수입신고인은 해당 조건의 이행과 관련된 다음 각 호의 내용이 포함된 서류를 지방식품의약품안전청장에게 제출하여야 한다.
  1. 보세창고에서의 출고 예정일
  2. 조건을 이행하기 위한 작업장소 또는 보관창고에 관한 다음 각 목의 사항
     가. 입고 예정일
     나. 소재지
     다. 보관책임자
③ 제2항에 따라 서류를 제출받은 지방식품의약품안전청장이 해당 수입신고인에게 조건부 수입신고확인증을 발급한 경우에는 지체 없이 제2항제2호에 따른 작업장소 또는 보관창고의 소재지를 관할하는 지방식품의약품안전청장 및 특별자치도지사·시장·군수·구청장에게 그 서류를 보내 사후관리를 요청하여야 한다.

④ 제1항에 따른 조건부 신고대상 식품등으로서 다음 각 호의 어느 하나에 해당하는 식품등에 대해서는 제12조제2항에 따라 검사를 하고, 그 결과 적합한 경우에는 별지 제4호서식의 식품 등의 수입신고확인증을 발급하여야 한다.
  1. 수입신고의 조건을 위반한 사실이 있는 영업소에서 수입하는 식품등
  2. 최근 2년 이내에 제14조제1항에 따라 부적합 통보를 받은 사실이 있는 식품등
  3. 위해식품에 관한 정보 등이 확인되어 따로 검사 중인 식품등

제14조 (수입식품 등의 사후관리)

① 지방식품의약품안전청장은 제12조제2항 또는 제12조의2제3항에 따른 검사 결과 부적합한 식품등에 대해서는 별지 제7호서식의 부적합통보서를 해당 수입신고인 또는 구매대행 수입신고인에게 교부하고, 관할 세관장에게 부적합하다는 사실을 지체 없이 알려야 한다. 이 경우 해당 통보서를 교부받은 수입신고인 또는 구매대행 수입신고인은 다음 각 호의 어느 하나에 해당하는 조치를 하여야 한다.
  1. 수출국으로의 반송 또는 다른 나라로의 반출
  2. 해당 식품등에 대한 검사 결과 식품의약품안전청장이 정하는 경미한 위반사항이 있는 경우에는 그 위반사항을 보완하여 재수입 신고
  3. 제1호 및 제2호 외의 경우에는 폐기
② 지방식품의약품안전청장은 제1항의 부적합 통보를 식품의약품안전청장이 정하는 바에 따라 전자문서로 할 수 있다.
③ 식품의약품안전청장은 제12조제1항에 따라 수입신고한 식품등 중 다른 용도로 전환될 우려가 있다고 인정되는 식품 및 식품첨가물을 유통관리대상 식품·식품첨가물로 지정하여 관리할 수 있다. 이 경우 유통관리대상 식품·식품첨가물의 지정 절차 및 방법 등에 관한 세부 사항은 식품의약품안전청장이 따로 정한다.
④ 지방식품의약품안전청장은 제3항에 따른 유통관리대상 식품·식품첨가물에 대한 수입신고를 받은 경우에는 수입신고인의 영업소 소재지를 관할하는 지방식품의약품안전청장, 특별자치도지사·시장·군수·구청장에게 신고받은 내용을 통보한다.

제15조 (수입식품등 사전확인등록 신청 등)

① 법 제19조제4항에 따라 수입식품등 사전확인등록을 신청하려는 자는 별지 제8호서식의 수입식품등 사전확인등록 신청서(전자문서로 된 신청서를 포함한다)에 다음 각 호의 서류(전자문서를 포함한다)를 첨부하여 식품의약품안전청장에게 제출하여야 한다.
  1. 수출하려는 제품에 관한 다음 각 목의 사항을 포함한 서류
    가. 식품의 경우: 제품명, 사용한 원재료명 및 그 성분배합 비율, 제조·가공의 방법, 사용한 식품첨가물의 명칭·사용량 등에 관한 사항
    나. 식품첨가물의 경우: 식품첨가물명 및 그 성분규격에 관한 사항

다. 기구 또는 용기·포장의 경우: 재질·용도·바탕색 등에 관한 사항 및 해당 제품의 전체를 나타내는 그림 또는 사진
   2. 해당 식품등이 식품 등의 기준 및 규격에 적합하다는 국내외 공인검사기관이 발행한 검사성적서 원본 또는 검사증명서 원본
   3. 해당 식품등을 생산하는 제조·가공 공장의 소재지, 건물배치도(기계·기구류 배치 내용을 포함한다) 및 작업장 평면도 등에 관한 서류
② 식품의약품안전청장은 제1항에 따라 신청을 받은 경우에 별표 5의 수입식품등 사전확인 등록 기준 및 절차 등에 따라 현지 확인 또는 수출국 정부의 확인을 통하여 신청 내용이 기준에 적합하다고 인정되는 경우 별지 제9호서식의 수입식품등 사전확인등록대장에 기재하고, 별지 제10호서식의 등록증을 발급한다.
③ 제1항에도 불구하고 제2항에 따라 이미 등록된 식품등과 식품유형이 같은 경우로서 새로운 제조·가공시설이 필요하지 아니한 식품등은 등록된 것으로 본다.
④ 제2항에 따라 수입식품등 사전확인등록이 된 사항 중 소재지가 변경된 경우에는 별지 제11호서식의 수입식품등 사전확인등록 변경신청서(전자문서로 된 신청서를 포함한다)에 다음 각 호의 서류를 첨부하여 식품의약품안전청장에게 제출하여야 한다.
   1. 변경 후 제조·가공한 해당 식품등에 대한 공인검사기관에서 발행한 검사성적서 원본 또는 검사증명서 원본
   2. 해당 식품등을 생산하는 제조·가공 공장의 소재지, 건물배치도(기계·기구류 배치 내용을 포함한다) 및 작업장 평면도 등에 관한 서류

제15조의2 (주문자상표부착식품등의 수입신고)

법 제19조제5항 후단에 따라 식품의약품안전청장에게 보고하여야 하는 중요한 변경사항은 유통기한을 연장하는 경우를 말한다.

제15조의3 (수입 식품등의 신고 대행자의 등록자격 등)

① 법 제19조의2제1항에 따른 수입 식품등의 신고 대행자(이하 "수입식품신고 대행자"라 한다)로 등록하려는 자는 영 제10조의2에 따라 「한국보건복지인력개발원법」에 따른 한국보건복지인력개발원이나 그 밖에 식품의약품안전청장이 정하는 기관 또는 단체(이하 "대행자 교육기관"이라 한다)에서 다음 각 호의 내용에 관하여 4시간 이상의 교육을 받아야 한다.
   1. 수입식품 관리제도
   2. 수입신고 절차
   3. 식품등의 표시기준
   4. 식품 또는 식품첨가물에 대한 기준 및 규격
   5. 기구 및 용기·포장에 대한 기준 및 규격
   6. 그 밖에 수입신고 대행에 필요한 사항

② 대행자 교육기관은 제1항에 따른 교육을 수료한 자에게 수료증을 발급하고, 교육 종료 후 1개월 이내에 교육 실시 결과를 지방식품의약품안전청장에 보고하여야 하며, 수료증 발급대장 등 교육에 관한 기록을 2년 동안 보관·관리하여야 한다.
③ 대행자 교육기관은 교육 대상자로부터 교육에 필요한 수강료를 받을 수 있다. 이 경우 수강료는 다음 각 호의 사항을 고려하여 실비(實費) 수준으로 대행자 교육기관의 장이 결정한다.
　1. 강사수당
　2. 교육교재 편찬 비용
　3. 그 밖에 교육 관련 사무용품 구입비 등 필요한 경비

제15조의4 (수입식품신고 대행자의 등록절차 등)

① 법 제19조의2제1항에 따라 수입식품신고 대행자로 등록하려는 자는 별지 제11호의2서식의 수입식품신고 대행자 등록신청서에 제15조의3제2항에 따른 교육수료증 사본을 첨부하여 지방식품의약품안전청장에게 등록하여야 한다.
② 제1항에 따른 신청을 받은 지방식품의약품안전청장은 그 신청이 등록요건에 적합한 경우 별지 제11호의3서식의 수입식품신고 대행자 등록증을 발급하고, 별지 제11호의4서식의 수입식품신고 대행자 등록대장을 작성·보관하거나 같은 서식으로 전산망에 입력하여 관리하여야 한다.
③ 제2항에 따라 등록한 수입식품신고 대행자는 그 등록사항 중 소재지가 변경된 경우 별지 제11호의5서식의 수입식품신고 대행자 등록사항 변경신고서에 다음 각 호의 서류를 첨부하여 지방식품의약품안전청장에게 신고하여야 한다.
　1. 수입식품신고 대행자 등록증 1부
　2. 변경을 증명할 수 있는 서류 1부

제15조의5 (수입식품신고 대행자의 대행에 따른 수수료)

법 제19조의2제2항에 따른 수입식품신고 대행자의 대행수수료는 건당 5만원으로 한다.

제15조의6 (수입식품신고 대행자에 대한 행정처분의 기준)

법 제19조의2제3항에 따른 수입식품신고 대행자에 대한 행정처분의 기준은 별표 5의2와 같다.

제15조의7 (식품안전 교육명령 등)

① 지방식품의약품안전청장은 법 제19조의3제1항에 따른 영업자에게 다음 각 호의 기관 또는 단체(이하 "식품안전 교육기관"이라 한다)에서 수입 식품등의 안전성을 확보하기 위한 식품안전 교육을 받을 것을 명할 수 있다.

1. 「한국보건복지인력개발원법」에 따른 한국보건복지인력개발원
2. 「정부출연연구기관 등의 설립·운영 및 육성에 관한 법률」에 따른 정부출연연구기관
3. 정부가 설립하거나 운영비용의 전부 또는 일부를 지원하는 교육기관으로서 식품안전에 관한 교육수준의 전문 인력을 보유한 기관
4. 그 밖에 식품의약품안전청장이 정하는 기관 또는 단체

② 법 제19조의3제1항에 따른 명령을 받은 영업자는 3개월 이내에 지정된 식품안전 교육기관에서 다음 각 호의 내용에 관하여 3시간 이상의 교육을 받아야 한다.
1. 부적합 식품등에 대한 원인규명 및 개선조치 방법
2. 식품위생제도 및 식품위생관련 법령에 관한 사항

③ 식품안전 교육기관은 제2항에 따른 교육을 수료한 자에게 수료증을 발급하고, 교육 종료 후 1개월 이내에 교육 실시 결과를 지방식품의약품안전청장에게 보고하여야 하며, 수료증 발급대장 등 교육에 관한 기록을 2년 동안 보관·관리하여야 한다.

④ 식품안전 교육기관은 교육 대상자로부터 교육에 필요한 수강료를 받을 수 있다. 이 경우 수강료는 다음 각 호의 사항을 고려하여 실비(實費) 수준으로 식품안전 교육기관의 장이 결정한다.
1. 강사수당
2. 교육교재 편찬 비용
3. 그 밖에 교육 관련 사무용품 구입비 등 필요한 경비

제15조의8 (검사명령 이행기한)

법 제19조의4제2항에 따른 검사기한은 같은 조 제1항에 따른 검사명령을 받은 날부터 20일 이내로 한다.

제16조 (우수수입업소 등록신청 등)

① 법 제20조제2항에 따른 우수수입식품업소(이하 "우수수입업소"라 한다)로 등록하려는 자는 별지 제12호서식의 우수수입업소 등록신청서(전자문서를 포함한다)에 다음 각 호의 서류를 첨부하여 식품의약품안전청장에게 제출하여야 한다.
1. 수출국의 식품 관련 법령에 따라 수출국 제조업소의 허가·신고·등록 등이 되었음을 증명하는 서류
2. 식품의약품안전청장이 정하는 기준에 따른 수출국 제조업소에 대한 위생관리 상태 점검 결과보고서

② 식품의약품안전청장은 제1항에 따라 신청된 내용에 대하여 현지 확인을 한 후 식품의약품안전청장이 정하는 기준에 적합한 경우에는 별지 제13호서식의 우수수입업소 등록대장에 기재하고, 별지 제14호서식의 우수수입업소 등록증을 신청인에게 발급하여야 한다.

③ 제2항에 따라 우수수입업소로 등록한 업소가 다음 각 호의 어느 하나에 해당하는 사항을 변경한 경우에는 별지 제15호서식의 등록사항 변경신고서에 우수수입업소 등록증을 첨부하여 식품의약품안전청장에게 변경신고를 하여야 한다.
1. 영업자의 성명(법인의 경우에는 그 대표자의 성명을 말한다)
2. 우수수입업소의 명칭 및 소재지

제17조 (우수수입업소 준수사항 및 등록취소 등)
① 법 제20조제4항제3호에서 "보건복지부령으로 정하는 사항"이란 법 제20조제1항에 따른 위생관리 상태의 점검을 매년 1회 이상 실시하고, 식품의약품안전청장에게 그 결과를 보고하는 것을 말한다.
② 법 제20조제4항에 따른 우수수입업소 등록취소 등에 관한 기준은 별표 6과 같다.

제18조 (수출국 제조업소의 생산·가공시설 안전성 기준)
법 제20조제5항에 따른 수출국 제조업소의 생산·가공시설 안전성 기준은 별표 7과 같다.

제19조 (출입·검사·수거 등)
① 법 제22조에 따른 출입·검사·수거 등은 국민의 보건위생을 위하여 필요하다고 판단되는 경우에는 수시로 실시한다.
② 제1항에도 불구하고 제89조에 따라 행정처분을 받은 업소에 대한 출입·검사·수거 등은 그 처분일부터 6개월 이내에 1회 이상 실시하여야 한다. 다만, 행정처분을 받은 영업자가 그 처분의 이행 결과를 보고하는 경우에는 그러하지 아니하다.

제20조 (수거량 및 검사 의뢰 등)
① 법 제22조제1항제2호나목에 따라 무상으로 수거할 수 있는 식품 등의 대상과 그 수거량은 별표 8과 같다.
② 관계 공무원이 제1항에 따라 식품등을 수거한 경우에는 별지 제16호서식의 수거증(전자문서를 포함한다)을 발급하여야 한다.
③ 제1항에 따라 식품등을 수거한 관계 공무원은 그 수거한 식품등을 그 수거 장소에서 봉함하고 관계 공무원 및 피수거자의 인장 등으로 봉인하여야 한다.
④ 식품의약품안전처장, 시·도지사 또는 시장·군수·구청장은 제1항에 따라 수거한 식품 등에 대해서는 지체 없이 법 제24조제1항제1호에 따른 식품위생검사기관 및 같은 조 제2항제1호에 따른 식품위생전문검사기관에 검사를 의뢰하여야 한다.
⑤ 식품의약품안전청장, 시·도지사 또는 시장·군수·구청장은 법 제22조제1항에 따라 관계 공무원으로 하여금 출입·검사·수거를 하게 한 경우에는 별지 제17호서식의 수거검사 처리대장(전자문서를 포함한다)에 그 내용을 기록하고 이를 갖춰 두어야 한다.

⑥ 법 제22조제3항에 따른 출입·검사·수거 또는 열람하려는 공무원의 권한을 표시하는 증표는 별지 제18호서식과 같다.

제21조 (식품등의 재검사 제외대상)

법 제23조제2항 단서에 따라 재검사 대상에서 제외하는 검사항목은 이물, 미생물, 곰팡이독소, 잔류농약 및 잔류동물용의약품에 관한 검사로 한다.

제22조 (검사 결과의 보고 등)

① 검사기관은 법 제22조제1항에 따른 검사를 완료한 경우에는 지체 없이 그 검사 결과를 시험성적서로 검사의뢰기관에 통보하여야 하며, 검사 결과 그 식품등이 법 제72조제1항에 따른 폐기처분의 대상에 해당된다고 인정되는 경우에는 지방식품의약품안전청장과 시·도지사 및 시장·군수·구청장에게 지체 없이 그 내용을 알려야 한다. 이 경우 지방식품의약품안전청장 및 특별자치도지사·시장·군수·구청장은 지체 없이 해당 식품등을 수거·폐기하여야 한다.
② 검사기관은 「주세법」, 「수산업법」 또는 「인삼산업법」에 따라 허가를 받거나 등록 또는 신고를 한 식품등을 검사한 결과 식품 등의 기준 및 규격에 적합하지 아니한 것이 있는 경우에는 그 시험성적서의 사본, 시험기록서의 사본 및 수거증의 사본을 갖추어 식품의약품안전청장에게 보고하여야 한다.

제23조 (식품위생검사기관)

① 법 제24조제1항제1호에서 "총리령으로 정하는 식품위생검사기관"이란 제9조의2 각 호의 기관을 말한다.
② 식품의약품안전청장은 법 제24조제1항에 따른 식품위생검사기관의 검사능력 향상 및 신뢰성 확보를 위하여 검사능력을 측정하고 평가할 수 있다.
③ 제2항에 따른 검사능력의 측정 및 평가는 표준 시료(검사기관의 검사능력 평가를 목적으로 제조되어 검사능력관리 대상기관에 제공되는 시료를 말한다)를 사용하여 하며, 그 세부적인 사항은 식품의약품안전청장이 정하여 고시한다.

제24조 (식품위생검사기관 지정 등)

① 법 제24조제1항제2호에 따른 식품위생검사기관으로 지정받으려는 자는 별지 제19호서식의 식품위생검사기관 지정신청·변경신고서(전자문서로 된 신청서를 포함한다)에 다음 각 호의 서류(전자문서를 포함한다)를 첨부하여 식품의약품안전청장 또는 지방식품의약품안전청장에게 신청하여야 한다. 이 경우 신청을 받은 식품의약품안전청장 또는 지방식품의약품안전청장은 「전자정부법」 제36조제1항에 따른 행정정보의 공동이용을 통하여 국가기술자격증을 확인하여야 하며, 신청인이 확인에 동의하지 않는 경우에는 그 사본을

첨부하도록 하여야 한다.
1. 검사실 평면도
2. 검사에 필요한 기계 및 기구류 보유 내용
3. 식품위생검사 전문인력(이하 "검사원"이라 한다)의 자격 및 경력을 증명하는 서류
4. 검사업무의 처리 등에 관한 규정

② 제1항 제4호에 따른 검사업무의 처리 등에 관한 규정에는 다음 각 호의 사항이 포함되어야 한다.
1. 제품 종류별 검사기간
2. 검사의 절차와 시료 채취에 관한 사항
3. 검사 수수료 및 그 산정에 관한 사항
4. 검사증명서의 발행에 관한 사항
5. 검사원이 준수하여야 할 사항
6. 검사원 등 교육에 관한 사항
7. 그 밖에 검사업무에 필요한 사항

③ 제1항에 따라 식품위생검사기관 지정 신청을 받은 식품의약품안전청장 또는 지방식품의약품안전청장은 해당 식품위생검사기관이 별표 9에 따른 식품위생검사기관의 지정·평가 기준에 적합한 경우에는 별지 제20호서식의 식품위생검사기관 지정서를 발급하여야 한다.

제25조 (식품위생검사기관의 변경신고)

법 제24조제2항에 따라 지정받은 식품위생검사기관은 다음 각 호의 어느 하나에 해당하는 사항을 변경한 경우에는 별지 제19호서식의 식품위생검사기관 지정신청·변경신고서(전자문서로 된 신고서를 포함한다)에 식품위생검사기관 지정서를 첨부하여 식품의약품안전청장 또는 지방식품의약품안전청장에게 신고하여야 한다.
1. 대표자
2. 검사기관의 명칭 및 소재지
3. 검사 항목 및 대상 식품등
4. 검사 수수료 및 그 산정에 관한 사항

제26조 (식품위생검사기관의 유효기간 연장 및 재지정 신청)

① 법 제25조제2항에 따라 식품위생검사기관 지정의 유효기간을 연장받으려는 자는 별지 제22호서식의 식품위생검사기관지정 연장신청서(전자문서로 된 신청서를 포함한다)에 식품위생검사기관 지정서 원본을 첨부하여 유효기간 만료 전 30일까지 식품의약품안전청장 또는 지방식품의약품안전청장에게 신청하여야 한다.

② 식품위생검사기관으로 지정받은 자 중 법 제25조제3항에 따라 다시 지정받으려는 자는 그 유효기간 만료 전 60일부터 30일까지의 기간에 별지 제19호서식의 식품위생검사기관

지정신청서(전자문서로 된 신청서를 포함한다)에 제24조제1항 각 호의 서류(변경된 사항이 있는 경우만 해당한다)를 첨부하여 식품의약품안전청장 또는 지방식품의약품안전청장에게 다시 신청하여야 한다.
③ 식품의약품안전청장은 식품위생검사기관 지정의 유효기간이 끝나는 날의 60일 전까지 식품위생검사기관으로 지정받은 자에게 유효기간 만료 시까지 유효기간을 연장하거나 재지정을 받지 아니하면 법 제25조에 따른 유효기간의 연장이나 재지정을 받을 수 없다는 사실과 유효기간 연장 절차 또는 재지정 절차를 알려야 한다.
④ 제3항에 따른 통지는 휴대폰에 의한 문자전송, 전자메일, 팩스, 전화, 문서 등으로 할 수 있다.

제27조 (식품위생검사기관 업무정지 등 처분기준)

법 제27조에 따른 식품위생검사기관의 업무정지 등의 처분기준은 별표 10과 같다.

제28조 (식품위생검사기관의 검사업무에 관한 규정)

법 제27조제4호에 따른 식품위생검사기관의 검사업무에 관한 규정은 별표 11과 같다.

제29조 (검사기관 지위승계의 신고)

① 법 제29조제3항에 따라 검사기관 운영자의 지위를 승계한 자는 별지 제23호서식의 식품위생검사기관 운영자 지위승계 신고서에 다음 각 호의 서류를 첨부하여 식품의약품안전청장 또는 지방식품의약품안전청장에게 제출하여야 한다.
  1. 식품위생검사기관 지정서
  2. 다음 각 목에 따른 검사기관 승계사실 증명자료(전자문서를 포함한다)
     가. 양도의 경우: 양도·양수를 증명할 수 있는 서류 사본
     나. 상속의 경우: 「가족관계의 등록 등에 관한 법률」 제15조제1항제1호의 가족관계증명서와 상속인임을 증명하는 서류
     다. 그 밖에 식품위생검사기관의 지위를 승계하였음을 증명할 수 있는 서류
② 제1항에 따라 식품위생검사기관의 지위승계 신고를 하려는 자가 제25조제2호에 따른 검사기관의 명칭 또는 소재지를 변경하는 경우에는 그 변경사항을 함께 신고할 수 있다.

제30조 (검사원 등의 교육기관 등)

① 법 제30조제1항에 따라 식품위생검사기관의 대표자 또는 검사원에 대한 교육은 다음 각 호의 기관에서 한다.
  1. 식품의약품안전평가원
  2. 지방식품의약품안전청
  3. 그 밖에 식품의약품안전청장이 지정하는 기관

② 제1항에 따른 교육에 드는 경비는 교육을 받는 대표자 또는 검사원이 소속된 식품위생검사기관에서 부담한다.
③ 제1항에 따른 교육 내용은 다음 각 호와 같다. 다만, 대표자에 대해서는 제3호 및 제4호의 교육을 생략할 수 있다.
1. 식품위생 관련 법규
2. 식품 등의 기준 및 규격
3. 식품위생검사의 방법
4. 검사능력 향상을 위한 실습
5. 그 밖에 시험 · 검사를 위하여 식품의약품안전청장이 필요하다고 인정하는 사항
④ 제1항에 따른 교육시간은 다음 각 호와 같다.
1. 식품위생검사기관의 대표자: 매년 4시간
2. 검사원: 매년 21시간

제31조 (자가품질검사)

① 법 제31조제1항에 따른 자가품질검사는 별표 12의 자가품질검사기준에 따라 하여야 한다.
② 법 제31조제2항에 따라 검사를 의뢰받은 자가품질위탁검사기관은 제1항의 기준에 따라 검사를 한 후 지체 없이 그 검사 결과를 의뢰한 영업자에게 통보하여야 한다.
③ 자가품질위탁검사기관은 제2항에 따른 검사 결과 부적합하여 해당 제품이 법 제45조제1항에 따른 회수대상이 되는 식품등에 해당된다고 인정되는 경우에는 지체 없이 식품의약품안전처장, 지방식품의약품안전청장 또는 특별자치도지사 · 시장 · 군수 · 구청장에게 통보하여야 한다. 이 경우 자가품질검사를 의뢰한 영업자는 유통 중인 해당 제품에 대하여 법 제45조에 따라 회수 · 폐기하는 등 필요한 조치를 하여야 한다.
④ 자가품질검사에 관한 기록서는 2년간 보관하여야 한다.

제31조의2 (자가품질검사의무의 면제)

법 제31조의2제2호에 따라 식품안전관리인증기준적용업소의 자가품질검사 의무를 면제하는 경우는 해당 식품안전관리인증기준적용업소에 대하여 제66조제1항에 따른 조사 · 평가를 한 결과가 만점의 95퍼센트 이상인 경우로 한다.

제32조 (소비자식품위생감시원의 단독 출입 시 승인서 및 증표)

영 제18조제7항에 따라 소비자식품위생감시원이 영업소를 단독으로 출입할 때 지니는 승인서 및 증표는 각각 별지 제24호서식 및 별지 제25호서식과 같다.

제33조 삭제

제34조 (출입·검사 면제기간)

법 제34조제6항 각 호 외의 부분 본문에서 "보건복지부령으로 정하는 일정 기간"이란 해당 영업자가 시민식품감사인을 위촉한 기간을 말한다.

제35조 (위생점검의 절차 및 결과 표시 등)

① 법 제35조제1항에 따른 위생관리 상태의 점검을 신청하려는 영업자는 별지 제28호서식의 소비자 위생점검 참여신청서(전자문서로 된 신청서를 포함한다)에 다음 각 호의 구분에 따른 서류(전자문서를 포함한다)를 첨부하여 식품의약품안전청장에게 제출하여야 한다.
   1. 영 제21조제1호의 식품제조·가공업자 및 영 제21조제3호의 식품첨가물제조업자의 경우: 제품명, 사용한 원재료명 및 성분배합 비율, 제조·가공의 방법, 사용한 식품첨가물의 명칭·사용량 등에 관한 서류
   2. 영 제21조제5호나목6)의 기타 식품판매업자의 경우: 제품의 안전성 및 위생적 관리, 보존 및 보관에 관한 서류
   3. 영 제21조제8호의 식품접객업자 중 법 제47조제1항에 따라 모범업소로 지정받은 영업자의 경우: 취수원, 배수시설 등 건물의 구조 및 환경, 주방시설 및 기구, 원재료의 보관 및 운반시설, 종업원의 서비스, 제공반찬과 가격 표시, 남은 음식을 처리할 수 있는 시설 및 설비에 관한 서류
② 식품의약품안전청장은 제1항에 따라 신청을 받은 경우에는 신청 받은 날부터 1개월 이내에 식품위생에 관한 전문적인 지식이 있는 사람 또는 소비자단체의 장이 추천한 사람 중에서 해당 영업소의 업종 등을 고려하여 적합한 전문가들로 점검단을 구성하여 위생점검을 실시하게 하여야 한다.
③ 식품의약품안전청장은 제2항에 따른 위생점검 결과 합격한 영업자에게는 별지 제29호서식의 위생점검 합격증서를 발급하고, 그 영업자는 그 합격사실을 별표 13에 따라 표시하거나 광고할 수 있다. 이 경우 그 표시사항은 제품·포장·용기 및 주변의 도안 등을 고려하여 소비자가 알아보기 쉽게 표시하여야 한다.
④ 법 제35조제3항에 따라 식품의약품안전청장, 시·도지사 또는 시장·군수·구청장은 우수 등급의 영업소에 대하여는 우수 등급이 확정된 날부터 2년 동안 법 제22조에 따른 출입·검사·수거 등을 하지 아니할 수 있다.

제36조 (업종별 시설기준)

법 제36조에 따른 업종별 시설기준은 별표 14과 같다.

제37조 (즉석판매제조·가공업의 대상)

영 제21조제2호에서 "보건복지부령으로 정하는 식품"이란 별표 15와 같다.

제38조 (식품소분업의 신고대상)

① 영 제21조제5호가목에서 "총리령으로 정하는 식품 또는 식품첨가물"이란 영 제21조제1호 및 제3호에 따른 영업의 대상이 되는 식품 또는 식품첨가물(수입되는 식품 또는 식품첨가물을 포함한다)과 벌꿀[영업자가 자가채취하여 직접 소분(小分)·포장하는 경우를 제외한다]을 말한다. 다만, 어육제품, 특수용도식품(체중조절용 조제식품은 제외한다), 통·병조림 제품, 레토르트식품, 전분, 장류 및 식초는 소분·판매하여서는 아니 된다.
② 식품 또는 식품첨가물제조업의 신고를 한 자가 자기가 제조한 제품의 소분·포장만을 하기 위하여 신고를 한 제조업소 외의 장소에서 식품소분업을 하려는 경우에는 그 제품이 제1항의 식품소분업 신고대상 품목이 아니더라도 식품소분업 신고를 할 수 있다.

제39조 (기타 식품판매업의 신고대상)

영 제21조제5호나목6)의 기타 식품판매업에서 "보건복지부령으로 정하는 일정 규모 이상의 백화점, 슈퍼마켓, 연쇄점 등"이란 백화점, 슈퍼마켓, 연쇄점 등의 영업장의 면적이 300제곱미터 이상인 업소를 말한다.

제40조 (영업허가의 신청)

① 법 제37조제1항 전단에 따라 영업허가를 받으려는 자는 별지 제30호서식의 영업허가신청서(전자문서로 된 신청서를 포함한다)에 다음 각 호의 서류(전자문서를 포함한다)를 첨부하여 영 제23조에 따른 허가관청(이하 "허가관청"이라 한다)에 제출하여야 한다. 이 경우 담당 공무원은 「전자정부법」 제21조제1항에 따른 행정정보의 공동이용을 통하여 토지이용계획확인원 및 건축물대장을 확인하여야 한다.
  1. 액화석유가스 사용시설완성검사증명서(영 제21조제8호다목의 단란주점영업 및 같은 호 라목의 유흥주점영업을 하려는 자 중 「액화석유가스의 안전관리 및 사업법」 제27조제2항에 따라 액화석유가스 사용시설의 완성검사를 받아야 하는 경우만 해당한다)
  2. 교육이수증(법 제41조제2항에 따라 미리 교육을 받은 경우만 해당한다)
  3. 유선 및 도선사업 면허증 또는 신고필증(수상구조물로 된 유선장 또는 도선장에서 영 제21조제8호다목의 단란주점영업 및 같은 호 라목의 유흥주점영업을 하려는 경우만 해당한다)

4. 「먹는물관리법」에 따른 먹는물 수질검사기관이 발행한 수질검사(시험)성적서(수돗물이 아닌 지하수 등을 먹는 물 또는 식품 등의 제조과정이나 식품의 조리·세척 등에 사용하는 경우만 해당한다)
5. 「다중이용업소의 안전관리에 관한 특별법」 제9조제5항에 따라 소방본부장 또는 소방서장이 발행하는 안전시설등 완비증명서(영 제21조제8호다목의 단란주점영업 및 같은 호 라목의 유흥주점영업을 하려는 경우만 해당한다)
6. 건강진단결과서(제49조에 따른 건강진단 대상자의 경우만 해당한다)

② 제1항에 따라 신청서를 제출받은 허가관청은 「전자정부법」 제36조제1항에 따른 행정정보의 공동이용을 통하여 다음 각 호의 서류를 확인하여야 한다. 다만, 신청인이 제3호 및 제4호의 확인에 동의하지 아니하는 경우에는 그 사본을 첨부하도록 하여야 한다.
1. 토지이용계획확인서
2. 건축물대장
3. 액화석유가스 사용시설완성검사증명서(영 제21조제8호다목의 단란주점영업 및 같은 호 라목의 유흥주점영업을 하려는 자 중 「액화석유가스의 안전관리 및 사업법」 제27조제2항에 따라 액화석유가스 사용시설의 완성검사를 받아야 하는 경우만 해당한다)
4. 「전기사업법」 제66조의2제1항제3호 및 같은 법 시행규칙 제38조제3항에 따른 전기안전점검확인서(영 제21조제8호다목의 단란주점영업 및 같은 호 라목의 유흥주점영업을 하려는 경우만 해당한다)

③ 허가관청은 영업허가를 할 경우에는 영 제21조제6호가목의 영업의 경우에는 별지 제31호서식, 영 제21조제8호다목 및 라목의 영업의 경우에는 별지 제32호서식의 영업허가증을 각각 발급하여야 한다. 이 경우 허가관청은 영 제21조제6호가목의 영업의 경우에는 별지 제33호서식, 영 제21조제8호다목 및 라목의 영업의 경우에는 별지 제34호서식의 영업허가 관리대장을 각각 작성하여 보관하거나 같은 서식으로 전산망에 입력하여 관리하여야 한다.

④ 영업자가 허가증을 잃어버렸거나 허가증이 헐어 못 쓰게 되어 허가증을 재발급받으려는 경우에는 별지 제35호서식의 재발급신청서(허가증이 헐어 못 쓰게 된 경우에는 못 쓰게 된 허가증을 첨부하여야 한다)를 허가관청에 제출하여야 한다.
1. 삭제   2. 삭제

제41조 (허가사항의 변경)

① 법 제37조제1항 후단에 따라 변경허가를 받으려는 자는 별지 제36호서식의 허가사항 변경 신청·신고서에 허가증과 다음 각 호의 서류를 첨부하여 허가관청에 제출하여야 한다. 이 경우 담당 공무원은 「전자정부법」 제21조제1항에 따른 행정정보의 공동이용을 통하여 토지이용계획확인원 및 건축물대장을 확인하여야 한다.

1. 액화석유가스 사용시설완성검사증명서(영 제21조제8호다목의 단란주점영업 및 같은 호 라목의 유흥주점영업을 하려는 자 중 「액화석유가스의 안전관리 및 사업법」 제27조제2항에 따라 액화석유가스 사용시설의 완성검사를 받아야 하는 경우만 해당한다)
2. 유선 및 도선사업 면허증 또는 신고필증(수상구조물로 된 유선장 또는 도선장에서 영 제21조제8호다목의 단란주점영업 및 같은 호 라목의 유흥주점영업을 하려는 경우만 해당한다)
3. 「먹는물관리법」에 따른 먹는물 수질검사기관이 발행한 수질검사(시험)성적서(수돗물이 아닌 지하수 등을 먹는 물 또는 식품등의 제조과정이나 식품의 조리·세척 등에 사용하는 경우만 해당한다)
4. 「다중이용업소의 안전관리에 관한 특별법」 제9조제5항에 따라 소방본부장 또는 소방서장이 발행하는 안전시설등 완비증명서(영 제21조제8호다목의 단란주점영업 및 같은 호 라목의 유흥주점영업을 하려는 경우만 해당한다)

② 제1항에 따라 신청서를 제출받은 허가관청은 「전자정부법」 제36조제1항에 따른 행정정보의 공동이용을 통하여 다음 각 호의 서류를 확인하여야 한다. 다만, 신청인이 제3호 및 제4호의 확인에 동의하지 아니하는 경우에는 그 사본을 첨부하도록 하여야 한다.
1. 토지이용계획확인서
2. 건축물대장
3. 액화석유가스 사용시설완성검사증명서(영 제21조제8호다목의 단란주점영업 및 같은 호 라목의 유흥주점영업을 하려는 자 중 「액화석유가스의 안전관리 및 사업법」 제27조제2항에 따라 액화석유가스 사용시설의 완성검사를 받아야 하는 경우만 해당한다)
4. 「전기사업법」 제66조의2제1항제3호 및 같은 법 시행규칙 제38조제3항에 따른 전기안전점검확인서(영 제21조제8호다목의 단란주점영업 및 같은 호 라목의 유흥주점영업을 하려는 경우만 해당한다)

③ 영업허가를 받은 자가 다음 각 호의 사항을 변경한 경우에는 법 제37조제1항에 따라 허가관청에 별지 제36호서식의 허가사항 변경 신청·신고서에 허가증(영업장의 면적을 변경하는 경우에는 제40조제1항제5호의 서류를 포함한다)을 첨부하여 신고하여야 한다. 다만, 제48조의 영업자 지위승계에 따른 변경의 경우는 제외한다.

제42조 (영업의 신고 등)

① 법 제37조제4항 전단에 따라 영업신고를 하려는 자는 영업에 필요한 시설을 갖춘 후 별지 제37호서식의 영업신고서(전자문서로 된 신고서를 포함한다)에 다음 각 호의 서류(전자문서를 포함한다)를 첨부하여 영 제25조제1항에 따른 신고관청(이하 "신고관청"이라 한다)에 제출하여야 한다.

1. 교육이수증(법 제41조제2항에 따라 미리 교육을 받은 경우만 해당한다)
2. 제조ㆍ가공하려는 식품 및 식품첨가물의 종류 및 제조방법설명서(영 제21조제2호의 영업만 해당한다)
3. 시설사용계약서(영 제21조제4호의 식품운반업을 하려는 자 중 차고 또는 세차장을 임대할 경우만 해당한다)
4. 「먹는물관리법」 에 따른 먹는물 수질검사기관이 발행한 수질검사(시험)성적서(수돗물이 아닌 지하수 등을 먹는 물 또는 식품등의 제조과정이나 식품의 조리ㆍ세척 등에 사용하는 경우만 해당한다)
5. 삭제 [2012.5.31 제125호(행정정보의 공동이용을 위한 생명윤리 및 안전에 관한 법률 시행규칙 등)]
6. 유선 및 도선사업 면허증 또는 신고필증(수상구조물로 된 유선장 및 도선장에서 영 제21조제8호가목의 휴게음식점영업, 같은 호 나목의 일반음식점영업 및 같은 호 바목의 제과점영업을 하려는 경우만 해당한다)
7. 「다중이용업소의 안전관리에 관한 특별법」 제9조제5항에 따라 소방본부장 또는 소방서장이 발행하는 안전시설등 완비증명서(같은 법에 따른 안전시설등 완비증명서의 발급대상 영업의 경우만 해당한다)
8. 식품자동판매기의 종류 및 설치장소가 기재된 서류(2대 이상의 식품자동판매기를 설치하고 일련관리번호를 부여하여 일괄 신고를 하는 경우만 해당한다)
9. 수상레저사업 등록증(수상구조물로 된 수상레저사업장에서 영 제21조제8호가목의 휴게음식점영업 및 같은 호 바목의 제과점영업을 하려는 경우만 해당한다)
10. 「국유재산법 시행규칙」 제14조제3항에 따른 국유재산 사용허가서(군사시설 또는 국유철도의 정거장시설에서 영 제21조제2호의 즉석판매제조ㆍ가공업의 영업, 같은 조 제5호의 식품소분ㆍ판매업의 영업, 같은 조 제8호가목의 휴게음식점영업, 같은 호 나목의 일반음식점영업 또는 같은 호 바목의 제과점영업을 하려는 경우만 해당한다)
11. 해당 도시철도사업자와 체결한 도시철도시설 사용계약에 관한 서류(도시철도의 정거장시설에서 영 제21조제2호의 즉석판매제조ㆍ가공업의 영업, 같은 조 제5호의 식품소분ㆍ판매업의 영업, 같은 조 제8호가목의 휴게음식점영업, 같은 호 나목의 일반음식점영업 또는 같은 호 바목의 제과점영업을 하려는 경우만 해당한다)
12. 예비군식당 운영계약에 관한 서류(군사시설에서 영 제21조제8호나목의 일반음식점영업을 하려는 경우만 해당한다)
13. 건강진단결과서(제49조에 따른 건강진단 대상자만 해당한다)
14. 「자동차관리법 시행규칙」 별표 1 제1호ㆍ제2호 및 비고 제1호가목에 따른 이동용 음식판매 용도인 소형ㆍ경형화물자동차 또는 같은 표 제2호에 따른 이동용 음식판매 용도인 특수작업형 특수자동차(이하 "음식판매자동차"라 한다)를 사용하여 영 제21조제8호가목의 휴게음식점영업 또는 같은 호 바목의 제과점영업을 하려는 경우는 별표 15의2에 따른 서류

15. 「어린이놀이시설 안전관리법」 제12조제1항 및 같은 법 시행령 제7조제4항에 따른 어린이놀이시설 설치검사합격증 또는 「어린이놀이시설 안전관리법」 제12조제2항 및 같은 법 시행령 제8조제5항에 따른 어린이놀이시설 정기시설검사합격증(영 제21조제8호가목, 나목, 마목 또는 바목의 영업을 하려는 경우로서 해당 영업장에 어린이놀이시설을 설치하는 경우만 해당한다)

② 제1항에 따라 신고서를 제출받은 신고관청은 「전자정부법」 제36조제1항에 따른 행정정보의 공동이용을 통하여 다음 각 호의 서류를 확인하여야 한다. 다만, 신청인이 제3호부터 제5호까지의 확인에 동의하지 아니하는 경우에는 그 사본을 첨부하도록 하여야 한다.
1. 토지이용계획확인서
2. 건축물대장
3. 액화석유가스 사용시설완성검사증명서(영 제21조제8호가목의 휴게음식점영업, 같은 호 나목의 일반음식점영업 및 같은 호 바목의 제과점영업을 하려는 자 중 「액화석유가스의 안전관리 및 사업법」 제27조제2항에 따라 액화석유가스 사용시설의 완성검사를 받아야 하는 경우만 해당한다)
4. 자동차등록증(음식판매자동차를 사용하여 영 제21조제8호가목의 휴게음식점영업 또는 같은 호 바목의 제과점영업을 하려는 경우만 해당한다)
5. 사업자등록증(「고등교육법」 제2조에 따른 학교에서 해당 학교의 경영자가 음식판매자동차를 사용하여 영 제21조제8호가목의 휴게음식점영업 또는 같은 호 바목의 제과점영업을 하려는 경우만 해당한다)

③ 제1항에도 불구하고, 신고한 영업소의 소재지 이외의 장소에서 1개월 이내의 범위에서 한시적으로 영업을 하려는 영 제21조제2호의 즉석판매제조·가공업자는 영업을 하려는 지역의 관할 행정관청에 영업신고증 및 자가품질검사 결과(자가품질검사가 필요한 영업의 경우만 해당한다)를 제출하여야 한다.

④ 제1항에도 불구하고 음식판매자동차를 사용하는 영 제21조제8호가목의 휴게음식점영업자 또는 같은 호 바목의 제과점영업자가 신고한 영업소의 소재지 외의 장소에서 해당 영업을 하려는 경우에는 영업을 하려는 지역의 관할 행정관청에 영업신고증및 별표 15의2에 따른 서류(전자문서를 포함한다)를 제출하여야 한다.

⑤ 제4항에 따라 영업신고증 및 서류를 제출받은 관할 행정관청은 지체 없이 제출된 영업신고증의 뒷면에 제출일 및 새로운 영업소의 소재지를 적어 발급하고 그 사실을 신고관청에 통보하여야 하며, 신고관청은 통보받은 내용을 영업신고 관리대장에 작성·보관하거나 전산망에 입력하여 관리하여야 한다.

⑥ 제1항에 따른 영업신고를 할 경우 같은 사람이 같은 시설 안에서 영 제21조제5호나목의 식품판매업 중 식용얼음판매업, 식품자동판매기영업 및 기타 식품판매업을 하려는 경우에도 영업별로 각각 영업신고를 하여야 한다.

⑦ 제1항에 따른 식품자동판매기영업을 신고할 때 같은 특별자치시·시(제주특별자치도의 경우에는 행정시를 말한다)·군·구(자치구를 말한다)에서 식품자동판매기를 2대 이상 설치하여 영업을 하려는 경우에는 해당 식품자동판매기에 일련관리번호를 부여하여 일괄 신고를 할 수 있다.

⑧ 제1항에 따라 신고를 받은 신고관청은 지체 없이 영 제21조제2호및제7호의 영업의 경우에는 별지 제38호서식의 영업신고증을 발급하고, 영 제21조제4호·제5호·제6호나목 및 제8호가목·나목·마목 및 바목의 영업의 경우에는 별지 제39호서식의 영업신고증을 발급하여야 한다.

⑨ 제8항에 따라 신고증을 발급한 신고관청은 영 제21조제2호, 제4호, 제5호,제6호나목 및 제7호의 영업의 경우에는 별지 제33호서식의 영업신고 관리대장을, 영 제21조제8호가목·나목·마목 및 바목의 영업의 경우에는 별지 제34호서식의 영업신고 관리대장을 각각 작성·보관하거나 같은 서식으로 전산망에 입력하여 관리하여야 한다.

⑩ 제1항에 따라 신고를 받은 신고관청은 해당 영업소의 시설에 대한 확인이 필요한 경우에는 신고증 발급 후 15일 이내에 신고받은 사항을 확인하여야 한다. 다만, 영 제21조제8호의 식품접객업 영업신고를 받은 경우에는 반드시 1개월 이내에 해당 영업소의 시설에 대하여 신고받은 사항을 확인하여야 한다.

⑪ 영업자가 신고증을 잃어버렸거나 헐어 못 쓰게 되어 신고증을 재발급받으려는 경우에는 별지 제35호서식의 재발급신청서에 신고증(신고증이 헐어 못 쓰게 되어 재발급을 신청하는 경우만 해당한다)을 첨부하여 신고관청에 신청하여야 한다.
  1. 삭제
  2. 삭제

제43조 (신고사항의 변경)

법 제37조제4항 후단에 따라 변경신고를 하려는 자는 별지 제41호서식의 영업신고사항 변경신고서(전자문서로 된 신고서를 포함한다)에 영업신고증(소재지를 변경하는 경우에는 제42조제1항제2호부터 제4호까지,제6호부터 제12호까지, 제14호 및 제15호의 서류를 포함하되, 제42조제1항제2호의 서류는 제조·가공하려는 식품의 종류 또는 제조방법이 변경된 경우만 해당하며, 영업장의 면적을 변경하는 경우에는 제42조제1항제7호의 서류를 포함한다)을 첨부하여 신고관청에 제출하여야 한다. 이 경우 신고관청은 「전자정부법」 제36조제1항에 따른 행정정보의 공동이용을 통하여 다음 각 호의 서류를 확인하여야 하며, 신청인이 제3호 및 제4호의 확인에 동의하지 아니하는 경우에는 그 사본을 첨부하도록 하여야 한다.
  1. 토지이용계획확인서
  2. 건축물대장
  3. 액화석유가스 사용시설완성검사증명서(영 제21조제8호가목의 휴게음식점영업, 같은 호 나목의 일반음식점영업 및 같은 호 바목의 제과점영업을 하려는 자 중 「액화석유가스의 안전관리 및 사업법」 제27조제2항에 따라 액화석유가스 사용시설의 완성검

사를 받아야 하는 경우만 해당한다)
4. 자동차등록증(신고한 음식판매자동차의 면적을 변경하려는 경우만 해당한다)

제43조의2 (영업의 등록 등)

① 법 제37조제5항 본문에 따라 영업등록을 하려는 자는 영업에 필요한 시설을 갖춘 후 별지 제41호의2서식의 영업등록신청서(전자문서로 된 신청서를 포함한다)에 다음 각 호의 서류(전자문서를 포함한다)를 첨부하여 영 제26조의2에 따른 등록관청(이하 "등록관청"이라 한다)에 제출하여야 한다. 이 경우 등록신청을 받은 등록관청은 「전자정부법」 제36조제1항에 따른 행정정보의 공동이용을 통하여 토지이용계획확인서 및 건축물대장을 확인하여야 한다.
  1. 교육이수증(법 제41조제2항에 따라 미리 교육을 받은 경우에만 해당한다)
  2. 제조·가공하려는 식품 또는 식품첨가물의 종류 및 제조방법 설명서
  3. 「먹는물관리법」에 따른 먹는물 수질검사기관이 발행한 수질검사(시험)성적서(수돗물이 아닌 지하수 등을 먹는 물 또는 식품등의 제조과정 등에 사용하는 경우에만 해당한다)
  4. 건강진단결과서(제49조에 따른 건강진단 대상자만 해당한다)
② 제1항에 따른 등록신청을 받은 등록관청은 해당 영업소의 시설을 확인한 후 별지 제41호의3서식의 영업등록증을 발급하여야 한다.
③ 제2항에 따라 등록증을 발급한 등록관청은 별지 제33호서식의 영업등록 관리대장을 작성·보관하거나 같은 서식으로 전산망에 입력하여 관리하여야 한다.
④ 영업자가 등록증을 잃어버렸거나 등록증이 헐어 못 쓰게 되어 등록증을 재발급받으려는 경우에는 별지 제35호서식의 재발급신청서(등록증이 헐어 못 쓰게 된 경우에는 못 쓰게 된 등록증을 첨부하여야 한다)를 등록관청에 제출하여야 한다.

제43조의3 (등록사항의 변경)

① 법 제37조제5항 본문에 따라 변경등록을 하려는 자는 별지 제41호의4서식의 변경등록신청서에 등록증과 다음 각 호의 서류를 첨부하여 등록관청에 제출하여야 한다. 이 경우 등록관청은 「전자정부법」 제36조제1항에 따른 행정정보의공동이용을 통하여 토지이용계획확인서 및 건축물대장을 확인하여야 한다.
  1. 새롭게 제조·가공하려는 식품 또는 식품첨가물의 종류 및 제조방법설명서(영 제26조의3제2호 또는 제3호에 따른 변경사항의 경우에만 해당한다)
  2. 「먹는물관리법」에 따른 먹는물 수질검사기관이 발행한 수질검사(시험)성적서(수돗물이 아닌 지하수 등을 먹는 물 또는 식품등의 제조과정 등에 사용하는 경우에만 해당한다)

② 영업등록을 한 자가 다음 각 호의 사항을 변경한 경우에는 법 제37조제5항 단서에 따라 별지 제41호의4서식의 변경신고서에 등록증과 변경내용을 기재한 서류를 첨부하여 등록관청에 신고하여야 한다. 다만, 제48조의 영업자 지위승계에 따른 변경의 경우는 제외한다.
1. 영업자의 성명(법인의 경우에는 그 대표자의 성명을 말한다)
2. 영업소의 명칭 또는 상호
3. 영업장의 면적

제44조 (폐업신고)

① 법 제37조제3항부터 5항까지의 규정에 따라 폐업신고를 하려는 자는 별지 제42호서식의 영업의 폐업신고서(전자문서로 된 신고서를 포함한다)에 영업허가증, 영업신고증 또는 영업등록증을 첨부하여 허가관청, 신고관청 또는 등록관청에 제출하여야 한다.
② 제1항에 따라 폐업신고를 하려는 자가 「부가가치세법」 제8조제6항에 따른 폐업신고를 같이 하려는 경우에는 제1항에 따른 폐업신고서에 「부가가치세법 시행규칙」 별지 제9호 서식의 폐업신고서를 함께 제출하여야 한다. 이 경우 허가관청, 신고관청 또는 등록관청은 함께 제출받은 폐업신고서를 지체 없이 관할 세무서장에게 송부(정보통신망을 이용한 송부를 포함한다. 이하 이 조에서 같다)하여야 한다.
③ 관할 세무서장이 「부가가치세법 시행령」 제13조제5항에 따라 제1항에 따른 폐업신고를 받아 이를 해당 허가관청, 신고관청 또는 등록관청에 송부한 경우에는 제1항에 따른 폐업신고서가 제출된 것으로 본다.

제45조 (품목제조의 보고 등)

① 법 제37조제6항에 따라 식품 또는 식품첨가물의 제조·가공에 관한 보고를 하려는 자는 별지 제43호서식의 품목제조보고서(전자문서로 된 보고서를 포함한다)에 다음 각 호의 서류(전자문서를 포함한다)를 첨부하여 제품생산 시작 전이나 제품생산 시작 후 7일 이내에 등록관청에 제출하여야 한다. 이 경우 식품제조·가공업자가 식품을 위탁 제조·가공하는 경우에는 위탁자가 보고를 하여야 한다.
1. 제조방법설명서
2. 법 제24조제1항제1호 및 제2항제1호에 따른 식품위생검사기관이 발급한 식품 등의 한시적 기준 및 규격 검토서(제5조제1항에 따른 식품 등의 한시적 기준 및 규격의 인정 대상이 되는 식품등만 해당한다)
3. 식품의약품안전청장이 정하여 고시한 기준에 따라 설정한 유통기한의 설정사유서(법 제10조제1항의 표시기준에 따른 유통기한 표시 대상 식품 외에 유통기한을 표시하려는 식품을 포함한다)
4. 할랄인증 식품 인증서 사본(할랄인증 식품의 표시·광고를 하는 경우만 해당한다)
② 등록관청은 제1항에 따른 보고를 받은 경우에는 그 내용을 별지 제44호서식의 품목제조보고 관리대장에 기록·보관하여야 한다.

제46조 (품목제조보고사항 등의 변경)

① 제45조에 따라 보고를 한 자가 해당 품목에 대하여 다음 각 호의 어느 하나에 해당하는 사항을 변경하려는 경우에는 별지 제45호서식의 품목제조보고사항 변경보고서(전자문서로 된 보고서를 포함한다)에 품목제조보고서 사본, 유통기한 연장사유서(제3호의 사항을 변경하려는 경우만 해당한다) 및 할랄인증 식품 인증서 사본(제4호의 사항을 변경하려는 경우만 해당한다)을 첨부하여 등록관청에 제출하여야 한다. 다만, 수출용 식품등을 제조하기 위하여 변경하는 경우는 그러하지 아니하다.
 1. 제품명
 2. 원재료명 또는 성분명 및 배합비율(제45조제1항에 따라 품목제조보고 시 등록관청에 제출한 원재료성분 및 배합비율을 변경하려는 경우만 해당한다)
 3. 유통기한(제45조제1항에 따라 품목제조보고를 한 자가 해당 품목의 유통기한을 연장하려는 경우만 해당한다)
 4. 할랄인증 식품 해당 여부

제47조 (영업허가 등의 보고)

① 지방식품의약품안전청장 또는 특별자치시장·특별자치도지사·시장·군수·구청장은 법 제37조제1항 또는 제5항에 따른 영업허가(영 제21조제6호가목의 식품조사처리업만 해당한다)를 하였거나 영업등록을 한 경우에는 그 날부터 15일 이내에 별지 제47호서식에 따라 지방식품의약품안전청장 또는 특별자치시장·특별자치도지사의 경우에는 식품의약품안전처장에게, 시장·군수·구청장의 경우에는 시·도지사에게 보고하여야 한다. 이 경우 시·도지사는 시장·군수·구청장으로부터 보고받은 사항을 분기별로 분기 종료 후 20일 이내에 식품의약품안전처장에게 보고하여야 한다.
② 삭제   ③ 삭제

제47조의2 (영업 신고 또는 등록 사항의 직권말소 절차)

지방식품의약품안전청장, 특별자치시장·특별자치도지사·시장·군수·구청장은 법 제37조제7항에 따라 직권으로 신고 또는 등록 사항을 말소하려는 경우에는 다음 각 호의 절차에 따른다.
 1. 신고 또는 등록 사항 말소 예정사실을 해당 영업자에게 사전 통지할 것
 2. 신고 또는 등록 사항 말소 예정사실을 해당 기관 게시판과 인터넷 홈페이지에 10일 이상 예고할 것

제48조 (영업자 지위승계 신고)

① 법 제39조제3항에 따른 영업자의 지위승계 신고를 하려는 자는 별지 제49호서식의 영업자 지위승계 신고서(전자문서로 된 신고서를 포함한다)에 다음 각 호의 서류를 첨부하여 허가관청, 신고관청 또는 등록관청에 제출하여야 한다.
 1. 영업허가증, 영업신고증 또는 영업등록증
 2. 다음 각 목에 따른 권리의 이전을 증명하는 서류(전자문서를 포함한다)
    가. 양도의 경우에는 양도·양수를 증명할 수 있는 서류 사본
    나. 상속의 경우에는 「가족관계의 등록 등에 관한 법률」 제15조제1항제1호의 가족관계증명서와 상속인임을 증명하는 서류
    다. 그 밖에 해당 사유별로 영업자의 지위를 승계하였음을 증명할 수 있는 서류
 3. 교육이수증(법 제41조제2항 본문에 따라 미리 식품위생교육을 받은 경우만 해당한다)
 4. 건강진단결과서(제49조에 따른 건강진단 대상자만 해당한다)
 5. 위임인의 자필서명이 있는 위임인의 신분증명서 사본 및 위임장(양도인 또는 양수인이 영업자 지위승계 신고를 위임한 경우만 해당한다)
 6. 「다중이용업소의 안전관리에 관한 특별법」 제13조의2에 따른 화재배상책임보험에 가입하였음을 증명하는 서류(같은 법 시행령 제2조제1호에 따른 영업의 경우만 해당한다)
② 제1항에 따라 영업자의 지위승계 신고를 하려는 상속인이 제44조제1항에 따른 폐업신고를 함께 하려는 경우에는 제1항 각 호의 첨부서류 중 제1항제1호 및 같은 항 제2호나목의 서류(상속인이 영업자 지위승계 신고를 위임한 경우에는 같은 항 제5호의 서류를 포함한다)만을 첨부하여 제출할 수 있다.
③ 허가관청은 신청인이 법 제38조제1항제8호에 해당하는지 여부를 내부적으로 확인할 수 없는 경우에는 제1항의 서류 외에 신원 확인에 필요한 자료를 제출하게 할 수 있다.
④ 제1항에 따라 영업자 지위승계 신고를 하는 자가 제41조제2항제2호 및 제43조에 따라 영업소의 명칭 또는 상호를 변경하려는 경우에는 이를 함께 신고할 수 있다.

제49조 (건강진단 대상자)

① 법 제40조제1항 본문에 따라 건강진단을 받아야 하는 사람은 식품 또는 식품첨가물(화학적 합성품 또는 기구등의 살균·소독제는 제외한다)을 채취·제조·가공·조리·저장·운반 또는 판매하는 일에 직접 종사하는 영업자 및 종업원으로 한다. 다만, 완전 포장된 식품 또는 식품첨가물을 운반하거나 판매하는 일에 종사하는 사람은 제외한다.
② 제1항에 따라 건강진단을 받아야 하는 영업자 및 그 종업원은 영업 시작 전 또는 영업에 종사하기 전에 미리 건강진단을 받아야 한다.
③ 제1항에 따른 건강진단은 「위생분야 종사자 등의 건강진단규칙」에서 정하는 바에 따른다.

제50조 (영업에 종사하지 못하는 질병의 종류)

법 제40조제4항에 따라 영업에 종사하지 못하는 사람은 다음의 질병에 걸린 사람으로 한다.
1. 「전염병예방법」 제2조제1항제1호에 따른 제1군전염병
2. 「전염병예방법」 제2조제1항제3호나목에 따른 결핵(비전염성인 경우는 제외한다)
3. 피부병 또는 그 밖의 화농성(화농성)질환
4. 후천성면역결핍증(「전염병예방법」 제8조에 따라 성병에 관한 건강진단을 받아야 하는 영업에 종사하는 사람만 해당한다)

제51조 (식품위생교육기관 등)

① 법 제41조제1항에 따른 식품위생교육을 실시하는 기관은 보건복지부장관이 지정·고시하는 식품위생교육전문기관, 법 제59조제1항에 따른 동업자조합 또는 법 제64조제1항에 따른 한국식품산업협회로 한다.
② 식품위생교육의 내용은 식품위생, 개인위생, 식품위생시책, 식품의 품질관리 등으로 한다.
③ 식품위생교육전문기관의 운영과 식품교육내용에 관한 세부 사항은 보건복지부장관이 정한다.

제52조 (교육시간)

① 법 제41조 제1항(제88조제3항에 따라 준용되는 경우를 포함한다)에 따라 영업자와 종업원이 받아야 하는 식품위생교육 시간은 다음 각 호와 같다.
　1. 영 제21조 제1호부터 제8호까지에 해당하는 영업자[같은 조 제5호나목1)의 식용얼음 판매업자와 같은 목 2)의 식품자동판매기영업자는 제외한다]: 3시간
　2. 영 제21조 제8호 라목에 따른 유흥주점영업의 유흥종사자: 2시간
　3. 법 제88조 제2항에 따라 집단급식소를 설치·운영하는 자: 3시간
② 법 제41조 제2항(법 제88조제3항에 따라 준용되는 경우를 포함한다)에 따라 영업을 하려는 자가 받아야 하는 식품위생교육 시간은 다음 각 호와 같다.
　1. 영 제21조 제1호부터 제3호까지에 해당하는 영업을 하려는 자: 8시간
　2. 영 제21조 제4호부터 제7호까지에 해당하는 영업을 하려는 자: 4시간
　3. 영 제21조 제8호의 영업을 하려는 자: 6시간
　4. 법 제88조 제1항에 따라 집단급식소를 설치·운영하려는 자: 6시간
③ 제1항 및 제2항에 따라 식품위생교육을 받은 자가 다음 각 호의 어느 하나에 해당하는 경우에는 해당 영업에 대한 신규 식품위생교육을 받은 것으로 본다.
　1. 신규 식품위생교육을 받은 날부터 2년 이내에 교육받은 업종과 같은 업종으로 영업을 하려는 경우

2. 신규 식품위생교육을 받은 날부터 2년 이내에 다음 각 목의 어느 하나에 해당하는 업종 중에서 같은 목의 다른 업종으로 영업을 하려는 경우
   가. 영 제21조제1호의 식품제조·가공업, 같은 조 제2호의 즉석판매제조·가공업 및 같은 조 제3호의 식품첨가물제조업
   나. 영 제21조제8호가목의 휴게음식점영업, 같은 호 나목의 일반음식점영업 및 같은 호 바목의 제과점영업
   다. 영 제21조제8호다목의 단란주점영업 및 같은 호 라목의 유흥주점영업
3. 영 제21조제1호부터 제3호까지의 어느 하나에 해당하는 영업에서 같은 조 제4호부터 제7호까지의 어느 하나에 해당하는 영업으로 업종을 변경하거나 그 업종을 함께하려는 경우
4. 영 제21조제1호부터 제8호까지의 어느 하나에 해당하는 영업을 하는 자가 영 제21조제5호나목2)의 식품자동판매기영업으로 업종을 변경하거나 그 업종을 함께 하려는 경우

④ 제1항에 따라 식품위생교육을 받은 자가 다음 각 호의 어느 하나에 해당하는 경우에는 해당 영업에 대하여 제1항에 따른 식품위생교육을 받은 것으로 본다.
1. 해당 연도에 제1항에 따른 교육을 받은 자가 기존 영업의 허가관청·신고관청·등록관청과 같은 관할 구역에서 교육받은 업종과 같은 업종으로 영업을 하고 있는 경우
2. 해당 연도에 제1항에 따른 교육을 받은 자가 기존 영업의 허가관청·신고관청·등록관청과 같은 관할 구역에서 다음 각 목의 어느 하나에 해당하는 업종 중에서 같은 목의 다른 업종으로 영업을 하고 있는 경우
   가. 영 제21조제1호에 따른 식품제조·가공업, 같은 조 제2호에 따른 즉석판매제조·가공업 및 같은 조 제3호에 따른 식품첨가물제조업
   나. 영 제21조제8호가목에 따른 휴게음식점영업, 같은 호 나목에 따른 일반음식점영업 및 같은 호 바목에 따른 제과점영업
   다. 영 제21조제8호다목에 따른 단란주점영업 및 같은 호 라목에 따른 유흥주점영업

제53조 (교육교재 등)

① 제51조제1항에 따른 식품위생교육기관은 교육교재를 제작하여 교육 대상자에게 제공하여야 한다.
② 식품위생교육기관은 식품위생교육을 수료한 사람에게 수료증을 발급하고, 교육 실시 결과를 교육 후 1개월 이내에 허가관청, 신고관청 또는 등록관청에, 해당 연도 종료 후 1개월 이내에 식품의약품안전처장에게 각각 보고하여야 하며, 수료증 발급대장 등 교육에 관한 기록을 2년 이상 보관·관리하여야 한다.

제54조 (도서·벽지 등의 영업자 등에 대한 식품위생교육)

① 법 제41조제1항 및 제2항에 따른 식품위생교육 대상자 중 허가관청, 신고관청 또는 등록관청에서 교육에 참석하기 어렵다고 인정하는 도서·벽지 등의 영업자 및 종업원에 대해서는 제53조에 따른 교육교재를 배부하여 이를 익히고 활용하도록 함으로써 교육을 갈음할 수 있다.
② 법 제41조제2항에 따른 식품위생교육 대상자 중 영업준비상 사전교육을 받기가 곤란하다고 허가관청, 신고관청 또는 등록관청이 인정하는 자에 대해서는 영업허가를 받거나 영업신고 또는 영업등록을 한 후 3개월 이내에 허가관청, 신고관청 또는 등록관청이 정하는 바에 따라 식품위생교육을 받게 할 수 있다.

제55조 삭제

제56조 (생산실적 등의 보고)

① 법 제42조제2항에 따른 식품 및 식품첨가물의 생산실적 등에 관한 보고(전자문서를 포함한다)는 별지 제50호서식에 따라 하되, 해당 연도 종료 후 3개월 이내에 하여야 한다.
② 영업자가 제1항에 따른 보고를 할 때에는 등록관청을 거쳐 식품의약품안전처장 또는 시·도지사(특별자치시장·특별자치도지사를 제외한다)에게 보고하여야 한다.

제56조의2 (수출 식품등의 영문증명 신청 등)

① 식품의약품안전청장은 식품등을 수출하는 자가 수출하려는 식품등의 위생 등을 증명하기 위하여 영문증명을 신청할 경우 그 사실 관계를 확인하고 영문증명을 발급하여야 한다.
② 제1항에 따른 영문증명 신청의 서식, 신청 절차, 발급 절차 등 신청 및 발급에 필요한 사항은 식품의약품안전청장이 정하여 고시한다.

제57조 (식품접객영업자 등의 준수사항 등)

법 제44조제1항에 따라 식품접객영업자 등이 지켜야 할 준수사항은 별표 17과 같다.

제58조 (회수대상 식품 등의 기준)

① 법 제45조제1항 및 법 제72조제3항에 따른 회수대상 식품 등의 기준은 별표 18과 같다.
② 법 제45조제1항 전단에서 "위반한 사실(식품 등의 위해와 관련이 없는 위반사항을 제외한다)을 알게 된 경우"란 법 제31조에 따른 자가품질검사 또는 식품위생검사기관의 위탁검사 결과 해당 식품등이 제1항에 따른 기준을 위반한 사실을 확인한 경우를 말한다.

제59조 (위해식품 등의 회수계획 및 절차 등)

① 법 제45조제1항에 따른 회수계획에 포함되어야 할 사항은 다음 각 호와 같다.
1. 제품명, 거래업체명, 생산량(수입량을 포함한다) 및 판매량
2. 회수계획량(위해식품등으로 판명 당시 해당 식품 등의 소비량 및 유통기한 등을 고려하여 산출하여야 한다)
3. 회수 사유
4. 회수방법
5. 회수기간 및 예상 소요기간
6. 회수되는 식품 등의 폐기 등 처리방법
7. 회수 사실을 국민에게 알리는 방법

② 허가관청, 신고관청 또는 등록관청은 영업자로부터 회수계획을 보고받은 경우에는 지체 없이 다음 각 호에 따른 조치를 하여야 한다.
1. 식품의약품안전처장에게 회수계획을 통보할 것. 이 경우 허가관청, 신고관청 또는 등록관청이 시장·군수·구청장인 경우에는 시·도지사를 거쳐야 한다.
2. 법 제73조제1항에 따라 해당 영업자에게 회수계획의 공표를 명할 것
3. 유통 중인 해당 회수 식품등에 대하여 해당 위반 사실을 확인하기 위한 검사를 실시할 것

③ 제2항제2호에 따라 공표명령을 받은 영업자는 해당 위해식품등을 회수하고, 그 회수결과를 지체 없이 허가관청, 신고관청 또는 등록관청에 보고하여야 한다. 이 경우 회수결과 보고서에는 다음 각 호의 사항이 포함되어야 한다.
1. 식품 등의 제조·가공량, 판매량, 회수량 및 미회수량 등이 포함된 회수실적
2. 미회수량에 대한 조치계획
3. 재발 방지를 위한 대책

④ 제1항부터 제3항까지의 규정에 따른 회수계획, 허가관청 등의 조치, 회수 및 회수결과 보고에 관한 세부사항은 식품의약품안전처장이 정하여 고시한다.

제60조 (이물 보고의 대상 등)

① 법 제46조제1항에 따라 영업자가 지방식품의약품안전청장, 시·도지사 또는 시장·군수·구청장에게 보고하여야 하는 이물(異物)은 다음 각 호의 어느 하나에 해당하는 물질을 말한다.
1. 금속성 이물, 유리조각 등 섭취과정에서 인체에 직접적인 위해나 손상을 줄 수 있는 재질 또는 크기의 물질
2. 기생충 및 그 알, 동물의 사체 등 섭취과정에서 혐오감을 줄 수 있는 물질
3. 그 밖에 인체의 건강을 해칠 우려가 있거나 섭취하기에 부적합한 물질로서 식품의약품안전청장이 인정하는 물질

② 법 제46조제1항에 따라 이물의 발견 사실을 보고하려는 자는 별지 제51호서식의 이물보고서(전자문서로 된 보고서를 포함한다)에 사진, 해당 식품 등 증거자료를 첨부하여 관할 지방식품의약품안전청장, 시·도지사 또는 시장·군수·구청장에게 제출하여야 한다.
③ 식품의약품안전청장 또는 특별자치도지사·시장·군수·구청장은 제2항에 따라 우수업소 또는 모범업소로 지정된 업소에 대하여 해당 업소에서 생산한 식품 또는 식품첨가물에 식품의약품안전청장이 정하는 우수업소 로고를 표시하게 하거나 해당 업소의 외부 또는 내부에 식품의약품안전청장이 정하는 규격에 따른 모범업소 표지판을 붙이게 할 수 있으며, 다음 각 호의 어느 하나에 해당하는 경우를 제외하고는 우수업소 또는 모범업소로 지정된 날부터 2년 동안은 법 제22조에 따른 출입·검사를 하지 아니할 수 있다.
  1. 법 제71조에 따른 시정명령 또는 법 제74조에 따른 시설개수명령을 받은 업소
  2. 법 제93조부터 법 제98조까지의 규정에 따른 징역 또는 벌금형이 확정된 영업자가 운영하는 업소
  3. 법 제101조에 따른 과태료 처분을 받은 업소
④ 제1항부터 제3항까지의 규정에 따른 보고 대상 이물의 범위, 크기, 재질 및 보고 방법 등 세부적인 사항은 식품의약품안전청장이 정하여 고시한다.
  1. 우수업소 지정증 또는 모범업소 지정증의 회수
  2. 우수업소 표지판 또는 모범업소 표지판의 회수
  3. 그 밖에 해당 업소에 대한 우수업소 또는 모범업소 지정에 따른 지원의 중지
⑤ 법 제47조제3항에 따라 지정이 취소된 우수업소 또는 모범업소의 영업자 또는 운영자는 그 지정증 및 표지판을 지체없이 식품의약품안전청장 또는 특별자치도지사·시장·군수·구청장에게 반납하여야 한다.

제61조 (우수업소·모범업소의 지정 등)

① 법 제47조제1항에 따른 우수업소 또는 모범업소의 지정은 다음 각 호의 구분에 따른 자가 행한다.
  1. 우수업소의 지정: 식품의약품안전처장 또는 특별자치시장·특별자치도지사·시장·군수·구청장
  2. 모범업소의 지정: 특별자치시장·특별자치도지사·시장·군수·구청장
② 영 제21조제1호의 식품제조·가공업 및 같은 조 제3호의 식품첨가물제조업은 우수업소와 일반업소로 구분하며, 영 제2조의 집단급식소 및 영 제21조제8호나목의 일반음식점영업은 모범업소와 일반업소로 구분한다. 이 경우 그 등급 결정의 기준은 별표 19의 우수업소·모범업소의 지정기준에 따른다.
③ 식품의약품안전처장 또는 특별자치시장·특별자치도지사·시장·군수·구청장은 제2항에 따라 우수업소 또는 모범업소로 지정된 업소에 대하여 해당 업소에서 생산한 식품 또는 식품첨가물에 식품의약품안전처장이 정하는 우수업소 로고를 표시하게 하거나 해당 업소의 외부 또는 내부에 식품의약품안전처장이 정하는 규격에 따른 모범업소 표지판을 붙이

게 할 수 있으며, 다음 각 호의 어느 하나에 해당하는 경우를 제외하고는 우수업소 또는 모범업소로 지정된 날부터 2년 동안은 법 제22조에 따른 출입·검사를 하지 아니할 수 있다.
④ 식품의약품안전처장 또는 특별자치시장·특별자치도지사·시장·군수·구청장은 법 제47조제3항에 따라 지정을 취소할 경우 다음 각 호의 조치를 취하여야 한다.
⑤ 법 제47조제3항에 따라 지정이 취소된 우수업소 또는 모범업소의 영업자 또는 운영자는 그 지정증 및 표지판을 지체없이 식품의약품안전처장 또는 특별자치시장·특별자치도지사·시장·군수·구청장에게 반납하여야 한다.

제61조의2 (위생등급의 지정절차 및 위생등급 공표·표시의 방법 등)
① 법 제47조의2제1항에 따라 위생등급을 지정받으려는 식품접객영업자(영 제21조제8호나목에 따른 일반음식점영업자로 한정한다)는 별지 제51호의2서식의 위생등급 지정신청서에 영업신고증을 첨부하여 식품의약품안전처장, 시·도지사 또는 시장·군수·구청장에게 제출하여야 한다.
② 제1항에 따른 신청을 받은 식품의약품안전처장, 시·도지사 또는 시장·군수·구청장은 신청을 받은 날부터 60일 이내에 식품의약품안전처장이 정하여 고시하는 절차와 방법에 따라 위생등급을 지정하고 별지 제51호의3서식의 위생등급 지정서를 발급하여야 한다.
③ 법 제47조의2제3항에 따른 공표는 식품의약품안전처, 시·도 또는 시·군·구의 인터넷 홈페이지에 게재하는 방법으로 한다.
④ 법 제47조의2제4항에 따라 위생등급을 표시할 때에는 위생등급 표지판을 그 영업장의 주된 출입구 또는 소비자가 잘 볼 수 있는 장소에 부착하는 방법으로 한다.
⑤ 제3항에 따른 공표 및 제4항에 따른 위생등급 표지판의 도안·규격 등에 필요한 세부사항은 식품의약품안전처장이 정하여 고시한다.

제61조의3 (위생등급 유효기간의 연장 등)
① 법 제47조의2제5항 단서에 따라 위생등급의 유효기간을 연장하려는 자는 별지 제51호의4서식의 위생등급 유효기간 연장신청서에 위생등급 지정서를 첨부하여 위생등급의 유효기간이 끝나기 60일 전까지 식품의약품안전처장, 시·도지사 또는 시장·군수·구청장에 신청하여야 한다.
② 제1항에 따라 유효기간의 연장신청을 받은 식품의약품안전처장, 시·도지사 또는 시장·군수·구청장은 식품의약품안전처장이 정하여 고시하는 절차와 방법에 따라 위생등급을 지정하고, 별지 제51호의3서식의 위생등급 지정서를 발급하여야 한다.
③ 법 제47조의2제6항제4호에서 "총리령으로 정하는 사항을 지키지 아니한 경우"란 거짓 또는 그 밖의 부정한 방법으로 위생등급을 지정받은 경우를 말한다.
④ 법 제47조의2제7항에 따른 기술적 지원의 구체적 내용은 다음 각 호와 같다.
  1. 위생등급 지정에 관한 교육

2. 위생등급 지정 등에 필요한 검사
⑤ 법 제47조의2제8항에서 "총리령으로 정하는 기간"이란 2년을 말한다.

제62조 (식품안전관리인증기준 대상 식품)

① 법 제48조제2항에서 "보건복지부령으로 정하는 식품"이란 다음 각 호의 어느 하나에 해당하는 식품을 말한다.
   1. 수산가공식품류의 어육가공품류 중 어묵·어육소시지
   2. 기타수산물가공품 중 냉동 어류·연체류·조미가공품
   3. 냉동식품 중 피자류·만두류·면류
   4. 과자류, 빵류 또는 떡류 중 과자·캔디류·빵류·떡류
   5. 빙과류 중 빙과
   6. 음료류[다류(茶類) 및 커피류는 제외한다]
   7. 레토르트식품
   8. 절임류 또는 조림류의 김치류 중 김치(배추를 주원료로 하여 절임, 양념혼합과정 등을 거쳐 이를 발효시킨 것이거나 발효시키지 아니한 것 또는 이를 가공한 것에 한한다)
   9. 코코아가공품 또는 초콜릿류 중 초콜릿류
   10. 면류 중 유탕면 또는 곡분, 전분, 전분질원료 등을 주원료로 반죽하여 손이나 기계 따위로 면을 뽑아내거나 자른 국수로서 생면·숙면·건면
   11. 특수용도식품
   12. 즉석섭취·편의식품류 중 즉석섭취식품
   12의2. 즉석섭취·편의식품류의 즉석조리식품 중 순대
   13. 식품제조·가공업의 영업소 중 전년도 총 매출액이 100억원 이상인 영업소에서 제조·가공하는 식품
② 제1항에 따른 식품에 대한 식품안전관리인증기준의 적용·운영에 관한 세부적인 사항은 식품의약품안전처장이 정하여 고시한다.

제63조 (식품안전관리인증기준적용업소의 인증신청 등)

① 법 제48조제3항에 따라 식품안전관리인증기준적용업소로 인증을 받으려는 자는 별지 제52호서식의 식품안전관리인증기준적용업소 인증신청서(전자문서로 된 신청서를 포함한다)에 법 제48조제1항에 따른 식품안전관리인증기준에 따라 작성한 적용대상 식품별 식품안전관리인증계획서(전자문서를 포함한다)를 첨부하여 법 제48조제12항에 따라 해당 업무를 위탁받은 기관(이하 "인증기관"이라 한다)의 장에게 제출하여야 한다.
② 제1항에 따라 식품안전관리인증기준적용업소로 인증을 받으려는 자는 다음 각 호의 요건을 갖추어야 한다.
   1. 선행요건관리기준(식품안전관리인증기준을 적용하기 위하여 미리 갖추어야 하는 시설기준 및 위생관리기준을 말한다)을 작성하여 운용할 것

2. 식품안전관리인증기준을 작성하여 운용할 것
③ 제1항에 따른 인증신청을 받은 인증기관의 장은 해당 업소를 식품안전관리인증기준적용업소로 인증한 경우에는 별지 제53호서식의 식품안전관리인증기준적용업소 인증서를 발급하여야 한다.
④ 법 제48조제3항 후단에 따라 식품안전관리인증기준적용업소로 인증받은 사항 중 식품의 위해를 방지하거나 제거하여 안전성을 확보할 수 있는 단계 또는 공정(이하 "중요관리점"이라 한다)을 변경하거나 영업장 소재지를 변경하려는 자는 별지 제54호서식의 변경신청서(전자문서로 된 신청서를 포함한다)에 다음 각 호의 서류(전자문서를 포함한다)를 첨부하여 인증기관의 장에게 제출하여야 한다.
  1. 별지 제53호서식의 식품안전관리인증기준적용업소 인증서
  2. 중요관리점의 변경 내용에 대한 설명서
⑤ 인증기관의 장은 제4항에 따라 변경신청을 받으면 서류검토 또는 현장실사 등의 방법으로 변경사항을 확인하고 식품안전관리인증기준의 적용에 적합하다고 인정되는 경우에는 별지 제53호서식의 인증서를 재발급하여야 한다.
⑥ 인증기관 장은 제3항 또는 제5항 따라 인증서를 발급하거나 재발급하였을 때에는 지체없이 그 사실을 식품의약품안전처장과 관할 지방식품의약품안전청장에게 통보하여야 한다.

제64조 (식품안전관리인증기준적용업소의 영업자 및 종업원에 대한 교육훈련)

① 법 제48조제5항에 따라 식품안전관리인증기준적용업소의 영업자 및 종업원이 받아야 하는 교육훈련의 종류는 다음 각 호와 같다. 다만, 법 제48조제8항 및 이 규칙 제66조에 따른 조사·평가 결과 만점의 95퍼센트 이상을 받은 식품안전관리인증기준적용업소의 종업원에 대하여는 그 다음 연도의 제2호에 따른 정기교육훈련을 면제한다.
  1. 영업자 및 종업원에 대한 신규 교육훈련
  2. 종업원에 대하여 매년 1회 이상 실시하는 정기교육훈련
  3. 그 밖에 식품의약품안전청장이 식품위해사고의 발생 및 확산이 우려되어 영업자 및 종업원에게 명하는 교육훈련
② 제1항에 따른 교육훈련의 내용에는 다음 각 호의 사항이 포함되어야 한다.
  1. 식품안전관리인증기준의 원칙과 절차에 관한 사항
  2. 식품위생제도 및 식품위생관련 법령에 관한 사항
  3. 식품안전관리인증기준의 적용방법에 관한 사항
  4. 식품안전관리인증기준의 조사·평가 및 자체평가에 관한 사항
  5. 식품안전관리인증기준과 관련된 식품위생에 관한 사항
③ 제1항에 따른 교육훈련의 시간은 다음 각 호와 같다.
  1. 신규 교육훈련: 영업자의 경우 2시간 이내, 종업원의 경우 16시간 이내
  2. 정기교육훈련: 4시간 이내

3. 제1항제3호에 따른 교육훈련: 8시간 이내
④ 제1항에 따른 교육훈련은 다음 각 호의 기관이나 단체 중 식품의약품안전청장이 지정하여 고시하는 기관이나 단체에서 실시한다.
1. 삭제
2. 「고등교육법」 제2조제1호부터 제6호까지에 따른 대학
3. 그 밖에 식품안전관리인증기준에 관한 전문인력을 보유한 기관, 단체 및 업체
⑤ 제4항에 따른 교육훈련기관 등은 교육 대상자로부터 교육에 필요한 수강료를 받을 수 있다. 이 경우 수강료는 다음 각 호의 사항을 고려하여 실비(實費) 수준으로 교육훈련기관 등의 장이 결정한다.
1. 강사수당
2. 교육교재 편찬 비용
3. 교육에 필요한 실험재료비 및 현장 실습에 드는 비용
4. 그 밖에 교육 관련 사무용품 구입비 등 필요한 경비
⑥ 제1항부터 제5항까지의 규정에 따른 교육훈련 대상별 교육시간, 실시방법, 그 밖에 교육훈련에 관한 세부적인 사항은 식품의약품안전청장이 정하여 고시한다.

제65조 (식품안전관리인증기준적용업소에 대한 지원 등)

식품의약품안전청장은 법 제48조제6항에 따라 식품안전관리인증기준적용업소의 인증을 받거나 받으려는 영업자에게 식품안전관리인증기준에 관한 다음 각 호의 사항을 지원할 수 있다.
1. 식품안전관리인증기준 적용에 관한 전문적 기술과 교육
2. 위해요소 분석 등에 필요한 검사
3. 식품안전관리인증기준 적용을 위한 자문 비용
4. 식품안전관리인증기준 적용을 위한 시설·설비 등 개수·보수 비용
5. 교육훈련 비용

제66조 (위해요소중점관리기준적용업소에 대한 조사·평가)

① 지방식품의약품안전청장은 법 제48조제8항에 따라 식품안전관리인증기준적용업소로 인증받은 업소에 대하여 식품안전관리인증기준의 준수 여부 등에 관하여 매년 1회 이상 조사·평가할 수 있다.
② 제1항에 따른 조사·평가사항은 다음 각 호와 같다.
1. 법 제48조제1항에 따른 제조·가공·조리 및 유통에 따른 위해요소분석, 중요관리점 결정 등이 포함된 식품안전관리인증기준의 준수 여부
2. 제64조에 따른 교육훈련 수료 여부
③ 그 밖에 조사·평가에 관한 세부적인 사항은 식품의약품안전청장이 정한다.

제67조 (식품안전관리인증기준적용업소 인증취소 등)

① 법 제48조제8항제4호에서 "보건복지부령으로 정하는 사항을 지키지 아니한 경우"란 다음 각 호의 경우를 말한다.
　　1. 법 제48조제10항을 위반하여 식품안전관리인증기준적용업소의 영업자가 인증받은 식품을 다른 업소에 위탁하여 제조·가공한 경우
　　2. 제63조제4항을 위반하여 변경신청을 하지 아니한 경우
　　3. 삭제
② 법 제48조제8항에 따른 식품안전관리인증기준적용업소 인증취소 등의 기준은 별표 20과 같다.

제68조 (위해요소중점관리기준적용업소에 대한 출입·검사 면제)

지방식품의약품안전청장, 시·도지사 또는 시장·군수·구청장은 법 제48조제11항에 따라 법 제48조의2제1항에 따른 인증 유효기간(이하 "인증유효기간"이라 한다) 동안 관계 공무원으로 하여금 출입·검사를 하지 아니하게 할 수 있다.

제68조의2 (인증유효기간의 연장신청 등)

① 인증기관의 장은 인증유효기간이 끝나기 90일 전까지 다음 각 호의 사항을 식품안전관리인증기준적용업소의 영업자에게 통지하여야 한다. 이 경우 통지는 휴대전화 문자메시지, 전자우편, 팩스, 전화 또는 문서 등으로 할 수 있다.
　　1. 인증유효기간을 연장하려면 인증유효기간이 끝나기 60일 전까지 연장 신청을 하여야 한다는 사실
　　2. 인증유효기간의 연장 신청 절차 및 방법
② 법 제48조의2제2항에 따라 인증유효기간의 연장을 신청하려는 영업자는 인증유효기간이 끝나기 60일 전까지 별지 제52호서식의 식품안전관리인증기준적용업소 인증연장신청서(전자문서로 된 신청서를 포함한다)에 다음 각 호의 서류(전자문서를 포함한다)를 첨부하여 인증기관의 장에게 제출하여야 한다.
　　1. 법 제48조제1항에 따른 식품안전관리인증기준에 따라 작성한 적용대상 식품별 식품안전관리인증계획서
　　2. 식품안전관리인증기준적용업소 인증서 원본
③ 인증기관의 장은 법 제48조의2제3항에 따라 인증유효기간을 연장하는 경우에는 별지 제53호서식의 식품안전관리인증기준적용업소 인증서를 발급하여야 한다.

제69조 (식품이력추적관리의 등록신청 등)

① 법 제49조제1항에 따라 식품이력추적관리에 관한 등록을 하려는 자는 별지 제55호서식의 식품이력추적관리 등록신청서(전자문서로 된 신청서를 포함한다)에 다음 각 호의 서류(전자문서를 포함한다)를 첨부하여 지방식품의약품안전청장에게 제출하여야 한다. 다만, 「전자정부법」 제21조제1항에 따른 행정정보의 공동이용을 통하여 제1호의 첨부서류에 대한 정보를 확인할 수 있는 경우에는 그 확인으로 첨부서류를 갈음할 수 있다.
  1. 별지 제43호서식의 식품 품목제조보고서(유통전문판매업의 경우에는 수탁자의 식품 품목제조보고서) 사본또는 별지 제4호서식의 식품등의 수입신고확인증 사본
  2. 제2항에 따른 식품이력관리전산시스템 등 식품의약품안전처장이 정하여 고시하는 사항을 포함한 식품이력추적관리 계획서
② 법 제49조제1항 본문에서 "총리령으로 정하는 등록기준"이란 식품이력추적관리에 필요한 기록의 작성·보관 및 관리 등에 필요한 시스템(이하 "식품이력관리전산시스템"이라 한다)을 말한다.
③ 식품이력추적관리의 등록대상인 식품의 품목은 다음 각 호의 요건을 모두 갖추어야 한다.
  1. 제조·가공단계부터 판매단계까지의 식품이력에 관한 정보를 추적하여 제공할 수 있도록 관리되고 있을 것
  2. 제조·가공단계부터 판매단계까지 식품의 회수 등 사후관리체계를 갖추고 있을 것
④ 제1항에 따른 신청을 받은 지방식품의약품안전청장은 식품이력관리전산시스템을 갖추고 있는지 여부와 제3항에 따른 등록대상에 적합한 품목인지 여부를 심사하고, 그 심사 결과 적합하다고 인정되는 경우에는 해당 식품을 품목별로 등록한 후 별지 제56호서식의 식품이력추적관리 품목 등록증을 발급하여야 한다.

제69조의2 (식품이력추적관리 등록 대상)

법 제49조제1항 단서에서 "총리령으로 정하는 자"란 다음 각 호의 자를 말한다.
  1. 영유아식(영아용 조제식품, 성장기용 조제식품, 영유아용 곡류 조제식품 및 그 밖의 영유아용 식품을 말한다) 제조·수입·가공업자
  2. 임산·수유부용 식품, 특수의료용도 등 식품 및 체중조절용 조제식품 제조·가공업자
  3. 영 제21조제5호나목6) 및 이 규칙 제39조에 따른 기타 식품판매업자

제70조 (등록사항)

법 제49조제1항에 따른 식품이력추적관리의 등록사항은 다음 각 호와 같다.
  1. 국내식품의 경우
     가. 영업소의 명칭(상호)과 소재지

나. 제품명과 식품의 유형
　　　다. 유통기한 및 품질유지기한
　　　라. 보존 및 보관방법
　2. 수입식품의 경우
　　　가. 영업소의 명칭(상호)과 소재지
　　　나. 제품명
　　　다. 원산지(국가명)
　　　라. 제조회사 또는 수출회사

제71조 (등록사항의 변경신고)

① 법 제49조제3항에 따른 등록사항 변경 신고를 하려는 자는 그 변경사유가 발생한 날부터 1개월 이내에 별지 제57호서식의 변경신고서(전자문서로 된 신고서를 포함한다)에 별지 제56호서식의 식품이력추적관리 품목 등록증을 첨부하여 지방식품의약품안전청장에게 제출하여야 한다.
② 제1항에 따라 변경신고를 받은 지방식품의약품안전청장은 별지 제56호서식의 식품이력추적관리 품목 등록증에 변경사항을 기재하여 내주어야 한다.

제72조 (유효기간의 연장 등)

① 법 제49조제5항에 따라 식품이력추적관리를 등록한 식품을 제조·수입·가공 또는 판매하는 자에 대하여 식품이력추적관리기준의 준수 여부 등에 대한 조사·평가를 하는 경우에는 서류검토 및 현장조사의 방법으로 한다.
② 제1항에 따른 조사·평가에는 다음 각 호의 사항이 포함되어야 한다.
　1. 식품이력관리전산시스템의 구축·운영 여부
　2. 식품이력추적관리기준의 준수 여부
③ 제1항 및 제2항에서 규정한 사항 외에 조사·평가의 점검사항과 방법 등에 필요한 세부사항은 식품의약품안전처장이 정하여 고시한다.

제73조 (자금지원 대상 등)

보건복지부장관 또는 식품의약품안전청장은 법 제49조제6항에 따라 식품이력추적관리를 등록한 자에게 다음 각 호의 사항에 대하여 자금을 지원할 수 있다.
　1. 식품이력관리전산시스템의 구축·운영에 필요한 장비 구입
　2. 식품이력관리전산시스템의 프로그램 개발 비용
　3. 그 밖에 식품의약품안전처장이 식품이력추적관리에 필요하다고 인정하는 사업

제74조 (식품이력추적관리 등록증의 반납)

법 제49조제7항에 따라 식품이력추적관리 등록이 취소된 자는 별지 제56호서식의 식품이력추적관리 품목 등록증을 지체 없이 지방식품의약품안전청장에게 반납하여야 한다.

제74조의2 (식품이력추적관리 등록취소 등의 기준)

법 제49조제7항에 따른 식품이력추적관리 등록취소 등의 기준은 별표 20의2와 같다.

제74조의3 (식품이력추적관리 정보의 기록·보관)

법 제49조의2제1항에 따라 식품이력추적관리정보를 기록·보관할 때에는 식품이력관리전산시스템을 활용하여야 한다 [본조신설 2015.8.18]

제74조의4 (식품이력추적관리시스템에 연계된 정보의 공개)

법 제49조의3제2항에서 "총리령으로 정하는 정보"란 다음 각 호의 구분에 따른 정보를 말한다.
1. 국내식품의 경우: 다음 각 목의 정보
   가. 식품이력추적관리번호
   나. 제조업소의 명칭 및 소재지
   다. 제조일
   라. 유통기한 또는 품질유지기한
   마. 원재료명 또는 성분명
   바. 원재료의 원산지 국가명
   사. 유전자변형식품(인위적으로 유전자를 재조합하거나 유전자를 구성하는 핵산을 세포나 세포 내 소기관으로 직접 주입하는 기술 또는 분류학에 따른 과(科)의 범위를 넘는 세포융합기술에 해당하는 생명공학기술을 활용하여 재배·육성된 농산물·축산물·수산물 등을 원재료로 하여 제조·가공한 식품 또는 식품첨가물을 말한다. 이하 같다) 여부
   아. 출고일 자. 법 제45조제1항 또는 제72조제3항에 따른 회수대상 여부 및 회수사유
2. 수입식품의 경우: 다음 각 목의 정보
   가. 식품이력추적관리번호
   나. 수입업소 명칭 및 소재지
   다. 제조국
   라. 제조업소의 명칭 및 소재지
   마. 제조일
   바. 유전자변형식품 여부
   사. 수입일 아. 유통기한 또는 품질유지기한

자. 원재료명 또는 성분명
차. 법 제45조제1항 또는 제72조제3항에 따른 회수대상 여부 및 회수사유

제75조 삭제,   제76조 삭제,   제77조 삭제,   제78조 삭제

제79조 (영양사의 직무 등)

법 제52조에 따른 영양사는 다음 각 호의 직무를 수행한다.
  1. 식단 작성, 검식(검식) 및 배식관리
  2. 구매식품의 검수(검수) 및 관리
  3. 급식시설의 위생적 관리
  4. 집단급식소의 운영일지 작성
  5. 종업원에 대한 영양 지도 및 식품위생교육

제80조 (조리사의 면허신청 등)

① 법 제53조제1항에 따라 조리사의 면허를 받으려는 자는 별지 제60호서식의 조리사 면허증 발급·재발급 신청서에 다음 각 호의 서류를 첨부하여 특별자치시장·특별자치도지사·시장·군수·구청장에게 제출하여야 한다. 이 경우 특별자치시장·특별자치도지사·시장·군수·구청장은 「전자정부법」 제36조제1항에 따른 행정정보의 공동이용을 통하여 조리사 국가기술자격증을 확인하여야 하며, 신청인이 그 확인에 동의하지 아니하는 경우에는 국가기술자격증 사본을 첨부하도록 하여야 한다.
  1. 사진 2장(최근 6개월 이내에 찍은 탈모 상반신 가로 3센티미터, 세로 4센티미터의 사진)
  2. 법 제54조제1호본문에 해당하는 사람이 아님을 증명하는 의사의 진단서 또는 법 제54조제1호단서에 해당하는 사람임을 증명하는 전문의의 진단서
  3. 법 제54조제2호 및 제3호에 해당하는 사람이 아님을 증명하는 의사의 진단서
② 특별자치시장·특별자치도지사·시장·군수·구청장은 조리사의 면허를 한 때에는 별지 제61호서식의 조리사명부에 기록하고 별지 제62호서식의 조리사 면허증을 발급하여야 한다.

제81조 (면허증의 재발급 등)

① 조리사는 면허증을 잃어버렸거나 헐어 못 쓰게 된 경우에는 별지 제60호서식의 조리사 면허증 발급·재발급 신청서에 사진 2장(최근 6개월 이내에 찍은 탈모 상반신 가로 3센티미터, 세로 4센티미터 사진)과 면허증(헐어 못 쓰게 된 경우만 해당한다)을 첨부하여 특별자치시장·특별자치도지사·시장·군수·구청장에게 제출하여야 한다.

② 조리사는 면허증의 기재사항에 변경이 있는 경우 별지 제63호서식의 조리사 면허증 기재사항 변경신청서에 면허증과 그 변경을 증명하는 서류를 첨부하여 특별자치시장·특별자치도지사·시장·군수·구청장에게 제출하여야 한다.

제82조 (조리사 면허증의 반납)

조리사가 법 제80조에 따라 그 면허의 취소처분을 받은 경우에는 지체 없이 면허증을 특별자치시장·특별자치도지사·시장·군수·구청장에게 반납하여야 한다.

제83조 (조리사 및 영양사의 교육)

① 보건복지부장관은 법 제56조제2항에 따라 식품으로 인하여 「전염병예방법」 제2조에 따른 전염병이 유행하거나 집단식중독의 발생 및 확산 등으로 국민건강을 해칠 우려가 있다고 인정되는 경우 또는 시·도지사가 국제적 행사나 대규모 특별행사 등으로 식품위생 수준의 향상이 필요하여 식품위생에 관한 교육의 실시를 요청하는 경우에는 다음 각 호의 어느 하나에 해당하는 조리사 및 영양사에게 보건복지부장관이 정하는 시간에 해당하는 교육을 받을 것을 명할 수 있다. 이 경우 교육실시기관은 제84조제1항에 따라 보건복지부장관이 지정한 기관으로 한다.
  1. 법 제51조제1항에 따라 조리사를 두어야 하는 식품접객업소 또는 집단급식소에 종사하는 조리사
  2. 법 제52조제1항에 따라 영양사를 두어야 하는 집단급식소에 종사하는 영양사
② 법 제51조제1항제3호에 따른 조리사 면허를 받은 영양사나 법 제52조제1항제3호에 따른 영양사 면허를 받은 조리사가 제1항에 따른 교육을 이수한 경우에는 해당 조리사 교육과 영양사 교육을 모두 받은 것으로 본다.
③ 제1항에 따라 교육을 받아야 하는 조리사 및 영양사가 보건복지부장관이 정하는 질병 치료 등 부득이한 사유로 교육에 참석하기가 어려운 경우에는 교육교재를 배부하여 이를 익히고 활용하도록 함으로써 교육을 갈음할 수 있다.

제84조 (조리사 및 영양사의 교육기관 등)

① 법 제56조제1항 단서에 따른 집단급식소에 종사하는 조리사 및 영양사에 대한 교육은 보건복지부장관이 식품위생 관련 교육을 목적으로 하는 전문기관 또는 단체 중에서 지정한 기관이 실시한다.
② 제1항에 따른 교육기관은 다음 각 호의 내용에 대한 교육을 실시한다.
  1. 식품위생법령 및 시책
  2. 집단급식 위생관리
  3. 식중독 예방 및 관리를 위한 대책
  4. 조리사 및 영양사의 자질향상에 관한 사항

5. 그 밖에 식품위생을 위하여 필요한 사항
③ 교육시간은 6시간으로 한다.
④ 제1항부터 제3항까지에서 규정한 사항 외에 교육방법 및 내용 등에 관하여 필요한 사항은 보건복지부장관이 정하여 고시한다.

제85조 (식품안전정보원 사업계획서 제출)

법 제67조제1항에 따른 식품안전정보원(이하 "정보원"으로 한다)은 법 제69조에 따라 매 사업연도 시작 전까지 다음 연도의 사업계획서와 다음 각 호의 서류를 첨부한 예산서에 대하여 이사회의 의결을 거친 후 식품의약품안전청장에게 승인을 받아야 한다. 이를 변경할 때에도 또한 같다.
   1. 추정대차대조표
   2. 추정손익계산서
   3. 자금의 수입·지출 계획서

제86조 (정보원에 대한 지도·감독)

① 식품의약품안전청장은 법 제70조제3항에 따라 정보원에 대하여 매년 1회 이상 다음 각 호의 사항을 지도·감독하여야 한다.
   1. 법 제68조에 따른 정보원의 사업에 관한 사항
   2. 운영예산 편성·집행의 적정 여부
   3. 운영 장비 관리의 적정 여부
   4. 그 밖에 식품의약품안전청장이 필요하다고 인정한 사항
② 식품의약품안전청장은 정보원의 사업과 관련하여 필요한 경우에는 정보원의 장에게 관련 업무의 처리상황을 보고하게 할 수 있다.

제86조의2 (식품안전관리인증원의 사업계획서 제출)

법 제70조의2제1항에 따른 한국식품안전관리인증원은 법 제70조의4제2항에 따라 매 사업연도 시작 전까지 다음 연도의 사업계획서와 다음 각 호의 서류를 첨부한 예산서에 대하여 이사회의 의결을 거친 후 식품의약품안전처장에게 승인을 받아야 한다. 이를 변경할 때에도 또한 같다.
   1. 추정대차대조표
   2. 추정손익계산서
   3. 자금의 수입·지출 계획서

제86조의3 (주관기관 지정신청서 등)

① 영 제50조의5제1항에 따른 지정신청서는 별지 제63호의2서식과 같다.
② 영 제50조의5제3항에 따른 주관기관 지정서는 별지 제63호의3서식과 같다.
③ 영 제50조의5제4항에 따른 변경지정신청서는 별지 제63호의4서식과 같다.

제86조의4 (사업계획서 등의 제출)

① 주관기관은 법 제70조의9에 따라 다음 각 호의 서류를 첨부한 전년도 사업 실적보고서와 해당 연도의 사업계획서를 작성하여 매년 1월 말까지 식품의약품안전처장에게 제출하여야 한다.
　1. 예산서
　2. 추정대차대조표
　3. 추정손익계산서
　4. 자금의 수입·지출계획서
② 주관기관은 제1항에 따라 제출한 사업계획서를 변경하려는 경우에는 변경 내용 및 사유를 적은 서류를 식품의약품안전처장에게 제출하여야 한다.

제86조의5 (주관기관에 대한 지도·감독)

식품의약품안전처장은 법 제70조의10에 따라 주관기관에 대하여 매년 1회 이상 다음 각 호의 사항을 지도·감독하여야 한다.
　1. 법 제70조의8제1항 각 호에 따른 주관기관의 사업에 관한 사항
　2. 예산편성·집행의 적정 여부에 관한 사항
　3. 그 밖에 식품의약품안전처장이 주관기관의 지도·감독을 위하여 필요하다고 인정하는 사항

제87조 (압류 등)

① 관계 공무원이 법 제72조에 따라 식품등을 압류한 경우에는 별지 제16호서식의 압류증을 발급하여야 한다.
② 법 제72조제3항에 따른 회수에 관하여는 제59조를 준용한다. [신설 2017.1.4]
③ 법 제72조제4항에 따라 압류나 폐기를 하는 공무원의 권한을 표시하는 증표는 별지 제18호서식에 따른다.

제88조 (위해식품 등의 긴급회수문)

① 영 제51조제1항에 따른 위해식품 등의 긴급회수문의 내용 및 작성요령 등은 별표 22와 같다.
② 영 제51조제1항에 따라 위해 발생사실 또는 위해식품등의 긴급회수문을 공표한 영업자는 다음 각 호의 사항이 포함된 공표 결과를 지체 없이 허가관청, 신고관청 또는 등록관청에 통보하여야 한다.
 1. 공표일
 2. 공표매체
 3. 공표횟수
 4. 공표문 사본 또는 내용

제89조 (행정처분의 기준)

법 제71조, 법 제72조, 법 제74조부터 법 제76조까지 및 법 제80조에 따른 행정처분의 기준은 별표 23과 같다.

제90조 (영업소 폐쇄 등의 게시)

허가관청, 신고관청 또는 등록관청은 법 제75조에 따라 영업허가취소, 영업등록취소, 영업정지 또는 영업소의 폐쇄처분을 한 경우 영업소명, 처분 내용, 처분기간 등을 적은 별지 제63호의5서식의 게시문을 해당 처분을 받은 영업소의 출입구나 그 밖의 잘 보이는 곳에 붙여두어야 한다.

제91조 (행정처분대장 등)

① 식품의약품안전처장, 지방식품의약품안전청장 또는 허가관청·신고관청·등록관청은 법 제71조, 법 제72조, 법 제74조 부터 법 제76조까지, 법 제79조 및 법 제80조에 따라 행정처분을 한 경우와 법 제81조에 따른 청문을 한 경우에는 별지 제64호서식의 행정처분 및 청문대장에 그 내용을 기록하고 이를 갖춰 두어야 한다.
② 지방식품의약품안전청장 또는 특별자치시장·특별자치도지사·시장·군수·구청장이 법 제75조에 따라 영업허가·영업등록을 취소한 경우 또는 법 제79조에 따라 영업소의 폐쇄명령을 한 경우에는 그 영업자의 성명·생년월일, 취소 또는 폐쇄 사유, 취소 또는 폐쇄일 등을 지방식품의약품안전청장은 다른 지방식품의약품안전청장에게, 시장·군수·구청장은 관할 시·도지사를 거쳐 다른 시·도지사에게 각각 알려야 한다.
③ 지방식품의약품안전청장 또는 특별자치시장·특별자치도지사·시장·군수·구청장이 다음 각 호의 어느 하나에 해당하는 영업에 대하여 법 제75조, 법 제76조 및 법 제79조에 따른 행정처분을 한 경우에는 지체 없이 그 영업소의 명칭, 영업허가(신고·등록)번호,

위반내용, 행정처분 내용, 처분기간 및 처분대상 품목명 등을 별지 제65호서식에 따라 식품의약품안전처장에게 보고하여야 한다. 이 경우 시장·군수·구청장은 시·도지사를 거쳐 보고하여야 한다.
1. 영 제21조제1호의 식품제조·가공업
2. 영 제21조제3호의 식품첨가물제조업
3. 영 제21조제5호나목3)의 유통전문판매업
4. 영 제21조제5호나목5)의 식품등수입판매업
5. 영 제21조제7호의 용기·포장류제조업

제92조 (과징금부과 제외대상 및 징수절차 등)

① 법 제82조제1항 단서에 따른 과징금 부과 제외대상은 별표 23과 같다.
② 영 제54조에 따른 과징금의 징수절차에 관하여는 「국고금관리법 시행규칙」을 준용한다. 이 경우 납입고지서에는 이의방법 및 이의기간 등을 함께 기재하여야 한다.

제93조 (식중독환자 또는 그 사체에 관한 보고)

① 의사 또는 한의사가 법 제86조제1항에 따라 하는 보고에는 다음 각 호의 사항이 포함되어야 한다.
1. 보고자의 주소 및 성명
2. 식중독을 일으킨 환자, 식중독이 의심되는 사람 또는 식중독으로 사망한 사람의 주소·성명·생년월일 및 사체의 소재지
3. 식중독의 원인
4. 발병 연월일
5. 진단 또는 검사 연월일
② 법 제86조제2항에 따라 시장(「제주특별자치도 설치 및 국제자유도시 조성을 위한 특별법」에 따른 행정시장을 포함한다)·군수·구청장이 하는 식중독 발생 보고 및 식중독 조사결과 보고는 각각 별지 제66호서식및 별지 제67호서식에 따른다.

제94조 (집단급식소의 신고 등)

① 법 제88조제1항에 따라 집단급식소를 설치·운영하려는 자는 제96조에 따른 시설을 갖춘 후 별지 제68호서식의 집단급식소 설치·운영신고서(전자문서로 된 신고서를 포함한다)에 제42조제1항제1호 및 제4호의 서류(전자문서를 포함한다)를 첨부하여 신고관청에 제출하여야 한다.
② 제9항에 따라 집단급식소 설치·운영 종료 신고가 된 집단급식소를 운영하려는 자(종료신고를 한 설치·운영자가 아닌 자를 포함한다)는 별지 제68호서식의 집단급식소 설치·운영신고서(전자문서로 된 신고서를 포함한다)에 다음 각 호의 서류(전자문서를 포함한

다)를 첨부하여 신고관청에 제출하여야 한다.
1. 제42조제1항제1호의 서류
2. 제42조제4호의 서류. 다만, 종전 집단급식소의 수도시설을 그대로 사용하는 경우는 제외한다.
3. 양도·양수 계약서 사본이나 그 밖에 신고인이 해당 집단급식소의 설치·운영자임을 증명하는 서류

③ 제1항 또는 제2항(종전 집단급식소의 시설·설비 및 운영 체계를 유지하는 경우는 제외한다)에 따른 신고를 받은 신고관청은「전자정부법」제36조제1항에 따른 행정정보의 공동이용을 통하여 액화석유가스 사용시설완성검사증명서(「액화석유가스의 안전관리 및 사업법」제27조제2항에 따라 액화석유가스 사용시설의 완성검사를 받아야 하는 경우만 해당한다) 및 건강진단결과서(제49조에 따른 건강진단 대상자의 경우만 해당한다)를 확인하여야 하며, 신청인이 확인에 동의하지 아니하는 경우에는 그 사본을 첨부하도록 하여야 한다.

④ 제1항 또는 제2항에 따라 신고를 받은 신고관청은 지체 없이 별지 제69호서식의 집단급식소 설치·운영신고증을 내어주고, 15일 이내에 신고받은 사항을 확인하여야 한다.

⑤ 제4항에 따라 신고증을 내어준 신고관청은 별지 제70호서식의 집단급식소의 설치·운영신고대장에 기록·보관하거나 같은 서식에 따른 전산망에 입력하여 관리하여야 한다.

⑥ 제4항에 따라 신고증을 받은 집단급식소의 설치·운영자가 해당 신고증을 잃어버렸거나 헐어 못 쓰게 되어 신고증을 다시 받으려는 경우에는 별지 제35호서식의 재발급신청서(전자문서로 된 신청서를 포함한다)에 헐어 못 쓰게 된 신고증(헐어 못 쓰게 된 경우만 해당한다)을 첨부하여 신고관청에 제출하여야 한다.

⑦ 집단급식소의 설치·운영자가 신고사항 중 다음 각 호의 구분에 따른 사항을 변경하는 경우에는 별지 제71호서식의 신고사항 변경신고서(전자문서로 된 신청서를 포함한다)에 집단급식소 설치·운영신고증을 첨부하여 신고관청에 제출하여야 한다. 이 경우 집단급식소의 소재지를 변경하는 경우에는 제42조제1항제1호 및 제4호의 서류(전자문서를 포함한다)를 추가로 첨부하여야 한다.
1. 집단급식소의 설치·운영자가 법인인 경우: 그 대표자, 그 대표자의 성명, 소재지 또는 위탁급식영업자
2. 집단급식소의 설치·운영자가 법인이 아닌 경우: 설치·운영자의 성명, 소재지 또는 위탁급식영업자

⑧ 제7항 각 호 외의 부분 후단에 따라 집단급식소의 소재지를 변경하는 변경신고서를 제출받은 신고관청은「전자정부법」제36조제1항에 따른 행정정보의 공동이용을 통하여 액화석유가스 사용시설완성검사증명서(「액화석유가스의 안전관리 및 사업법」제27조제2항에 따라 액화석유가스 사용시설의 완성검사를 받아야 하는 경우만 해당한다)를 확인하여야 한다. 다만, 신청인이 확인에 동의하지 아니하는 경우에는 그 사본을 첨부하도록 하여야 한다.

⑨ 집단급식소의 설치·운영자가 그 운영을 그만하려는 경우에는 별지 제72호서식의 집단급식소 설치·운영 종료신고서(전자문서로 된 신고서를 포함한다)에 집단급식소 설치·운영신고증을 첨부하여 신고관청에 제출하여야 한다.

제95조 (집단급식소의 설치·운영자 준수사항)

① 법 제88조제2항제2호에 따라 조리·제공한 식품(법 제2조제12호에 따른 병원의 경우에는 일반식만 해당한다)을 보관할 때에는 매회 1인분 분량을 섭씨 영하 18도 이하로 보관하여야 한다. 이 경우 완제품 형태로 제공한 가공식품은 유통기한 내에서 해당 식품의 제조업자가 정한 보관방법에 따라 보관할 수 있다.
② 법 제88조제2항제5호에서 "보건복지부령으로 정하는 사항"이란 별표 24와 같다.

제96조 (집단급식소의 시설기준)

법 제88조제4항에 따른 집단급식소의 시설기준은 별표 25와 같다.

제96조의2 (식품안전관리 업무 평가 기준 및 방법 등)

① 법 제90조3제1항에 따른 식품안전관리 업무 평가의 기준은 다음 각 호와 같다.
  1. 식품안전관리 사업 목표 달성도 또는 사업의 성과
  2. 그 밖에 식품안전관리를 위하여 식품의약품안전처장이 정하는 사항
② 식품의약품안전처장은 제1항에 따른 평가를 할 때에는 시·도와 시·군·구를 구분하여 실시할 수 있다.

제97조 (수수료)

① 법 제92조에 따른 수수료는 별표 26과 같다. 이 경우 수수료는 허가관청, 면허관청 또는 신고·등록·신청 등을 받는 관청이나 기관이 국가인 경우에는 수입인지, 지방자치단체인 경우에는 해당 지방자치단체의 수입증지, 국가나 지방자치단체가 아닌 경우에는 현금, 신용카드 또는 직불카드로 납부하여야 한다.
② 제1항에 따른 납부는 정보통신망을 이용하여 전자화폐·전자결재 등의 방법으로 할 수 있다.

제98조 (벌칙에서 제외되는 사항)

법 제97조제6호에서 "보건복지부령으로 정하는 경미한 사항"이란 다음 각 호의 어느 하나에 해당하는 경우를 말한다.
  1. 영 제21조제1호의 식품제조·가공업자가 식품광고 시 유통기한을 확인하여 제품을 구입하도록 권장하는 내용을 포함하지 아니한 경우

2. 영 제21조제1호의 식품제조·가공업자 및 제21조제5호의 식품소분·판매업자가 해당 식품 거래기록을 보관하지 아니한 경우
3. 영 제21조제8호의 식품접객업자가 영업신고증 또는 영업허가증을 보관하지 아니한 경우
4. 영 제21조제8호라목의 유흥주점영업자가 종업원 명부를 비치·관리하지 아니한 경우

제99조 (규제의 재검토)

식품의약품안전처장은 다음 각 호의 사항에 대하여 다음 각 호의 기준일을 기준으로 3년마다(매 3년이 되는 해의 기준일과 같은 날 전까지를 말한다) 그 타당성을 검토하여 개선 등의 조치를 하여야 한다.
1. 제8조제1항제2호에 따른 질병의 치료에 효능이 있다는 내용의 표시·광고의 금지: 2014년 1월 1일
2. 제18조및 별표 7에 따른 수출국 제조업소의 생산·가공시설 안전성 기준: 2014년 1월 1일
3. 삭제
4. 제36조 및 별표 14에 따른 업종별 시설기준: 2014년 1월 1일
5. 제40조에 따른 영업허가의 신청: 2014년 1월 1일
6. 제57조 및 별표 17 제7호아목에 따른 식품접객업자(위탁급식영업자는 제외한다)의 준수사항: 2014년 1월 1일
7. 제57조 및 별표 17 제8호마목에 따른 위탁급식영업자의 준수사항: 2014년 1월 1일
8. 제62조제1항제7호에 따른 식품안전관리인증기준의 대상 식품: 2014년 1월 1일
9. 제89조 및 별표 23 Ⅱ. 개별기준의 시정명령 대상: 2014년 1월 1일

제100조 (과태료의 부과기준)

영 제67조 및 영 별표 2에 따라 법 제3조 및 법 제88조제2항제5호를 위반한 자에 대한 과태료의 부과기준은 별표 27과 같다.

제101조 (과태료의 부과대상)

법 제101조제3항제2호에서 "보건복지부령으로 정하는 경미한 사항"이란 다음 각 호의 어느 하나에 해당하는 경우를 말한다.
1. 영 제21조제8호의 식품접객업자가 별표 17 제7호자목에 따른 영업신고증, 영업허가증 또는 조리사면허증 보관의무를 준수하지 아니한 경우
2. 영 제21조제8호라목의 유흥주점영업자가 별표 17 제7호파목에 따른 종업원명부 비치·기록 및 관리 의무를 준수하지 아니한 경우

[별표 1] 식품 등의 위생적인 취급에 관한 기준(제2조 관련)

1. 식품등을 취급하는 원료보관실·제조가공실·조리실·포장실 등의 내부는 항상 청결하게 관리하여야 한다.
2. 식품 등의 원료 및 제품 중 부패·변질이 되기 쉬운 것은 냉동·냉장시설에 보관·관리하여야 한다.
3. 식품 등의 보관·운반·진열시에는 식품 등의 기준 및 규격이 정하고 있는 보존 및 유통기준에 적합하도록 관리하여야 하고, 이 경우 냉동·냉장시설 및 운반시설은 항상 정상적으로 작동시켜야 한다.
4. 식품 등의 제조·가공·조리 또는 포장에 직접 종사하는 사람은 위생모를 착용하는 등 개인위생관리를 철저히 하여야 한다.
5. 제조·가공(수입품을 포함한다)하여 최소판매 단위로 포장된 식품 또는 식품 첨가물을 허가를 받지 아니하거나 신고를 하지 아니하고 판매의 목적으로 포장을 뜯어 분할하여 판매하여서는 아니 된다.
6. 식품 등의 제조·가공·조리에 직접 사용되는 기계·기구 및 음식기는 사용후에 세척·살균하는 등 항상 청결하게 유지·관리하여야 하며, 어류·육류·채소류를 취급하는 칼·도마는 각각 구분하여 사용하여야 한다.
7. 유통기한이 경과된 식품 등을 판매하거나 판매의 목적으로 진열·보관하여서는 아니 된다.

[별표 2] 원산지등의 표시방법(제7조 관련)

1. 일반적인 표시방법
    가. 쌀·배추김치 및 육류의 원산지등은 소비자가 쉽게 알아 볼 수 있도록 제2호부터 제4호까지의 규정에 따라 메뉴판 및 게시판에 표시하여야 하고, 그 밖에 푯말 등 다양한 방법으로 추가적으로 표시할 수 있다.
    나. 원산지등이 같은 경우에는 메뉴판 및 게시판에 원산지등을 일괄 표시할 수 있다.
    [예시] 우리 업소에서는 "국내산 쌀"만 사용합니다.
    우리 업소에서는 "국내산 한우 쇠고기"만 사용합니다.
    우리 업소에서는 "미국산 돼지고기"만 사용합니다.

2. 쌀의 원산지 표시방법
    쌀의 원산지는 국내산과 수입산으로 구분하고, 다음 각 목의 구분에 따라 표시한다.
        가. 국내산의 경우 "쌀(국내산)"로 표시한다.

나. 수입산의 경우 쌀의 수입국가명을 표시한다.
[예시] 쌀(미국산)

다. 국내산 쌀과 수입산 쌀을 섞은 경우에는 가목 및 나목에 따른 표시를 모두 하고, 그 사실도 함께 표시한다.
[예시] 쌀(국내산과 미국산을 섞음)

3. 배추김치의 원산지 표시방법
   가. 국내산 배추를 사용하여 국내에서 배추김치를 조리하여 판매하는 경우에는 "배추김치"로 표시하고, 그 옆에 괄호로 "배추 국내산"을 함께 표시한다. 다만, 배추김치에 사용된 원료 농산물의 원산지가 모두 국산일 경우에는 괄호의 원산지를 일괄하여 "국산" 또는 "국내산"으로 표시할 수 있다.
   나. 수입한 배추(절인 배추를 포함한다)를 사용하여 국내에서 배추김치를 조리하여 판매하는 경우에는 "배추김치"로 표시하고, 그 옆에 괄호로 배추의 수입국가명을 함께 표시한다.
   [예시] 배추김치(배추 중국산)
   다. 외국에서 제조·가공한 배추김치를 수입하여 조리·판매하는 경우에는 배추김치의 수입국가명을 표시한다.
   [예시] 배추김치(중국산)
   라. 가목부터 다목까지의 규정에 해당하는 배추김치를 섞은 경우에는 해당 표시를 모두 하고, 그 사실도 함께 표시한다.
   [예시] 배추김치(국내산과 중국산을 섞음)

4. 육류의 원산지등 표시방법
   육류의 원산지등은 국내산과 수입산으로 구분하고, 다음 각 목의 구분에 따라 표시한다.
   가. 쇠고기
      1) 국내산의 경우 "국내산"으로 표시하고, 쇠고기의 종류를 한우, 젖소, 육우로 구분하여 표시[예시: 소갈비(국내산 한우), 등심(국내산 육우)]한다. 다만, 수입한 소를 국내에서 6개월 이상 사육한 후 국내산으로 유통하는 경우에는 "국내산"으로 표시하되, 괄호 안에 쇠고기의 종류 및 수입 국가명을 함께 표시[예시: 소갈비 국내산(육우, 미국산)]한다.
      2) 수입산의 경우 수입국가명을 표시한다.
      [예시] 소갈비(미국산)
   나. 돼지고기·닭고기
      1) 국내산의 경우 "국내산"으로 표시[예시: 삼겹살(국내산), 삼계탕(국내산)]한다. 다만, 수입한 돼지를 국내에서 2개월 이상, 수입한 닭을 국내에서 1개월 이상 각각 사육한 후 국내산으로 유통하는 경우에는 "국내산"으로 표시하되, 괄호 안에 수입국가명을 함께 표시[예시: 삼겹살 국내산(돼지 덴마크산), 삼계탕 국내산(닭 프랑스산)]한다.
      2) 수입산의 경우 수입국가명을 표시한다.
      [예시] 삼겹살(덴마크산), 삼계탕(프랑스산)

[별표 3] 허위표시·과대광고로 보지 아니하는 표시 및 광고의 범위 (제8조제2항제4호 관련)

1. 유용성
    가. 신체조직과 기능의 일반적인 증진을 주목적으로 하는 다음의 표현 또는 이와 유사한 표현
        1) 인체의 건전한 성장 및 발달과 건강한 활동을 유지하는데 도움을 준다는 표현
        2) 건강유지·건강증진·체력유지·체질개선·식이요법·영양보급 등에 도움을 준다는 표현
        3) 특정질병을 지칭하지 아니하는 단순한 권장 내용의 표현. 다만, 당뇨병·변비·암 등 특정질병을 지칭하거나 질병(군)의 치료에 효능·효과가 있다는 내용이나 질병의 특징적인 징후 또는 증상에 대하여 효과가 있다는 내용 등의 표현을 하여서는 아니 된다.
    나. 식품영양학적으로 공인된 사실 또는 제품에 함유된 영양성분(비타민, 칼슘, 철, 아미노산 등)의 기능 및 작용에 관한 다음의 표현 또는 이와 유사한 표현
        1) 특수용도식품으로 임신수유기 영양보급, 병후 회복시 영양보급, 노약자 영양보급, 환자에 대한 영양보조 등에 도움을 준다는 표현
        2) 비타민 O는 OO작용을 하여 건강에 도움을 줄 수 있다는 표현
        3) 칼슘은 뼈와 치아의 형성에 필요한 영양소라는 표현
    다. 「건강기능식품에 관한 법률」 제14조에 따라 건강기능식품의 기준 및 규격에서 정한 영양소의 기능성분 함량
2. 용도: 제품의 제조목적이나 주요 용도에 대한 다음의 표현 또는 이와 유사한 표현
    가. 해당 제품이 유아식, 환자식 등으로 섭취하는 특수용도식품이라는 표현
    나. 해당 제품이 발육기, 성장기, 임신수유기, 갱년기 등 사람의 영양보급을 목적으로 개발된 제품이라는 것과 이와 유사한 표현
3. 섭취방법·섭취량에 관한 다음의 표현 또는 이와 유사한 표현
    해당 제품의 식품영양학적 기준으로 가장 적합하다고 생각되는 섭취방법 또는 섭취량의 표현

[별표 4] 식품 등의 수입신고 및 검사방법 (제12조제2항 및 제13조제1항제4호 관련)

1. 신고가 필요하지 아니하는 식품 등
    가. 우리나라에 있는 외국의 대사관·공사관·영사관 그 밖의 이에 준하는 기관에서 수입하는 공용의 식품등 또는 그 기관에 소속된 공무원 및 그 가족이 수입하는 자가소비용 식품 등
    나. 여행자가 휴대한 것으로 자가소비용으로 인정할 수 있는 식품 등
    다. 무상으로 반입하는 상품의 견본 또는 광고물품으로서 그 표시가 명확한 식품 등
    라. 외국의 경제수역에서 해당 국 선박과의 공동어업으로 포획·채취하여 국내선박에서 냉동 또

는 가공된 수산물
마. 식품 등의 제조 · 가공 · 조리 · 저장 · 운반 등에 사용하는 기계류와 그 부속품
바. 식품첨가물을 제조하는데 사용하는 비식용 원료
사. 정부 또는 지방자치단체가 직접 사용하는 식품 등
아. 「관세법」 제239조제1호에 따라 선용품 · 기용품 또는 차량용품을 운송수단 안에서 그 용도에 따라 소비 또는 사용하는 경우로서 관세청장이 수입 으로 보지 아니하는 식품 등
자. 무상으로 반입하는 선천성대사이상질환자용 식품
차. 기구 또는 용기 · 포장을 제조하는데 사용하는 원료
카. 그 밖에 식품의약품안전청장이 위생상 위해발생의 우려가 없다고 인정하는 식품 등

2. 검사의 종류 및 대상
   가. 서류검사 및 그 대상
      서류검사란 신고서류 등을 검토하여 그 적합 여부를 판단하는 검사를 말하며, 다음의 식품등을 대상으로 한다.
      1) 「대외무역법 시행령」 제26조에 따라 외화획득용으로 수입하는 식품 등. 다만, 같은 조 제1항제3호에 따라 관광용으로 수입하는 식품등은 제외한다.
      2) 식품제조 · 가공업, 식품첨가물제조업 또는 용기 · 포장류제조업의 영업신고를 한 자가 자사의 제품을 생산하기 위하여 직접 또는 위탁하여 수입하는 식품등 또는 식품을 직접 제조 · 가공하지 아니하고 다른 사람에게 의뢰하여 제조 · 가공된 식품을 자신의 상표로 유통 · 판매하는 영업을 하는 자가 자신이 제조 · 가공을 의뢰한 제품의 원료(이하 "자사제품 제조용원료"라 한다)로 수입하는 식품 등
      3) 연구 · 조사에 사용하는 식품 등
      4) 정부 · 지방자치단체 또는 그 대행기관에서 수입하는 식품등(이 경우 국내외 공인검사기관에서 발행한 검사성적서 또는 검사증명서를 제출하는 것만 해당한다)
      5) 식용향료(조합향료 및 단일성분의 착향료를 포함한다. 이하 같다)
      6) 식품 또는 식품첨가물에 접촉되는 재질이 나무 · 돌 또는 착색되지 아니한 유리제로 된 기구 및 용기 · 포장
      7) 다목의 정밀검사를 받은 것 중 다음의 조건을 충족하는 것으로서 재수입하는 식품 등(이하 "동일사 동일식품등"이라 한다)
         가) 식품 · 식품첨가물의 경우에는 수입자 · 제조국 · 제조업소 · 제품명 · 제조방법 및 원재료명이 같은 것
         나) 기구 또는 용기 · 포장의 경우에는 수입자 · 제조국 · 제조업소 · 재질 및 바탕색상이 같은 것
      8) 외화획득을 위한 박람회 · 전시회 등에 사용하기 위하여 수입하는 식품 등
      9) 판매를 목적으로 하는 선천성대사이상질환자용 식품
      10) 「축산물가공처리법」 제21조제1항제3호에 따른 축산물가공업의 영업허가를 받은 자가 자사제품 제조용원료로 수입하는 식품 등
      11) 정제 · 가공을 거쳐야만 하는 식품 또는 식품첨가물의 원료
      12) 재가공하여 사용하는 기구 또는 용기 · 포장
      13) 「주세법」 제6조제1항에 따른 주류제조면허를 받은 자가 자사제품 제조용원료로 수입하

는 식품 등
14) 외국으로부터 반송된 식품들 중 그 반송사유가 식품 등의 변질이나 위생상 위해와 관련이 없는 것으로서 국내의 식품 등의 기준 및 규격 등에 적합하게 제조·가공된 식품 등
15) 법 제19조제3항제1호에 따라 사전확인등록된 식품 등
16) 정밀검사 결과 부적합판정을 받은 이력이 없는 식품등 중 안전성이 확보되었다고 식품의약품안전청장이 인정하는 식품 등
17) 「건강기능식품에 관한 법률」 제4조제1항제1호에 따른 건강기능식품제조업의 영업허가를 받은 자가 자사제품 제조용원료로 수입하는 식품 등

나. 관능검사 및 대상

관능검사란 제품의 성질·상태·맛·냄새·색깔·표시·포장상태 및 정밀검사 이력 등을 종합하여 식품의약품안전청장이 정하는 기준에 따라 그 적합여부를 판단하는 검사로서 다음의 식품 등을 대상으로 한다.

1) 식용을 목적으로 하는 원료성의 농산물·임산물·수산물로서 식품 등의 기준 및 규격이 설정되지 아니한 것(식품첨가물이나 다른 원료를 사용하지 아니하고 원형을 알아볼 수 있는 정도로 단순히 자르거나 껍질을 벗기거나 말리거나 소금에 절이거나 숙성하거나 가열하거나 냉동하는 등 가공과정을 거쳐도 식품의 상태를 관능으로 확인할 수 있도록 처리한 것을 포함한다)
2) 가목의 서류검사의 대상 중 지방식품의약품안전청장이 관능검사가 필요하다고 인정하는 식품 등
3) 「관세법」 등 다른 법률에 따라 보세구역 안에서 압류·몰수하여 검사 요구한 것으로서 그 물량이 별표 8에서 정한 수거량의 10배 이하인 식품 등
4) 다목의 정밀검사를 받은 농산물·임산물·수산물 중 수입자·생산국·품명·수출업자(또는 수출업소) 및 포장장소가 같은 것

다. 정밀검사 및 그 대상

정밀검사란 물리적·화학적 또는 미생물학적 방법에 따라 실시하는 검사로서 서류검사 및 관능검사를 포함하며, 다음의 식품 등을 대상으로 한다.

1) 최초로 수입하는 식품 등
2) 국내외에서 유해물질 등이 함유된 것으로 알려져 문제가 제기된 식품 등
3) 수입신고에 따른 검사결과 부적합처분을 받은 식품 등의 경우로서 부적합 처분을 받은 날부터 수입신고 횟수를 기준으로 5회까지 재수입되는 동일사 동일식품 등
4) 법 제22조에 따른 수거검사결과 부적합판정을 받은 식품 등의 경우로서 부적합판정을 받은 날부터 수입신고 횟수를 기준으로 5회까지 재수입되는 동일사 동일식품 등
5) 관능검사결과 식품위생상의 위해가 발생할 우려가 있다고 인정되는 식품 등
6) 사실과 다르게 신고하거나 허위서류를 제출하거나 안전성이 확보되지 않은 식품 등을 수입신고하여 행정처분을 받은 영업자가 행정처분일부터 1년 이내에 수입하는 식품 등
7) 제14조제1항 각 호의 어느 하나에 해당하는 조치를 위반한 수입신고인이 1년 이내에 수입하는 식품 등
8) 가목14)에 해당되는 경우를 제외한 반송된 식품 등
9) 1)에 따라 정밀검사를 한 식품 등 중 식품 등의 기준 및 규격이 신설 또는 강화된 식품 등

라. 무작위표본검사 및 그 대상
　무작위표본검사란 정밀검사대상을 제외한 식품 등에 대하여 식품의약품안전청장의 표본추출계획에 따라 물리적·화학적 또는 미생물학적 방법으로 실시하는 검사로서 식용향료를 제외한 다음의 식품 등을 대상으로 한다.
　1) 정밀검사를 받은 식품 등
　2) 서류검사 또는 관능검사 대상 중 수입식품 등의 안전성 확보를 위하여 무작위표본검사가 필요하다고 인정하는 식품 등
마. 자사제품 제조용원료의 용도 변경
　식품 등을 가목2)·10)·13) 및 17)에 따라 자사제품 제조용원료로 수입신고한 영업자의 폐업·파산 등으로 해당 식품 등이 자사제품 제조용원료로 사용될 수 없는 경우에는 해당 수입식품 등의 신고를 수리한 지방식품의약품안전청장은 식품의약품안전청장이 정하는 범위 안에서 처음 수입한 목적 외의 용도로 사용하거나 판매하게 할 수 있다.

3. 식품 등의 검사방법 등
　가. 수입식품 등 검사기관
　　1) 수입신고인이 지방식품의약품안전청 외의 식품위생검사기관에 검사를 의뢰한 경우에는 해당 식품위생검사기관이 정한 검사수수료나 지방자치단체의 조례 등에서 정한 수수료를 해당 식품위생검사기관에 직접 납부하여야 한다.
　　2) 보세구역 등에서 수입식품 등의 검사를 할 경우에는 그 권한을 표시하는 증표를 제시하여야 한다.
　　3) 지방식품의약품안전청장은 수입식품 등에 대하여 그 검사결과의 확인 전에 동 식품 등이 유출될 우려가 있다고 판단되는 경우에는 봉인 등 필요한 조치를 취할 수 있다.
　　4) 식품의약품안전청장이 고시한 수입 최소량(이하 "수입 최소량"이라 한다) 미만으로 수입되어 정밀검사한 동일사 동일식품 등이라도 그 후 수입 신고한 식품 등이 수입 최소량 이상인 경우에는 새로이 정밀검사를 실시하여야 한다.
　나. 검체의 채취 및 취급방법 등
　　1) 검체(식품 등의 기준 및 규격의 검사에 필요한 시험재료를 말한다. 이하 같다)의 채취 및 취급은 식품 등의 기준 및 규격 중 검체의 채취 및 취급방법에 따른다.
　　2) 검체의 채취 및 취급은 지방식품의약품안전청장이 식품위생감시원으로 하여금 수입신고인 또는 수입물품의 관리자의 참여하에 실시함을 원칙으로 하나, 필요한 경우 법 제33조에 따른 소비자식품위생감시원을 참여시킬 수 있다. 이 경우 검사용 검체를 채취하는 경우에는 제20조제2항에 따라 수거증을 발급하여야 한다.
　　3) 검체채취량은 별표 8의 수거량에 따른다. 다만, 검체의 최소 포장단위가 수거량을 초과하더라도 검체채취로 인한 오염 등으로 검사결과에 영향을 줄 우려가 있다고 판단될 경우에는 최소의 포장단위 그대로 채취할 수 있다.
　　4) 수입된 식품 등이 다른 수입제품과 혼재(混在)되어 해당 수입식품 등의 확인 및 수입량 파악 등을 할 수 없거나 대표성 있는 검체를 수거할 수 없는 경우에는 수입자로 하여금 해당 수입식품 등을 검사할 수 있는 보세구역으로 이송하게 하여 검체를 채취할 수 있다.

다. 검체의 정밀검사방법 및 그 결과의 통보
  1) 지방식품의약품안전청장은 수입식품 등의 기준 및 규격 적합여부에 대하여 정밀검사를 실시하여야 한다.
  2) 1)에 따라 정밀검사를 실시함에 있어 식품의약품안전청장이 정한 중점검사 항목 및 위해성에 대한 정보가 있는 항목 등에 대하여 검사할 수 있으며, 제2호다목9)에 따라 정밀검사를 받아야 하는 식품 등은 신설 및 강화된 항목을 중점적으로 검사할 수 있다.
  3) 수입되는 식품 등에 대한 식품 등의 기준 및 규격검사는 이전의 정밀검사 결과 등을 고려하여 그 검출빈도가 높거나 인체의 위해도(危害度)가 높은 잔류농약·중금속·병을 일으키는 미생물 등을 중점적으로 검사할 수 있다.
  4) 지방식품의약품안전청장으로부터 검사의뢰를 받은 식품위생검사기관은 정밀검사를 실시하여 그 결과를 지체 없이 해당 지방식품의약품안전청장에게 전자문서로 통보하여야 한다.
  5) 지방식품의약품안전청장은 정밀검사결과의 확인 전에 필요한 조건을 붙여 식품 등의 수입신고확인증을 발급한 경우에는 정밀검사결과를 수입신고인에게 알려주어야 한다.
라. 국내외 공인검사기관의 검사증명서 또는 검사성적서 인정 등
  수입신고인이 식품의약품안전청장이 인정하는 국내외 공인검사기관의 검사증명서 또는 검사성적서를 제출하는 경우에는 해당 식품 등에 대한 정밀검사에 갈음하거나 그 검사항목을 조정하여 검사할 수 있다.
마. 표시기준·허위표시 등의 확인
  지방식품의약품안전청장은 수입식품 등이 법 제10조에 따른 식품 등의 표시기준에 적합한지 여부와 제8조에 따른 허위표시·과대광고 및 과대포장의 범위에 해당하는지 여부를 확인하여야 한다.

4. 수입식품 등의 전산관리
  지방식품의약품안전청장은 수입식품 등의 신고사항 등을 전산망에 입력하여 관리하여야 한다.

5. 신고 및 검사업무의 세부기준 등
가. 수입식품 등의 신고 및 검사업무와 관련한 세부처리요령은 식품의약품안전청장이 정하는 바에 따른다.
나. 유통기한 표시대상 식품 등의 수입신고확인증에는 유통기한을 명시하여 발급하여야 한다.

6. 수입식품 등의 통관업무 관련부서의 협조사항
  가. 세관장은 수입식품 등에 대한 정밀검사를 하기 위하여 해당 검체를 채취하는 자에 대하여 보세구역에의 출입에 협조하여야 한다.
  나. 가목에 따른 검체채취자는 이를 증명하는 식품위생감시원증을 해당 보세구역의 장에게 제시하여야 한다.

[별표 5] 수입식품 등 사전확인등록 기준 및 절차 등(제15조제2항 관련)

1. 사전확인등록 신청대상 식품 등
   우리나라에 수출하려는 식품 등. 다만, 농·임산물 등의 1차 생산품 및 그 단순가공품(식품첨가물이나 다른 원료를 사용하지 아니하고 원형을 알아볼 수 있는 정도로 단순히 자르거나 껍질을 벗기거나 말리거나 소금에 절이거나 숙성하거나 가열하거나 냉동하는 등 가공과정을 거쳐도 식품의 상태를 관능으로 확인할 수 있도록 처리한 것을 말한다)을 제외한다.
2. 사전확인등록 신청인 및 사전확인내용
   가. 신청인: 우리나라에 수출하려는 식품 등을 제조·가공하는 자(이하 "제조자"라 한다)
   나. 사전확인내용
      식품의약품안전청장은 다음 사항의 적합여부를 제출된 서류와 현지 확인을 통하여 확인하여야 한다. 다만, 수출국 정부에서 다음 각 호의 사항이 적합함을 증명하는 서류를 제출하는 경우에는 현지 확인을 생략할 수 있다.
      1) 법 제4조부터 제6조까지 및 제8조에 따른 판매 등 금지식품 등에 해당하는지의 여부
      2) 법 제7조 및 제9조에 따른 기준과 규격에 적합한지의 여부
      3) 법 제13조에 따른 허위표시 등에 해당하는지의 여부
      4) 법 제36조에 따른 시설기준에 적합한지의 여부
      5) 위해요소중점관리기준(HACCP)을 국제기준에 준하여 운영하는지 여부
3. 사전확인등록의 취소
   가. 식품의약품안전청장은 사전확인등록된 식품 등이 다음 각 호의 어느 하나에 해당될 경우에는 그 등록을 취소할 수 있다. 다만, 3)에 해당하는 경우에는 등록을 취소하여야 한다.
      1) 제2호나목의 사전확인내용에 적합하지 아니한 사실이 발견된 경우
      2) 제15조제1항제1호부터 제3호까지의 내용을 변경하고 이에 대한 변경사항을 제출하지 아니한 경우
      3) 거짓 또는 부정한 수단으로 사전확인등록을 한 경우
   나. 식품의약품안전청장은 사전확인등록을 취소한 경우에는 취소사유와 일자 등을 수출국 제조자에게 통지한다.

4. 사전확인등록 식품 등의 수입신고 처리 등
   가. 수입신고 및 신고확인증 발급
      1) 등록된 식품 등을 수입하려는 자(이하 "수입자"라 한다)는 법 제19조에 따른 식품 등의 수입신고서(이하 "신고서"라 한다)에 해당 식품 등의 사전확인등록 번호를 함께 기재하여 지방식품의약품안전청장에게 제출하여야 한다.
      2) 지방식품의약품안전청장은 등록번호를 기재한 신고서에 대하여는 별표 4 제2호가목에 따른 서류검사를 실시한 후 지체 없이 식품 등 수입신고확인증을 수입자에게 발급하여야 한다.

나. 사전확인등록 식품 등의 정밀검사
　　1) 식품의약품안전청장은 등록된 식품 등의 안전성에 문제가 있다고 인정되는 경우에는 별표 4 제2호다목에 따른 정밀검사를 실시할 수 있다.
　　2) 식품의약품안전청장은 1)에 따라 정밀검사를 실시한 경우에는 이 사실을 수출국 제조자에게 통지한다.

[별표 6] 우수수입업소 등록취소 등에 관한 기준(제17조제2항 관련)

구분	근거법령	처분기준
1. 거짓이나 그 밖의 부정한 방법으로 등록을 한 경우	법 제20조제4항 제1호	등록취소
2. 법 제75조에 따라 영업정지 2개월 이상의 행정처분을 받은 경우	법 제20조제4항 제2호	등록취소
3. 법 제20조제1항에 따른 위생관리 상태의 점검을 실시하지 아니하는 경우	법 제20조제4항 제3호	시정명령
4. 제3호를 위반하여 2회 이상의 시정명령을 받고도 그 내용을 시정하지 아니한 경우	법 제20조제4항 제3호	등록취소

[별표 7] 우수수입업소의 수출국 제조업소 생산·가공시설 안전성 기준 등(제18조 관련)

1. 수출국 제조업소 생산가공시설과 안전성 기준
　　가. 원료 등의 위생적 관리기준
　　　　1) 식품제조·가공에 사용되는 원료 및 용기·포장 등에 대하여 필요한 경우 직접 검사를 실시하거나 공급자로 하여금 검사성적서 등을 확인한 경우 그 성적서를 비치하여야 한다.
　　　　2) 원료 및 용기·포장은 청결하고 위생적으로 보관·관리하여야 한다.
　　나. 시설의 위생적 관리기준
　　　　1) 건축물은 축산폐수, 화학물질, 그 밖의 오염물질 등 오염발생원과 20미터 이상 거리를 유지하거나 오염방지 방법을 확보하여야 한다.
　　　　2) 악취, 유해가스, 매연, 증기 등을 배출할 수 있는 충분한 환기시설을 구비하여야 한다.
　　　　3) 작업장은 식품이 오염될 수 있는 구역과 효과적으로 분리(벽, 층으로 구별)되어 있어야 한다.

4) 원료처리실, 제조·가공실, 충전·포장실은 분리 또는 구획(칸막이, 커텐 등으로 구별)되어 있어야 한다. 다만, 자동화 시설 또는 제품의 특수성으로 인하여 분리 또는 구획할 필요가 없다고 인정되는 경우, 선·줄 등에 따라 분리 또는 구획한 것으로 본다.
5) 시설과 제품의 오염을 방지할 수 있는 적절한 배수시설을 갖추어야 한다. 다만, 시설·제품의 특수성으로 배수가 불필요한 경우 제외할 수 있다.
6) 바닥, 벽, 천장은 쉽게 청소할 수 있는 재료로 내수 처리되어 있어야 한다.
7) 출입문, 창문, 환기구, 배수구 등은 쥐, 해충, 먼지 등을 막을 수 있는 시설이 있어야 한다.
8) 식품취급시설 중 식품과 직접 접촉하는 부분은 위생적 내수성 재질(스테인레스·알루미늄·에프알피·테프론 등)로써 세척·소독·살균이 가능한 시설이어야 한다.
9) 냉동·냉장시설 및 가열처리시설은 온도측정계기가 설치되어 적정 온도로 유지·관리할 수 있는 시설이어야 한다.
10) 화장실은 정화조를 갖춘 수세식으로 바닥과 내벽(1.5미터 이상)이 내수처리 되어 청결하게 관리할 수 있어야 한다.
11) 화장실은 손을 씻고 위생처리를 할 수 있는 수세시설이 있어야 한다.
12) 정상으로 작동되는 이물 제거 시설(금속검출기 등)을 설치·관리하고 있어야 한다.
13) 식품 등을 취급하는 원료보관실·제조가공실·포장실 등은 청결하게 관리하여야 한다.

다. 종업원의 위생관리기준
1) 식품 등의 제조·가공·조리 또는 포장에 직접 종사하는 종업원은 위생모, 위생복, 위생화 등을 착용하여야 하고, 위생적인 해를 줄 수 있는 반지 등 개인 장신구를 제거하여야 한다.
2) 종업원은 현장 출입시 위생관리기준(손세척, 소독, 이물제거 등)에 따라 출입하여야 한다.
3) 화농성 질환, 설사 등 감염성질환자는 식품 취급을 할 수 없도록 제한하여야 한다.

라. 제조·가공의 위생관리기준
1) 식품의 제조·가공·조리에 직접 사용되는 기계·기구 및 음식기는 사용 후에 세척·살균하는 등 항상 청결하게 유지·관리하여야 한다.
2) 식품 등은 가공공정 중 위해 미생물의 성장을 최소화하고 오염을 방지할 수 있도록 처리하여야 한다.
3) 폐기물 등의 처리용기는 밀폐 가능한 구조로 침출수 및 냄새가 누출되지 않도록 관리하여야 한다.
4) 식품 등의 제조·가공에 직접 투입되는 용수나 식품에 직접 접촉되는 시설 표면, 기구, 용기, 손세척 등에 사용되는 용수는 음용에 적합한 용수를 사용하여야 한다.
5) 원료, 완제품 등은 제품의 특성에 맞게 냉동·냉장·실온 등으로 보존기준에 적합하게 보관·운송하여야 한다.

마. 완제품의 안전성 등 관리기준
1) 완제품은 수출국의 식품 등의 기준 및 규격에 적합하도록 정기적으로 검사를 실시하고 그 기록을 작성하여 유통기한이 경과한 후 1년간 보관하여야 한다.
2) 완제품의 보관은 병원성 미생물 등에 오염되지 않도록 위생적으로 보관하여야 한다.
3) 위해정보 등에 따라 원료, 포장 등에 유해물질이 함유되었거나 함유될 우려가 있는 경우 해당 유해물질에 대한 검사를 실시하여야 한다.

2. 우수수입업소 등록 제품에 대한 우대조치
    가. 우수수입업소로 등록된 제품은 별표 4 제2호라목에 따른 무작위표본검사를 생략할 수 있다.
    나. 우수수입업소로 등록된 제품은 식품의약품안전청 인터넷 홈페이지를 통하여 게재한다.
    다. 우수수입업소로 등록된 제품은 다른 수입신고한 제품보다 우선하여 신속하게 처리한다.

[별표 8] 식품 등의 무상수거대상 및 수거량(제20조제1항 관련)

1. 무상수거대상 식품 등: 제19조제1항에 따라 검사에 필요한 식품 등을 수거할 경우
2. 수거대상 및 수거량
    가. 식품(식품접객업소 등의 음식물 포함)

식품의 종류	수거량	비고
1) 가공식품	600g(㎖) (다만, 캡슐류는 200g)	1. 수거량은 검체의 개수별 무게 또는 용량을 모두 합한 것으로 말하며, 검사에 필요한 시험재료 1건 당 수거양의 범위 안에서 수거하여야 한다. 다만, 검체채취로 인한 오염 등 소분·채취하기 어려운 경우에는 수거량을 초과하더라도 최소포장단위 그대로 채취할 수 있다. 2. 가공식품에 잔류농약검사, 방사능검사, 이물검사 등이 추가될 경우에는 각각 1kg을 추가로 수거하여야 한다. (다만, 잔류농약검사 중 건조채소 및 침출차는 0.3kg) 3. 세균발육검사항목이 있는 경우 및 통조림식품은 4개(세균발육검사용 3개, 그 밖에 이화학검사용 1개)를 수거하여야 한다. 4. 2개 이상을 수거하는 경우에는 그 용기 또는 포장과 제조연월일이 같은 것이어야 한다. 5. 용량검사를 하여야 하는 경우에는 수거량을 초과하더라도 식품 등의 기준및 규격에서 정한 용량검사에 필요한 양을 추가하여 수거할 수 있다. 6. 분석 중 최종 확인 등을 위하여 추가로 검체가 필요한 경우에는 추가로 검체를 수거할 수 있다. 7. 식품위생감시원이 의심물질이 있다고 판단되어 검사항목을 추가하는 경우 또는 식품위생검사기관이 두 곳 이상인 경우에는 수거량을 초과하여 수거 할 수 있다.
2) 유탕처리식품	추가1kg	
3) 자연산물 ○ 곡류·두류 및 기타 자연산물 ○ 채소류 ○ 과실류 ○ 수산물	1~3kg 1~3kg 3~5kg 0.3~4kg	

나. 식품첨가물

시험항목별	수거량
식품 등의 기준 및 규격의 적부에 관한 시험	고체: 200g 액체: 500g(㎖) 기체: 1kg
비소·중금속 함유량시험	50g(㎖)
비고	
1. 분석 중 최종 확인 등을 위하여 추가로 검체가 필요한 경우에는 추가로 검체를 수거할 수 있다. 2. 식품위생감시원이 의심물질이 있다고 판단되어 검사항목을 추가하는 경우 또는 식품위생검사기관이 두 곳 이상인 경우에는 수거량을 초과하여 수거할 수 있다.	

다. 기구 또는 용기·포장

시험항목별	수거량
재질·용출시험	기구 또는 용기·포장에 대한 식품 등의 기준 및 규격검사에 필요한 양
비고	
1. 분석 중 최종 확인 등을 위하여 추가로 검체가 필요한 경우에는 추가로 검체를 수거할 수 있다. 2. 식품위생감시원이 의심물질이 있다고 판단되어 검사항목을 추가하는 경우 또는 식품위생검사기관이 두 곳 이상인 경우에는 수거량을 초과하여 수거할 수 있다.	

[별표 9] 식품위생검사기관 지정·평가 기준(제24조제3항 관련)

1. 법 제24조제2항제1호에 따른 식품위생전문검사기관으로 지정받으려는 자가 갖추어야 할 식품위생검사시설, 식품위생 검사 전문인력(이하 "검사원"이라 한다) 등의 기준
    가. 검사실의 면적: 면적의 합계는 400제곱미터 이상이어야 하고, 교차오염 방지를 위하여 일반실험실, 전처리실, 기기분석실, 미생물검사실 등으로 각각 분리되어야 한다.
    나. 검사설비, 기계 및 기구: 현미경, 가스 크로마토그라피, 액체 크로마토그라피 등의 검사설비를 식품의약품안전청장이 정하여 고시하는 규격 및 수량에 적합하게 구비하여야 한다.
    다. 검사원: 「고등교육법」에 따른 대학, 대학원 또는 전문대학에서 식품가공학, 식품공학 등 식품 등의 검사와 관련이 있는 위생 분야의 학과 또는 학부를 이수하여 졸업한 사람 또는 동등 이상의 자격이 있는 사람이어야 한다.
    라. 검사원의 수: 검사원 자격기준에 적합한 8명 이상을 두어야 한다.
    마. 그 밖에 유전자재조합식품, 다이옥신, 한우 확인시험, 식품제조용수 등 노로 바이러스, 방사선 조사식품 등 식품의약품안전청장이 고시하는 특정 검사항목을 검사하려고 하는 경우 그 기준에 적합한 시설 등을 구비하여야 한다.

2. 법 제24조제2항제2호의 자가품질위탁검사기관으로 지정받으려는 자가 갖추어야 할 식품위생검사시설, 검사원 등의 기준
    가. 검사실의 면적: 면적의 합계는 250제곱미터 이상이어야 하고, 교차오염 방지를 위하여 일반

실험실, 전처리실, 기기분석실, 미생물검사실 등으로 각각 분리되어야 한다.
나. 검사설비, 기계 및 기구: 고압멸균기, 냉동고, 무균작업대 등의 검사설비를 식품의약품안전청장이 정하여 고시하는 규격 및 수량에 적합하게 구비하여야 한다.
다. 검사원: 「고등교육법」에 따른 대학, 대학원 또는 전문대학에서 식품가공학, 식품공학 등 식품 등의 검사와 관련이 있는 위생 분야의 학과 또는 학부를 이수하여 졸업한 사람 또는 동등 이상의 자격이 있는 사람이어야 한다.

3. 그 밖에 검사기관별 검사설비의 상세 규격·수량, 검사항목별 기준 등 식품위생검사기관 지정·평가 등과 관련한 세부사항은 식품의약품안전청장이 정하는 바에 따른다.

[별표 10] 식품위생검사기관 업무정지 등 처분기준(제27조 관련)

Ⅰ. 일반기준
1. 위반행위가 둘 이상인 경우에는 그 중 가장 무거운 처분기준을 적용하며, 처분기준이 모두 검사업무정지인 경우에는 6개월의 범위 내에서 무거운 처분기준에 나머지 처분기준의 2분의 1을 더하여 처분하되, 각 위반행위별 처분기준을 모두 합산한 기간을 초과할 수 없다.
2. 검사와 관련한 위반사항이 검사결과에 중대한 영향을 미치지 아니하거나 단순착오로 판단되는 경우로서 그 처분기준이 검사업무정지에 해당하는 경우에는 정지처분기간의 2분의 1 이하의 범위에서, 지정취소에 해당하는 경우에는 검사업무정지 3개월 이상의 범위에서 각각 경감할 수 있다.
3. 위반행위의 차수에 따른 처분기준은 최근 3년간 같은 위반행위로 처분을 받은 경우에 적용하며 기준적용일은 위반사항에 대한 행정처분일과 그 처분 후의 재적발일을 기준으로 한다. 다만, 위반행위에 대하여 행정처분을 하기 위한 절차가 진행되는 기간 중에 반복하여 동일 사항을 위반하는 때에는 그 위반횟수마다 행정처분기준의 2분의 1씩을 더하여 처분한다.
4. 4차 위반의 경우에는 지정취소 처분을 한다.

Ⅱ. 위반사항별 세부처분기준

구분	근거법령	처분기준		
		1차 위반	2차 위반	3차 위반
1. 거짓이나 그 밖의 부정한 방법으로 지정을 받은 경우	법 제27조 제1호	지정취소		
2. 고의 또는 중대한 과실로 거짓의 식품위생검사에 관한 성적서를 발급한 경우	법 제27조 제2호	지정취소		
3. 식품위생검사 업무정지 처분기간 중에 식품위생검사업무를 행하는 경우	법 제27조 제3호	지정취소		
4. 검사업무에 관한 규정을 위반하여 검사를 한 경우로서	법 제27조 제4호			
가. 별표 11 제1호, 제5호를 위반한 경우 또는 제10호 라목·마목·바목 또는 사목에 해당한 경우		검사업무 정지 15일	검사업무 정지 1개월	검사업무 정지 3개월
나. 별표 11 제2호 또는 제9호를 위반한 경우		검사업무 정지 1개월	검사업무 정지 3개월	지정 취소
다. 별표 11 제3호를 위반한 경우로서				
1) 검사일지 또는 기록서를 작성하지 아니하였거나 기록된검사일지 또는 기록서를 최종기재일부터 3년간 보관하지 아니한 경우		검사업무 정지 1개월	검사업무 정지 3개월	지정 취소
2) 검사일지에 시험·검사일시를 기재하지 아니한 경우		시정 명령	검사업무 정지 7일	검사업무 정지 15일
3) 검사일지에 검체사용량, 시험·검사방법 및 표준물질의 사용내역을 기재하지 아니한 경우		검사업무 정지 7일	검사업무 정지 15일	검사업무 정지 1개월
라. 별표 11 제4호·제8호·제12호·제13호 또는 제14호를 위반한 경우나 같은 표 제10호 카목에 해당한 경우		시정명령	검사업무 정지 7일	검사업무 정지 15일
마. 별표 11 제7호, 제10호 아목 또는 제11호를 위반한 경우		검사업무 정지 7일	검사업무 정지 15일	검사업무 정지 1개월
바. 별표 11 제6호를 위반한 경우로서 위반사항이				
1) 3개 이상인 경우		검사업무 정지 7일	검사업무 정지 15일	검사업무 정지 1개월
2) 3개 미만인 경우		시정 명령	검사업무 정지 7일	검사업무 정지 15일
사. 별표 11 제10호 나목·자목 또는 차목에 해당한 경우		검사업무 정지	검사업무 정지	지정 취소

[별표 11] 식품위생검사기관의 검사업무에 관한 규정(제28조 관련)

1. 식품위생검사기관은 지정받은 검사업무의 범위 안에서 검사하여야 한다.
2. 식품위생검사기관은 제24조에 따라 식품의약품안전청장이 정하는 기준에 적합한 검사기계·기구류, 검사실, 검사설비와 검사원을 갖추고 검사하여야 한다.
3. 식품위생검사기관은 검사 결과를 확인할 수 있도록 검사의 절차·방법 및 판정 등의 내용이 기록된 검사일지(시험·검사일시, 검체사용량, 시험·검사방법 및 표준물질의 사용내역을 기재한 것을 포함한다) 또는 기록서(분석기기 출력물 자료)를 작성하여 이를 최종 기재일부터 3년간 보관하여야 한다.
4. 식품위생검사기관은 제25조에 따른 변경신고를 해당 사항 변경일로부터 1개월 이내에 하여야 한다.
5. 식품위생검사기관은 법 제7조 및 법 제9조, 「건강기능식품에 관한 법률」제14조에서 정한 기준 및 규격 등에 따른 규정 또는 식품의약품안전청장이 정한 검사방법 등에 따라 검사를 하되, 검사결과의 신뢰성·정확성을 확보할 수 있는 범위 안에서 식품의약품안전청장이 인정하는 경우에는 다른 시험방법으로 검사할 수 있다.
6. 식품위생검사기관이 발급하는 검사성적서는 다음 사항이 포함되어야 한다.
    - 가. 의뢰인 성명, 업소명 및 소재지
    - 나. 제품명 및 식품유형
    - 다. 제조일 또는 유통기한(또는 품질유지기한)
    - 라. 접수번호 및 발급번호
    - 마. 접수연월일 및 검사완료일
    - 바. 검사목적
    - 사. 검사항목 및 결과
    - 아. 검사성적서 발급일
    - 자. 식품위생검사기관의 명칭 및 검사원의 성명
7. 식품위생검사기관은 법 제31조에 따라 자가품질검사를 실시하여야 하는 자가 해당 식품 등의 기준 및 규격에 관한 규격항목 중 일부항목에 대하여 검사 의뢰를 한 경우에도 그 항목에 대하여 검사하고 검사성적서를 발급하여야 한다.
8. 식품위생검사기관은 제24조제2항제1호에 따른 제품 종류별 검사기간을 준수 하여야 한다.
9. 식품위생검사기관은 식품 등의 재검사를 함에 있어 법 제23조에 따라 재검사를 실시하여야 한다.

10. 식품위생검사기관은 식품 등의 검사와 관련하여 다음과 같은 행위 등을 하여서는 아니 된다.
    가. 검사성적서를 허위로 발급하는 행위
        1) 검사관련 기록을 위·변조하여 검사성적서를 발급하는 행위
        2) 의뢰받은 검사물체를 검사하지 아니하고 검사성적서를 발급하는 행위
        3) 의뢰받은 검사물체가 아닌 다른 검사물체의 검사결과를 인용하여 검사성적서를 발급하는 행위
        4) 의뢰된 검사물체의 결과판정을 실제 검사결과와 다르게 판정하는 행위
    나. 검사 대상식품에 적정한 표준물질을 사용하지 아니하고 검사하는 행위
    다. 다른 검체의 시험결과를 인용하는 행위
    라. 미생물시험시 배양시간을 단축하여 실험하고 그 결과를 근거로 판정하는 행위
    마. 검사결과 검출된 성분에 대한 확인시험이 필요함에도 불구하고 이를 실시하지 아니한 행위
    바. 공시험(Blank test)이 필요함에도 불구하고 이를 실시하지 아니한 행위
    사. 유효기간이 경과된 표준물질을 사용한 행위
    아. 판정이 모호한 측정치(Peak)에 대하여 확인검사를 실시하지 아니한 행위
    자. 검사의뢰자가 의뢰한 검사항목이나 식품 등의 기준·규격을 검사함에 있어 그 검사항목을 빠뜨리거나 다른 검사항목을 적용하여 판정하는 행위
    차. 검체보관 기간을 위반하였거나 검사과정에서 검체를 바꾸어 검사하여 검사성적서를 발급하는 행위
    카. 그 밖에 제24조제1항제4호에 따른 검사업무의 처리 등에 관한 규정을 위반하는 행위

11. 법 제31조제2항에 따라 검사를 의뢰받은 자가품질위탁검사기관은 지체 없이 그 검사결과를 검사를 의뢰한 자에게 통보하여야 하며, 검사결과 부적합하여 해당 제품이 법 제45조제1항에 따른 회수 대상이 되는 식품 등에 해당된다고 인정되는 경우에는 지체 없이 식품의약품안전청장과 허가 또는 신고관청에 통보하여야 한다.
12. 식품위생검사기관은 제23조제3항에 따른 검사능력 관리 기준에 미흡한 사항에 대하여 개선조치를 이행하여야 한다.
13. 식품위생검사기관은 제24조제2항제3호에 따라 신고한 검사수수료를 준수하여야 한다.
14. 식품위생검사기관의 대표자 및 검사원은 제30조제3항에 따른 식품위생검사 방법 등에 관한 교육을 받아야 한다.

[별표 12] 자가품질검사기준(제31조제1항 관련)

1. 식품 등에 대한 자가품질검사는 판매를 목적으로 제조·가공하는 품목별로 실시하여야 한다. 다만, 식품공전에서 정한 동일한 검사항목을 적용받은 품목을 제조·가공하는 경우에는 식품유형별로 이를 실시할 수 있다.

2. 기구 및 용기·포장의 경우 동일한 재질의 제품으로 크기나 형태가 다를 경우에는 재질별로 자가품질검사를 실시할 수 있다.
3. 자가품질검사주기의 적용시점은 제품제조일을 기준으로 산정한다.
4. 자가품질검사는 식품의약품안전청장이 정하여 고시하는 식품유형별 검사항목을 검사한다. 다만, 식품제조·가공 과정 중 특정 식품첨가물을 사용하지 아니한 경우에는 그 항목의 검사를 생략할 수 있다.
5. 영업자가 다른 영업자에게 식품 등을 제조하게 하는 경우에는 식품 등을 제조하게 하는 자 또는 직접 그 식품 등을 제조하는 자가 자가품질검사를 실시하여야 한다.

6. 식품 등의 자가품질검사는 다음의 구분에 따라 실시하여야 한다.
    가. 식품제조·가공업
        1) 과자류(과자, 캔디류 및 츄잉껌만 해당한다), 코코아가공품류, 초콜릿류, 잼류, 설탕, 포도당, 과당, 엿류, 당시럽류, 올리고당류, 다류, 커피, 김치류, 젓갈류, 절임식품, 두부류, 묵류, 산분해간장, 혼합간장, 조림식품, 건포류, 면류, 조미식품(고춧가루, 실고추 및 향신료가공품만 해당한다), 떡류, 만두류, 장류(메주만 해당한다), 기타식품류(캡슐류, 전분, 조미김, 모조치즈, 식물성크림, 추출가공식품, 팝콘용옥수수가공품, 식염 및 밀가루만 해당한다), 규격 외 일반가공식품, 선박에서 통·병조림을 제조하는 경우와 단순가공품(자연산물을 그 원형을 알아볼 수 없도록 분해·절단등의 방법으로 변형시키거나 1차 가공처리한 식품원료를 식품첨가물을 사용하지 아니하고 단순히 서로 혼합만 하여 가공한 제품이거나 이 제품에 식품제조·가공업의 허가를 받아 제조·포장된 조미식품을 포장된 상태 그대로 첨부한 것을 말한다)만을 가공하는 경우: 6개월마다 1회 이상 식품의약품안전청장이 정하여 고시하는 식품유형별 검사항목
        2) 식품제조·가공업자가 자신의 제품을 만들기 위해 수입한 반가공 원료식품 및 용기·포장 : 6개월마다 1회 이상 식품별 기준·규격
        3) 빵류, 식육 또는 알가공품, 음료류(비가열음료는 제외한다), 식용유지류 (들기름만 해당한다): 3개월마다 1회 이상 식품의약품안전청장이 정하여 고시하는 식품유형별 검사항목
        4) 1)부터 3)까지의 규정 외의 식품: 1개월마다 1회 이상 식품의약품안전청장이 정하여 고시하는 식품유형별 검사항목
        5) 보건복지부장관이 식중독 발생위험이 높다고 인정하여 지정·고시한기간에는 1) 및 2)에 해당하는 식품은 1개월마다 1회 이상, 3)에 해당하는 식품은 15일마다 1회 이상, 4)에 해당하는 식품은 1주일마다 1회 이상 실시하여야 한다.
    나. 즉석판매제조·가공업
        빵류(크림을 위에 바르거나 안에 채워 넣은 것만 해당한다), 식육제품, 어육가공품(어묵, 어육소시지 및 그 밖의 어육가공품만 해당한다), 두부류 또는 묵류, 식용유지(압착식용유만 해당한다), 음료류, 추출 가공식품, 아이스크림제품류, 즉석섭취식품(도시락, 김밥류, 햄버거류 및 샌드위치류만 해당한다) 및 순대류 : 6개월마다 1회 이상 식품의약품안전청장이 정하여 고시하는 식품유형별 검사항목

다. 식품첨가물
　　1) 기구 등 살균소독제: 6개월마다 1회 이상 살균소독력
　　2) 1) 외의 식품첨가물: 6개월마다 1회 이상 식품첨가물별 성분에 관한 규격
라. 기구 또는 용기·포장: 동일재질별로 6개월마다 1회 이상 재질별 성분에 관한 규격

[별표 13] 소비자 위생점검 표시 및 광고 방법(제35조제3항 관련)

1. 표시기준
　가. 도안모형
　　소비자위생점검 합격
　나. 도안요령
　　1) 심볼마크 상단의 태극문양 색상은 노란색(Magneta 30 + Yellow 83)으로 하고, 심볼마크의 하단 밥그릇 색상은 회색(Black20)으로 한다.
　　2) 바탕색의 색상은 흰색(Cyan 0 + Magneta 0 + Yellow 0 + Black 0)으로 하고 하단의 "소비자 위생점검 합격"글씨는 검정색(black100)으로 하며, 슬로건은 Black 30으로 한다.
　　3) 문자의 활자체는 HY태백B로 하며 슬로건은 서울들국화로 한다.
2. 표시방법
　가. 도안의 크기는 용도 및 포장재의 크기에 따라 동일배율로 조정한다.
　나. 도안은 알아보기 쉽도록 인쇄 또는 각인 등의 방법으로 표시하여야 한다.
3. 광고방법
　가. 소비자 위생점검 합격사실을 광고하는 경우에는 사실과 다름이 없어야 한다.
　나. 「신문 등의 자유와 기능보장에 관한 법률」 제12조제1항에 따라 등록한 전국을 보급지역으로 하는 1개 이상의 일반신문에 게재할 수 있다.
　다. 식품의약품안전청이나 관할 특별자치도·시·군·구청의 인터넷 홈페이지에 게재하도록 요청할 수 있다.

[별표 14] 업종별시설기준(제36조 관련)

1. 식품제조·가공업의 시설기준
　가. 식품의 제조시설과 원료 및 제품의 보관시설 등이 설비된 건축물(이하 "건물"이라 한다)의 위치 등
　　1) 건물의 위치는 축산폐수·화학물질, 그 밖에 오염물질의 발생시설로부터 식품에 나쁜 영향을 주지 아니하는 거리를 두어야 한다.
　　2) 건물의 구조는 제조하려는 식품의 특성에 따라 적정한 온도가 유지될 수 있고, 환기가 잘 될 수 있어야 한다.
　　3) 건물의 자재는 식품에 나쁜 영향을 주지 아니하고 식품을 오염시키지 아니하는 것이어야 한다.

나. 작업장
  1) 작업장은 독립된 건물이거나 식품제조·가공 외의 용도로 사용되는 시설과 분리(별도의 방을 분리함에 있어 벽이나 층 등으로 구분하는 경우를 말한다. 이하 같다)되어야 한다.
  2) 작업장은 원료처리실·제조가공실·포장실 및 그 밖에 식품의 제조·가공에 필요한 작업실을 말하며, 각각의 시설은 분리 또는 구획(칸막이·커튼 등으로 구분하는 경우를 말한다. 이하 같다)되어야 한다. 다만, 제조공정의 자동화 또는 시설·제품의 특수성으로 인하여 분리 또는 구획할 필요가 없다고 인정되는 경우로서 각각의 시설이 서로 구분(선·줄 등으로 구분하는 경우를 말한다. 이하 같다)될 수 있는 경우에는 그러하지 아니하다.
  3) 작업장의 바닥·내벽 및 천장은 다음과 같은 구조로 설비되어야 한다.
      가) 바닥은 콘크리트 등으로 내수처리를 하여야 하며, 배수가 잘 되도록 하여야 한다.
      나) 내벽은 바닥으로부터 1.5미터까지 밝은 색의 내수성으로 설비하거나 세균방지용 페인트로 도색하여야 한다.
  4) 작업장 안에서 발생하는 악취·유해가스·매연·증기 등을 환기시키기에 충분한 환기시설을 갖추어야 한다.
  5) 작업장에는 쥐·바퀴 등 해충이 들어오지 못하도록 하여야 한다.
다. 식품취급시설 등
  1) 식품을 제조·가공하는데 필요한 기계·기구류 등 식품취급시설은 식품의 특성에 따라 식품 등의 기준 및 규격에서 정하고 있는 제조·가공기준에 적합한 것이어야 한다.
  2) 식품취급시설 중 식품과 직접 접촉하는 부분은 위생적인 내수성재질[스테인레스·알루미늄·에프알피(FRP)·테프론 등 물을 흡수하지 아니하는 것을 말한다. 이하 같다]로서 씻기 쉬우며, 열탕·증기·살균제 등으로 소독·살균이 가능한 것이어야 한다.
  3) 냉동·냉장시설 및 가열처리시설에는 온도계 또는 온도를 측정할 수 있는 계기를 설치하여야 한다.
라. 급수시설
  1) 수돗물이나 「먹는물관리법」 제5조에 따른 먹는 물의 수질기준에 적합한 지하수 등을 공급할 수 있는 시설을 갖추어야 한다.
  2) 지하수 등을 사용하는 경우 취수원은 화장실·폐기물처리시설·동물사육장, 그 밖에 지하수가 오염될 우려가 있는 장소로부터 20미터 이상 떨어진 곳에 위치하여야 한다.
마. 화장실
  1) 작업장에 영향을 미치지 아니하는 곳에 정화조를 갖춘 수세식화장실을 설치하여야 한다. 다만, 인근에 사용하기 편리한 화장실이 있는 경우에는 화장실을 따로 설치하지 아니할 수 있다.
  2) 화장실은 콘크리트 등으로 내수처리를 하여야 하고, 바닥과 내벽(바닥으로부터 1.5미터까지)에는 타일을 붙이거나 방수페인트로 색칠하여야 한다.
바. 창고 등의 시설
  1) 원료와 제품을 위생적으로 보관·관리할 수 있는 창고를 갖추어야 한다. 다만, 창고에 갈음할 수 있는 냉동·냉장시설을 따로 갖춘 업소에서는 이를 설치하지 아니할 수 있다.
  2) 창고의 바닥에는 양탄자를 설치하여서는 아니 된다.

사. 검사실
　1) 식품 등의 기준 및 규격을 검사할 수 있는 검사실을 갖추어야 한다. 다만, 다음 각 호의 어느 하나에 해당하는 경우에는 이를 갖추지 아니할 수 있다.
　　가) 법 제31조제2항에 따라 식품위생검사기관 등에 위탁하여 자가품질검사를 하려는 경우
　　나) 같은 영업자가 다른 장소에 영업신고한 같은 업종의 영업소에 검사실을 갖추고 그 검사실에서 법 제31조제1항에 따른 자가품질검사를 하려는 경우
　　다) 같은 영업자가 설립한 식품 관련 연구·검사기관에서 자사 제품에 대하여 법 제31조제1항에 따른 자가품질검사를 하려는 경우
　2) 검사실을 갖추는 경우에는 자가품질검사에 필요한 기계·기구 및 시약류를 갖추어야 한다.
아. 시설기준 적용의 특례
　1) 선박에서 수산물을 제조·가공하는 경우에는 다음의 시설만 설비할 수 있다.
　　가) 작업장
　　작업장에서 발생하는 악취·유해가스·매연·증기 등을 환기시키는 시설을 갖추어야 한다.
　　나) 창고 등의 시설 등
　　냉동·냉장시설을 갖추어야 하며, 바닥에는 양탄자를 설치하여서는 아니 된다.
　　다) 화장실
　　수세식 화장실을 두어야 한다.
　2) 식품제조·가공업자가 제조·가공시설 등이 부족한 경우에는 식품제조·가공업의 영업신고를 한 자에게 위탁하여 식품을 제조·가공할 수 있다.
　3) 하나의 업소가 둘 이상의 업종의 영업을 할 경우 또는 둘 이상의 식품을 제조·가공하고자 할 경우로서 각각의 제품이 전부 또는 일부의 동일한 공정을 거쳐 생산되는 경우에는 그 공정에 사용되는 시설 및 작업장을 함께 쓸 수 있다. 이 경우 「축산물가공처리법」 제22조에 따라 축산물 가공처리업의 허가를 받은 업소, 「먹는물관리법」 제21조에 따라 먹는 샘물제조업의 허가를 받은 업소, 「주세법」 제6조에 따라 주류제조의 면허를 받아 주류를 제조하는 업소 및 「건강기능식품에 관한 법률」 제5조에 따라 건강기능식품제조업의 허가를 받은 업소의 시설 및 작업장도 또한 같다.
　4) 「농어촌발전 특별조치법」 제2조제2호에 따른 농업인등, 「농업·농촌 및 식품산업 기본법」 제3조제4호에 따른 생산자단체 또는 「수산물품질 관리법」 제2조제16호에 따른 생산자단체가 국내산 농산물과 수산물을 주된 원료로 식품을 직접 제조·가공하는 영업에 대하여는 시장·군수·구청장은 그 시설기준을 따로 정할 수 있다.
　5) 의약품제조업과 식품제조·가공업을 함께 허가받거나 신고한 영업자는 식품의약품안전청장이 의약품제조시설에 대하여 의약품이 식품에 전이될 우려가 없어 식품의 제조·가공시설로 적합하다고 인정하여 지정·고시하는 경우에는 해당 시설을 식품제조·가공시설로 이용할 수 있다.

2. 즉석판매제조 · 가공업의 시설기준
　　가. 건물의 위치 등
　　　　1) 독립된 건물이거나 즉석판매제조 · 가공 외의 용도로 사용되는 시설과 분리 또는 구획되어야 한다. 다만, 백화점 등 식품을 전문으로 취급하는 일정장소(식당가 · 식품매장 등을 말한다)에서 즉석판매제조 · 가공업의 영업을 하려는 경우로서 식품위생상 위해발생의 우려가 없다고 인정되는 경우에는 그러하지 아니하다.
　　　　2) 건물의 위치 · 구조 및 자재에 관하여는 1. 식품제조 · 가공업의 시설기준 중 가. 건물의 위치 등의 관련 규정을 준용한다.
　　나. 작업장
　　　　1) 식품을 제조 · 가공할 수 있는 기계 · 기구류 등이 설치된 제조 · 가공실을 두어야 한다.
　　　　2) 제조가공실의 시설 등에 관하여는 1. 식품제조 · 가공업의 시설기준 중 나. 작업장의 관련 규정을 준용한다.
　　다. 식품취급시설 등
　　　　식품취급시설 등에 관하여는 1. 식품제조 · 가공업의 시설기준 중 다. 식품취급시설 등의 관련 규정을 준용한다.
　　라. 급수시설
　　　　급수시설은 1. 식품제조 · 가공업의 시설기준 중 라. 급수시설의 관련 규정을 준용한다. 다만, 인근에 수돗물이나 「먹는물관리법」 제5조에 따른 먹는물 수질기준에 적합한 지하수 등을 공급할 수 있는 시설이 있는 경우에는 이를 설치하지 아니할 수 있다.
　　마. 판매시설
　　　　식품을 위생적으로 유지 · 보관할 수 있는 진열 · 판매시설을 갖추어야 한다.
　　바. 화장실
　　　　1) 화장실을 작업장에 영향을 미치지 아니하는 곳에 설치하여야 한다.
　　　　2) 정화조를 갖춘 수세식 화장실을 설치하여야 한다. 다만, 상 · 하수도가 설치되지 아니한 지역에서는 수세식이 아닌 화장실을 설치할 수 있다.
　　　　3) 2)단서에 따라 수세식이 아닌 화장실을 설치하는 경우에는 변기의 뚜껑과 환기시설을 갖추어야 한다.
　　　　4) 공동화장실이 설치된 건물 안에 있는 업소 및 인근에 사용이 편리한 화장실이 있는 경우에는 따로 설치하지 아니할 수 있다.
　　사. 「재래시장 및 상점가 육성을 위한 특별법」 제2조제1호에 따른 재래시장 또는 「관광진흥법 시행령」 제2조제1항제5호가목에 따른 종합유원시설업의 시설 안에서 이동판매형태의 즉석판매제조 · 가공업을 하려는 경우에는 가목부터 바목까지의 시설기준에도 불구하고 특별자치도지사 · 시장 · 군수 · 구청장이 그 시설기준을 따로 정할 수 있다.
　　아. 「도시와 농어촌 간의 교류촉진에 관한 법률」 제10조에 따라 농어촌체험 · 휴양마을사업자가 지역 농림수산물을 주재료로 이용한 즉석식품을 제조 · 판매 · 가공하는 경우로서 그 시설기준을 따로 정한 때에는 그 시설기준에 따른다.

3. 식품첨가물제조업의 시설기준
　　식품제조 · 가공업의 시설기준을 준용한다. 다만, 건물의 위치 · 구조 및 작업장에 대하여는 신고관청이 위생상 위해발생의 우려가 없다고 인정하는 경우에는 그러하지 아니하다.

4. 식품운반업의 시설기준
   가. 운반시설
      1) 냉동 또는 냉장시설을 갖춘 적재고(積載庫)가 설치된 운반 차량 또는 선박이 있어야 한다. 다만, 어패류에 식용얼음을 넣어 운반하는 경우와 냉동 또는 냉장시설이 필요 없는 식품만을 취급하는 경우에는 그러하지 아니하다.
      2) 냉동 또는 냉장시설로 된 적재고의 내부는 식품 등의 기준 및 규격 중 운반식품의 보존 및 유통기준에 적합한 온도를 유지하여야 하며, 시설외부에서 내부의 온도를 알 수 있도록 온도계를 설치하여야 한다.
      3) 적재고는 혈액 등이 누출되지 아니하고 냄새를 방지할 수 있는 구조이어야 한다.
   나. 세차시설
      세차장은 「수질환경보전법」에 적합하게 전용세차장을 설치하여야 한다. 다만, 동일 영업자가 공동으로 세차장을 설치하거나 타인의 세차장을 사용계약한 경우에는 그러하지 아니하다.
   다. 차고
      식품운반용 차량을 주차시킬 수 있는 전용차고를 두어야 한다. 다만, 타인의 차고를 사용계약한 경우에는 그러하지 아니하다.
   라. 사무소
      영업활동을 위한 사무소를 두어야 한다. 다만, 영업활동에 지장이 없는 경우에는 다른 사무소를 함께 사용할 수 있다.

5. 식품소분·판매업의 시설기준
   가. 공통시설기준
      1) 작업장 또는 판매장(식품자동판매기영업·유통전문판매업 및 식품 등 수입판매업을 제외한다)
         가) 건물은 독립된 건물이거나 주거장소 또는 식품소분·판매업 외의 용도로 사용되는 시설과 분리 또는 구획되어야 한다. 다만, 「축산물가공처리법 시행령」 제21조제6호가목에 따른 식육판매업소에서 식육제품을 대상으로 즉석판매제조·가공업의 영업을 하려는 작업장 또는 판매장을 공동으로 이용할 수 있다.
         나) 식품소분업의 소분실은 1. 식품제조·가공업의 시설기준 중 나. 작업장의 관련규정을 준용한다.
      2) 급수시설(식품소분업·식품 등수입판매업등 물을 사용하지 아니하는 경우를 제외한다)은 수돗물이나 「먹는물관리법」 제5조에 따른 먹는 물의 수질기준에 적합한 지하수 등을 공급할 수 있는 시설을 갖추어야 한다.
      3) 화장실(식품자동판매기영업을 제외한다)
         가) 화장실은 작업장 및 판매장에 영향을 미치지 아니하는 곳에 설치하여야 한다.
         나) 정화조를 갖춘 수세식 화장실을 설치하여야 한다. 다만, 상·하수도가 설치되지 아니한 지역에서는 수세식이 아닌 화장실을 설치할 수 있다.

다) 나)단서에 따라 수세식이 아닌 화장실을 설치한 경우에는 변기의 뚜껑과 환기시설을 갖추어야 한다.
라) 공동화장실이 설치된 건물 안에 있는 업소 및 인근에 사용이 편리한 화장실이 있는 경우에는 따로 화장실을 설치하지 아니할 수 있다.
 4) 공통시설기준의 적용특례
  지방자치단체 및 농림수산식품부장관이 인정한 생산자단체 등에서 국내산 농·수·축산물의 판매촉진 및 소비홍보 등을 위하여 14일 이내의 기간에 한하여 특정장소에서 농·수·축산물의 판매행위를 하려는 경우에는 공통시설기준에 불구하고 특별자치도지사·시장·군수·구청장(시·도에서 농·수·축산물의 판매행위를 하는 경우에는 시·도지사)이 시설기준을 따로 정할 수 있다.
나. 업종별 시설기준
 1) 식품소분업
  가) 식품 등을 소분·포장할 수 있는 시설을 설치하여야 한다.
  나) 소분·포장하려는 제품과 소분·포장한 제품을 보관할 수 있는 창고를 설치하여야 한다.
 2) 식용얼음판매업
  가) 판매장은 얼음을 저장하는 창고와 취급실이 구획되어야 한다.
  나) 취급실의 바닥은 타일·콘크리트 또는 두꺼운 목판자 등으로 설비하여야 하고, 배수가 잘 되어야 한다.
  다) 판매장의 주변은 배수가 잘 되어야 한다.
  라) 배수로에는 덮개를 설치하여야 한다.
  마) 얼음을 저장하는 창고에는 보기 쉬운 곳에 온도계를 비치하여야 한다.
  바) 소비자에게 배달판매를 하려는 경우에는 위생적인 용기가 있어야 한다.
 3) 식품자동판매기영업
  가) 식품자동판매기(이하 "자판기"라 한다)는 위생적인 장소에 설치하여야 하며, 옥외에 설치하는 경우에는 비·눈·직사광선으로부터 보호되도록 차양시설을 설치하여야 한다.
  나) 더운 물을 필요로 하는 제품의 경우에는 제품의 최종 음용온도가 70℃ 이상(다만, 제품의 최초 음용온도는 68℃ 이상이어야 한다)이 되도록 하여야 하고, 자판기내부에는 살균등(더운 물을 필요로 하는 경우를 제외한다)·정수기 및 온도계가 부착되어야 한다.
  다) 자판기 안의 물탱크는 내부청소가 쉽도록 뚜껑을 설치하고 녹이 슬지 아니하는 재질을 사용하여야 한다.
  라) 다류식품을 취급하는 자판기는 국내산 차(커피를 제외한다. 이하 같다)의 작동기능이 3분의 1 이상이어야 하고, 이 경우 커피는 제품의 명칭에 관계없이 1종으로 본다. 다만, 초등학교 학생용으로 설치하는 자판기는 국내산

차의 작동기능이 2분의 1 이상이어야 한다.
4) 유통전문판매업
　가) 영업활동을 위한 독립된 사무소가 있어야 한다. 다만, 영업활동에 지장이 없는 경우에는 다른 사무소를 함께 사용할 수 있다.
　나) 식품을 위생적으로 보관할 수 있는 창고를 갖추어야 한다. 이 경우 보관창고는 영업신고를 한 영업소의 소재지와 다른 곳에 설치하거나 임차하여 사용할 수 있다.
　다) 영업신고한 사무소와 같은 장소 또는 같은 건물 안에 상시 운영하는 반품·교환품의 보관시설을 두어야 한다.
5) 집단급식소 식품판매업
　가) 사무소
　영업활동을 위한 독립된 사무소가 있어야 한다. 다만, 영업활동에 지장이 없는 경우에는 다른 사무소를 함께 사용할 수 있다.
　나) 작업장
　　(1) 식품을 선별·분류하는 작업은 항상 찬 곳(0~18℃)에서 할 수 있도록 하여야 한다.
　　(2) 작업장은 식품을 위생적으로 보관하거나 선별 등의 작업을 할 수 있도록 독립된 건물이거나 다른 용도로 사용되는 시설과 분리되어야 한다.
　　(3) 작업장 바닥은 콘크리트 등으로 내수처리를 하여야 하고, 물이 고이거나 습기가 차지 아니하게 하여야 한다.
　　(4) 작업장에는 쥐, 바퀴 등 해충이 들어오지 못하게 하여야 한다.
　　(5) 작업장에서 사용하는 칼, 도마 등 조리기구는 육류용과 채소용 등 용도별로 구분하여 그 용도로만 사용하여야 한다.
　다) 창고 등 보관시설
　　(1) 식품 등을 위생적으로 보관할 수 있는 창고를 갖추어야 한다. 이 경우 창고는 영업신고를 한 소재지와 다른 곳에 설치하거나 임차하여 사용할 수 있다.
　　(2) 창고에는 식품 등의 기준 및 규격에서 정하고 있는 보존 및 유통기준에 적합한 온도(냉장 5℃ 이하, 냉동 -18℃ 이하)에서 보관할 수 있도록 냉장시설 및 냉동시설을 갖추어야 한다. 다만, 창고에서 냉장처리나 냉동처리가 필요하지 아니한 식품을 처리하는 경우에는 냉장시설 또는 냉동시설을 갖추지 아니하여도 된다.
　　(3) 서로 오염원이 될 수 있는 식품을 보관·운반하는 경우 구분하여 보관·운반하여야 한다.
　라) 운반차량
　　(1) 식품을 위생적으로 운반하기 위하여 냉동시설이나 냉장시설을 갖춘 적

재고가 설치된 운반차량을 1대 이상 갖추어야 한다. 다만, 법 제37조에 따라 허가 또는 신고한 영업자와 계약을 체결하여 냉동 또는 냉장시설을 갖춘 운반차량을 이용하는 경우에는 운반차량을 갖추지 아니하여도 된다.
                (2) (1)의 규정에도 불구하고 냉동 또는 냉장시설이 필요 없는 식품만을 취급하는 경우에는 운반차량에 냉동시설이나 냉장시설을 갖춘 적재고를 설치하지 아니하여도 된다.
        6) 식품 등 수입판매업
            가) 영업활동을 위한 독립된 사무소가 있어야 한다. 다만, 영업활동에 지장이 없는 경우에는 다른 사무소를 함께 사용할 수 있다.
            나) 식품 등을 위생적으로 보관할 수 있는 창고를 갖추어야 한다. 이 경우 보관창고는 영업신고를 한 소재지와 다른 곳에 설치하거나 임차하여 사용할 수 있다.
            다) 나)의 규정에도 불구하고 식품 등을 직접 소비자에게 판매하지 아니하는 경우에는 별도의 보관창고를 설치하지 아니할 수 있다.
        7) 기타식품판매업
            가) 냉동시설 또는 냉장고·진열대 및 판매대를 설치하여야 한다.
            나) 식품을 검사할 수 있는 검사실과 검사에 필요한 기계·기구를 설치할 수 있다.

6. 식품보존업의 시설기준
    가. 식품조사처리업
        원자력관계법령에서 정한 시설기준에 적합하여야 한다.
    나. 식품냉동·냉장업
        1) 작업장은 독립된 건물이거나 다른 용도로 사용되는 시설과 분리되어야 한다.
        2) 작업장에는 적하실(積下室)·냉동예비실·냉동실 및 냉장실이 있어야 하고, 각각의 시설은 분리 또는 구획되어야 한다. 다만, 냉동을 하지 아니할 경우에는 냉동예비실과 냉동실을 두지 아니할 수 있다.
        3) 작업장의 바닥은 콘크리트 등으로 내수처리를 하여야 하고, 물이 고이거나 습기가 차지 아니하도록 하여야 한다.
        4) 냉동예비실·냉동실 및 냉장실에는 보기 쉬운 곳에 온도계를 비치하여야 한다.
        5) 작업장에는 작업장 안에서 발생하는 악취·유해가스·매연·증기 등을 배출시키기 위한 환기시설을 갖추어야 한다.
        6) 작업장에는 쥐·바퀴 등 해충이 들어오지 못하도록 하여야 한다.
        7) 상호오염원이 될 수 있는 식품을 보관하는 경우에는 서로 구별할 수 있도록 하여야 한다.
        8) 작업장 안에서 사용하는 기구 및 용기·포장 중 식품에 직접 접촉하는 부분은 씻기 쉬우며, 살균소독이 가능한 것이어야 한다.

9) 수돗물이나 「먹는물관리법」 제5조에 따른 먹는 물의 수질기준에 적합한 지하수 등을 공급할 수 있는 시설을 갖추어야 한다.
10) 화장실을 설치하여야 하며, 화장실의 시설은 2. 즉석판매제조·가공업의 시설기준 중 바. 화장실의 관련규정을 준용한다.

7. 용기·포장류 제조업의 시설기준

식품제조·가공업의 시설기준을 준용한다. 다만, 신고관청이 위생상 위해발생의 우려가 없다고 인정하는 경우에는 그러하지 아니하다.

8. 식품접객업의 시설기준
　가. 공통시설기준
　　1) 영업장
　　　가) 독립된 건물이거나 식품접객업의 영업허가 또는 영업신고를 한 업종 외의 용도로 사용되는 시설과 분리되어야 한다. 다만, 다음의 어느 하나에 해당하는 경우에는 그러하지 아니하다.
　　　　(1) 일반음식점에서 「축산물가공처리법 시행령」 제21조제6호가목의 식육판매업을 하려는 경우
　　　　(2) 휴게음식점에서 「음악산업진흥에 관한 법률」 제2조제10호에 따른 음반·음악영상물판매업을 하는 경우
　　　　(3) 관할세무서장의 의제 주류판매 면허를 받고 제과점에서 영업을 하는 경우
　　　나) 영업장은 연기·유해가스등의 환기가 잘 되도록 하여야 한다.
　　　다) 음향 및 반주시설을 설치하는 영업자는 「소음·진동규제법」 제21조에 따른 생활소음·진동이 규제기준에 적합한 방음장치 등을 갖추어야 한다.
　　　라) 공연을 하려는 휴게음식점·일반음식점 및 단란주점의 영업자는 무대시설을 영업장 안에 객석과 구분되게 설치하되, 객실 안에 설치하여서는 아니된다.
　　2) 조리장
　　　가) 조리장은 손님이 그 내부를 볼 수 있는 구조로 되어 있어야 한다. 다만, 영 제21조제8호바목에 따른 제과점영업소로서 같은 건물 안에 조리장을 설치하는 경우와 「관광진흥법 시행령」 제2조제1항제2호가목 및 같은 항 제3호마목에 따른 관광호텔업 및 관광공연장업의 조리장의 경우에는 그러하지 아니하다.
　　　나) 조리장 바닥에 배수구가 있는 경우에는 덮개를 설치하여야 한다.
　　　다) 조리장 안에는 취급하는 음식을 위생적으로 조리하기 위하여 필요한 조리시설·세척시설·폐기물용기 및 손 씻는 시설을 각각 설치하여야 하고, 폐기물용기는 오물·악취 등이 누출되지 아니하도록 뚜껑이 있고 내수성 재질

로 된 것이어야 한다.
라) 1명의 영업자가 하나의 조리장을 둘 이상의 영업에 공동으로 사용할 수 있는 경우는 다음과 같다.
    (1) 같은 건물 안의 같은 통로를 출입구로 사용하여 휴게음식점·제과점 영업 및 일반음식점영업을 하려는 경우
    (2) 「관광진흥법 시행령」에 따른 전문휴양업, 종합휴양업 및 유원시설업 시설 안의 같은 장소에서 휴게음식점·제과점영업 또는 일반음식점 영업 중 둘 이상의 영업을 하려는 경우
    (3) 일반음식점 영업자가 일반음식점의 영업장과 직접 접한 장소에서 도시락류를 제조하는 즉석판매제조·가공업을 하려는 경우
    (4) 제과점 영업자가 식품제조·가공업의 제과·제빵류 품목을 제조·가공하려는 경우
    (5) 제과점영업자가 기존 제과점의 영업신고관청과 같은 관할 구역에서 5킬로미터 이내에 둘 이상의 제과점을 운영하려는 경우
마) 조리장에는 주방용 식기류를 소독하기 위한 자외선 또는 전기살균소독기를 설치하거나 열탕세척소독시설(식중독을 일으키는 병원성 미생물 등이 살균될 수 있는 시설이어야 한다. 이하 같다)을 갖추어야 한다.
바) 충분한 환기를 시킬 수 있는 시설을 갖추어야 한다. 다만, 자연적으로 통풍이 가능한 구조의 경우에는 그러하지 아니하다.
사) 식품 등의 기준 및 규격 중 식품별 보존 및 유통기준에 적합한 온도가 유지될 수 있는 냉장시설 또는 냉동시설을 갖추어야 한다.

3) 급수시설
가) 수돗물이나 「먹는물관리법」 제5조에 따른 먹는 물의 수질기준에 적합한 지하수 등을 공급할 수 있는 시설을 갖추어야 한다.
나) 지하수를 사용하는 경우 취수원은 화장실·폐기물처리시설·동물사육장, 그 밖에 지하수가 오염될 우려가 있는 장소로부터 영향을 받지 아니하는 곳에 위치하여야 한다.

4) 화장실
가) 화장실은 콘크리트 등으로 내수처리를 하여야 한다. 다만, 공중화장실이 설치되어 있는 역·터미널·유원지 등에 위치하는 업소, 공동화장실이 설치된 건물 안에 있는 업소 및 인근에 사용하기 편리한 화장실이 있는 경우에는 따로 화장실을 설치하지 아니할 수 있다.
나) 화장실은 조리장에 영향을 미치지 아니하는 장소에 설치하여야 한다.
다) 정화조를 갖춘 수세식 화장실을 설치하여야 한다. 다만, 상·하수도가 설치되지 아니한 지역에서는 수세식이 아닌 화장실을 설치할 수 있다.
라) 다)단서에 따라 수세식이 아닌 화장실을 설치하는 경우에는 변기의 뚜껑과

환기시설을 갖추어야 한다.
마) 화장실에는 손을 씻는 시설을 갖추어야 한다.
5) 공통시설기준의 적용특례
가) 공통시설기준에도 불구하고 다음의 경우에는 특별자치도지사·시장·군수·구청장(시·도에서 음식물의 조리·판매행위를 하는 경우에는 시·도지사)이 시설기준을 따로 정할 수 있다.
(1) 「재래시장 및 상점가 육성을 위한 특별법」 제2조제1호에 따른 재래시장에서 음식점영업을 하는 경우
(2) 해수욕장 등에서 계절적으로 음식점영업을 하는 경우
(3) 고속도로·자동차전용도로·공원·유원시설 등의 휴게장소에서 영업을 하는 경우
(4) 건설공사현장에서 영업을 하는 경우
(5) 지방자치단체 및 농림수산식품부장관이 인정한 생산자단체등에서 국내산 농·수·축산물의 판매촉진 및 소비홍보 등을 위하여 14일 이내의 기간에 한하여 특정장소에서 음식물의 조리·판매행위를 하려는 경우
나) 「도시와 농어촌 간의 교류촉진에 관한 법률」 제10조에 따라 농어촌체험·휴양마을사업자가 농어촌체험·휴양프로그램에 부수하여 음식을 제공하는 경우로서 그 영업시설기준을 따로 정한 경우에는 그 시설기준에 따른다.
다) 백화점, 슈퍼마켓 등에서 휴게음식점영업 또는 제과점영업을 하려는 경우와 음식물을 전문으로 조리하여 판매하는 백화점 등의 일정장소(식당가를 말한다)에서 휴게음식점영업·일반음식점영업 또는 제과점영업을 하려는 경우로서 위생상 위해발생의 우려가 없다고 인정되는 경우에는 각 영업소와 영업소 사이를 분리 또는 구획하는 별도의 차단벽이나 칸막이 등을 설치하지 아니할 수 있다.
라) 「관광진흥법」 제70조에 따라 시·도지사가 지정한 관광특구에서 휴게음식점영업, 일반음식점영업 또는 제과점영업을 하는 경우에는 영업장신고면적에 포함되어 있지 아니한 옥외시설에서 2009년 7월 1일부터 2011년 6월 30일까지는 해당 영업별 식품을 제공할 수 있다. 이 경우 옥외시설의 기준에 관한 사항은 시장·군수 또는 구청장이 따로 정하여야 한다.
마) 「관광진흥법 시행령」 제2조제2호가목의 관광호텔업을 영위하는 장소안에서 휴게음식점영업, 일반음식점영업 또는 제과점영업을 하는 경우에는 공통시설기준에도 불구하고 시장·군수 또는 구청장이 시설기준 등을 따로 정하여 영업장 신고면적 외 옥외 등에서 음식을 제공할 수 있다.
나. 업종별시설기준
1) 휴게음식점영업·일반음식점영업 및 제과점영업
가) 일반음식점에 객실을 설치하는 경우 객실에는 잠금장치를 설치할 수 없다.
나) 휴게음식점 또는 제과점에는 객실을 둘 수 없으며, 객석을 설치하는 경우

객석에는 높이 1.5미터 미만의 칸막이(이동식 또는 고정식)를 설치할 수 있다. 이 경우 2면 이상을 완전히 차단하지 아니하여야 하고, 다른 객석에서 내부가 서로 보이도록 하여야 한다.

다) 기차·자동차·선박 또는 수상구조물로 된 유선장(遊船場)·도선장(渡船場) 또는 수상레저사업장을 이용하는 경우 다음 시설을 갖추어야 한다.
　(1) 1일의 영업시간에 사용할 수 있는 충분한 양의 물을 저장할 수 있는 내구성이 있는 식수탱크
　(2) 1일의 영업시간에 발생할 수 있는 음식물 찌꺼기 등을 처리하기에 충분한 크기의 오물통 및 폐수탱크
　(3) 음식물의 재료(원료)를 위생적으로 보관할 수 있는 시설

라) 소방시설 설치유지 및 안전관리에 관한 법령이 정하는 소방·방화시설을 갖추어야 한다.

마) 휴게음식점·일반음식점 또는 제과점의 영업장에는 손님이 이용할 수 있는 자막용 영상장치 또는 자동반주장치를 설치하여서는 아니 된다. 다만, 연회석을 보유한 일반음식점에서 회갑연, 칠순연 등 가정의 의례로서 행하는 경우에는 그러하지 아니하다.

바) 일반음식점의 객실 안에는 무대장치, 음향 및 반주시설, 우주볼 등의 특수조명시설을 설치하여서는 아니 된다.

사) 영업장의 넓이가 150제곱미터 이상인 휴게음식점영업소, 일반음식점영업소 및 제과점영업소는 「국민건강증진법」 제9조제4항에 따라 해당 영업장 전체를 금연구역으로 지정하거나 영업장 면적의 2분의 1 이상을 금연구역으로 지정하여야 하되, 금연구역의 표시 및 시설기준은 「국민건강증진법 시행규칙」 별표 3에 따른다.

2) 단란주점영업
　가) 영업장 안에 객실이나 칸막이를 설치하려는 경우에는 다음 기준에 적합하여야 한다.
　　(1) 객실을 설치하는 경우 주된 객장의 중앙에서 객실 내부가 전체적으로 보일 수 있도록 설비하여야 하며, 통로형태 또는 복도형태로 설비하여서는 아니 된다.
　　(2) 객실로 설치할 수 있는 면적은 객석면적의 2분의 1을 초과할 수 없다.
　　(3) 주된 객장 안에서는 높이 1.5미터 미만의 칸막이(이동식 또는 고정식)를 설치할 수 있다. 이 경우 2면 이상을 완전히 차단하지 아니하여야 하고, 다른 객석에서 내부가 서로 보이도록 하여야 한다.
　나) 객실에는 잠금장치를 설치할 수 없다.
　다) 소방시설 설치유지 및 안전관리에 관한 법령이 정하는 소방·방화시설등을 갖추어야 한다.

3) 유흥주점영업
   가) 객실에는 잠금장치를 설치할 수 없다.
   나) 소방시설 설치유지 및 안전관리에 관한 법령이 정하는 소방·방화시설 등을 갖추어야 한다.

9. 위탁급식영업의 시설기준
   가) 사무소
      영업활동을 위한 독립된 사무소가 있어야 한다. 다만, 영업활동에 지장이 없는 경우에는 다른 사무소를 함께 사용할 수 있다.
   나) 창고 등 보관시설
      (1) 식품 등을 위생적으로 보관할 수 있는 창고를 갖추어야 한다. 이 경우 창고는 영업신고를 한 소재지와 다른 곳에 설치하거나 임차하여 사용할 수 있다.
      (2) 창고에는 식품 등을 법 제7조제1항에 따른 식품 등의 기준 및 규격에서 정하고 있는 보존 및 유통기준에 적합한 온도에서 보관할 수 있도록 냉장·냉동시설을 갖추어야 한다.
   다) 운반시설
      (1) 식품을 위생적으로 운반하기 위하여 냉동시설이나 냉장시설을 갖춘 적재고가 설치된 운반차량을 1대 이상 갖추어야 한다. 다만, 법 제37조에 따라 허가 또는 신고한 영업자와 계약을 체결하여 냉동 또는 냉장시설을 갖춘 운반차량을 이용하는 경우에는 운반차량을 갖추지 아니하여도 된다.
      (2) (1)의 규정에도 불구하고 냉동 또는 냉장시설이 필요 없는 식품만을 취급하는 경우에는 운반차량에 냉동시설이나 냉장시설을 갖춘 적재고를 설치하지 아니하여도 된다.
   라) 식재료 처리시설
      식품첨가물이나 다른 원료를 사용하지 아니하고 농·임·수산물을 단순히 자르거나 껍질을 벗기거나 말리거나 소금에 절이거나 숙성하거나 가열(살균의 목적 또는 성분의 현격한 변화를 유발하기 위한 목적의 경우를 제외한다) 하는 등의 가공과정 중 위생상 위해발생의 우려가 없고 식품의 상태를 관능검사로 확인할 수 있도록 가공하는 경우 그 재료처리시설의 기준은 제1호 나목부터 마목까지의 규정을 준용한다.

[별표 15] 즉석판매제조·가공 대상 식품(제37조 관련)

다음 표의 식품을 제외한 식품을 즉석판매제조·가공 대상 식품으로 한다.

식품군	식품의 유형
가. 장기보존식품	1) 통·병조림식품 2) 냉동식품
나. 설탕	모든 품목
다. 포도당	모든 품목
라. 과당	모든 품목
마. 올리고당	모든 품목
바. 어육가공품	연육
사. 식용 유지	모든 품목(압착 식용유는 제외한다)
아. 커피	인스턴트 커피
자. 특수용도식품	모든 품목
차. 드레싱(dressing)	모든 품목
카. 주류	모든 품목
타. 기타 식품류	캡슐(capsule)류

[별표 16] 식품 및 식품첨가물 제조·가공영업자 및 종업원의 준수사항(제55조 관련)

1. 생산 및 작업기록에 관한 서류와 원료의 입고·출고·사용에 대한 원료수불 관계서류를 작성하여야 하고, 최종 기재일부터 3년간 보관하여야 한다.
2. 식품제조·가공영업자는 제품의 거래기록을 작성하여야 하고, 최종 기재일부터 3년간 보관하여야 한다.
3. 유통기한이 경과된 제품은 판매목적으로 진열·판매(대리점 또는 직접 진열·판매하는 경우만 해당한다)하거나 이를 식품 등의 제조·가공에 사용하지 아니하여야 한다.
4. 식품을 텔레비전·인쇄물 등으로 광고하는 경우에는 제품명 및 업소명을 포함하여야 하고, 유통기한을 확인하여 제품을 구입하도록 권장하는 내용을 포함시켜야 한다. 다만, 유통기한과 제조연월일이 따로 표시되지 아니한 제품에 대한 광고의 경우에는 그러하지 아니하다.
5. 식품제조·가공영업자는 장난감 등을 식품과 함께 포장하여 판매하는 경우 장난감 등이 식품의 보관·섭취에 사용되는 경우를 제외하고는 식품과 구분하여 별도로 포장하여야 한다. 이 경우 장난감 등은 「품질경영 및 공산품안전관리법」 제14조제3항에 따른 제품검사의 안전기준에 적합한 것이어야 한다.

6. 식품제조·가공업자는 별표 14 제1호아목2)에 따라 식품제조·가공업의 영업신고를 한 자에게 위탁하여 식품을 제조·가공하는 경우에는 위탁한 그 제조·가공업자에 대하여 식품의약품안전청장이 정하는 절차와 방법에 따라 분기별 1회 이상 위생관리상태 등을 점검하여야 한다.
7. 식품제조·가공영업자 및 식품첨가물제조·가공업자는 이물이 검출되지 아니하도록 필요한 조치를 하여야 하고 소비자로부터 이물 검출 등 불만사례 등을 신고 받은 경우 그 내용을 기록하여 2년간 보관하여야 하며 이 경우 소비자가 제시한 이물 등의 증거품은 6개월간 보관하여야 한다.
8. 식품제조·가공영업자는 「축산물가공처리법」 제12조에 따라 검사를 받지 아니한 축산물 또는 실험 등의 용도로 사용한 동물을 식품의 제조 또는 가공에 사용하여서는 아니 된다.
9. 수돗물이 아닌 지하수 등을 먹는 물 또는 식품의 제조·가공 등에 사용하는 경우에는 「먹는물관리법」 제43조에 따른 먹는 물 수질검사기관에서 1년(음료류 등 마시는 용도의 식품인 경우에는 6개월)마다 「먹는물관리법」 제5조 에 따른 먹는 물의 수질기준에 따라 검사를 받아 마시기에 적합하다고 인정된 물을 사용하여야 한다.
10. 모유대용으로 사용하는 식품, 영·유아의 이유 또는 영양보충의 목적으로 제조·가공한 식품(이하 "이유식등"이라 한다)을 신문·잡지·라디오 또는 텔레비전을 통하여 광고하는 경우에는 조제분유와 동일한 명칭 또는 유사한 명칭을 사용하여 소비자가 혼동할 우려가 있는 광고를 하여서는 아니 된다.
11. 법 제15조제2항에 따라 위해평가가 완료되기 전까지 일시적으로 금지된 제품에 대하여는 이를 제조·가공·유통·판매하여서는 아니 된다.

[별표 17] 식품접객업영업자 등의 준수사항(제57조 관련)

1. 즉석판매제조·가공업자의 준수사항
   가. 제조·가공한 식품을 영업장 외의 장소에서 판매하거나 판매를 목적으로 하는 사람에게 판매하여서는 아니 된다.
   나. 손님이 보기 쉬운 곳에 가격표를 붙여야 하며, 가격표대로 요금을 받아야 한다.
   다. 영업신고증을 업소 안에 보관하여야 한다.
   라. 「축산물가공처리법」 제12조에 따른 검사를 받지 아니한 축산물 또는 실험 등의 용도로 사용한 동물은 식품의 제조·가공에 사용하여서는 아니 된다.
   마. 「야생동·식물보호법」을 위반하여 포획한 야생동물은 이를 식품의 제조·가공에 사용하여서는 아니 된다.
   바. 유통기한이 경과된 제품을 진열·보관하거나 이를 식품의 제조·가공에 사용하여서는 아니 된다.
   사. 수돗물이 아닌 지하수 등을 먹는 물 또는 식품의 조리·세척 등에 사용하는 경우에는 「먹는

물관리법」 제43조에 따른 먹는 물 수질검사기관에서 다음의 검사를 받아 마시기에 적합하다고 인정된 물을 사용하여야 한다. 다만, 둘 이상의 업소가 같은 건물에서 같은 수원(水原)을 사용하는 경우에는 하나의 업소에 대한 시험결과로 해당 업소에 대한 검사에 갈음할 수 있다.
  1) 일부항목 검사: 1년마다(모든 항목 검사를 하는 연도의 경우는 제외한다) 「먹는물 수질기준 및 검사 등에 관한 규칙」 제4조제1항제2호에 따른 마을상수도의 검사기준에 따른 검사(잔류염소검사를 제외한다). 다만, 시·도지사가 오염의 염려가 있다고 판단하여 지정한 지역에서는 같은 규칙 제2조에 따른 먹는 물의 수질기준에 따른 검사를 하여야 한다.
  2) 모든 항목 검사: 2년마다 「먹는물 수질기준 및 검사 등에 관한 규칙」 제2조에 따른 먹는 물의 수질기준에 따른 검사
 아. 법 제15조제2항에 따라 위해평가가 완료되기 전까지 일시적으로 금지된 식품 등을 제조·가공·판매하여서는 아니 된다.

2. 식품소분·판매(식품자동판매기영업 및 집단급식소 식품판매업은 제외한다)·운반업자의 준수사항
 가. 영업자간의 거래에 관하여 식품의 거래기록(전자문서를 포함한다)을 작성하고, 최종 기재일부터 2년 동안 이를 보관하여야 한다. 다만, 식품 등 수입 판매업자는 거래를 한 날부터 7일 이내에 식품의약품안전청의 수입식품 거래 내역 입력 프로그램에 거래내역을 작성하여야 한다.
 나. 영업허가증 또는 신고증을 영업소 안에 보관하여야 한다.
 다. 수돗물이 아닌 지하수 등을 먹는 물 또는 식품의 조리·세척 등에 사용하는 경우에는 「먹는물관리법」 제43조에 따른 먹는 물 수질검사기관에서 다음의 구분에 따라 검사를 받아 마시기에 적합하다고 인정된 물을 사용하여야 한다. 다만, 같은 건물에서 같은 수원을 사용하는 경우에는 하나의 업소에 대한 시험결과로 갈음할 수 있다.
  1) 일부항목 검사: 1년마다(모든 항목 검사를 하는 연도의 경우를 제외한다) 「먹는물 수질기준 및 검사 등에 관한 규칙」 제4조제1항제2호에 따른 마을 상수도의 검사기준에 따른 검사(잔류염소검사를 제외한다). 다만, 시·도지사가 오염의 염려가 있다고 판단하여 지정한 지역에서는 같은 규칙 제2조에 따른 먹는 물의 수질기준에 따른 검사를 하여야 한다.
  2) 모든 항목 검사: 2년마다 「먹는물 수질기준 및 검사 등에 관한 규칙」 제2조에 따른 먹는 물의 수질기준에 따른 검사
 라. 식품판매업자가 식품을 텔레비전·인쇄물 등으로 광고하는 경우에는 제품명·제조업소명 및 판매업소명을 포함하여야 하고, 유통기한을 확인하여 제품을 구입하도록 권장하는 내용을 포함시켜야 한다.
 마. 식품판매업자는 별표 16 제5호를 위반한 식품을 수입하거나 판매하여서는 아니 된다.
 바. 식품 등수입판매업자는 식품 등의 선적서 및 내용명세서(송장)를 그 물품 수입일부터 2년 이상 보관하여야 하고, 소비자로부터 이물 검출 등 불만사례 등을 신고 받은 경우에는 그 내용을 2년간 기록·보관하여야 하며, 소비자가 제시한 이물등 증거품은 6개월간 보관하여야 한다.
 사. 식품운반업자는 운반차량을 이용하여 살아있는 동물을 운반하여서는 아니되며, 운반목적 외에 운반차량을 사용하여서는 아니 된다.

아. 「축산물가공처리법」 제12조에 따라 검사를 받지 아니한 축산물 또는 실험 등의 용도로 사용한 동물은 운반·보관·진열 또는 판매하여서는 아니된다.
자. 유통기한이 경과된 제품을 판매의 목적으로 소분·운반·진열 또는 보관하여서는 아니 되며, 이를 판매하여서는 아니 된다.
차. 식품판매영업자는 즉석판매제조·가공영업자가 제조·가공한 식품을 진열·판매하여서는 아니 된다.
카. 이유식 등을 신문·잡지·라디오 또는 텔레비전을 통하여 광고하는 경우에는 조제분유와 같은 명칭 또는 유사한 명칭을 사용하여 소비자가 혼동할 우려가 있는 광고를 하여서는 아니 된다.
타. 유전자재조합 표시대상에 해당하는 식품을 수입하여 판매하는 경우로서 유전자재조합식품이라는 표시를 하지 아니한 경우에는 구분유통증명서 또는 이와 동등한 효력이 있음을 생산국의 정부가 인정하는 증명서를 그 제품의 수입일부터 2년간 보관하여야 한다.
파. 식품소분·판매업자는 법 제15조제2항에 따라 위해평가가 완료되기 전까지 일시적으로 금지된 식품 등에 대하여는 이를 수입·가공·사용·운반 등을 하여서는 아니 된다.
하. 유통전문판매업자는 소비자로부터 이물 검출 등 불만사례 등을 신고 받은 경우에는 그 내용을 2년간 기록·보관하여야 하며, 소비자가 제시한 이물 등 증거품은 6개월간 보관하여야 한다.

3. 식품자동판매기영업자의 준수사항
   가. 자판기용 제품은 적법하게 제조·가공된 것을 사용하여야 하며, 유통기한이 경과된 제품을 보관하거나 이를 사용하여서는 아니 된다.
   나. 자판기 내부의 정수기 또는 살균장치 등이 낡거나 닳아 없어진 경우에는 즉시 바꾸어야 하고, 그 기능이 떨어진 경우에는 즉시 그 기능을 보강하여야 한다.
   다. 자판기 내부(재료혼합기, 급수통, 급수호스 등)는 하루 1회 이상 세척 또는 소독하여 청결히 하여야 하고, 그 기능이 떨어진 경우에는 즉시 교체하여야 한다.
   라. 자판기 설치장소 주변은 항상 청결하게 하고, 뚜껑이 있는 쓰레기통을 비치하여야 하며, 쥐·바퀴 등 해충이 자판기 내부에 침입하지 아니하도록 하여야 한다.
   마. 매일 위생상태 및 고장여부를 점검하여야 하고, 그 내용을 다음과 같은 아크릴로 된 점검표에 기록하여 보기 쉬운 곳에 항상 비치하여야 한다.

점검일시	점검자	점검결과		비고
		내부청결상태	정상가동여부	

   바. 자판기에는 영업신고번호, 자판기별 일련관리번호(제42조제3항에 따라 2대 이상을 일괄신고한 경우에 한한다), 제품의 명칭 및 고장시의 연락전화번호를 12포인트 이상의 글씨로 판매기 앞면의 보기 쉬운 곳에 표시하여야 한다.

4. 집단급식소 식품판매업자의 준수사항
   가. 영업자는 식품의 구매·운반·보관·판매 등의 과정에 대한 거래내역을 2년간 보관하여야 한다.

나. 「축산물가공처리법」 제12조에 따라 검사를 받지 아니한 축산물, 실험 등의 용도로 사용한 동물 또는 「야생동·식물보호법」을 위반하여 포획한 야생동물은 판매하여서는 아니 된다.
다. 냉동식품을 공급할 때에 해당 집단급식소의 영양사 및 조리사가 해동(해동)을 요청할 경우 해동을 위한 별도의 보관 장치를 이용하거나 냉장운반을 할 수 있다. 이 경우 해당 제품이 해동 중이라는 표시, 해동을 요청한 자, 해동 시작시간, 해동한 자 등 해동에 관한 내용을 표시하여야 한다.
라. 작업장에서 사용하는 기구, 용기 및 포장은 사용 전, 사용 후 및 정기적으로 살균·소독하여야 하며, 동물·수산물의 내장 등 세균의 오염원이 될 수 있는 식품 부산물을 처리한 경우에는 사용한 기구에 따른 오염을 방지 하여야 한다.
마. 유통기한이 지난 식품 또는 그 원재료를 집단급식소에 판매하기 위하여 보관·운반 및 사용하여서는 아니 된다.
바. 수돗물이 아닌 지하수 등을 먹는 물 또는 식품의 조리·세척 등에 사용하는 경우에는 「먹는물관리법」 제43조에 따른 먹는 물 수질검사기관에서 다음의 검사를 받아 마시기에 적합하다고 인정된 물을 사용하여야 한다. 다만, 둘 이상의 업소가 같은 건물에서 같은 수원을 사용하는 경우에는 하나의 업소에 대한 시험결과로 해당 업소에 대한 검사에 갈음할 수 있다.
  1) 일부항목 검사: 1년(모든 항목 검사를 하는 연도는 제외한다) 마다 「먹는물 수질기준 및 검사 등에 관한 규칙」 제4조에 따른 마을상수도의 검사기준에 따른 검사(잔류염소검사는 제외한다)를 하여야 한다. 다만, 시·도지사가 오염의 염려가 있다고 판단하여 지정한 지역에서는 같은 규칙 제2조에 따른 먹는 물의 수질기준에 따른 검사를 하여야 한다.
  2) 모든 항목 검사 : 2년마다 「먹는물 수질기준 및 검사 등에 관한 규칙」 제2조에 따른 먹는 물의 수질기준에 따른 검사
사. 법 제15조에 따른 위해평가가 완료되기 전까지 일시적으로 금지된 식품 등을 사용하여서는 아니 된다.
아. 식중독 발생시 보관 또는 사용 중인 식품은 역학조사가 완료될 때까지 폐기하거나 소독 등으로 현장을 훼손하여서는 아니 되고 원상태로 보존하여야 하며, 식중독 원인규명을 위한 행위를 방해하여서는 아니 된다.

5. 식품조사처리업자의 준수사항

조사연월일 및 시간, 조사대상식품명칭 및 무게 또는 수량, 조사선량 및 선량 보증, 조사목적에 관한 서류를 작성하여야 하고, 최종 기재일부터 3년간 보관하여야 한다.

6. 식품접객업자(위탁급식영업자는 제외한다)의 준수사항

가. 물수건, 숟가락, 젓가락, 식기, 찬기, 도마, 칼, 행주, 그 밖의 주방용구는 기구등의 살균·소독제 또는 열탕의 방법으로 소독한 것을 사용하여야 한다.
나. 「축산물가공처리법」 제12조에 따라 검사를 받지 아니한 축산물 또는 실험 등의 용도로 사용한 동물은 음식물의 조리에 사용하여서는 아니 된다.
다. 업소 안에서는 도박이나 그 밖의 사행행위 또는 풍기문란행위를 방지하여야 하며, 배달판매 등의 영업행위 중 종업원의 이러한 행위를 조장하거나 묵인하여서는 아니 된다.

라. 법 제12조 및 영 제3조에 따라 육류의 원산지등을 표시하여야 하는 영업자는 「축산물가공처리법 시행규칙」 제51조제2항 및 같은 규칙 별표 13 제3호에 따라 축산물판매업자가 발급한 육류의 원산지등을 기재한 영수증 또는 거래명세서 등 원산지등을 증명할 수 있는 서류를 육류 매입일부터 6개월 이상 보관하여야 한다.
마. 법 제12조 및 영 제3조에 따라 쌀 및 배추김치의 원산지를 표시하여야 하는 영업자는 쌀, 배추김치 또는 배추의 원산지를 기재한 영수증 또는 거래명세서 등 원산지 증명서류를 쌀, 배추김치 또는 배추의 매입일부터 6개월 이상 보관하여야 한다.
바. 제과점영업자가 별표 13 제8호가목2)라)(5)에 따라 조리장을 공동 사용하는 경우 빵류를 실제 제조한 업소명과 소재지를 소비자가 알아볼 수 있도록 별도로 표시하여야 한다. 이 경우 게시판, 팻말 등 다양한 방법으로 표시할 수 있다.
사. 간판에는 영 제21조에 따른 해당업종명과 허가를 받거나 신고한 상호를 표시하여야 한다. 이 경우 상호와 함께 외국어를 병행하여 표시할 수 있으나 업종구분에 혼동을 줄 수 있는 사항은 표시하여서는 아니 된다.
아. 손님이 보기 쉽도록 영업소의 외부 또는 내부에 가격표를 붙이거나 비치하여야 하고, 가격표 대로 요금을 받아야 한다. 이 경우 불고기, 갈비 등 식육은 중량당 가격(예: 불고기 ○○그램당 ○○원, 갈비 ○○그램당 ○○원) 으로 표시하여야 한다.
자. 영업허가증ㆍ영업신고증ㆍ조리사면허증(조리사를 두어야 하는 영업에만 해당한다)을 영업소 안에 보관하고, 허가관청 또는 신고관청이 식품위생ㆍ식생활개선 등을 위하여 게시할 것을 요청하는 사항을 손님이 보기 쉬운 곳에 게시하여야 한다.
차. 보건복지부장관 또는 시ㆍ도지사가 국민에게 혐오감을 준다고 인정하는 식품을 조리ㆍ판매하여서는 아니 되며, 「멸종위기에 처한 야생동식물 종의 국제거래에 관한 협약」 에 위반하여 포획ㆍ채취한 야생동물ㆍ식물을 사용하여 조리ㆍ판매하여서는 아니 된다.
카. 유통기한이 경과된 원료 또는 완제품을 조리ㆍ판매의 목적으로 보관하거나 이를 음식물의 조리에 사용하여서는 아니 된다.
타. 허가를 받거나 신고한 영업 외의 다른 영업시설을 설치하거나 다음에 해당하는 영업행위를 하여서는 아니 된다.
  1) 휴게음식점영업자ㆍ일반음식점영업자 또는 단란주점영업자가 유흥접객원 을 고용하여 유흥접객행위를 하게 하거나 종업원의 이러한 행위를 조장하거나 묵인하는 행위
  2) 휴게음식점영업자ㆍ일반음식점영업자가 음향 및 반주시설을 갖추고 손님이 노래를 부르도록 허용하는 행위. 다만, 연회석을 보유한 일반음식점에서 회갑연, 칠순연 등 가정의 의례로서 행하는 경우에는 그러하지 아니하다.
  3) 일반음식점영업자가 주류만을 판매하거나 주로 다류를 조리ㆍ판매하는 다방형태의 영업을 하는 행위
  4) 휴게음식점영업자가 손님에게 음주를 허용하는 행위
  5) 식품접객업소의 영업자 또는 종업원이 영업장을 벗어나 시간적 소요의 대가로 금품을 수수하거나, 영업자가 종업원의 이러한 행위를 조장하거나 묵인하는 행위
  6) 휴게음식점영업 중 주로 다류 등을 조리ㆍ판매하는 영업소에서 「청소년 보호법」 제2조제1호에 따른 청소년인 종업원에게 영업소를 벗어나 다류 등을 배달하게 하여 판매하는 행위

파. 유흥주점영업자는 성명, 주민등록번호, 취업일, 이직일, 종사분야를 기록한 종업원(유흥접객원만 해당한다)명부를 비치하여 기록·관리하여야 한다.
하. 손님을 꾀어서 끌어들이는 행위를 하여서는 아니 된다.
거. 업소 안에서 선량한 미풍양속을 해치는 공연, 영화, 비디오 또는 음반을 상영하거나 사용하여서는 아니 된다.
너. 수돗물이 아닌 지하수 등을 먹는 물 또는 식품의 조리·세척 등에 사용하는 경우에는 「먹는물관리법」 제43조에 따른 먹는 물 수질검사기관에서 다음의 검사를 받아 마시기에 적합하다고 인정된 물을 사용하여야 한다. 다만, 둘 이상의 업소가 같은 건물에서 같은 수원을 사용하는 경우에는 하나의 업소에 대한 시험결과로 해당 업소에 대한 검사에 갈음할 수 있다.
   1) 일부항목 검사: 1년(모든 항목 검사를 하는 연도는 제외한다) 마다 「먹는물 수질기준 및 검사 등에 관한 규칙」 제4조에 따른 마을상수도의 검사기준에 따른 검사(잔류염소검사는 제외한다)를 하여야 한다. 다만, 시·도지사가 오염의 염려가 있다고 판단하여 지정한 지역에서는 같은 규칙 제2조에 따른 먹는 물의 수질기준에 따른 검사를 하여야 한다.
   2) 모든 항목 검사: 2년마다 「먹는물 수질기준 및 검사 등에 관한 규칙」 제2조에 따른 먹는 물의 수질기준에 따른 검사
더. 동물의 내장을 조리한 경우에는 이에 사용한 기계·기구류 등을 세척하여 살균하여야 한다.
러. 식품접객업자는 손님이 먹고 남은 음식물을 다시 사용·조리하여서는 아니 된다.
머. 식품접객업자는 낭비 없는 식생활 등 음식문화개선을 위하여 노력하여야 하고, 공통 찬통과 소형 또는 복합찬기를 사용하도록 하여야 하며, 손님이 남은 음식물을 싸서 가지고 갈 수 있도록 포장용기를 비치하고 이를 손님에게 알리도록 하여야 한다.
버. 휴게음식점영업자·일반음식점영업자 또는 단란주점영업자는 영업장 안에 설치된 무대시설 외의 장소에서 공연을 하거나 공연을 하는 행위를 조장·묵인하여서는 아니 된다. 다만, 일반음식점영업자가 손님의 요구에 따라 회갑연, 칠순연 등 가정의 의례로서 행하는 경우에는 그러하지 아니하다.
서. 「야생동·식물보호법」 을 위반하여 포획한 야생동물을 사용한 식품을 조리·판매하여서는 아니 된다.
어. 법 제15조제2항에 따른 위해평가가 완료되기 전까지 일시적으로 금지된 식품 등을 사용·조리하여서는 아니 된다.
저. 조리·가공한 음식을 진열하고, 진열된 음식을 손님이 선택하여 먹을 수 있도록 제공하는 형태(이하 "뷔페"라 한다)로 영업을 하는 일반음식점영업자는 2009년 7월 1일부터 2011년 6월 30일까지는 영업신고를 한 행정관청과 같은 관할 구역 안 5킬로미터 이내의 제과점영업자에게 당일 제조·판매하는 빵류를 구입하여 구입 당일 이를 손님에게 제공할 수 있다. 이 경우 당일 구입하였다는 증명서(거래명세서나 영수증 등을 말한다)를 6개월간 보관하여야 한다.

7. 위탁급식영업자의 준수사항
  가. 집단급식소를 설치·운영하는 자와 위탁 계약한 사항 외의 영업행위를 하여서는 아니 된다.
  나. 물수건, 숟가락, 젓가락, 식기, 찬기, 도마, 칼, 그 밖에 주방용구는 기구 등의 살균·소독제 또는 열탕의 방법으로 소독한 것을 사용하여야 한다.

다. 「축산물가공처리법」 제12조에 따라 검사를 받지 아니한 축산물 또는 실험 등의 용도로 사용한 동물을 음식물의 조리에 사용하여서는 아니 되며, 「야생동·식물보호법」에 위반하여 포획한 야생동물을 사용하여 조리하여서는 아니 된다.

라. 유통기한이 경과된 원료 또는 완제품을 조리할 목적으로 보관하거나 이를 음식물의 조리에 사용하여서는 아니 된다.

마. 수돗물이 아닌 지하수 등을 먹는 물 또는 식품의 조리·세척 등에 사용하는 경우에는 「먹는물관리법」 제43조에 따른 먹는 물 수질검사기관에서 다음의 구분에 따라 검사를 받아 마시기에 적합하다고 인정된 물을 사용하여야 한다. 다만, 같은 건물에서 같은 수원을 사용하는 경우에는 하나의 업소에 대한 시험결과로 갈음할 수 있다.
   1) 일부항목 검사: 1년마다(모든 항목 검사를 하는 연도의 경우를 제외한다) 「먹는물 수질기준 및 검사 등에 관한 규칙」 제4조제1항제2호에 따른 마을상수도의 검사기준에 따른 검사(잔류염소검사를 제외한다). 다만, 시·도지사가 오염의 염려가 있다고 판단하여 지정한 지역에서는 같은 규칙 제2조에 따른 먹는 물의 수질기준에 따른 검사를 하여야 한다.
   2) 모든 항목 검사: 2년마다 「먹는물 수질기준 및 검사 등에 관한 규칙」 제2조에 따른 먹는 물의 수질기준에 따른 검사

바. 동물의 내장을 조리한 경우에는 이에 사용한 기계·기구류 등을 세척하고 살균하여야 한다.

사. 조리·제공한 식품은 매회 1인분 분량을 영하 18℃ 이하에서 144시간 이상 보관하여야 한다.

아. 법 제12조 및 영 제3조에 따라 육류의 원산지등을 표시하여야 하는 영업자는 「축산물가공처리법 시행규칙」 제51조제2항 및 같은 규칙 별표 13 제3호에 따라 축산물판매업자가 발급한 육류의 원산지등을 기재한 영수증 또는 거래명세서 등 원산지등을 증명할 수 있는 서류를 육류 매입일부터 6개월 이상 보관하여야 한다.

자. 법 제12조 및 영 제3조에 따라 쌀 및 배추김치의 원산지를 표시하여야 하는 영업자는 쌀, 배추김치 또는 배추의 원산지를 기재한 영수증 또는 거래명세서 등 원산지를 증명할 수 있는 서류를 쌀, 배추김치 또는 배추의 매입일부터 6개월 이상 보관하여야 한다.

차. 법 제15조제2항에 따라 위해평가가 완료되기 전까지 일시적으로 금지된 식품 등에 대하여는 이를 사용·조리하여서는 아니 된다.

카. 식중독 발생시 보관 또는 사용 중인 보존식이나 식재료는 역학조사가 완료될 때까지 폐기하거나 소독 등으로 현장을 훼손하여서는 아니 되고 원상태로 보존하여야 하며, 원인규명을 위한 행위를 방해하여서는 아니 된다.

[별표 18] 회수대상이 되는 식품 등의 기준(제58조제1항 관련)

1. 법 제7조에 따라 식품의약품안전청장이 정한 식품·식품첨가물의 기준 및 규격의 위반사항 중 다음 각 목의 어느 하나에 해당한 경우
   가. 비소·카드뮴·납·수은·중금속·메탄올 및 시안화물의 기준을 위반한 경우
   나. 바륨, 포름알데히드, o-톨루엔설폰아미드, 다이옥신 또는 폴리옥시에틸렌의 기준을 위반한 경우

다. 방사능기준을 위반한 경우
라. 농산물의 농약잔류허용기준을 초과한 경우
마. 곰팡이 독소기준을 초과한 경우
바. 패류 독소기준을 위반한 경우
사. 항생물질 등의 잔류허용기준(항생물질·합성항균제, 합성호르몬제)을 초과한 것을 원료로 사용한 경우
아. 식중독균(살모넬라, 대장균 O157:H7, 리스테리아 모노사이토제네스, 캠필로박터 제주니, 클로스트리디움 보툴리눔) 검출기준을 위반한 경우
자. 허용한 식품첨가물 외의 인체에 위해한 공업용 첨가물을 사용한 경우
차. 주석·포스파타제·암모니아성질소·아질산이온 또는 형광증백제시험에서 부적합하다고 판정된 경우
카. 식품조사처리기준을 위반한 경우
타. 식품 등에서 유리·금속 등 섭취과정에서 인체에 직접적인 위해나 손상을 줄 수 있는 재질이나 크기의 이물 또는 심한 혐오감을 줄 수 있는 이물이 발견된 경우
파. 그 밖에 식품 등을 제조·가공·조리·소분·유통 또는 판매하는 과정에서 혼입되어 인체의 건강을 해칠 우려가 있거나 섭취하기에 부적합한 물질로서 식품의약품안전청장이 인정하는 경우
2. 법 제9조에 따라 식품의약품안전청장이 정한 기구 또는 용기·포장의 기준 및 규격에 위반한 것으로서 유독·유해물질이 검출된 경우
3. 국제기구 및 외국의 정부 등에서 위생상 위해우려를 제기하여 식품의약품 안전청장이 사용금지한 원료·성분이 검출된 경우
4. 그 밖에 영업자가 스스로 제품의 안전한 공급을 위하여 필요하다고 판단한 경우로서 다음 각 목의 어느 하나에 해당하는 경우
 가. 자가품질검사 결과 허용된 첨가물 외의 첨가물이 검출된 경우
 나. 대장균검출기준을 위반한 사실이 확인된 경우
 다. 그 밖에 제품의 안전성에 의심이 될 경우
5. 그 밖에 회수대상이 되는 경우는 섭취함으로서 인체의 건강을 해치거나 해칠 우려가 있다고 인정하는 경우로서 식품의약품안전청장이 정하는 기준에 따른다.

[별표 19] 우수업소·모범업소의 지정기준(제61조제2항 관련)

1. 우수업소
 가. 건물의 주변환경은 식품위생환경에 나쁜 영향을 주지 아니하여야 하며, 항상 청결하게 관리되어야 한다.
 나. 건물은 작업에 필요한 공간을 확보하여야 하며, 환기가 잘 되어야 한다.
 다. 원료처리실·제조가공실·포장실 등 작업장은 분리·구획되어야 한다.
 라. 작업장의 바닥·내벽 및 천장은 내수처리를 하여야 하며, 항상 청결하게 관리되어야 한다.
 마. 작업장의 바닥은 적절한 경사를 유지하도록 하여 배수가 잘 되도록 하여야 한다.
 바. 작업장의 출입구와 창은 완전히 꼭 닫힐 수 있어야 하며, 방충시설과 쥐막이 시설이 설치되

어야 한다.
사. 제조하려는 식품 등의 특성에 맞는 기계·기구류를 갖추어야 하며, 기계·기구류는 세척이 용이하고 부식되지 아니하는 재질이어야 한다.
아. 원료 및 제품은 항상 위생적으로 보관·관리되어야 한다.
자. 작업장·냉장시설·냉동시설 등에는 온도를 측정할 수 있는 계기가 알아보기 쉬운 곳에 설치되어야 한다.
차. 오염되기 쉬운 작업장의 출입구에는 탈의실·작업화 또는 손 등을 세척·살균할 수 있는 시설을 갖추어야 한다.
카. 급수시설은 식품의 특성별로 설치하여야 하며, 지하수 등을 사용하는 경우 취수원은 오염지역으로부터 20미터 이상 떨어진 곳에 위치하여야 한다.
타. 하수나 폐수를 적절하게 처리할 수 있는 하수·폐수이동 및 처리시설을 갖추어야 한다.
파. 화장실은 정화조를 갖춘 수세식 화장실로서 내수처리 되어야 한다.
하. 식품 등을 직접 취급하는 종사자는 위생적인 작업복·신발 등을 착용하여야 하며, 손은 항상 청결히 유지하여야 한다.
거. 그 밖에 우수업소의 지정기준 등과 관련한 세부사항은 식품의약품안전청장이 정하는 바에 따른다.

2. 모범업소
   가. 집단급식소
      1) 법 제48조제3항에 따른 위해요소중점관리기준(HACCP) 적용업소로 지정 받아야 한다.
      2) 최근 3년간 식중독 발생하지 아니하여야 한다.
      3) 조리사 및 영양사를 두어야 한다.
      4) 그 밖에 나목의 일반음식점이 갖추어야 하는 기준을 모두 갖추어야 한다.
   나. 일반음식점
      1) 건물의 구조 및 환경
         가) 청결을 유지할 수 있는 환경을 갖추고 내구력이 있는 건물이어야 한다.
         나) 마시기에 적합한 물이 공급되며, 배수가 잘 되어야 한다.
         다) 업소 안에는 방충시설·쥐 막이 시설 및 환기시설을 갖추고 있어야 한다.
      2) 주방
         가) 주방은 공개되어야 한다.
         나) 입식조리대가 설치되어 있어야 한다.
         다) 냉장시설·냉동시설이 정상적으로 가동되어야 한다.
         라) 항상 청결을 유지하여야 하며, 식품의 원료 등을 보관할 수 있는 창고가 있어야 한다.
         마) 식기 등을 소독할 수 있는 설비가 있어야 한다.
      3) 객실 및 객석
         가) 손님이 이용하기에 불편하지 아니한 구조 및 넓이여야 한다.
         나) 항상 청결을 유지하여야 한다.

4) 화장실
   가) 정화조를 갖춘 수세식이어야 한다.
   나) 손 씻는 시설이 설치되어야 한다.
   다) 벽 및 바닥은 타일 등으로 내수 처리되어 있어야 한다.
   라) 1회용 위생종이 또는 에어타월이 비치되어 있어야 한다.
5) 종업원
   가) 청결한 위생복을 입고 있어야 한다.
   나) 개인위생을 지키고 있어야 한다.
   다) 친절하고 예의바른 태도를 가져야 한다.
6) 그 밖의 사항
   가) 1회용 물 컵, 1회용 숟가락, 1회용 젓가락 등을 사용하지 아니하여야 한다.
   나) 그 밖에 모범업소의 지정기준 등과 관련한 세부사항은 보건복지부 장관이 정하는 바에 따른다.

[별표 20] 위해요소중점관리기준적용업소의 지정취소 등의 기준 (제67조제2항 관련)

구분	근거법령	위반사항	처분기준
1	법 제48조 제8항 제1호	위해요소중점관리기준(HACCP)적용업소에 대한 정기 조사·평가 결과 부적합한 때와 위해요소중점관리기준(HACCP)서에서 정한 제조·가공 방법대로 제조·가공하지 아니한 경우	시정명령
2	법 제48조 제8항 제2호	법 제75조에 따라 2개월 이상의 영업정지를 받은 경우 또는 그에 갈음하여 과징금을 부과 받은 경우	지정취소
3	법 제48조 제8항 제3호	영업자 및 종업원이 법 제48조 제5항에 따른 교육훈련을 받지 아니한 경우	시정명령
4	법 제48조 제8항 제4호	법 제48조제10항을 위반하여 위해요소중점관리기준적용업소의 영업자가 지정받은 식품을 다른 업소에 위탁하여 제조·가공한 경우	지정취소
5	법 제48조 제8항 제4호	제63조제4항을 위반하여 변경신고를 하지 아니한 경우	시정명령
6	법 제48조 제8항	위의 제1호, 제3호 또는 제5호를 위반하여 2회 이상의 시정명령을 받고도 이를 이행하지 아니한 경우	지정취소

[별표 21] 우수등급 영업소 로고(제77조 관련)

1. 표시기준
    가. 로고모형
    나. 도안요령
        1) 심볼마크 상단의 마름모의 색상은 상단(Magneta 60+ Yellow 100)에서 하단(Magneta 100+ Yellow 100)으로 그라데이션 처리하고, 심벌마크 하단 사람모양은 상단(Cyan 30+ Yellow 94)에서 하단(Cyan 92+ Magneta 54+Yellow 94+ black 29)으로 그라데이션 처리한다.
        2) 바탕색의 색상은 흰색(Cyan 0+ Magneta 0+ Yellow 0+ black 0)으로 하고심벌마크 오른쪽의 "위생수준 안전평가 우수등급" 글씨는 검정색(black100)으로 하며, 슬로건은 (black30)으로 한다.
        3) 문자의 활자체는 수평선B로 하며 슬로건은 서울들국화로 한다.
2. 표시방법
    가. 도안의 크기는 용도 및 포장재의 크기에 따라 동일 배율로 조정한다.
    나. 도안은 알아보기 쉽도록 인쇄 또는 각인 등의 방법으로 표시하여야 한다.
3. 광고방법
    가. 위생수준 안전평가 우수등급 사실을 광고하는 경우에는 사실과 다름이 없어야 한다.
    나. 「신문 등의 자유와 기능보장에 관한 법률」 제12조제1항에 따라 등록한 전국을 보급지역으로 하는 1개 이상의 일반신문에 게재할 수 있다.
    다. 식품의약품안전청이나 관할 특별자치도·시·군·구청의 인터넷 홈페이지에 게재하도록 요청할 수 있다.

[별표 22] 위해식품 등의 긴급회수문(제88조제1항 관련)

1. 긴급회수문의 크기
   가. 일반일간신문 게재용: 5단 10센티미터 이상
   나. 인터넷 홈페이지 게재용: 긴급회수문의 내용이 잘 보이도록 크기 조정 가능
2. 긴급회수문의 내용

> 위해식품 등 긴급회수
> 「식품위생법」제45조에 따라 아래의 식품 등을 긴급회수 합니다.
>
> 가. 회수제품명 :
> 나. 제조일·유통기한 또는 품질유지기한 :
> ※ 제조번호 또는 롯트번호로 제품을 관리하는 업소는 그 관리번호를 함께 기재
> 다. 회수사유 :
> 라. 회수방법 :
> 마. 회수영업자 :
> 바. 영업자주소 :
> 사. 연락처 :
> 아. 그 밖의 사항: 위해식품 등 긴급회수관련 협조 요청
> ○ 해당 회수식품 등을 보관하고 있는 판매자는 판매를 중지하고 회수 영업자 에게 반품하여 주시기 바랍니다.
> ○ 해당 제품을 구입한 소비자께서는 그 구입한 업소에 되돌려 주시는 등 위해식품 회수에 적극 협조하여 주시기 바랍니다.

[별표 23] 행정처분기준(제89조관련)

I. 일반기준

1. 2이상의 위반행위가 적발된 경우로서
   가. 그 위반행위가 영업정지에만 해당하거나, 한 품목 또는 품목류(식품 등의 기준및 규격중 동일한 기준 및 규격을 적용받아 제조·가공되는 모든 품목을 말한다. 이하 같다)에 대하여 품목 또는 품목류 제조정지에만 해당하는 때에는 가장 중한 정지처분기간에 나머지 각각의 정지처분기간의 2분의 1을 더하여 처분한다.
   나. 그 위반행위가 1이상의 영업정지와 1이상의 품목 또는 품목류제조정지에 해당하는 때에는 각각의 영업정지·품목 또는 품목류제조정지처분기간을 가목에 따라 산정한 후, 그 영업정지기간이 품목 또는 품목류제조정지기간보다 길거나 같으면 그 영업정지처분만을 하고, 그 영업정지기간이 품목 또는 품목류제조정지기간보다 짧으면 그 영업정지처분과 그 초과기간에 대한 품목 또는 품목류제조정지처분을 병과하며, 그 위반행위가 1이상의 품목류제조정지와 1이상의

품목제조정지에 해당하는 때에는 이를 준용하여 처분한다.
2. 식품접객영업자의 위반행위에 대하여 그 행정처분을 하기 위한 절차가 진행되는 기간중에 반복하여 동일사항을 위반하는 때에는 그 위반회수마다 행정처분기준의 2분의 1씩 더하여 처분한다.
3. 위반행위의 차수에 따른 행정처분의 기준은 최근 1년간 같은 위반행위(품목류의 경우에는 같은 품목에 대한 같은 위반행위를 말한다. 이하 같다)로 행정처분을 받을 경우에 적용한다. 다만, 제2호에서 규정하고 있는 경우를 제외한 기타의 경우의 기준적용일은 위반사항에 대한 행정처분일과 그 처분후의 재적발일(수거검사에 의한 경우에는 검사결과를 허가 또는 신고관청이 접수한 날)을 기준으로 한다.
4. 같은 날 제조한 같은 품목에 대하여 같은 위반사항이 적발되는 경우에는 같은 위반행위로 본다.
5. 4차위반의 경우에 있어서 3차위반의 처분기준이 품목 또는 품목류제조정지인 경우에는 품목 또는 품목류제조정지 6월의 처분을 하고, 영업정지인 경우에는 영업허가취소 또는 영업소폐쇄를 하여야 한다.
6. 제1호 각목의 규정에 의하여 행정처분이 있은 뒤에 다시 행정처분을 하게 되는 경우 그 위반행위의 차수에 따른 행정처분의 기준을 적용함에 있어서는 종전의 행정처분의 사유가 된 각각의 위반행위에 대하여 각각 행정처분을 하였던 것으로 본다.
7. 제품의 수거검사결과에 따른 위반행위에 대한 행정처분의 경우에는 그 위반행위가 당해 제품의 제조·가공·운반·진열·보관 또는 판매과정중의 어느 과정에서 기인하는지 여부를 판단하여 그 원인제공자에 대하여 처분하여야 한다. 다만, 유통전문판매영업자가 판매하는 제품이 법 제4조 내지 법 제11조의 규정에 위반하여 식품위생상의 위해가 발생하였거나 발생할 우려가 있다고 인정되는 경우로서 그 위반행위의 원인제공자가 당해 제품을 제조·가공한 영업자인 때에는 당해 제품을 제조·가공한 영업자와 당해 유통전문판매영업자에 대하여 함께 처분할 수 있다.
8. 제7호 단서의 규정에 의하여 유통전문판매영업자에 대하여 행정처분을 하는 경우 그 처분의 양형이 품목 또는 품목류제조정지에 해당하는 때에는 이를 각각 그 위반행위의 원인제공자인 제조·가공업소에서 제조·가공한 당해 품목 또는 품목류의 판매정지에 해당하는 것으로 본다.
9. 즉석판매제조·가공업, 식품소분업 및 식품 등수입판매업에 대한 행정처분의 경우 그 처분의 양형이 품목제조정지에 해당하는 때에는 품목제조정지기간의 3분의 1에 해당하는 기간으로 영업정지처분을 하고, 그 처분의 양형이 품목류제조정지에 해당하는 때에는 품목류제조정지기간의 2분의 1에 해당하는 기간으로 영업정지처분을 하여야 한다.
10. 조리사 또는 영양사에 대한 행정처분에 있어서 4차위반의 경우에는 면허취소처분을 하여야 한다.
11. 다음 각목의 1에 해당하는 경우에는 그 처분을 경감할 수 있다.
   가. 식품 등의 기준 및 규격의 위반사항중 그 위반의 정도가 경미한 사항으로서 국민보건상 인체의 건강을 해할 우려가 없다고 인정되는 때
   나. 표시기준의 위반사항중 일부 제품에 대한 제조일자등의 표시누락등 그 위반사유가 영업자의 고의나 과실이 아닌 단순한 기계작동상의 오류에 기인한다고 인정되는 때
   다. 식품 등을 제조·가공하거나 수입만 하고 시중에 유통시키지 아니한 때
   라. 법 제31조의2의 규정에 의한 식품 등의 자진회수를 성실히 이행하였다고 인정되는 때
   마. 식품접객업소의 위반사항중 그 위반의 정도가 경미하거나 고의성이 없는 사소한 부주의로 인한 것 인때
   바. 해당 위반사항에 관하여 검사로부터 기소유예의 처분을 받거나 법원으로부터 선고유예의 판결을 받은 때

사. 기타 식품 등의 수급정책상 필요하다고 인정되는 때

II. 개별기준(3. 식품접객업)

(영 제7조제8호의 식품접객업을 말한다)

위반사항		행정처분기준		
항목	세목	1차위반	2차위반	3차위반
판매등금지 위반	썩었거나 상한것으로인체의 건강을 해할 우려가 있는 것	영업정지 15일과 당해 음식물폐기	영업정지 1월과 당해 음식물폐기	영업정지 3월과 당해 음식물폐기
	설익은 것으로서 인체의 건강을 해할 우려가 있는 것	영업정지 7일과 당해 음식물폐기	영업정지 15일과 당해 음식물폐기	영업정지 1월과 당해 음식물폐기
	유독·유해물질이 들어있거나 묻어있는 것 또는 병원미생물에 의하여 오염되어 있거나 그 염려가 있어 인체의 건강을 해할 우려가 있는 것	영업허가취소 및 영업소폐쇄와 당해 음식물폐기		
	불결한 것 또는 다른물질이 들어 있거나 묻어있는 것으로서 인체의 건강을 해할 우려가 있는 것	영업정지 15일과 당해 음식물폐기	영업정지 1월과 당해 음식물폐기	영업정지 3월과 당해 음식물폐기
	영업허가를 받아야 하는 경우에 허가를 받지 아니하거나 신고를 하여야 하는 경우에 신고를 하지 아니한 자가 제조·가공 또는 수입한 것	영업정지 1월과 당해 음식물폐기	영업정지 2월과 당해 음식물폐기	영업정지 3월과 당해 음식물폐기
	수입이 금지되거나 수입신고하여야 하는 경우에 신고하지 아니하고 수입한 것	영업정지 2월과 당해 음식물폐기	영업정지 3월과 당해 음식물폐기	영업허가취소나 영업소폐쇄와 당해 음식물폐기
병육등의 판매등 금지위반		영업허가취소나 영업소폐쇄와 당해 제품폐기		
기준·규격이 고시되지 아니한 화학적합성품등의 판매 등 금지위반		영업허가취소나 영업소폐쇄와 당해 음식물폐기		

항목	위반사항 세목	행정처분기준 1차위반	2차위반	3차위반
기준과 규격위반	식품 등의 한시적 기준 및 규격을 정하지 아니한 화학적 합성품이 아닌 식품첨가물과 식품 및 식품첨가물에 사용되는 기구 또는 용기·포장	영업정지 15일과 당해 음식물폐기	영업정지 1월과 당해 음식물폐기	영업정지 3월과 당해 음식물폐기
	비소·카드뮴·납·수은·중금속·메탄올 또는 시안화물의 기준을 위반한 것	영업정지 1월과 당해 음식물폐기	영업정지 2월과 당해 음식물폐기	영업정지 3월과 당해 음식물폐기
	바륨·포름알데히드·올소톨루엔·설폰아미드·방향족탄화수소·폴리옥시에틸렌 및 세레늄의 기준을 위반한것	영업정지 15일과 당해 음식물폐기	영업정지 1월과 당해 음식물폐기	영업정지 2월과 당해 음식물폐기
	방사능잠정허용기준을 위반한 것	영업정지 1월과 당해 음식물폐기	영업정지 2월과 당해 음식물폐기	영업정지 3월과 당해 음식물폐기
	농약잔류허용기준을 초과한 농산물 또는 식육을 원료로 사용한 것	영업정지 1월과 당해 음식물폐기	영업정지 3월과 당해 음식물폐기	영업허가취소나 영업소폐쇄와 당해 음식물폐기
	아플라톡신장정허용기준을 초과한 것을 원료로 사용한 것	영업정지 1월과 당해 음식물폐기 및 원료폐기	영업정지 3월과 당해 음식물폐기	영업허가취소나 영업소폐쇄와 당해 음식물폐기 및 원료폐기
	마비성패독허용기준을 위반한 것	영업정지 1월과 당해 음식물폐기 및 원료폐기	영업정지 3월과 당해 음식물폐기 및 원료폐기	영업허가취소나 영업소폐쇄와 당해 음식물폐기 및 원료폐기
	항생물질 등의 잔류허용기준을 초과한 것을 원료로 사용한 것	영업정지 1월과 당해 음식물폐기 및 원료폐기	영업정지 3월과 당해 음식물폐기 및 원료폐기	영업허가취소나 영업소폐쇄와 당해 음식물폐기 및 원료폐기
	식중독균이 검출된 것	영업정지 1월과 당해 음식물폐기 및 원료폐기	영업정지 3월과 당해 음식물폐기 및 원료폐기	영업허가취소나 영업소폐쇄와 당해 음식물폐기 및 원료폐기
	산가·과산화물가·대장균·대장균군 또는 일반세균시험에서 부적합하다고 판정된 것	영업정지 15일과 당해 음식물폐기	영업정지 1월과 당해 음식물폐기	영업정지 2월과 당해 음식물폐기
	식품첨가물의 사용 및 허용기준을 위반한 것을 사용한 것 – 허용외 식품첨가물을 사용한 것 또는 기준 및 규격이 정하여지지 아니한 첨가물을 사용한 것	영업정지 1월과 당해 제품폐기	영업정지 2월과 당해 제품폐기	영업허가취소나 영업소폐쇄
	– 사용 또는 허용량 기준에 초과한 것으로서 ·30퍼센트 이상 초과한 것	영업정지 15일과 당해 음식물폐기	영업정지 1월과 당해 음식물폐기	영업정지 2월과 당해 음식물폐기
	·10퍼센트 이상 30퍼센트 미만 초과한 것	영업정지 7일과 당해 음식물폐기	영업정지 15일과 당해 음식물폐기	영업정지 1월과 당해 음식물폐기
	·10퍼센트 미만 초과한 것	시정명령	영업정지 7일과 당해 음식물폐기	영업정지 15일과 당해 음식물폐기

위반사항 항목	위반사항 세목	행정처분기준 1차위반	행정처분기준 2차위반	행정처분기준 3차위반
	식품별 개별기준 및 규격에 의한 주원료 성분배합기준(함량기준)을 위반한 것(휴게음식점영업에 한한다)	영업정지 7일과 당해 음식물폐기	영업정지 15일과 당해 음식물폐기	영업정지 1월과 당해 음식물폐기
	이물등이 혼입된 것	시정명령	영업정지 7일	영업정지 15일
	식품조사처리기준을 위반한 것을 사용한 것	시정명령	영업정지 7일	영업정지 15일
	식품 등의 기준 및 규격중 원료의 구비요건이나 제조·가공기준을 위반한 것	시정명령	영업정지 7일	영업정지 15일
유독기구 등의 판매·사용금지위반		시정명령	영업정지 15일	영업정지 1월
기준과 규격위반		시정명령	영업정지 5일	영업정지 10일
표시기준 및 허위표시 등의 금지위반	질병의 치료에 효능이 있다는 내용이나 의약품으로 혼동할 우려가 있는 내용의 표시나 광고를 한 때	영업정지 15일	영업정지 1월	영업정지 2월
	사행심을 조장하는 내용의 광고를 한 때	영업정지 7일	영업정지 15일	영업정지 1월
시설기준 및 영업의 허가 등 위반	변경허가를 받지 아니하거나 변경신고를 하지 아니하고 영업소를 이전한 때	영업허가취소나 영업소폐쇄		
	변경신고를 하지 아니한 경우로서 - 시설의 전부를 철거한 때(시설없이 영업신고를 한 경우를 포함한다)	영업허가취소나 영업소폐쇄		
	- 영업시설의 일부를 철거한 때	시설개수명령	영업정지 15일	영업정지 1월
	시설기준 위반사항으로 - 휴게음식점·일반음식점·단란주점에 무도장을 설치한 때	시설개수명령	영업정지 1월	영업정지 2월
	- 일반음식점의 객실안에 무대장치, 음향 및 반주시설 특수조명시설을 설치한 때	시설개수명령	영업정지 1월	영업정지 2월
	- 음향 및 반주시설을 설치하는 영업자가 방음장치를 하지 아니한 때	시설개수명령	영업정지 15일	영업정지 1월
	법 제22조제3항의 규정에 의한 영업의 허가조건을 위반한 때	영업정지 1월	영업정지 2월	영업정지 3월
	시설기준에 의한 냉장·냉동시설이 없는 때 또는 냉장·냉동시설을 가동하지 아니한 때	영업정지 15일	영업정지 1월	영업정지 2월
	급수시설기준을 위반한 때(수질검사결과 부적합판정을 받은 경우를 포함한다)	시설개수명령	영업정지 1월	영업정지 3월
	기타 가목 내지 자목 외의 허가 또는 신고사항을 위반한 경우로서 - 시설기준에 위반된 때	시설개수명령	영업정지 15일	영업정지 1월
	- 기타 사항을 위반한 때	시정명령	영업정지 7일	영업정지 15일
영업의 승계신고를 하지 아니한 때		시정명령	영업정지 7일	영업정지 15일
건강진단위반	소화기계통의 전염병이 있는 자를 영업에 종사시킨 때	영업정지 15일	영업정지 1월	영업정지 2월
	기타의 질병이 있는 자를 종사시킨 때	영업정지 7일	영업정지 15일	영업정지 1월
위생교육 위반		시정명령	영업정지 7일	영업정지 15일
영업행위등 제한 위반	영업시간제한을 위반하여 영업한 때	영업정지 15일	영업정지 1월	영업정지 2월
	영업행위제한을 위반하여 영업한 때	시정명령	영업정지 15일	영업정지 1월
	수질검사를 검사기간내에 하지 아니한 때	영업정지 15일	영업정지 1월	영업정지 2월

위반사항		행정처분기준		
항목	세목	1차위반	2차위반	3차위반
영업자 등의 준수사항 위반	부적합판정한 물을 계속 사용한 때	영업정지 1월	영업정지 3월	영업허가취소나 영업소폐쇄
	청소년을 유흥접객원으로 고용하여 유흥 행위를 하게 하는 행위	영업허가취소나 영업소폐쇄		
	청소년유해업소에 청소년을 고용하는 행위	영업정지 3월	영업허가취소나 영업소폐쇄	
	청소년유해업소에 청소년을 출입하게 하는 행위	영업정지 1월	영업정지 2월	영업정지 3월
	청소년에게 주류를 제공하는 행위	영업정지 2월	영업정지 3월	영업허가취소나 영업소폐쇄
조리사 또는 영양사를 두지 아니한 때		시정명령	영업정지 7일	영업정지 15일
교육을 받지 아니한 조리사 또는 영양사를 종사시킨 때		시정명령	영업정지 5일	영업정지 10일
영업정지처분기간 중에 영업을 한 때		영업허가취소나 영업소폐쇄		
조리사	조리사 또는 영양사가 면허결격사유에 해당한 때	면허취소		
	조리사가 식중독 기타 위생상 중대한 사고를 발생하게 한 때	면허취소		
	조리사 또는 영양사가 타인에게 면허를 대여하여 이를 사용하게 한 때	업무정지 2월	업무정지 3월	면허취소
	조리사 또는 영양사가 위생교육을 받지 아니한 때	업무정지 1월	업무정지 2월	업무정지 3월
	조리사 또는 영양사가 업무정지기간중에 조리사 또는 영양사의 업무를 한 때	면허취소		
	조리사 또는 영양사가 기타 이법 또는 이법에 의한 명령에 위반한 때	시정명령	업무정지 15일	업무정지 1월

III. 과징금제외대상

각 업종별 개별기준중 다음 각호의 1에 해당하는 때에는 영업정지·품목 또는 품목류제조정지에 갈음하여 과징금을 부과하여서는 아니된다. 다만, 위반사항이 고의성이 없는 사소한 부주의로 인한 때 또는 식품수급등에 중대한 영향을 미칠 우려가 있다고 인정되는 때에는 과징금을 부과할 수 있다.

3. 식품접객업
   가. 제2호 가목, 나목 또는 마목에 해당하는 때
   나. 제5호 나목, 라목, 마목, 바목, 사목, 아목, 자목 또는 카목의 (1)에 해당하는 때
   다. 제9호 바목에 해당하는 때
   라. 제11호 가목에 해당하는 때
   마. 〈삭제〉
   바. 제14호 나목중 별표 13 제5호 타목(1)에 해당하는 때
   사. 제15호 나목·다목 또는 라목에 해당하는 때

아. 3차 위반사항에 해당하는 때
자. 과징금을 체납중인 때

[별표 24] 집단급식소의 설치·운영자의 준수사항(제95조제2항 관련)

1. 물수건, 숟가락, 젓가락, 식기, 찬기, 도마, 칼 및 행주, 그 밖에 주방용구는 기구 등의 살균·소독제 또는 열탕의 방법으로 소독한 것을 사용하여야 한다.
2. 「축산물가공처리법」 제12조에 따라 검사를 받지 아니한 축산물 또는 실험 등의 용도로 사용한 동물을 음식물의 조리에 사용하여서는 아니 되며, 「야생 동·식물보호법」에 위반하여 포획한 야생동물을 조리하여서는 아니 된다.
3. 유통기한이 경과된 원료 또는 완제품을 조리할 목적으로 보관하거나 이를 음식물의 조리에 사용하여서는 아니 된다.
4. 수돗물이 아닌 지하수 등을 먹는 물 또는 식품의 조리·세척 등에 사용하는 경우에는 「먹는물관리법」 제43조에 따른 먹는물 수질검사기관에서 다음의 구분에 따라 검사를 받아 마시기에 적합하다고 인정된 물을 사용하여야 한다. 다만, 같은 건물에서 같은 수원을 사용하는 경우에는 같은 건물 안에 하나의 업소에 대한 시험결과를 같은 건물 안의 타 업소에 대한 시험결과로 갈음할 수 있다.
    가. 일부항목 검사: 1년마다(모든 항목 검사를 하는 연도의 경우를 제외한다) 「먹는물 수질기준 및 검사 등에 관한 규칙」 제4조제1항제2호에 따른 마을 상수도의 검사기준에 따른 검사(잔류염소에 관한 검사를 제외한다). 다만, 시·도지사가 오염의 우려가 있다고 판단하여 지정한 지역에서는 같은 규칙 제2조에 따른 먹는 물의 수질기준에 따른 검사를 하여야 한다.
    나. 모든 항목 검사: 2년마다 「먹는물 수질기준 및 검사 등에 관한 규칙」 제2조에 따른 먹는물의 수질기준에 따른 검사
5. 먹는 물 수질검사기관에서 수질검사를 실시한 결과 부적합 판정된 지하수는 먹는 물 또는 식품의 조리·세척 등에 사용하여서는 아니 된다.
6. 동물의 내장을 조리한 경우에는 이에 사용한 기계·기구류 등을 세척하고 살균하여야 한다.
7. 급식소에서 제공되는 식품은 제95조제1항에 따른 조리식품에 준하여 보관하여야 한다.
8. 법 제15조제2항에 따라 위해평가가 완료되기 전까지 일시적으로 채취·제조·수입·가공·사용·조리·저장·운반 또는 진열이 금지된 식품 등에 대하여는 사용·조리를 하여서는 아니 된다.
9. 식중독 발생시 보관 또는 사용 중인 식재료는 역학조사가 완료될 때까지 소독 등으로 현장을 훼손하여서는 아니 되고 원상태로 보존하여야 하며, 원인규명을 위한 행위를 방해하여서는 아니 된다.

[별표 25] 집단급식소의 시설기준(제96조 관련)

1. 조리장
    - 가. 조리장은 음식물을 먹는 객석에서 그 내부를 볼 수 있는 구조로 되어 있어야 한다. 다만, 병원·학교의 경우에는 그러하지 아니하다.
    - 나. 조리장 바닥은 배수구가 있는 경우에는 덮개를 설치하여야 한다.
    - 다. 조리장 안에는 취급하는 음식을 위생적으로 조리하기 위하여 필요한 조리시설·세척시설·폐기물용기 및 손 씻는 시설을 각각 설치하여야 하고, 폐기물용기는 오물·악취 등이 누출되지 아니하도록 뚜껑이 있고 내수성 재질 [스테인레스·알루미늄·에프알피(FRP)·테프론 등 물을 흡수하지 아니하는 것을 말한다. 이하 같다]로 된 것이어야 한다.
    - 라. 조리장에는 주방용 식기류를 소독하기 위한 자외선 또는 전기살균소독기를 설치하거나 열탕세척소독시설(식중독을 일으키는 병원성 미생물 등이 살균될 수 있는 시설이어야 한다)을 갖추어야 한다.
    - 마. 충분한 환기를 시킬 수 있는 시설을 갖추어야 한다. 다만, 자연적으로 통풍이 가능한 구조의 경우에는 그러하지 아니하다.
    - 바. 식품 등의 기준 및 규격 중 식품별 보존 및 유통기준에 적합한 온도가 유지될 수 있는 냉장시설 또는 냉동시설을 갖추어야 한다.
    - 사. 식품과 직접 접촉하는 부분은 위생적인 내수성 재질로서 씻기 쉬우며, 열탕·증기·살균제 등으로 소독·살균이 가능한 것이어야 한다.
    - 아. 냉동·냉장시설 및 가열처리시설에는 온도계 또는 온도를 측정할 수 있는 계기를 설치하여야 하며, 적정온도가 유지되도록 관리하여야 한다.
    - 자. 조리장에는 쥐·해충 등을 막을 수 있는 시설을 갖추어야 한다.

2. 급수시설
    - 가. 수돗물이나 「먹는물관리법」 제5조에 따른 먹는 물의 수질기준에 적합한 지하수 등을 공급할 수 있는 시설을 갖추어야 한다.
    - 나. 지하수를 사용하는 경우 취수원은 화장실·폐기물처리시설·동물사육장 그 밖에 지하수가 오염될 우려가 있는 장소로부터 영향을 받지 아니 하는 곳에 위치하여야 한다.

3. 창고 등 보관시설
    - 가. 식품 등을 위생적으로 보관할 수 있는 창고를 갖추어야 한다.
    - 나. 창고에는 식품 등을 법 제7조제1항에 따른 식품 등의 기준 및 규격에서 정하고 있는 보존 및 유통기준에 적합한 온도에서 보관할 수 있도록 냉장·냉동시설을 갖추어야 한다. 다만, 조리장에 갖춘 냉장시설 또는 냉동시설에 해당 급식소에서 조리·제공되는 식품을 충분히 보관할 수 있는 경우에는 창고에 냉장시설 및 냉동시설을 갖추지 아니하여도 된다.

4. 화장실
    가. 화장실은 조리장에 영향을 미치지 아니하는 장소에 설치하여야 한다. 다만, 집단급식소가 위치한 건축물 안에 나목부터 라목까지의 기준을 갖춘 공동화장실이 설치되어 있거나 인근에 사용하기 편리한 화장실이 있는 경우에는 따로 화장실을 설치하지 아니할 수 있다.
    나. 화장실은 정화조를 갖춘 수세식 화장실을 설치하여야 한다. 다만, 상·하수도가 설치되지 아니한 지역에서는 수세식이 아닌 화장실을 설치할 수 있다. 이 경우 변기의 뚜껑과 환기시설을 갖추어야 한다.
    다. 화장실은 콘크리트 등으로 내수처리를 하여야 하고, 바닥과 내벽(바닥으로부터 1.5미터까지)에는 타일을 붙이거나 방수페인트로 색칠하여야 한다.
    라. 화장실에는 손을 씻는 시설을 갖추어야 한다.
5. 소방시설 설치유지 및 안전관리에 관한 법령이 정하는 소방·방화시설을 갖추어야 한다.

[별표 26] 수수료(제97조 관련)

1. 영업허가 및 신고 등
    - ○ 신규: 28,000원
    - ○ 조건부영업허가: 28,000원
    - ○ 허가증(신고증) 재발급: 5,300원
    - ○ 변경: 9,300원(소재지 변경은 26,500원)
    - ○ 집단급식소 설치·운영신고: 33,800원
    - ○ 영업자지위승계신고: 9,300원
2. 지정 등 신청
    - ○ 유전자재조합식품안전성 평가 신청: 4,000,000원
    - ○ 수입식품 등 사전확인등록(변경)신청: 28,000원(국외여비는 별도)
        ※ 국외여비는 공무원국외여비기준에 따라 별도 징구
    - ○ 우수수입업소 등록(변경)신청: 28,000원
    - ○ 식품위생검사기관지정신청: 100,000원
    - ○ 위해요소중점관리기준적용업소지정:
        - 신청: 200,000원, - 변경(소재지, 중요관리점): 100,000원
3. 조리사면허
    - ○ 신규: 5,500원, ○ 면허증 재발급: 3,000원, ○ 조리사면허증기재사항변경신청: 890원
4. 식품 등의 수입신고
    가. 검사수수료: 「식품의약품안전청 및 질병관리본부 시험의뢰규칙」에서 정하는 시험수수료액표에 따른다.
    나. 수수료의 면제
        1) 검사수수료 면제
            가) 별표 4 제2호 다목 2) 및 5)에 해당하는 식품 등
            나) 별표 4 제2호 라목에 해당하는 식품 등
            다) 별표 4 제3호 가목 제4호에 따라 정밀검사를 하는 식품 등

[별표 27] 법 제3조 및 제88조제2항제5호를 위반한 자에 대한 과태료 금액 (제100조 관련)

구분	근거법령	위반사항	과태료액
1	법 제101조 제2항 제1호 및 영 제67조	1. 법 제3조(법 제88조에서 준용하는 경우를 포함한다)를 위반한 경우 가. 식품 등을 취급하는 원료보관실·제조가공실·조리실·포장실 등의 내부에 위생 해충을 방제(防除) 및 구제(驅除)하지 아니하여 그 배설물 등이 발견되거나 청결하게 관리하지 아니한 경우	30만원
		나. 식품 등의 원료 및 제품 중 부패·변질이 되기 쉬운 것을 냉동·냉장시설에 보관·관리하지 아니한 경우	30만원
		다. 식품 등의 보관·운반·진열 시에 식품 등의 기준 및 규격이 정하고 있는 보존 및 유통기준에 적합하도록 관리하지 아니하거나 냉동·냉장시설 및 운반시설을 정상적으로 작동시키지 아니한 경우(이 법에 따라 허가를 받거나 신고한 영업자는 제외한다)	30만원
		라. 식품 등의 제조·가공·조리 또는 포장에 직접 종사하는 사람에게 위생모를 착용시키지 아니한 경우	20만원
		마. 제조·가공(수입품을 포함한다)하여 최소판매 단위로 포장된 식품 또는 식품첨가물을 영업허가 또는 신고하지 아니하고 판매의 목적으로 포장을 뜯어 분할하여 판매한 경우	20만원
		바. 식품 등의 제조·가공·조리에 직접 사용되는 기계·기구 및 음식기를 사용한 후에 세척 또는 살균을 하지 아니하는 등 청결하게 유지·관리하지 아니한 경우 또는 어류·육류·채소류를 취급하는 칼·도마를 각각 구분하여 사용하지 아니한 경우	20만원
		사. 유통기한이 경과된 식품 등을 판매하거나 판매의 목적으로 진열·보관한 경우(이 법에 따라 허가를 받거나 신고한 영업자는 제외한다)	30만원
2	법 제101조제2항 제10호 및 영 제67조	법 제88조제2항제5호를 위반한 경우(위탁급식영업자에게 위탁한 집단급식소의 경우는 제외한다) 가. 별표 24 제4호에 따른 수질검사를 실시하지 아니한 경우	50만원
		나. 수질검사를 실시한 결과 부적합 판정된 지하수를 사용한 경우	100만원
		다. 가목 및 나목에서 규정한 사항 외에 별표24에 따른 준수사항을 위반한 경우	30만원

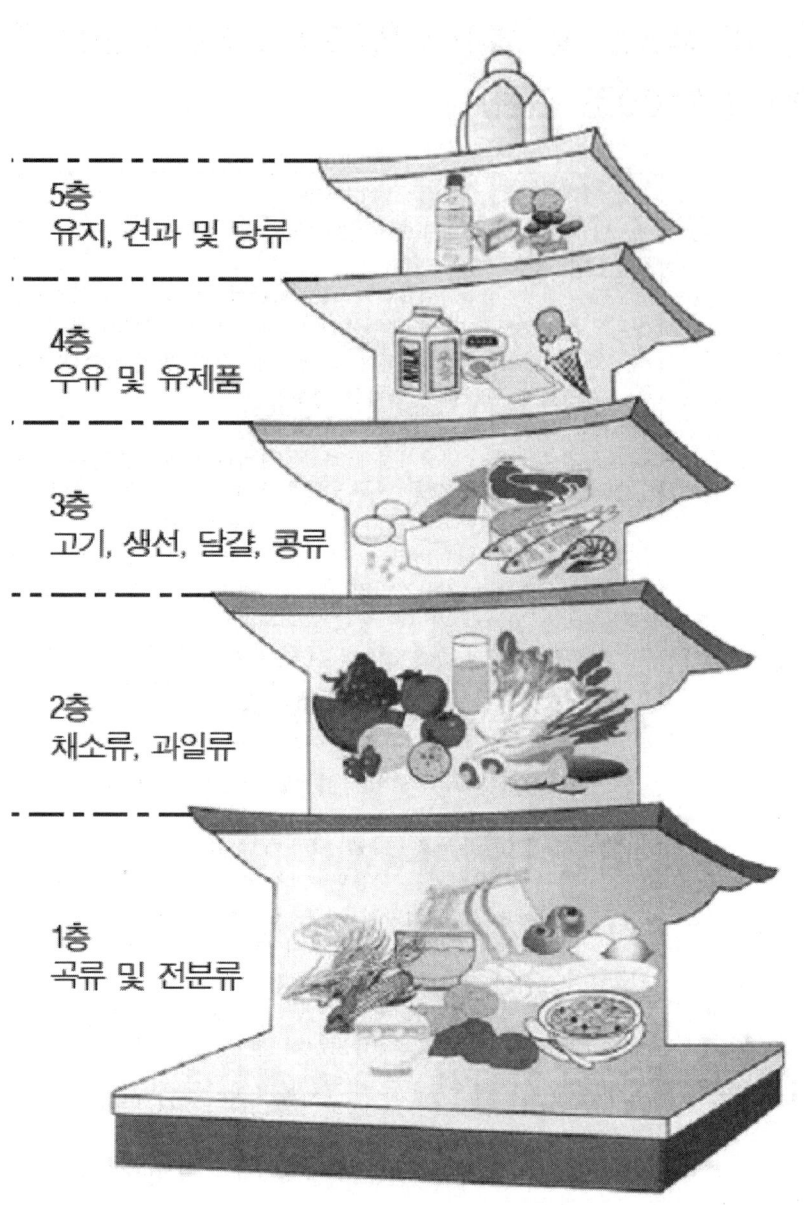

도서출판 중원사 임직원 일동은 독자 여러분의 합격을 진심으로 기원합니다.

- **조리사 핵심이론**
- 발행일 : 2005년 01월 25일 초판발행 / 2019년 02월 20일 15판발행
- 저자 : 조리교육센터 • 발행인 : 주은희 • 발행처 : 도서출판 중원사
- 주소 : (150-822)서울시 영등포구 시흥대로 181길 5-2(대림동)   등록번호 : 제6-0043
- 등록일자 : 1979년 8월 20일
- 전화 : 02-845-6524 • 팩스 : 02-845-6527
- ISBN : 978-89-7122-111-2   • 정가 : 17,000원
- 이 책에 실린 독창적인 내용과 디자인은 어떠한 형태로도 무단 전재·복제할 수 없습니다.